美国国务院与中美关系缓和研究
（1969~1972）

The Study of U.S. Department of State
in the Sino-U.S. Rapprochement (1969-1972)

张 静／著

国家社科基金后期资助项目
出版说明

　　后期资助项目是国家社科基金设立的一类重要项目，旨在鼓励广大社科研究者潜心治学，支持基础研究多出优秀成果。它是经过严格评审，从接近完成的科研成果中遴选立项的。为扩大后期资助项目的影响，更好地推动学术发展，促进成果转化，全国哲学社会科学规划办公室按照"统一设计、统一标识、统一版式、形成系列"的总体要求，组织出版国家社科基金后期资助项目成果。

全国哲学社会科学规划办公室

内容提要

1971 年 7 月，美国总统国家安全助理基辛格秘密访华，给国际社会带来了一次令人震惊的"尼克松冲击"。在回忆录中，尼克松和基辛格都以打开美国对华关系的大门作为政治生涯中最为辉煌的篇章，同时极力淡化、削弱美国国务院等政府部门在政策酝酿和外交行动方面的作用。他们的这一说法，引导学者把对中美关系缓和历史的研究重点，置于白宫尤其是总统和国家安全委员会上，忽视了国务院发挥的作用。

然而，尼克松和基辛格的说法值得质疑，学者的研究值得商榷。本书根据尼克松政府时期的总统、国家安全委员会、国务院、中央情报局等档案资料，以及历史活动参与者的回忆录和口述资料，解释尼克松第一个总统任期内美国国务院在外交事务中职权的形成，梳理它在中美关系缓和历史进程中（1969～1972）的政策设计和外交努力，并评价它的作用。

外交决策的过程从设定决策体制就已经开始，职权随着机构的设立和职责范围的界定而形成，随着官僚政治的斗争而变化。在尼克松的授权下，基辛格主持设计的国家安全体制划分了外交决策程序中的权力和职能。美国国务院在缓和对华关系中的职权范围即由此体制设定。从机构的角度来说，国家安全委员会超越国务院成为外交决策的核心，是国务院、国防部等其他政府部门向总统提出政策建议的唯一正式渠道。就个人而言，尼克松在基辛格的协助下，通过调整国家安全委员会和国务院等官僚机构，将外交决策过程置于总统和总统助理的掌控之下。尼克松第一任期内，国务院的职权虽受到限制和削弱，但是同第二次世界大战以来相比，它在推动缓和对华关系上仍发挥了积极的作用。

第一，在提出对华主动缓和的政策建议方面，国务院内负责中国事务的官员提出的政策建议及在台湾问题上提出的表述，被国家安全委员会职员所采纳，为缓和对华关系做出了重要的贡献。基辛格令国家安全委员会职员利用国务院成果的同时，却有意忽视国务院报告本身，降低其重要性。由于国务院官员不知道中美"幕后渠道"的政策交流，不确定中方的政策意图，"无法预知改善中美关系的利益是否能抵消僵化美苏关系所造成的损失"，因此将对华主动的措施分为短期和长期。最终，国务院酝酿在长期实现的政策却为白宫所利用，成为在秘密会谈中对中方的重要许诺。

第二，在外交运作方面，在尼克松政府缓和中美关系的初期（1969～1970），国务院参与设计并推动执行的放松对华贸易和旅行管制、主动恢复大使级会谈等外交举措，是美国政府向中方发出的最为明确的缓和信号。这一系列主动措施进入了中国领导层审度国际局势的视野，改变了他们对美国的认识，迎合了他们的战略需要。但是，国务院为打开中美关系新局面的努力，最终却被白宫秘密运作的"幕后渠道"邀了功。

第三，与国会及盟国进行政策互动是美国国务院的工作职责之一。尼克松向国务院、国会隐瞒了对华"幕后渠道"外交的实情，拒绝让基辛格、霍尔德曼等人向国会汇报实质性的事务。这使国务院沟通国会、向国会及时传达美国对华主动政策的重要性得到凸显。由美国国务院主持的日美规划会谈和北约大西洋政策咨询组会议，虽然是美国同日本和北约盟国政府官员间非正式的磋商机制，却传达了美国对华主动政策的内容和精神，为转变战略营造了良好的国际氛围，同时也成为收集各国对于美国对华政策反应的平台。同1971年7月基辛格秘密访华所制造的"尼克松冲击"相比，国务院与盟国的政策互动发挥了积极的作用。

总之，在中美关系缓和的历史进程中，美国国务院的职权尽管受到削弱，但它仍在外交政策制定过程中发挥了积极的作用，只不过这种作用隐没于白宫通过幕后渠道实现的秘密外交的成功背后。

序

牛大勇

1969~1972年间的中美关系解冻，是扭转冷战格局、改变世界进程的一个大事件，各国学术界的研究成果不可谓不多。但是就美国的相关决策过程而论，以往的研究成果，基本都集中于尼克松-基辛格相辅相成的"秘密外交""幕后渠道"的机制。一般来说，美国总统和他的国家安全事务助理因密切合作而产生的重要作用，是重大决策中最重要的成功要素之一。更何况，在这一改变世界进程的外交决策中，尼克松、基辛格"台前幕后"的一切表演光彩眩目，近乎完美无缺，无怪乎能够吸引衮衮诸公的注意力。

但是，在这一舞台灯光眩目聚焦下的"外交双雄"的身影背后，美国国务院在中美关系解冻中的职权和角色，却黯然失色，往往被人们看得无足轻重甚至相当消极保守。学界对这个政府外交主管部门在一个重大决策过程中所起的制度性作用，国务院与国家安全委员会代表的白宫班子在美中关系决策机制中的分工、合作与分歧、矛盾等等，缺乏深刻地探讨。

张静注意到了这个缺失，在扎实的原始材料调研基础上，参阅了丰富的现有前沿研究成果，选择这个十分重要的课题作为博士学位论文的研究方向。我一向主张研究生独立思考，自主选题，导师尽量起辅导、评审其选题的作用，最好避免给研究生命题作文。因为，研究生特别是博士研究生，如何在茫茫学海中摸索前沿问题，探寻自己的航向，自主地找到一个值得研究的问题，是她/他成长为具有独立研究能力的学者的必要一步。我尊敬的史学前辈田余庆先生说过：研究生还要导师给选题吗？如果不会自己选题，我看这个研究生是白读了！诚哉斯言。我遵循这个教导，鼓励自己指导的研究生自主选题，我做参谋。

张静这个选题，是几经推敲，并在选题报告评审组的各位老师评点下，根据自己掌握的史料情况，斟酌而定的。我赞同她的思路：美国国务院在中美关系解冻进程中的职能和参与决策的实际作用值得研究，因为这是理解尼克松政府外交决策权的架构和决策机制的核心课题，也是人们需要重新审视尼克松－基辛格"秘密外交"的重要依据。对这一问题加以深入研讨，对分析当代美国外交的决策机制和政府官僚政治的影响，也具有重要价值。

作为解冻中美关系的美方核心决策者，卸任后的尼克松和基辛格分别撰写回忆录，对一场成就显著却又饱受诟病的"秘密外交"，不无自觉地加以辩护和赞美，同时又极力淡化国务院等官僚机构在政策酝酿和外交行动方面的作用。20世纪70～90年代，因"水门事件"而下台的尼克松受法律和国会的困扰，没有得到历任总统由国会拨款建立自己的总统档案馆的待遇。其执政时期的政府档案，迟迟不能集中和开放，致使这个研究课题的原始资料一时难于搜集。

当事人的话语权常有高下之别，尼克松、基辛格的回忆引导学者将中美关系解冻的研究重点置于白宫，尤其是总统和国家安全委员会的作用上。中国学者对尼克松、基辛格的外交成就也几乎一致地赞誉有加。

随着美国国家档案馆开放了尼克松政府的档案，美国民间捐资筹建了尼克松总统图书馆，张静这个课题的研究条件具备了。她和之前之后的同门一样，在改革开放的有利条件下，寻找一切机会，风尘仆仆地奔波于海外各有关原始史料聚集地。其中曾以一年的机会，在美国国家档案馆、总统图书馆等处大量查阅和搜集档案资料，走访有关人士和专家。在此前后，还找到其他机会在海外做相关的调查研究。她还比较充分地利用了当时刚出版的尼克松政府的对外关系文件集、各种网络数据库，加上回忆录、日记和口述史资料等，我觉得她搜集的公文档案和个人回忆材料，数量之充足，类型之丰富，在相关题目的博士论文中是少见的，达到了史料基础扎实可靠的要求，体现了力求严谨的治学态度。

这些年来，有关国外和国际问题的研究论著有相当严重的一种倾向，即不注意相关原始资料的搜集利用，而把主要论点和论据建立在已有的论著和二手资料上。这种方法，不是不能有所创新、超越前人，但是更可能导致大量复述前人成果或曰"炒冷饭"，甚至有意无意地陷入抄袭。有的人为了掩饰自己的抄袭，往往采取各种手法，遮人眼目，直至通篇大段地把外文原作"中文化"。对一部研究专著和论文，最简单而有效地检验其创新度的方法，也许就是翻看一下其大段论述和主要论点所依据的资料是否是原始的、第一手的，论据是否扎实可靠。记得我念本科时，把自己的第一篇小论文稿交给陈庆华老师，他首先翻到最后几页，看注释中用了什么材料。当看到有英国蓝皮书时，就追问我是否自己去查过蓝皮书，在哪里看的。我回答是自己在老燕京大学图书馆藏书中查看的。他可能觉得还值得审阅，就点头收下了。当然，这种办法也会有漏洞，例如可能有伪注。但仍不失为一种检验创新成色的简便办法。张静这类论文，就经得住这样的检验。

但是张静也是命运多舛。当她在美国搜集资料最吃紧的时候，偏偏得了急病，她本人和作为美国东道主加州大学欧文校区的指导教师陈勇，都打越洋电话来详陈病况，担心她坚持不住，考虑赶紧回国治病。这意味着放弃这次旅美访学的机会，停顿研究工作，再找到类似机会就不容易了。我不知详情，也无从判断，只能让她自己决定。结果，她毅然选择了冒险留下，继续奔波搜集史料。我那时除了为她祈福之外，只有佩服。

她身体稍好时，又面临一个访美学人都可能面临的诱惑：要不要留在美国攻读学位？她有去处，也动过心。我劝她先回国完成学业，拿下这篇博士论文后再考虑其他发展道路。我并不反对弟子们出国读学位，也愿意帮助他们找机会，但认为半途而废地中断博士学业去另走一条新路，总体看是在走弯路。另外，我还觉得她不适于长期留学。她后来下决心按时回来完成学业，走上了今天这条路。在我看，走得还不错。也使我更加相信：历史是人们在诸多的可变因素中不断地选择前行道路的结果。

她这部专著《美国国务院与中美关系缓和研究（1969~1972）》也是从"道路选择"的历史视角，分析美在国 1960 年代以来持续地考虑和选择对华新政策的过程中，国务院的职权和角色。通过梳理它在中美关系缓和各个阶段的工作，探究其作用，最后得出结论认为，这个部门在参与和辅助决策层对华采取和解政策的历程中，虽然不时受官僚机制的排斥和压抑，但仍然提出了一系列务实的措施，做了很多贡献，发挥了重要影响。甚至，它主张按照正常程序循序渐进地推进对华关系的改善，这条道路的选择，或许有可能和国会一起提供有利于中美关系在更为长效合法的基础上发展正常化的前景。而尼克松、基辛格以突出个人作用的"秘密外交"，绕开国会和政府机构"上演"戏剧性十足的系列访华，所造成的效果虽然轰动，但不够稳定和长效，可能是后来中美关系一波三折、跟跄而行的肇因。甚至连打开中美关系正常化大门的时间，如果按照国务院和国会两党领袖的想法做，也可能早于尼克松访华。尼克松、基辛格为了凸显自己个人的历史作用，有意地一再不批准具有立法地位和公众舆论引领作用的国会两党领袖曼斯菲尔德（Mike Mansfield）和斯科特（Hugh Scott）早就提出的访华申请。至于国务院长期苦心孤诣地拟就的改善中美关系的各项措施，也一直被压在白宫，直到尼克松访华需要前奏和礼单时，才被有选择地公布。而后来长期困扰中美关系的台湾问题，也有部分原因是尼克松、基辛格抢出个人风头，未待与行政部门熟筹并让热心十足的立法机构通过，就采取"联合公报"这种方式宣布了一个似决未决、带有若干伏笔的方案，以致严重开罪了国会和国务院。

　　这些观点，当然可圈可议。但因其持之有据，驳之也应有据。面对大量的原始材料，最怕的就是视而不见，甚至不视不见。有些人，有一分材料说一分话。也有些人，有三分材料就敢说十分话。更有些人，没有材料也能做长篇大论。他们善于"大胆地假设"，却不会"小心地求证"。

　　张静的著作弥补了以往学人集中探讨尼克松、基辛格的个人作用所造成的缺憾，即对美国决策系统不完整的认识和叙述。她以言必有据的史学笔法，详细地论述了美国国务院针对美中关系所做的各项工作，指出其政策设计和外交努力在中美关系解冻过程中起了填石铺路的作用。书中揭示了国务院与总统、国家安全委员会、国会的复杂关系，讨论了职权分工、权力斗争、人际关系等因素在美国对华政策制定过程中的表现和意义。在作者看来，由于白宫把国务院排斥在顶层战略设计之外，对其隐瞒美中"幕后渠道"外交的情况，使后者无法清楚地了解白宫的战略思维，造成了后者在政策制定上的保守和被动形象。她的这些研究有助于深入了解中美关系史中决策制度和权力运作未受重视的问题。理解美国对华决策机制、国务院与其他决策机构之间的关系，需要这样深入的研究。

不过，依我之见，这部著作只是这项研究的一个新起点，还缺少社会科学特别是政府学的分析方法，未能进一步揭示美国国务院在中美缓和关系过程中没有发挥更大作用的多重原因。作者似也感染了学者难免的"流行病"，即在自己的研究对象的史料中沉浸越深，越容易产生主观感情上的偏向。与此同时，限于中国相应的原始材料尚未开放，作者未能对中国的战略与政策做出如对美方那般的深度研究，对中国的意图只能做少许推测，因此未能对中美双方的战略互动给出一个全面的构图，以致对美国政策得失的探讨颇有见地，对中国政策得失的分析则付之阙如。

屈指算来，我已从教30年。看到弟子们一个个学成出道，纷纷忙于"上穷碧落下黄泉，动手动脚找材料"（傅斯年语），陶陶乐于"常下馆子"（茅海建语，指去档案馆查史料），进而著书立说，自成一家之言，私心曷胜欢慰！张静最近入选国家"万人计划"青年拔尖人才人选，新著又将付梓，嘱我为序，欣然命笔。衷心期望他们恪守正道，严谨学风，为人类不断增长的知识宝库，增添自己独创的一砖一瓦！

2015年11月23日于柏林蜗居中

目 录

绪 论 ·· 001

第一章 制度与职权 ·· 016
 一 职位与权力 ·· 017
 二 决策机制的形成 ··· 033
 三 决策方式的影响 ··· 043
 四 国务院的争权与改革 ··· 054
 五 国务卿的失势与离职 ··· 066
 小 结 ·· 079

第二章 政策研究 ·· 081
 一 因势利导 ··· 082
 二 三角战略 ··· 097
 三 中国与国际合作 ··· 116
 小 结 ·· 132

第三章 与国会及盟国的政策互动 ··································· 134
 一 与国会的政策互动 ··· 135
 二 国务院规划协调室 ··· 142
 三 美日规划会谈 ··· 146
 四 北约大西洋政策咨询组会议 ···································· 158

  小　结 …………………………………………………………… 161

第四章　外交行动 ………………………………………………… 163
  一　筹划会谈 …………………………………………………… 163
  二　放松管制 …………………………………………………… 180
  三　再续会谈 …………………………………………………… 192
  四　高级别会谈纷争 …………………………………………… 218
  五　联络渠道转换 ……………………………………………… 231
  六　加快主动 …………………………………………………… 240
  七　实现突破 …………………………………………………… 247
  小　结 …………………………………………………………… 266

结　语 ……………………………………………………………… 270
  一　尼克松-基辛格外交的冲击 ……………………………… 270
  二　国务院职权的形成 ………………………………………… 278
  三　国务院与中美关系缓和 …………………………………… 286

附录一　美国国务院机构设置及人员（1969～1973）………… 295

附录二　美国国务院部分官员的背景及口述资料 ……………… 299
  保罗·克里斯伯格 ……………………………………………… 299
  多纳德·安德森 ………………………………………………… 303
  马歇尔·格林 …………………………………………………… 306

参考文献 …………………………………………………………… 308

后　记 ……………………………………………………………… 320

绪　论

　　1971年7月美国总统国家安全助理基辛格（Henry Kissinger）秘密访华，宣布尼克松（Richard Nixon）总统将于1972年访问中国，给国际社会带来了一次令人震惊的"尼克松冲击"。1972年2月尼克松访华的实现，打破了中美两国间长达20多年的坚冰；中美《上海联合公报》的发表，标志着两国关系正常化的开始。

　　尼克松和基辛格在回忆录中均称是他们的对华主动行动打开了美国对华关系的大门，并将此作为政治生涯中最为辉煌的篇章。在对自己的对华秘密外交进行辩护和溢美的同时，他们还极力淡化、削弱国务院等官僚机构在政策酝酿和外交行动方面的作用。[1]这一说法以及尼克松和基辛格以秘密外交、个人外交打破中美关系坚冰的历史事实，引导学者将尼克松政府时期美国对华政策的研究重点置于白宫尤其是总统和国家安全委员会上，并对现实主义的均势外交给20世纪70年代的冷战国际格局带来的重大变化赞誉不断。从20世纪70年代开始到90年代初，一些学者认为，尼克松制定和实施了经过调整的外交政策，重新定义了国际关系与秩序的概念，使第二次世界大战后以大国政治和遏制共产主义为特征的国际关

---

[1] 尼克松一直对国务院颇不信任，认为国务院不效忠于他，经常泄密。基辛格则认为，对华主动中许多行动方案是出于他的设计。参见〔美〕理查德·尼克松《尼克松回忆录》中册，伍任译，世界知识出版社，2001，第464页；〔美〕亨利·基辛格：《白宫岁月：基辛格回忆录全集》（以下简称《白宫岁月》）第1册，陈瑶华等译，世界知识出版社，2003，第13、18、32~40页，特别是第37、208页。尼克松厌烦官僚机构的争议和惰性，在上任之初，他竭力通过对官僚机构的整合来削弱国务院的作用和影响，参见《白宫岁月》第1册，第54页。关于基辛格对国务院在同中国建立联系方面的种种掣肘的记述，参见《白宫岁月》第2册，第879~890页。

系，朝着相对合理和稳定的结构发展。①其中，对于尼克松对中国采取的主动行动的胆识和功绩，中美学者更是不吝溢美之词。②

1988年以来，随着美国国家档案馆尼克松总统时期档案资料的逐步解密，③一些学者开始反思尼克松－基辛格的秘密外交尤其是他们解决台湾问题的方式给日后美国对华外交带来的影响。例如，帕特里克·泰勒（Patrick Tyler）认为，尼克松、基辛格的对华缓和政策与其说体现了某种深思熟虑的战略，不如说是一种对形势发展的机会主义的反应，他们在这一事件中实际扮演的角色，与人们普遍认为的情况存在出入。④孟捷慕（James Mann）认为，尼克松、基辛格在谋求对华缓和时做的让步过多，不仅没有必要，而且对美国的利益构成了损害。⑤罗伯特·达莱克（Robert Dallek）的研究揭示了尼克松和基辛格的权力关系，并且提出是尼克松首先发起了对中国的主动和解。⑥

---

① Robert E. Osgood, *Retreat From Empire? The First Nixon Administration* (Baltimore: Johns Hopkins University Press, 1973), pp. 1 – 28.
② Alan M. Jones, Jr., ed., *US Foreign Policy in a Changing World: The Nixon Administration, 1969 – 1973* (New York: David Mckay, 1973), p. 27; Thomas A. Bailey, *Diplomatic History of American People* (New York: Prentice Hall, Inc., 1974), pp. 925 – 928; A. Doak Barnett, *China Policy: Old Problems and New Challenges* (Washington D. C.: Brookings Institution, 1977); Michel Oksenberg, Robert B. Oxnam ed., *Dragon and Eagle: United States – China Relations: Past and Future* (New York: Basic Books, 1978), p. 123; C. L. Sulzberger, *The World and Richard Nixon* (New York: Prentice Hall Press, 1987); Franz Schurmann, *The Foreign Politics of Richard Nixon: the Grand Design* (Berkeley: University of California Press, 1987), pp. 102 – 107, 196 – 238; Richard C. Thornton, *The Nixon – Kissinger Years: Reshaping America's Foreign Policy* (New York: Paragon House, 1989), pp. 15 – 24, 308 – 324; Jonathan Aitken, *Nixon, A Life* (Washington, D. C.: Regnery Pub. Lanham, MD: Distributed to the trade by National Book Network, 1993), p. 425; 何慧：《尼克松与中国：半个世纪的不解之缘》，河南人民出版社，2005，第14页。
③ 从1988年开始，美国国家档案馆逐步允许学者利用多达4200万页的尼克松总统文件，并且大批解密尼克松政府时期国家安全委员会档案。至2000年、2001年，这些国家安全委员会档案得到了进一步解密。1999~2004年，美国国家档案馆解密了大约3700小时的尼克松总统录音资料。
④ Patrick Tyler, *A Great Wall: Six Presidents and China: An Investigative History* (New York: Public Affairs, 1999), pp. 47 – 89.
⑤ James Mann, *About Face: A History of America's Curious Relationship with China, From Nixon to Clinton* (New York: Vintage Books, A Division of Random House, Inc., 1998), p. 30.
⑥ Robert Dallek, *Nixon and Kissinger: Partners in Power* (New York: Harper Collins Publishers, 2007), p. 266.

然而，由于尼克松和基辛格在回忆录中的诱导，以及有关的美国国务院档案资料的缺乏，白宫便顺理成章地成为研究中美关系缓和甚至尼克松政府时期美国外交的学者的首要关注。他们接受了美国国务院被排斥在尼克松－基辛格核心决策之外，并没有在外交事务中发挥关键性作用的说法。在这样的看法之下，一些学者开始了对尼克松本人个性、决策风格的研究，以此来解释尼克松政府时期白宫、总统权力的膨胀。

早在尼克松总统任职期间，就有学者指出，尼克松是"一个野心勃勃的人"，致力于通过政治、不惜对其他人造成损害而获得权力，并且依据对自身政治生涯造成的损益来权衡决策。他的外交政策不过是"极端的个人外交"。[1]"水门事件"之后，这种批评进一步发展。[2]直至20世纪80年代末90年代初，学界才开始重新探寻一个"真实的尼克松"，试图抛开"水门事件"来看待一个富有才能、看重政治手段胜过个人魅力的政治家，不再对其个性和行为任意解释，而是倾向于分析尼克松的战略和政策。[3]在尼克松晚年，英国国会议员乔纳森·艾特肯（Jonathan Aitken）为其撰写的传记，以对尼克松的政治事业和外交政策的尊敬而成为对尼克松溢美之至的作品。[4]随着材料的丰富，学者开始以更加客观的态度，对尼克松的个性、领导能力、战略眼光、秘密的行事风格进行重新审视和评价。[5]

---

[1] Gray Allen, *Richard Nixon: The Man Behind the Mask* (Belmont, Mass.: Western Islands, 1971), p. 51; Bruce Mazlish, *In Search of Nixon: A Psychohistorical Inquiry* (Baltimore: Penguin Books, 1973); Rowland Evans Jr., and Robert D. Novak, *Nixon in the White House: the Frustration of Power* (New York: Random House, 1971), pp. 176 – 242.

[2] Fawn McKay Brodie 将尼克松描述成一个精神错乱的人，深信破坏性的攻击和毫不自责的病态的撒谎是达到他的唯一目的——政治权力终点的可以接受的手段（*Richard Nixon: The Shaping of His Character*, New York: Norton, 1981）。Roger Morris 将尼克松描述成一个以输、赢来定义人生成就的人，将个人成就同一种难以抑制的对于个人所得和认可的欲望相联系（*Richard Milhous Nixon: The Rise of An American Politician*, New York: Holt, 1990）。

[3] Tom Whicker, *One of US: Richard Nixon and the American Dream* (New York: Random House, 1991); C. L. Sulzberger, *The World and Richard Nixon*; Franz Schurmann, *The Foreign Politics of Richard Nixon: The Grand Design*, p. 3; Richard C. Thornton, *The Nixon – Kissinger Years: Reshaping America's Foreign Policy*.

[4] Jonathan Aitken, *Nixon, A Life* (Washington, D. C.: Regnery Pub.; Lanham, MD: Distributed to the trade by National Book Network, 1993).

[5] Richard Reeves, *President Nixon: Alone in the White House* (New York: Simon & Schuster, 2002).

学界对尼克松本人的研究，尽管存在从早期受"水门事件"影响而大加挞伐到后期对其政绩予以公允评价的转变，但对他与基辛格在制定、实施对华缓和政策过程中严密控制外交、绕开国会、排斥国务院、操纵权力的做法，一直有所诟病。尼克松第一总统任期时的国家安全委员会职员霍尔德里奇（John H. Holdridge）认为，国内各种利益集团的压力以及政府内各部门的复杂关系，迫使尼克松和基辛格在对华关系上采取了秘密外交的形式。①尼克松的传记作家艾特肯也认为，由于国内保守派的政治压力，尼克松采取的秘密外交是必须之举，并且认同尼克松自己的解释，即秘密方式是对华主动政策能够成功的原因所在。即便如此，艾特肯仍然指出，将国会蒙在鼓里，无疑挑战了在制定外交政策上有发言权的立法机构的权威。②塔德·肖尔茨（Tad Szulc）并不认可"对外政策是尼克松任期内最富有建设性和积极性一面的看法"，认为由于"富有想象力却狡诈十足的外交，冷眼观望的现实政治，玩弄权术以及动辄采用的保密手段"，尼克松给美国和全世界带来的，只不过是和平的幻想而已。他批评了尼克松在对华关系上主动出击、采取秘密外交、主要由总统和国家安全事务助理开展外交决策的方式。③杰里米·苏芮（Jeremy Suri）认为，尼克松和基辛格使"秘密"成为领导方式的核心原则，将政策谋划孤立于他们最害怕的敌人——民主的官僚机构、记者和批评家之外。虽然尼克松"天才地"使苏联和中国互相争斗，以"三角战略"在僵冻的两极世界中打开了新的政策空间，但他诡秘的行事风格和对政府的操纵，也使自己疏离了国内的支持者，从来没有将他们融入政治体系。④

从上述研究状况来看，无论是对尼克松总统时期美国对华政策历史过

---

① John H. Holdridge, *Crossing the Divide: An Insider's Account of the Normalization of U. S. - China Relations* (Lanham: Rowan & Littlefield Publishers, 1997); Robert Dallek, *Nixon and Kissinger: Partners in Power*.

② Jonathan Aitken, *Nixon, A Life*, pp. 426 - 427; Richard Reeves, *President Nixon: Alone in the White House* (New York: Simon & Schuster, 2002).

③ 〔美〕塔德·肖尔茨：《和平的幻想——尼克松外交内幕》，邓辛等译，商务印书馆，1982。

④ Jeremi Suri, *Power and Protest: Global Revolution and the Rise of Détente* (Cambridge, Massachusetts, and London, England: Harvard University Press, 2003), p. 5.

程的叙述，还是对尼克松个人决策风格和尼克松、基辛格秘密外交方式的研究，都仍然集中于总统、白宫国家安全事务助理以及国家安全委员会。即便有些著作开始批评尼克松和基辛格严密控制外交、绕开国会、排斥国务院、操纵权力等行为，但是由于材料的局限，未能详细描述、解释这样一系列重要的问题：尼克松总统时期，外交决策的程序和权力是通过什么样的方式集中到个人的手中的？美国国务院的反应如何？它的职权和角色发生了什么样的变化？它在中美缓和进程中有哪些政策筹划和外交活动？由于研究思路和材料的局限，受到尼克松和基辛格排斥的美国国务院，在学者有关中美关系缓和的历史研究中，也没有得到足够的重视。

因此，利用尼克松政府时期总统、国家安全委员会、国务院、中央情报局等解密档案，以及历史活动参与者的回忆录和口述资料，深入探讨尼克松第一总统任期内美国国务院在外交事务中职权的形成，并通过重新梳理中美关系缓和进程中美国国务院的活动，考察国务院在美国缓和对华关系中的作用及成因，具有重要的学术价值。此外，时至今日，尼克松－基辛格绕开国务院的秘密外交，仍给中美关系遗留了许多隐患。重新审视和理解尼克松政府时期美国外交决策的权力架构、美国对华决策的机制和过程，关注国务院在其中的活动和作用，也具有重要的现实意义。

在尼克松第一任期内，美国国务院在广泛的外交事务中被"边缘化"，它在1969~1972年中美关系缓和进程中的角色，正是这种职权地位的表现。研究美国国务院在中美关系缓和历史进程中的职权和作用，离不开对一个关键问题的考察，即它参与美国外交决策与执行政策的地位是如何形成的。此外，国务院提出了哪些对华主动的政策建议？这些建议是否被白宫采纳？它做出了哪些外交努力？它与白宫的主要分歧是什么？产生分歧的原因何在？学界对这些问题的关注和研究都还很欠缺。

迄今，除档案资料外，有关美国国务院与中美关系缓和的口述资料，主要有两本。1994年，由于十分不满基辛格在回忆录中的记述，由马歇尔·格林（Marshall Green）牵头，几位历史参与者在位于弗吉尼亚州阿林顿的外交讲习所（Foreign Service Institute）建立了一个口述史项目，完成了《同中国的战争与和平：美国外交人员的亲身经历》一书。①此外，唐耐心（Nancy Bernkopf Tucker）的《中国秘密：美国外交官和中美关系（1945～1996）》，也收录了大量美国外交人员关于中美关系缓和的回忆和叙述。②这两本资料都提示出，在白宫之外，美国国务院在对华关系缓和中有着丰富的外交活动和政策考虑。

除了上述口述性质的两本资料，关于这一问题的研究专著尚未出现。一位美籍华裔研究生在其硕士论文中分析了美国国务院在缓和对华关系中的角色。他认为，尽管白宫采取了与中国缓和的最终行动，但是国务院在制定缓和政策和战略过程中扮演了一个关键角色。白宫和国务院采取了同样的大战略，但是方法有所不同：国务院倾向于一种渐进的缓和，而白宫希望一种更快速、更直接的缓和。从根本上来说，主要的不同在于解决台湾问题的方式：国务院希望对中国做出较少的、更加渐进性的让步，而白宫倾向于更快和更具有实质性的妥协。③ 然而，限于硕士论文的篇幅和材料，作者仅选取国务院方面的有限文件并逐条分析，一系列问题还有待探讨。例如，国务院如何认知中国？他们的政策目标是什么？做出了哪些具体的政策建议？采取了哪些外交行动？为何主张采取渐进缓和的方式？白宫是否采纳？他们的政策意见？国务院何以从对华主动行动的重要参与者变成被动的观望者？

学界对国务院在中美缓和进程中的作用研究不足，除了研究重心的偏离和材料的缺乏，还在于1970年代美国外交学研究中对美国国务院地位及作用所持有的普遍悲观态度。约翰·弗朗西斯·坎普贝尔（John Francis Campbell）在1971年的著作中，表达了对国务院内部官僚斗争的痛恨之情，强调这个庞大的"软糖工厂"（Fudge Factory）和官僚机构中的协

---

① Marshall Green, John H. Holdridge, and William N. Stokes, *War and Peace with China: First-Hand Experiences in the Foreign Service of the United States* (Bethesda, MD: DACOR Press, 1994).
② Nancy Bernkopf Tucker, *China Confidential: American Diplomats and Sino-American Relations, 1945-1996* (New York: Columbia University Press, 2001).
③ Wuzheng Fan, M. A., "The Policy Role of the U. S. State Department in U. S.-China Relations 1969-1971" (Master's thesis, University of Maryland, 2008).

调困难对外交决策机制造成了负面影响。①尼克松执政后,学界对国务院地位的讨论,随着1971年1月《纽约时报》刊登的一系列文章而达到高潮。这些文章指出,第二次世界大战以来,管理外交的官僚子系统的发展,不可避免地分割了国务院的职责,结果摧毁了国务院在外交决策机制中占据的优越地位,以致没有任何一个官僚机构可以掌控外交。"国务院,这个曾经骄傲的、无可置辩的外交政策管家,已经最终承认了其他人长久以来的说法:它不再掌管美国的外交事务,并且也不能被指望着重振雄风。"②半年之后,迪安·艾奇逊在《外交》(Foreign Affairs)杂志上撰文指出:"十多年以来,在充满浓郁政治氛围的华盛顿,一个被广为接受的事实是,国务卿和国务院执掌对外事务的权力和威望已经大大下降。"③尽管如此,也有学者随后撰文指出,即便是由像尼克松这样决心要自己制定外交政策的总统,也难以离开国务院及其主要下属机构的辅助。在美国政治体制中,有效管理外交事务的子系统是不可或缺的。④

然而,无论对美国国务院在外交决策中作用的"唱衰论"还是"有效论",都没能深入探讨这样两个问题:国务院在外交决策中的职权是如何形成的,或曰其制度安排是如何做出的?在对外政策的设计中,国务院到底做了哪些工作?

20世纪70年代美国学界对国务院地位的关注,与这一时期"帝王式总统权"发展至美国历史的顶峰所引发的忧虑和反思不无关系。小阿瑟·施莱辛格(Arthur M. Schlesinger, Jr.)在其《帝王式总统权》一书中指出:"'或许这是一个普遍的真理',麦迪逊曾在写给杰斐逊的信中说道:'国内自由的丧失,都可以归结于准备应对来自国外的真实的或虚假的威胁。'对'国家安全'的任意援引、对执行保密的坚持、向国会隐瞒

---

① Francis Campbell, *Foreign Affairs Fudge Factory* (New York: Basic Books, 1971).
② Terence Smith, "Foreign Policy, Ebbing of Power at the State Department", *New York Times*, January 17, 1971.
③ Dean Acheson, "The Eclipse of the State Department", *Foreign Affairs*, Vol. 49, No. 4 (Jul., 1971): 593–606, 593.
④ John H. Esterline and Robert B. Black, *Inside Foreign Policy: The Department of State Political System and Its Subsystems* (Palo Alto, California: Mayfield Publishing Company, 1975).

信息、拒绝使用国会划拨的资金、对媒体的胁迫企图、将白宫作为侦察和破坏政治反对派的基地——这一切都代表了帝王式总统权从外交到国内事务的扩侵。"①

"帝王式总统权"诞生于20世纪四五十年代,旨在应对二战及随之而来的国际危机事态,在20世纪60年代和70年代却在国内找到了生根发芽的沃土。外交政策给予总统对和平与战争的掌控权,政党制度的腐朽使他事实上控制了政局,凯恩斯主义的启示使他掌控了经济。②然而,囿于时代和资料,对尼克松政府时期"帝王式总统权"发展至无以复加的地步,小阿瑟·施莱辛格的批评也仅限于总统对媒体的厌恶与新闻管制、对经济的掌控、行政特权的扩大等。他指出,"保密制度"(the Secrecy System)作为"帝王式总统权"的产物,在尼克松政府时期发展至顶峰,造成政府向公众、媒体和国会封锁、隐瞒消息,并最终导致了"水门事件"的发生。不过,小阿瑟·施莱辛格未能解释尼克松政府内部信息是如何被保密、被封锁的,也没能深入考察尼克松政府内各种权力尤其是外交权是如何被集中于白宫的。③

20世纪60年代末70年代初国务院执掌对外事务的权力和威望的下降,与"帝王式总统权"的发展形成了鲜明的对比。可以说,后者是前者发生的一个重要原因。然而对这两个方面的研究,都未能从制度安排上追根溯源。同一时期,在外交决策学领域的研究中,美国学者更多关注的是政策制定过程,而非设定这一过程的制度本身。④1971年格兰姆·艾利森(Graham Allison)出版了《决策的本质》一书,开启了外交决策学的

---

① Arthur M. Schlesinger, Jr., *The Imperial Presidency* (Boston: Houghton Mifflin Company, 1973), pp. ix - x.
② Arthur M. Schlesinger, Jr., *The Imperial Presidency*, p. 212.
③ Arthur M. Schlesinger, Jr., *The Imperial Presidency*, pp. 222 - 252, 331 - 376.
④ 20世纪50年代,有关外交决策(Foreign Policy Decision Making, FPDM)的研究在西方国家特别是美国发展起来,并最终成为国际政治研究中的一个重要学科。经过数十年的发展,外交决策学已经成为国际政治学科中外交政策分析(Foreign Policy Analysis, FPA)的一个重要组成部分。外交政策分析包括政策研究和决策研究两部分,其中,外交决策研究,即是用其他学科的研究方法分析外交决策的机制和过程以及这些机制与过程对政策制定的影响。参见王鸣鸣《外交决策研究中的理性选择模式》,《世界经济与政治》2003年第11期,第14～15页。

大发展时期，一些奠基性的著作纷纷产生。①这些学者试图将观念、信仰体系、个性和认知过程纳入经验性的外交政策研究之中。②艾利森在《决策的本质》一书中推翻了外交决策研究中理性行动者的经典模型，指出决策过程整体是一个黑盒子，里面各种齿轮和杠杆交错纵横，重大行为源自官僚机构中处于不同级别的个体所做出的无数矛盾行为，而他们对国家目标、组织目标和政治目标的观念都不尽相同。经典模型认为决策者的每一个行为都是对战略问题做出的深思熟虑的理性选择，他们只关注国家目标以及由国际关系问题引发的压力，这还远远不够，政府运作中产生的国家内部机制问题必须得到重视。③于是，他提出政府政策的"制定者"不是一个精打细算的决策者，而是一个由很多机构和政治参与者组成的集体。④在总结并批评为当时众多学者所广泛接受的"理性行动者"模型或"经典"模型的基础上，他提出了"组织过程"模型（organizational process model）和"政府（官僚）政治"模型（governmental/bureaucratic politics model），研究对象分别指向政府各部门以及政治参与者即参与决

---

① 罗杰·希尔斯曼（Roger Hilsman）、塞缪尔·亨廷顿（Samuel P. Huntington）、理查德·诺伊施塔特（Richard Neustadt）在各自作品中都强调外交决策的"政治"过程。格兰姆·艾利森（Graham Allison）在诺伊施塔特、赫伯特·西蒙（Herbert Simon）等人的研究基础上，在对古巴导弹危机的个案研究中，总结并使用了"理性行动者"模型、"组织过程"模型和"政府（官僚）政治"模型来分析外交决策。此后，该理论又在艾利森本人、莫顿·霍尔珀林（Morton Halperin）、罗伯特·加卢其（Robert L. Gallucci）等人的研究下不断发展，并被应用于大量的个案研究。参见 Roger Hilsman, *The Politics of Policy Making in Defense and Foreign Affairs: Conceptual Models and Bureaucratic Politics* (New York: Harper and Row, 1971); Samuel P. Huntington, *The Common Defense* (New York: Columbia University Press, 1961); Richard Neustadt, *Presidential Power and the Modern Presidents: The Politics of Leadership* (New York: Wiley, 1960); Graham Allison, *Essence of Decision: Explaining the Cuban Missile Crisis* (Boston: Little, Brown and Co., 1971)。

② 经过数十年的发展，外交决策学领域逐渐形成三个理论框架，即以博弈论为主要方法的理性选择模式、以系统论和控制论为方法的官僚组织模式和基于心理分析法的认知心理模式。这三种模式构成了外交决策理论的骨干，分别探讨了外交政策形成的推理过程、组织过程和认知过程，研究对象分属国家层次、组织层次（middle-range）和个人层次。参见王鸣鸣《外交决策研究中的理性选择模式》，《世界经济与政治》2003 年第 11 期，第 15 页。本书将"foreign policy"翻译为"外交政策"，将"foreign policy decision-making"译为"外交决策"，将"foreign policy making"和"foreign policy formation"译为"外交政策制定"。

③ Graham Allison, *Essence of Decision: Explaining the Cuban Missile Crisis*, pp. 5–6, 13.

④ Ibid., p. 3.

策者。①

此外，哥伦比亚大学教授、肯尼迪总统任内的助理国务卿罗杰·希尔斯曼（Roger Hilsman）在20世纪70年代末指出，政府制定政策的过程实质上是政治性的。他把政治性的过程视为做出集体决定的手段，认为它有四个特点：存在分歧和冲突；具有共同的价值观（尤其是维护这种体制本身）；存在互相竞争的团体；存在权力问题。亦即：政治意味着在做出决策之前必须协调各种对立的目标、价值观，以及实现这些目标及价值观的手段；政治过程中存在分歧、斗争和冲突，同时还有"趋于一致"的倾向；在主要集团或社会内部存在互相对抗的集团，它们有各自的目标和政策；政治过程中，有关的人和团体所掌握的权力起着突出的作用。至于权力的来源，他认为，除了武力、暴力或财富、社会地位外，在美国的政治制度中，权力还来自法统、法定权威、专门知识以及被认为合法的为特定利益说话的权利。②

外交决策学对政策过程的关注，仍不足以解释在决策过程中美国国务院等官僚机构的地位形成问题。在借鉴外交决策学分析方法的基础上，本书试图提出：决策过程从设定决策机制（policy decision making structure）就已经开始了，权力随着机构的设立和职责范围的界定而形成，随着官僚政治的斗争而变化。美国政府外交决策的过程是一种包括总统、总统助理

---

① 在管理学和经济学组织理论的基础上，艾利森将"组织过程"模型应用于外交决策的研究。他提出，国家不是一个单一的行为者，而是由众多半独立的松散组织组成；外交政策不是有目的的行为选择，而是这些分享权力的官僚机构通过不同的标准工作程序（standard operating procedure，SOP）的操作，出于维护各自本位利益的目的，对同一问题有着不同的政策主张。官僚机构习惯于因循守旧，政府领导人对官僚机构的影响力有限，于是往往出现官僚机构尾大不掉的现象。Graham Allison, *Essence of Decision: Explaining the Cuban Missile Crisis*, pp. 79 - 97. 在罗杰·希尔斯曼、塞缪尔·亨廷顿、理查德·诺伊施塔特等人的研究基础上，艾利森提出了"政府（官僚）政治"模型，他将外交决策中的行为者细化为处于官僚机构之上的领导者们，他们是政治游戏中相互竞争的参与者（players）。每一个参与者决定以其在某一事项中的赌注和他对于"国家安全利益、机构利益、国内利益和个人利益"的观念来决定其立场，产生着不同的影响。政府命令和行为源自政治过程，是有着不同利益和不同影响力的官员间妥协、冲突的结果。外交政策是参与者之间"拉拉扯扯"的政治游戏的产物。每一个参与者都相互竞争以获得权力、提升以及保有其职位。Ibid., pp. 144 - 147, 162 - 181.

② 〔美〕罗杰·希尔斯曼：《美国是如何治理的》，曹大鹏译，商务印书馆，1986，第12、17～22页。

和国务院等官僚机构首长在内的团体政治性过程。在美国政府改善对华关系的决策中,这种"官僚政治"的特点是,在总统个人政治抱负、政治理念和政治意图的公开示意和潜在影响下,包括国务卿、国防部部长、财政部长、中央情报局局长、参谋长联席会议主席和总统国家安全事务助理在内的主要首长在就任之初,通过明争暗斗决定涉及国家安全的政府官僚机构的设置、权责和各机构领导人的职责;此后才是参与决策者提出建议、彼此斗争、相互妥协的政策制定过程(policy-making process),以及总统做出外交决策的过程(decision-making process)。决策机制设定之后,在政策制定和决策过程中,参与决策的首长在提出议案、维护本机构利益、维护自身地位等方面开展竞争,存在意见分歧、冲突甚至斗争。

20世纪80年代,已有学者以中美关系正常化进程为个案研究的对象,对美国政府对华外交决策的四种机制进行了评估。① 而本书借鉴外交决策学中"官僚政治"和"组织过程"的分析模式,目的不是透过历史个案来研究国际政治,也并非要建立一般性的通则和定律,更非总结、发明理论,而是借鉴外交决策学分析模式,从美国外交决策过程的侧面搜集和使用资料,突出美国政府改善对华关系决策过程中的官僚政治的大背景,探讨外交权力如何集中于白宫、在决策机制中美国国务院职权的划定、"幕后渠道"对国务院正式外交渠道的影响、国务院与白宫的政策分歧及其根本原因等问题,并且考察国务院同国会以及美国主要盟国间的政

---

① 1983年,美国马里兰大学政府与政治学系的博士生Chang, Jaw-Ling Joanne完成了一篇题为"The Process of Normalization of Relations Between the United States and the People's Republic of China, 1969–1978: A Retrospective Evaluation of Decision Making Models in U. S. Foreign Policy"的博士论文。作者通过与四种决策模型相关的一些假设,如理性行动者(rational actor)、官僚政治(bureaucratic)、国内政治(domestic politics)、个人特性(idiosyncratic)、认知(cognitive)以及控制论(cybernetic models),来解释1969~1978年中美关系正常化进程中,美国决策的时间、方式和条款。作者提出的问题是:(1)美国为什么在1978年做出关系正常化的决定(为什么不是之前或之后)?(2)为什么美国在中国并未做出放弃使用武力解决台湾问题的前提下,认为北京的三个条件(不承认"中华民国"、从台湾撤军、废除美台共同防御条约)是可以接受的?作者认为,理性行动者和国内政治模型比官僚政治和个人特性模型有更大的解释价值。理性行动者模型可以使我们更清晰地看到正常化过程中的核心考虑,官僚政治和国内政治模型突出了正常化决策过程的政治背景,认知模型和控制论模型有助于理解美国为什么在1978年接受北京关于正常化的条件。

策互动，以弥补学术界有关美国改善对华关系的研究中对国务院角色研究的缺失和对美国政府外交决策研究的不足。

本书的内容主要分为两个部分：在中美关系缓和进程中，美国国务院决策职权的形成（第一章）和主要活动（第二至四章）。根据美国国务院具有的在国外代表政府、向美国政府反映外国人的看法、同外国政府进行谈判、分析和报告国外发生的事情以及提供政策建议等五项主要职能，①本书将国务院的主要活动分为政策研究、外交行动、与国会和盟国的政策互动三个方面。第一章以美国国务院在外交决策中的地位为中心议题，从人员与制度两个角度，弄清楚美国对华政策的决策者与参与决策者的关系，以及美国国务院在中美关系缓和进程中的职权形成及其内部的政策制定过程。第二章主要围绕1969～1971年美国国务院主持的几项政策研究，分析其为主动缓和对华关系提出的政策、对中苏冲突的认识和邀请中国参加国际合作的政策建议。第三章的叙述以美国国务院在中美关系缓和前半期（1969～1970年中）的外交活动为主要内容，包括它对1969年2月中美第135次大使级会谈的政策准备、提出并推动1969年7月放松对华管制政策、在1969年底至1970年初努力恢复中美大使级会谈等问题。与国会及盟国开展政策互动是美国国务院的工作职责之一，第四章主要介绍了中美关系缓和过程中，美国国务院同国会、美国的盟国日本、北约的政策互动。

对中美关系缓和历史的研究，存在不同的解释方法和框架。对于同样的问题使用不同的解释框架，所得认识便不相同。正如艾利森指出的，研究者从不同的方面理解同样的问题，再从历史中挑选、拼凑材料，寻找他们的答案。②从另一个逻辑角度来说，同样难以否认的是，因为受到研究假设、提出的问题以及提供答案的范围的限制，每一种方法的解释力都是有限的。③因此，每一种研究都是某些方面和一定角度的，是难以完整的。

---

① 〔美〕杰里尔·A. 罗赛蒂：《美国对外政策的政治学》，周启明等译，世界知识出版社，1996，第111页。
② Graham Allison, *Essence of Decision: Explaining the Cuban Missile Crisis*, pp. 249, 251.
③ "Each approach is limited, however, by the assumptions on which it is based, by the question it asks, and by the range of answers it provides." William B. Quandt, *Decade of Decision: American Policy Toward the Arab - Israeli Conflict* (Berkeley and Los Angeles, California: University of California Press, 1977), p. 3.

关于本书的写作，需要说明的是，本书的研究对象不是对中美缓和原因的分析。目前学界对于中美缓和原因的分析，分为现实主义和建构主义两种分析框架。从现实主义的角度来看，中美缓和是出于两者的战略需要，即均势的现实主义逻辑。①而建构主义则从观念史的研究视角，强调现实主义对中美缓和原因的研究并不完整。它跳出了对中美外交关系本身的研究，而是关注并追踪美国对中国的认知观念的变化、与缓和进程相伴随的美国对华政策有关思想、话语的变化，以及这些变化如何影响了中美缓和的政策结果。②

本书的研究对象尽管以美国国务院在中美关系缓和进程中地位和作用为主，但"论述所及并非局限于国务院"，也非对这一时期中美关系粗线条的历史描述，本书的研究和叙述力求深入问题的细节，从细微之处探求历史变化的脉络和态势，通过对1969~1972年美国对华缓和的决策背景、制度因素、秘密外交的方式及其对中美两国外交关系的影响的考察，探讨美国对华战略转换背后所依托的官僚政治。从官僚政治的研究视角，以国家安全委员会同国务院对外交职权的争夺、基辛格同罗杰斯之间权力的斗争为切入点，考辨旧说，厘清美国国务院对外事务职权的形成及其在缓和对华关系决策中的活动和作用，并探讨形成的原因。

尼克松总统时期的美国对外政策资料之丰富，可谓美国历届总统之最，按照其记录和保存、出版方式，大致可以分为四类：第一，美国国家档案馆和尼克松总统图书馆保存的原始资料；第二，已出版的印刷资料及可利用的数据库；第三，历史当事人的回忆录、日记等私人记录；第四，口述史资料。

---

① Harry Harding, *A Fragile Relationship: The United States and China since 1972* (Washington: Brookings Institution, 1992); Robert Ross, *Negotiating Cooperation: The United States and China, 1969-1989* (Stanford, California: Stanford University Press, 1995); John Garver, *China's Decision for Rapprochement with the United States, 1968-1971* (Boulder, CO: Westview Press, 1982); William Bundy, *A Tangled Web: The Making of Foreign Policy in the Nixon Presidency* (New York: Hill and Wang, 1998); Patrick Tyler, *A Great Wall: Six Presidents and China* (New York: Public Affairs, 1999).

② 代表作如 Evelyn Goh, *Constructing the U. S. Rapprochement with China, 1961-1974: From "Red Menace" to "Tacit Ally"* (Cambridge, u. k.: Cambridge University Press, 2005)。

本书的主要档案材料来源于美国国家第二档案馆（NARA Ⅱ）曾收藏的尼克松总统档案资料（现已转入尼克松总统图书馆），包括国家安全委员会档和国务院 RG59 档，类别包括各种备忘录、职员笔记、电报等，以及尼克松白宫录音记录和基辛格电话录音记录。已出版的档案资料集主要是《美国对外关系文件集》（Foreign Relations of the United States）。①

此外，可利用的档案资料数据库主要有：由乔治·华盛顿大学的美国国家安全档案馆（National Security Archive）主持制作的数字国家安全档案（Digital National Security Archive, DNSA），它包含了 1945 年以来的多达 63000 份、内容分为 29 个专题的有关美国军事、外交等决策过程的总统命令、备忘录、会议记录、独立报告、摘要报告、白宫通讯、秘密信件和其他秘密材料等各种形式的档案资料；解密文件参考系统（Declassified Documents Reference System, DDRS），包含第二次世界大战后中央情报局的情报研究、总统备忘录、内阁会议记录、技术性研究、国家安全政策声明以及通信记录等。

除了这两个常用的数据库外，一些机构的网站也提供了非常丰富的补充资料。美国加州大学圣·芭芭拉分校主持的"美国总统项目"（The American Presidency Project），有关于尼克松总统时期的演说、国情咨文、竞选演说、签署的政令、声明等文件。②乔治·华盛顿大学的"国家安全档案电子简报"（National Security Archive Electronic Briefing Books）提供了关于美国国家安全、外交、对外政策和军事、情报政策等档案资料。③密歇根大学数字图书馆提供了关于"美国总统公文"（The Public Papers of the Presidents of the United States）的数据库。④关于尼克松政府时期的人员

---

① 美国国务院已经出版了 31 卷尼克松总统时期的《美国对外关系文件集》，其中 18 卷是印刷出版，另外 13 卷只有电子版并且可以从美国国务院官方网站上下载（http://history.state.gov/historicaldocuments/nixon-ford/）。与本书有关的有第 1 卷（外交政策的基础，1969~1972）、第 2 卷（美国外交政策的组织与管理，1969~1972）、第 5 卷（联合国，1969~1972）、第 17 卷（中国，1969~1972）以及电子版第 1 卷（关于全球问题的文件，1969~1972）、第 2 卷（关于军控和核不扩散的文件，1969~1972）和第 13 卷（关于中国的文件，1969~1972）。
② http://www.presidency.ucsb.edu/
③ http://www.gwu.edu/~nsarchiv/NSAEBB/index.html
④ http://quod.lib.umich.edu/p/ppotpus/

名单，可见于尼克松图书馆基金会的网站。①尼克松总统图书馆和档案馆网站提供了包括尼克松总统日记（Presidential Daily Diary）在内的多种档案的下载。②美国中央情报局网站有关于中国的情报研究报告。③

  回忆录及日记材料主要包括1978年出版的《尼克松回忆录》（*The Memoirs of Richard Nixon*, New York：Simon & Schuster，1978）以及1979年、1982年出版的基辛格回忆录《白宫岁月》（*White House Years*, Boston：Little，Brown & Co.，1979，1982），这是研究尼克松政府时期美国对外政策最常引用的资料。随着近年来原始档案的解密，其中的不实与推脱之词不断受到学者指责。除了这两本回忆录外，时任尼克松总统白宫办公室主任霍尔德曼（H. R. Haldeman）的日记（*Haldeman Diaries*，1994）也是研究尼克松政府时期美国对外政策的有价值的原始资料。此外，一些美国机构的网站提供了有益的口述史资料。美国公共电视网（PBS）制作了"尼克松的中国棋局"（Nixon's China Game）项目，提供了对亚历山大·黑格（Alexander Haig）、基辛格、前巴基斯坦外交部长苏丹·穆罕默德·汗（Sultan Mohammed Khan）等人的采访。④美国国会图书馆的"美国外交研究和训练协会外交事务口述史项目"（The Foreign Affairs Oral History Collection of the Association for Diplomatic Studies and Training）提供了尼克松政府时期美国外交人员关于中美缓和历史的口述。⑤

---

① http：//www. nixonlibraryfoundation. org/index. php？ src = gendocs&link = Administration1969&category = Research%20Center

② http：//nixon. archives. gov/virtuallibrary/documents/index. php

③ http：//www. foia. cia. gov/search. asp？ pageNumber = 1&freqReqRecord = nic_ china. txt

④ http：//www. pbs. org/wgbh/amex/china/filmmore/reference/interview/

⑤ http：//memory. loc. gov/ammem/collections/diplomacy/index. html

第一章
制度与职权

美国的总统权（presidency）是一种异常个人化的制度（institution）。无论什么人当总统，都需要应对那些经久不变的要求和职责。但是，因每位总统个人的差异，总统权会比任何其他政府机构在设置、集中度和道德观上的变化都大。每一位总统独特的气质、性格、道德水准、风格、习惯、期望、特质、欲望、恐惧等，都重新塑造了白宫，并且渗透于整个政府。[1]尼克松的个人特质，影响了他对总统权和政府对外事务决策中权力结构的重塑，影响了美国国家安全委员会与国务院在对外事务上权力关系的角力。[2]

有学者指出，第二次世界大战结束后，随着冷战的开始，美国总统在对外事务上的权力日渐扩张，而常规外交职能部门实际影响力却在下降。[3]尼克松政府时期，美国政府内部在对外事务上的权力划分更明显地表现出这种趋势。1969年1月20日，尼克松就职，新的国家安全体制也正式生效。事实上，外交决策的过程从决策机制设定那一刻就已经开始了。权力随着机构的设立和职责范围的界定而形成，随着官僚政治的斗争而变化。新的国家安全体制划分了尼克松政府内部外交决策程序中的权力和职能。从机构角度来说，国家安全委员会超越国务院成为外交决策的核心平台，

---

[1] Arthur M. Schlesinger, Jr., *The Imperial Presidency*, p. 212. 类似的观点，参见 Robert Dallek, *Nixon and Kissinger: Partners in Power*, p. 103; Walter Isaacson, *Kissinger: A Biography* (New York: Simon & Schuster, 1992), p. 16。

[2] 关于尼克松成长经历、个性的述评，参见 Robert Dallek, *Nixon and Kissinger: Partners in Power*, pp. 3-33, 89-92。

[3] 牛可：《美国"国家安全国家"的创生》，《史学月刊》2010年第1期，第64页。

是国务院、国防部等其他政府部门向总统提出政策建议的唯一正式渠道。此外，由国家安全委员会运作，白宫通过所谓的"幕后渠道"（Back Channels），绕开国务院，同他国开展了一系列的秘密外交。就个人而言，尼克松在基辛格的协助下，通过调整国家安全委员会和国务院等官僚机构，将外交决策过程置于总统及其国家安全事务助理的掌控之下。总统国家安全事务助理基辛格与国务卿罗杰斯之间的斗争既是个人权力的斗争，又关乎国家安全委员会与国务院的职权之争。国家安全委员会同国务院之间不断地相互攻击和设障，使国务院背负了官僚机构阻碍外交的"罪名"。

本章通过论述尼克松政府时期外交决策和重要外交谈判中，美国国务院的职能与权力被削弱的状况是如何形成的，以呈现美国国务院在对华缓和时期开展活动与产生影响的政治背景。主要问题包括：总统、国务卿和总统国家安全事务助理的关系、工作方式以及他们在宪法和历史中的角色，尼克松政府时期新国家安全体制的设立，决策机制中的权力结构以及国务院决策职权的形成，国务院为保卫自己职权所做的斗争。①

一 职位与权力

1969年1月20日，华盛顿的天气晴朗，但寒风凛冽。这倒颇映衬了当天美国第37任总统尼克松（Richard Milhous Nixon）就职典礼上隆重热烈的气氛，以及他所面临的"国内分裂和国际动荡"的艰难时局。②

---

① 关于国家安全委员会的历史，最早的著作是 John Prados, *Keepers of the Keys: A History of the National Security Council from Truman to Bush* (New York: William Morrow and Company, Inc., 1991)。由于该书写作、出版时，尼克松政府时期的档案刚刚开始解密，因此它关于尼克松调整国家安全体制的论述，并非建立在档案研究的基础上。Wilfrid L. Kohl 的研究考察了尼克松和基辛格外交决策体制的特点，并且解释了与美欧外交事务有关的案例（"The Nixon - Kissinger Foreign Policy System and U. S. - Europe Relation", *World Politics*, Vol. 28, No. 1 (Oct., 1975), pp. 1 - 43）。夏亚峰研究了尼克松政府时期对外决策机制、过程及主要制度设计人员的特点等问题，认为尽管尼克松任内在外交方面取得了重大的成功，但是"这一机制是将美国外交决策的千斤重担压到了尼克松和基辛格两人的肩上，违背了美国政府决策民主程序的理念"（夏亚峰：《试析尼克松政府对外政策决策机制、过程及主要人员》，《史学集刊》2009 年第 4 期，第 91～102 页）。

② 〔美〕基辛格：《白宫岁月》第 1 册，第 3、5 页。

两次世界大战的发生和现代科技的进步及传播，打破了19世纪以来至20世纪初在欧洲形成的战略均势格局。随着第二次世界大战的结束，欧洲力量瓦解，以苏联和美国为首的东西方两大阵营冷战对峙的格局最终形成。在20世纪60年代的政治学者看来，"美国人在国际舞台上面对的根本问题不仅仅是美国的国家安全，而是由谁来建立一个新的、适应当今世界的、可以替代被两次世界大战粉碎的国际秩序的问题"。在这个新秩序中，"一个独一无二的角色仍然要由美国来扮演，因为只有我们拥有担负这一重任的资源和意愿。它必须坚持不懈地对抗来自苏联-中国共产主义阵营的充满敌对和破坏性的活动，这个阵营矢志不渝地要建立一个极为不同的体系"。[1]

不论是在美国处于冷战优势地位的20世纪50年代，还是在20世纪60年代末开始的一个"不再处于支配地位但仍然拥有巨大影响"的过渡时期，[2]建立世界新秩序始终是美国外交决策者的"梦想"。只不过，世易时移，现实和梦想的内容都在发生改变。

在尼克松的就职典礼上，林登·约翰逊（Lyndon Baines Johnson）最后一次在《向元首致敬》的乐曲声中大踏步走过。他也曾经带着一个伟大的梦想，以崇高的愿望开始，却以面对一个分裂的国家的痛苦而告终。在亨利·基辛格（Henry A. Kissinger）这位即将出任总统国家安全事务助理的哈佛大学教授的眼中，他像一只傲然挺立、志不可侮的笼中之鹰，双眼凝望着他再也无法攀登的远方高峰。而站在国会大厦台阶最高层的尼克松，却像是"一个在马拉松赛跑中使尽了浑身力气的长跑运动员"，显得筋疲力尽甚至虚弱。[3]

尼克松站在首席大法官沃伦·厄尔·伯格（Warren Earl Burger）的面前，他的夫人帕特里夏·尼克松（Patricia Nixon）手捧两本尼克松分别在1953年和1957年宣誓就职副总统时使用过的家传棕色皮面《圣经》。他注视着以赛亚书第2章第4节，高声宣誓：

---

[1] Paul H. Nitze, "The Secretary and the Execution of Foreign Policy", in Don K. Price ed., *The Secretary of State* (Englewood Cliffs, N. J.: Prentice-Hall, Inc., 1960), pp. 7-8.
[2] 〔美〕基辛格：《白宫岁月》第1册，第5页。
[3] 〔美〕基辛格：《白宫岁月》第1册，第3页。

他要在列国施行审判,为多国的人断定是非。他们必把刀打成犁头,把矛打成镰刀。这国不举刀攻击那国,他们也不再学习战争。①

随后,他发表了主题为"和平"的就职演说:②

历史所能赐予我们的最大荣誉,莫过于和平缔造者这一称号。这一荣誉正在召唤美国……经过一段对抗时期,我们正进入一个谈判时代。让所有国家都知道,在本届政府任期内,交流的通道是敞开的。我们谋求一个开放的世界——对各种思想开放,对物资和人员的交流开放。在这个世界中,任何民族,不论大小,都不会生活在愤怒的孤立之中。我们不能指望每个人都成为我们的朋友,可是我们能设法使任何人都不与我们为敌……我们若获成功,下几代人在谈及现在在世的我们时会说,正是我们掌握了时机,正是我们协力相助,使普天之下国泰民安。③

对美国这个身陷越南战争泥潭的国度而言,"和平"是一个抚慰创伤、凝聚人心、唤起希望的政治词语。然而,如何脱离动乱的幽谷、走进谈判的时代、让"愤怒"的隔绝者走出孤立的世界,实现一个开放的世界?此时,在白宫的总统办公室中,没有蓝图,没有道路,也没有计划。在回忆录中,基辛格称"这是一个痛苦的、但是我希望并不是没有成就的过渡"。④

许多政府首脑都想以在本国外交上留下明显的影响,来结束政坛生涯。⑤在这一点上,尼克松更是一个典型。由于有着"反共斗士"的政治背景,很多人都认为尼克松很难同苏联等社会主义国家的领导人打交

---

① *Washington Post*, Jan. 20, 1969, A1.
② 〔美〕尼克松:《尼克松回忆录》中册,第 438 页。
③ *Public Papers of the Presidents of the United States, Richard Nixon, 1969*, January 20, 1969 (Washington: Office of the Federal Register, National Archives and Records Service, General Services Administration, 1971), pp. 1 - 4.
④ 〔美〕基辛格:《白宫岁月》第 1 册,第 5 页。
⑤ 〔英〕克里斯托弗·希尔:《变化中的对外政策政治》,唐小松、陈寒溪译,上海世纪出版集团,2007,第 66 页。

道，但他对这样的观点不以为然。尼克松认为，自己比第二次世界大战以来任何一位总统都更灵活，已经准备好以灵活、务实的姿态，同他们打交道。①早在1967年10月，尼克松就在《外交》杂志上发表了那篇为今人所熟知的重要文章，提出要让中国走出"愤怒的孤立状态"。1968年，他在竞选演说中公开反思了美国第二次世界大战后的外交政策：

> 自第二次世界大战结束以来，美国一直在积极卷入两场重要的战争，以保卫其他地区的自由免于共产主义的侵犯。我们在朝鲜打了一仗，我们仍在越南战斗。这些战争中，美国有25万多名士兵受伤、5万人阵亡。在这两场战争中，为了保卫那些国家，美国提供了大量的金钱、绝大部分的武器和人员……在我看来，这些努力是正确的。但是，我相信，是时候实行一种新的外交了。②

1968年8月9日，他接受共和党总统候选人提名后不久，在接受一家杂志采访时重申："我们必须不要忘掉中国，我们必须经常寻找机会同它对话，就像同苏联对话一样……我们不仅要注视着变化，而且必须设法促成变化。"尼克松在总统就职演说中有关敞开交流通、谋求一个开放的世界这段话，是特别针对中国而发的。后来，他在1972年2月向国会提出的对外政策报告中透露，他在三年前说这些话的时候，中华人民共和国已在他的思想中"占很大地位"。这段话也引起了正在关注美国动态的毛泽东的注意。他对此评论说："从1949年起到现在，他们尝到了我们这个愤怒的孤独者给他们的真正滋味。"③尼克松的这篇就职演说词，毛泽东不仅亲自过目，并且在《人民日报》、《红旗》杂志评论员文章《走投无路的自供——评尼克松的"就职演说"和苏修叛徒集团的无耻捧场》上批示："照发。尼克松的演说也应见报。"这样，尼克松在就职演说中向中国发出的新讯息，便通过《人民日报》的转载，开始在更大的范围内传

---

① Memorandum of Conversation, October 22, 1970, 11 a.m. - 1: 30 p.m., FRUS, 1969 - 1976, Vol. I, Document 77.
② 宫力：《毛泽东与美国》，世界知识出版社，1999，第195页。
③ 林克、徐涛、吴旭君：《历史的真实》，香港利文出版社，1995，第312页。

播。在此前后，周恩来也根据毛泽东的意向，向有关部门发出指示，要求加强研究美国的政策苗头，弄清美国真实的战略意图，以探究是否有可能同美国接触。①

20 世纪 60 年代末，旧政策已经使美国走进了死胡同。这是一个美国领导人必须面对"国内分裂和国际动荡"的过渡时期。

在国外，曾经的美援对象——西欧和日本已经恢复了经济实力、政治活力与国家自信，独立倾向越来越强，并在国际事务中扮演起越来越重要的角色。新兴国家也展现出生机，独立力量愈益强大。共产主义阵营随着苏联与中国的分裂而瓦解。1968 年，苏联入侵捷克斯洛伐克。这是继 1953 年对民主德国、1956 年对匈牙利动用军队之后，苏联第三次出兵社会主义国家。此外，在 20 世纪 60 年代末，苏联拥有的核武器总当量已经超过美国，其导弹能力也在 1970 年可与美国相匹敌。②在美苏军备竞赛中，苏联已从战略防御转入战略进攻，打破了美苏军事力量的平衡。而美国在越南战场陷入进退维谷的困境，国际地位下降，在对中国的敌视、孤立和封锁中，付出了高昂的代价。③新的世界局势表明，美国既有的遏制战略已不足以应对时势，新的领导人需要重新规划他们对世界新秩序的梦想，重新界定美国在世界上的地位。

美国的国内情况更为紧迫、严峻。1969 年初，美国国务院政策规划委员会的报告指出：第二次世界大战结束后，美国黑人从农场进入城市隔离区，移民潮引发的危机成为美国各种社会问题的根源。在城市中，住宅拥挤破烂，学校紧缺，城市供应经常崩溃，犯罪率上升，警力短缺，法律执行不力，毒品交易和走私泛滥。同时，美国年轻人中弥漫着反叛和背离的情绪，淫秽与暴力等非理性行为频频发生。社会风气的堕落甚至蔓延到了教堂。报告认为，这一切向美国领导人昭示：美国社会正在经历转型，其特点是年轻人对美国制度应对技术与社会变革的方

---

① 宫力：《毛泽东与美国》，第 195 页。
② Address by Richard M. Nixon to the Bohemian Club, July 29, 1967, *FRUS, 1969 – 1976*, Vol. Ⅰ, Document 2.
③ Report by President Nixon to the Congress, February 18, 1970, *FRUS, 1969 – 1976*, Vol. Ⅰ, Document 60.〔日〕山极晃：《中美关系的历史性展开（1941～1979）》，鹿锡俊译，社会科学文献出版社，2001，第 266～267 页。

式极为不满。①

尼克松对美国的现实有着清醒的认知。在就任总统后，他冷静地接受了外国战略机构的评论，即"美国已经失去了成为主宰世界力量的'愿望和能力'"。② 1969年3月21日，《生活》杂志刊登了哈佛大学斯坦利·霍夫曼（Stanley Hoffmann）教授一篇题为《70年代的政策》的文章。霍夫曼指出：

> 尽管美国仍然是世界上最强大的国家，但这个世界已变成另样：任何一个大国都难以直接控制事态的发展，曾经熟悉的权力工具已不再有效，问题太多而难以由任何一个国家掌控……美国外交政策需要一个新的姿态和一些新的观念……美国的姿态应当是"积极的自我克制"……我们的领袖所追求的世界秩序，应当不仅仅可以容纳分歧和差异，而且还可以包容冲突和暴力，（因为）这些问题在设计得无论多么完美的秩序中都难免出现……20年来，我们把我们的外交政策建立在两个观念上：一个是共产主义世界必须被遏制的观念；另一个是美国的使命是维护世界任何地方的秩序，如果有必要就单独行动。而这两个观念已经变得毫无用处，甚至非常危险。

他认为，具体而言，当美国从越南"光荣撤退"之后：

> 在亚洲，建立一个以中国为主要大国，但并非统治力量的现实主义的秩序，在中国同其他例如印度、日本等国之间形成一种平衡。这种新秩序需要我们承认中国、在联合国中接受它，并且取消我们的贸

---

① "The Future of the Alliance in the Light of Long-term Trends in Europe and North America", April 1, 1969, Source: National Archives (The U. S. National Archives and Records Administration, College Park, Maryland), RG 59, Planning Coordination Staff (S/PC), Subject, Country, and Area Files (1969-1973), Box 401, Folder APAG Planning Talks 1970, pp. 20-22.

② 对于英国战略研究机构的这份评论，尼克松告诉基辛格："亨利——（1）非常重要并且准确。（2）需要把这篇文章广泛传阅。" Memorandum For Dr. Kissinger, April 12, 1969, Source: National Archives, Nixon Presidential Materials Project, NSC Files, Subject Files, Box 341, Folder 1。

易禁运。我们应当停止"隔离"或孤立毛(泽东)的政权的努力……我们与苏联拥有共同阻止中国统治东南亚的共同利益。但是,我们与中国也拥有限制苏联影响的共同利益。

1969年4月中旬,尼克松不但仔细阅读了这篇文章的全文、亲手做了标记,而且还要求基辛格将他标记后的原文印发政府最高级别的官员。①

与此同时,美国国务院政策规划委员会在一篇报告中指出,尽管美国财力雄厚,但经济资源毕竟是有限的。政府若要使美国的社会生活更富感染力、生命力和意义,就必须调整美国的外交政策。"如果要在国内做更多的事情,那么就要在国外做更少的事情。"它指出了应对内政外交困境的出路:通过缓和东西方关系、减少美国在海外的开支,稳定和建设国内社会。尽管"这种政策的一个结果可能是美国愈加不愿意在海外承担新的义务,甚至减少美军在地区安全部署中的角色;但是,这些发展趋势并不等于美国'撤退',也不是回到'孤立主义'。美国无法脱离世界:它不能够退出"。②1969年3、4月间收到的学界和国务院的政策分析和建议,影响了这位以"外交"为己所长、所爱的新任总统。不久之后,尼克松即以此为基调,提出了著名的"尼克松主义"。

在重塑美国的世界领导权、建立一个以美国为首的世界新秩序的执政梦想之外,尼克松还有着对总统权力的"革命梦想"。这是一位志在将外交权力集中于总统权的总统。在小阿瑟·施莱辛格(Arthur M. Schlesinger, Jr.)看来,"在传统的表象之下,尼克松是一个有着革命梦想的人","尼克松不仅在心理上亟须免除民主程序的束缚,还大胆地感受到一个改变总统权的历史契机——相对于国会、相对于全体选民、相对于行政分支

---

① 下划线为档案原文所有。参见 Memo from John R. Brown to H. R. Haldeman, April 16, 1969, Source: National Archives, Nixon Presidential Materials Project, White House Central Files, Subject Files, Box 1, Folder 3。

② "The Future of the Alliance in the Light of Long-term Trends in Europe and North America", April 1, 1969, Source: Natioanl Archives, RG 59, Subject, Country, and Area Files (1969-1973), Box 401, Folder APAG Planning Talks 1970, pp. 22-23.

自身的其他部分，将所有权力都凝聚到白宫，这些权力已经混乱地随着国内外的动乱统归于总统权……尼克松的命运就是沿着帝王式总统权的逻辑走上了一条不归路"。①

作为民主党人，小施莱辛格对身为共和党人的总统进行抨击，难免有党派攻伐之嫌。不过，第二次世界大战结束后，随着"国家安全国家"的创立和发展，美国政府在外交权力的架构上确实出现了这样一些趋势：行政部门特别是总统在对外事务上权力扩张（所谓"帝王式总统权"），常规外交职能部门（国务院）实际影响力下降，情报部门政策影响力上升以及政策事务中隐秘性强化等。②在尼克松任期内，总统外事权力的扩张、总统权力的发展达到了顶峰。然而，权力最终也使他自己深受其累。

尼克松的这条"不归路"是从他任命国务卿、国家安全事务助理开始的。他厌恶官僚机构和官僚政治，在私下里痛斥"官僚机构中96%的人都反对我们。他们是跟我们作对的杂种。我们也不需要在乎什么所谓的开放管理"。当选之后，他很快通过对国务卿、总统国家安全事务助理等重要职务的任命，塑造了一种以总统、总统顾问和幕僚为决策核心的权力关系格局。在这一格局中，尼克松更加依赖白宫幕僚，要求他们"营造总统的神秘性"，并且"希望办公室主任霍尔德曼、国家安全事务助理基辛格和国内政策顾问埃利希曼（John D. Ehrlichman），作为内部圈子的核心成员发挥作用"，充分以白宫的权力奖惩职员，使他们"加强总统的权

---

① Arthur M. Schlesinger, Jr., *The Imperial Presidency*, pp. 216-217.
② 有学者指出，"国家安全国家"为美国历史上全新的形态。它可以定义为：经过战后初期关于国防和政府体制的大讨论和政府机构的重组，特别是通过《艾伯斯塔特报告》（*Eberstadt Report*）和1947年的《国家安全法》（*National Security Act of 1947*）而建立的旨在适应总体战和冷战需要的组织、制度和程序，其特性是在新的"国家安全"理念下扩张政府对外事务部门，提升"国家安全"在理念和组织上的地位和重要性，在政府组织体制上达成政治、军事、外交、内政、经济、情报等各职能部门之间集中统筹和全面协调，并对国内的人力、经济、意识形态和智力资源实施充分动员。与其相连的趋势包括：行政部门特别是总统在对外事务上的权力扩张（所谓"帝王式总统权"），常规外交职能部门（国务院）实际影响力的下降，以及情报部门政策影响力的上升和政策事务中隐秘性的强化等。"国家安全国家"与"福利国家"和"管理型国家"共同促成20世纪美国国家建构长期运动的三个基本面向。牛可：《美国"国家安全国家"的创生》，《史学月刊》2010年第1期，第64页。

威，而非他们自身"。①美国国务院和国务卿在外交决策中的职权也因此受到削弱。

根据美国宪法，美国国务卿应在政策制定中扮演什么样的角色？简短的回答是，完全取决于总统的意愿和安排。1789年《哥伦比亚特区组织法》批设了国务卿一职。它规定，在外交事务中，总统拥有最终的权威，国务卿和国务院作为总统的一只手臂，以总统认为适当的方式予以辅助。②

但是，从严格的意义上说，这一简短的回答是容易产生误解的。最初，国务卿不是一个独立机构的领导，其下也没有具有法律规定职责的职员，他的职责是总统指导国际事务职责的延伸。③然而，随着美国在国际事务中作用和角色的复杂化，国务卿的主要活动及职责也愈益复杂，主要包括：总统在对外政策上的首席顾问，指导美国对外事务的谈判，为总统提供任命大使、公使、领事和其他外交代表的建议，谈判、解释、终止条约和协定，向国会和美国公民通告美国外交政策的执行状况，促进美国和其他国家的经济交往，管理国务院，指导美国外交人员，等等。④可以说，总统决定外交政策，国务卿由总统任命（经国会参议院同意），对总统负责，是仅次于正、副总统的高级外务行政长官。

制定详细的外交政策，需要参与决策的各层级官僚相互配合。总统尽管决定最关键或最根本性的问题，却难以处理全部的次要问题。这些次要

---

① 霍尔德曼是白宫办公室主任，约翰·埃利希曼是总统国内政策顾问。后来，这个内部圈子的核心有所扩大，至1969年9月，增加了总统的政治顾问布莱斯·哈洛（Bryce Harlow），即所谓的 HEHK（Haldeman, Ehrlichman, Harlow, Kissinger）。至1970年6月，又增加了 Bob Finch、Donald Rumsfeld 和 George Shultz 三人。这个圈子扩大为所谓的"FRESH"（Finch, Rumsfeld, Ehrlichman, Shultz, and Haldeman）。H. R. Haldeman, *The Haldeman Diaries*, pp. 309, 73, 85, 175。

② Robert R. Bowie, "The Secretary and the Development and Coordination of Policy", in Don K. Price ed., *The Secretary of State*, p. 51. 罗伯特·博伊（Robert R. Bowie）曾任艾森豪威尔总统时期助理国务卿、国务院政策规划委员会主任（the Director of the Policy Planning Staff of the Department），并是国家安全委员会计划委员会（the Planning Board of the National Security Council）成员。

③ Don K. Price, "A New Look at the Secretary of State", in Don K. Price ed., *The Secretary of State*, p. 2.

④ 美国国务院网站，http://www.state.gov/secretary/115194.htm。

的事务需要由各部门首长及其下属完成。此外，他们还为总统区分事件的重要性，以供他做出决策。国务卿无疑是外交政策领域最适合协助总统的人。传统和惯例使他在行政部门负有首要职责。在内阁成员中，只有他可以将全部的时间和精力投入对外事务。作为国务院的首长，他能够管理外交领域大批专业人士的工作。因此，国务卿在制定基本的外交政策方针、协调各部门工作中，扮演着一种核心角色。在杜鲁门（Harry S. Truman）和艾森豪威尔（Dwight David Eisenhower）政府时期，国务卿的外交理念得到了总统的认可。作为国务卿，马歇尔（George C. Marshall）、艾奇逊（Dean Acheson）都拥有总统的完全支持，在外交政策制定和协调过程中，成为总统的首要顾问。1953年6月1日，艾森豪威尔说："我本人希望强调这样一点，我将把国务卿视为在制定和管理外交政策上负责给予我建议和协助的内阁官员。我的方式是，使国务卿成为我在有关外交政策问题上富有权威的向导。有关外交政策的事务，行政部门的其他官员要同国务卿协作完成。"①

国务卿应是总统外交事务的首要顾问，内阁会议和国家安全委员会的首席委员。但是，国务卿若要成功扮演他的角色、在外交决策中发挥作用，需要符合以下前提条件：能与总统建立和谐的工作关系且获得总统的支持，理解并支持公众和国会的意见及要求，可以有效协调各行政部门的政策，适当管理国务院和外交人员。②

其中，在国务卿与总统之间建立一种和谐的工作关系，并不是一件容易的事。艾奇逊在卸任后指出，在国务卿和总统两者的关系中，自始至终最为重要的，是要明白谁是总统。这一关系的基石是认识到谁是居首位的。③此外，还要认识到谁是国务卿。如果总统不将国务卿视为外交事务方面的首要顾问和执行人，不信任他的想法和计划，那么他们之间的关系

---

① Robert R. Bowie, "The Secretary and the Development and Coordination of Policy", in Don K. Price ed., *The Secretary of State*, pp. 56–57.
② Paul H. Nitze, "The Secretary and The Execution of Foreign Policy", in Don K. Price ed., *The Secretary of State*, p. 26.
③ 艾奇逊援引了林肯（Abraham Lincoln）与西沃德（William Seward）、哈里森（Benjamin Harrison）与布莱恩（James G. Blaine）、威尔逊（Thomas Woodrow Wilson）与布赖恩（William Jennings Bryan）之间发生的故事。

也难以成功,代价也会相当巨大。"这种关系在本质上是一种伙伴关系(partnership)。当然,个性、经历和训练、政治紧迫性、时期,所有这些因素决定了高级合伙人在辅助他的低级合伙人那里所寻求的是什么。"总之,成功的总统-国务卿关系,需要每一方在完全坦诚、忠实履行全部职责的基础上,对另一方怀有真正的尊重。如果国务卿不能获得总统最亲密、持久的信任与尊重,那么他只不过是一个外交官僚而已。①

对于自己的职权和角色,威廉·罗杰斯(William P. Rogers)有着清楚的认识。1969年1月15日,在对其国务卿任命予以确认的参议院外交关系委员会听证会上,他这样回答了参议员贾维茨(Jacob Javits)关于如何认识国务卿角色的问题:

> 宪法有关国务卿的规定是缺失的。1789年法令规定了国务卿的职责,即他将承担总统享有的和授予他的职责……我认为,国务卿应当积极向总统建言,实现这个目标。如果我没有这样想,我是不会接受这个工作的。②

但是,对新任总统尼克松来说,与他的老朋友、他亲自任命的国务卿在互信和互敬的基础上建立这样一种关系,将是一个不小的挑战。在尼克松的传记作家们的眼中,尼克松是如此复杂以致让人难以写出一本准确、完整且公正的传记,在他个性的阴暗面下,隐埋着不安全感、脆弱与仇恨。③

1968年底当选总统后,尼克松在确定国务卿人选之前,就已经选定了总统国家安全事务助理。这位决意要在国家安全事务助理的协助下,使

---

① Dean Acheson, "The President and the Secretary of State", ibid., pp. 27 – 37, 40.
② Editorial Note, *FRUS*, *1969 – 1976*, Vol. Ⅰ, Document 8.
③ Jonathan Aitken, *Nixon*, *A Life*, pp. 5 – 6. 其他学者的描述,如:"他是一个生活在外向的职业里的内向的人,他从来就是一个孤独的人,一个不自在的、害羞的怪人,他与自己的思想以及黄色信笺簿相处得最好。"〔美〕理查德·里夫斯:《孤独的白宫岁月:近距离看到的尼克松》,蒋影译,经济日报出版社,2004,第1~2页。他既不属于自由派,也不属于保守派;既不是一个"功利主义者",也不是一个"温和主义者",尽管他有时似乎两者都是,但其实,他"只是一个野心勃勃的人"。参见 Gray Allen, *Richard Nixon*: *The Man Behind the Mask* (Belmont, Mass.: Western Islands, 1971), p. 51.

自己同时也成为"国务卿"的总统,并不十分在意由谁来充任国务卿的职位。他挑选老朋友、艾森豪威尔政府时期的司法部长罗杰斯充任国务卿,只不过是因为罗杰斯毫无处理外交事务的经验和背景。尼克松告诉基辛格:"罗杰斯并不熟悉这一领域是个好事,因为这可以确保政策指挥权保留在白宫……作为一个谈判专家,他可以轻易地打败苏联人。并且,'国务院中的那帮小子们'最好小心点儿,因为罗杰斯可不会容忍胡说八道。"①

然而,新政府就职刚满两个月,总统与国务卿之间的矛盾就开始显现。在1969年3月27日向国会作证时,罗杰斯在关于发展反弹道导弹系统的问题上发表了与尼克松相左的观点。一位国家安全委员会职员立刻向基辛格表达了自己的不满,认为国务卿是在"拆总统的台"。②紧接着,总统顾问威尔金森(Charles B. Wilkinson)也拿此事大做文章,认为这涉及对总统"忠诚与遵守纪律"的问题。为了避免以后类似事件再次发生,他建议总统有必要"对下属指出错误,引起他们的注意,并要求其做到毫无保留的忠诚和遵守纪律"。③三天之后,尼克松便向国务卿、国防部长、基辛格等人发文,表达他对国务卿的不满:"现在对我而言,批评已经达到了一个很危险的程度,即看起来总统对他的团队已经完全失控,每个人似乎都朝着不同的方向前进。"他再次申述了美国在一些问题上的政策立场,要求各部门对外保持一致的口径。④这一事件,不过是在总统白宫顾问和助理的作用下,国务卿罗杰斯逐渐成为总统心目中"不忠诚"代表的开始。

从法律上来说,宪法赋予总统对外政策的决策(decision-making)

---

① Robert Dallek, *Nixon and Kissinger: Partners in Power*, pp. 82-83.
② Memorandum for Henry A. Kissinger, from Laurence E. Lynn, Jr., March 29, 1969, Source: DDRS, CK3100561653, p. 1.
③ For The President, From Charles B. Wilkinson, April 10, 1969, Source: National Archives, Nixon Presidential Materials Staff, National Security Council (NSC) Files, Subject Files, Box 341, Folder 1.
④ Memorandum to The Secretary of State, The Secretary of Defense, Ambassador Bunker, Ambassador Lodge, Henry Kissinger, from The President, April 14, 1969, Source: National Archives, Nixon Presidential Materials Staff, National Security Council (NSC) Files, Subject Files, Box 341, Folder 1.

权,而外交政策的创制与执行,则主要由国务院完成。美国国务院及其子系统享有国会赋予的管理(conducting)美国对外关系、实现美国对外政策目标的唯一执行权威和法定权力(executive authority and statutory authority),负责同他国开展"所有联络及交往",处理与盟国的政治军事合作、公民签证、对外援助、关税、海外侦查等诸多方面的对外政策事务。在外交事务领域,其他政府部门都没有国务院所享有的同等的、被正式授予的合法权力。事实上,当由国务院完成的某个外交政策立场报告(position paper)被各部级代表讨论时,国务院就是在行使政策创制(initiating policy)权。①

在由国务卿以及负责经济、政治等事务的副国务卿组成的领导核心之外,发挥关键作用的是负责地区性事务的助理国务卿。当处理涉及某地区具体国家的问题时,他们丰富的地区经验就凸显出重要的价值。可以说,国务院内的外交政策制定过程,一般起始于那些负责地区性事务的助理国务卿。自20世纪60年代开始,来自国务院内部和白宫的命令,不断地强化了地区性事务局所扮演的协调性与指导性角色。1966年,传统的在外交人员序列中居于中级的"国家事务干事"(Country Desk Officer),被提升为较高级别的"国家事务主任"(Country Director),使地区事务局的地位得到了加强。从1969年开始,先后担任过国务院东亚暨太平洋事务局助理国务卿的,分别是威廉·邦迪(William P. Bundy)、温斯洛普·布朗(Winthrop G. Brown)、高德莱(G. McMurtrie Godley)以及马歇尔·格林(Marshall Green)。他们都是具有丰富的亚太地区经验的情报官员或大使。②

尼克松政府时期,国务院东亚暨太平洋事务局在对华主动进程中发挥

---

① John H. Esterline and Robert B. Black, *Inside Foreign Policy: The Department of State Political System and Its Subsystems*, pp. 7 - 8, 9, 12. 美国国务院的子系统(subsystems)包括:国际开发署(the Agency for International Development, AID)、美国新闻署(the United States Information Agency, USIA)、军控与裁军署(the Arms Control and Disarmament Agency),以及和平队(Peace Corps)。参见 John H. Esterline and Robert B. Black, *Inside Foreign Policy: The Department of State Political System and Its Subsystems*, p. 13。本书的研究对象主要为国务院主体机构。

② John H. Esterline and Robert B. Black, *Inside Foreign Policy*, p. 47.

的作用，是本书关注的重要问题之一。这一时期国务院处理中国事务的官员，大多是对中国事务感兴趣、接受过专门的汉语训练并且在高等院校中学习过与东亚有关的专业知识的年轻官员。他们没有经历过麦卡锡主义盛行时代的迫害，在对华政策问题上有着更为同情的态度和积极发展中美关系的立场。①

国家安全委员会（National Security Council，NSC）始设于1947年7月颁布的《国家安全法》，是由内阁级别人员组成的总统的顾问机构。②作为《国家安全法令》的蓝本，《艾伯斯塔特报告》将国家安全委员会作为国家安全体制的"中枢和最高端"。但随着冷战中"帝王式总统权"的继续深化，国家安全委员会的组织、构成、程序和实际作用不断地在每一任总统的任期内加以调整和变动。《艾伯斯塔特报告》设立国家安全委员会的动机之一，是"避免罗斯福时期这种情况，即总统绕过正式的决策和咨议程序，使总统权力的运作过于随意和非制度化，它暗含着限制总统权的意味"。然而，"有着高度个人化特性的总统权，与规范化、制度化的官僚机构之间长期持续较量，结果却是总统权在很大程度上'降服'了国家安全委员会，使之成为掌握在自己手中的制度工具"。③特别是国家安全委员会主任和工作人员在对外事务中越来越多地作为总统的私人班底提供政策建议，而作为常规外交职能部门的国务院的一些职权被转移到国家安全委员会职员班底，其实际影响力受到削弱。④

在杜鲁门、艾森豪威尔政府时期，国家安全委员会职员的职责和角色是行政性的，"执行秘书"（Executive Secretary）和其他职员很少参与政府外交政策的制定，也不提出政策建议。起草对外政策的主要职责仍然落

---

① 1969~1972年美国国务院与中国事务有关的主要官员的背景介绍和口述采访，参见本书附录二。
② Robert R. Bowie, "The Secretary and the Development and Coordination of Policy", in Don K. Price ed., *The Secretary of State*, p. 58; John Prados, *Keepers of the Keys: A History of the National Security Council from Truman to Bush* (New York: William Morrow and Company, Inc., 1991), pp. 7, 20.
③ 牛可：《美国"国家安全国家"的创生》，《史学月刊》2010年第1期，第72页。
④ 美国国家安全委员会有两个所指：一是由内阁级别官员出席的国家安全委员会会议，二是国家安全委员会的工作班底。本书中所称"国家安全委员会"通常为后者。

在国务院。①协调各部门冲突观点的职责也主要由国务卿来承担。他在国务院内各领域专家的协助下，分析、解释其他部门提供的大量信息，评估各种政策建议，并将其整合进外交政策的大框架。然而，国务卿并不仅是"政策管道"，直接将下属形成的观点传达给总统，作为总统的顾问，他还要将自己的观点和意志融入政策方案，按照自己的总结和结论，向总统提出建议。②

相对来说，艾森豪威尔时期的国家安全委员会过度官僚政治化，制定的政策也缺少内部连贯性。从1959年开始，两党参议员、学者、前任和现任政府要员纷纷提出批评意见和建议。参议员杰克逊（Henry M. Jackson）认为，"我们现在的国家安全委员会体制，事实上使行政部门富有创造性的努力变为徒劳"。1960年，由参议员亨利·杰克逊主导的参议院政府行动委员会③建议，应赋予国务卿以位于总统之下、作为总统首要代理人管理外交政策的权威，使国务院成为制定外交政策的首要机构。

然而，杰克逊委员会的意见并没有得到肯尼迪总统的采纳。相反，他听取了总统顾问、哥伦比亚大学政治学教授理查德·诺伊施塔特（Richard E. Neustadt）的建议，将艾森豪威尔时期六位国家安全委员会职员的

---

① Andrew Preston, "The Little State Department: McGeorge Bundy and the National Security Council Staff, 1961–65", *Presidential Studies Quarterly* 31 (2001), pp. 636–637. 艾森豪威尔总统时期对国家安全委员会进行了结构性的调整。这些调整包括：第一，以"总统国家安全事务特别助理"替代了"执行秘书"；第二，在国家安全委员会内部，以国家安全委员会职员为主体成立"计划委员会"（Planning Board），负责组织长期政策规划，为国家安全委员会总结提炼政策选项，而非提出政策建议；第三，设立"行动协调委员会"（Operations Coordinating Board, OCB），其成员来自各行政部门和机构，协调实施已获得通过的国家安全政策。总统国家安全事务特别助理担任计划委员会主任，负责确定需要决策的内容、政策选项以及各种不同意见，但既不参与制定政策，也不提出自己的政策建议。参见 Andrew Preston, "The Little State Department: McGeorge Bundy and the National Security Council Staff, 1961–65", pp. 637–638。

② Robert R. Bowie, "The Secretary and the Development and Coordination of Policy", in Don K. Price ed., *The Secretary of State*, pp. 71–72.

③ 由民主党参议员亨利·杰克逊发起，包括民主党参议员 Hubert H. Humphrey、Edmund S. Muskie，共和党参议员 Jacob K. Javits、Karl E. Mundt，学者包括 Hans J. Morgenthau、William Y. Elliott，以及前国防部长 Robert A. Lovett，此外还有 Sidney Souers、Nelson Rockefeller、艾森豪威尔政府高官 Robert Cutler 和国务卿 Christian A. Herter。参见 Andrew Preston, "The Little State Department: McGeorge Bundy and the National Security Council Staff, 1961–65", pp. 639–640。

角色和职责合而为一，集中于总统特别助理一人，取消了行动协调委员会（Operations Coordinating Board）和计划委员会（Planning Board）。肯尼迪任命麦乔治·邦迪（McGeorge Bundy）为总统国家安全事务特别助理，沃尔特·罗斯托（Walt W. Rostow）为特别助理的副手。邦迪从根本上改变了国家安全委员会的地位和角色，将决策权集中到总统国家安全事务特别助理和国家安全委员会职员手中，一改他们此前作为国家安全政策"协助者"（facilitator）的角色，而成为"参与者"（contributor）。同时，总统国家安全事务助理不再是内阁的下属，而是变成与内阁成员同级的总统助手。邦迪还开创了"国家安全行动备忘录"（National Security Action Memorandum, NSAM）制度，由他起草关于政策新方向和决定的备忘录。于是，从1961年开始，总统国家安全事务特别助理和国家安全委员会职员不再是负责管理的行政官员，而成为积极参与政策制定过程的政策制定者。这种转变，以牺牲国务院的职权为代价，深刻影响了美国外交。①

约翰逊总统时期，外交决策大多以非正式的形式完成。总统依靠少数几个官员指导政府的外交政策，国家安全委员会职员成为邦迪自己的职员。从1965年开始，麦克纳马拉（Robert Strange McNamara）、邦迪和腊斯克组成"三巨头"（Big Three），其中，总统国家安全事务特别助理邦迪扮演的角色要比国务卿腊斯克更为活跃和重要。②

尼克松总统时期，总统国家安全事务助理的权力达到了巅峰。③基辛格的办公室在白宫西翼的地下室，可以十分便利地与总统会面。从尼克松就职伊始，基辛格就成为为数不多的、每天可以见到总统的高级官员之一，与总统通电话则更频繁。在尼克松就职的最初100天中，基辛格同尼克松就有198次单独或集体会晤。相比之下，国务卿罗杰斯和国防部长莱尔德（Melvin Laird）都只有30次。④

---

① Andrew Preston, "The Little State Department: McGeorge Bundy and the National Security Council Staff, 1961–65", pp. 636, 644–645.
② Andrew Preston, "The Little State Department: McGeorge Bundy and the National Security Council Staff, 1961–65", p. 657.
③ 夏亚峰：《试析尼克松政府对外政策决策机制、过程及主要人员》，《史学集刊》2009年第4期，第95页。
④ Robert Dallek, *Nixon and Kissinger: Partners in Power*, p. 100.

本来，总统与国务卿因工作关系会有大量时间在一起，然而，正如对总统与国务卿之间微妙的工作关系深有体会的艾奇逊所言："通常而言，这种相处并非愉快。他们所要解决的问题可能会是令人灰心丧气的，他们的意见常常相左、冲突不断，所有的解决方案都令人讨厌，所有的决定都十分艰难。因此，对于总统而言，国务卿在某种程度上是一位不受欢迎的访客。"[1]由于尼克松在外交事务上倚重他的国家安全事务助理，于是总统与国务卿之间的矛盾，也在无形中转嫁到了总统国家安全事务助理与国务卿之间。除了是一位精通国际关系的哈佛学者，"基辛格还是一个强势的支配者，并且他在欺骗、保密和官僚运作方面的老道，堪比乔治·克列孟梭、本杰明·迪斯雷利或是他最钟爱的欧洲战略家克莱门斯·梅特涅"。[2]于是，在尼克松第一任期内，基辛格为了削弱罗杰斯对外交政策的管理，巩固自己作为总统在越南、苏联和中国事务上关键顾问的地位，不断地以国家安全的名义，对罗杰斯和国务院发号施令。双方上演了一幕幕争权夺利的政治角力。

二　决策机制的形成

1968年大选期间，在越战经验和教训成为一个主要话题的同时，人们也开始从政府决策方面总结教训。官僚机构间的政策纷争暴露了官僚政治对美国对外政策决策过程的掣肘。国务院、国防部、财政部、中央情报局等参与外交决策的官僚机构庞大的规模降低了中央政府做出重要决策或指挥重要行动的效率。各官僚机构在共享外交权力的同时，又各司其职。这种现代政府制度使决策者可以就同一问题获得不同角度的专业信息，但它同时也难以避免各部门从维护自身利益的角度，提出狭隘的代表本部门利益的政策建议，束缚总统的政策选择。此外，官僚机构大都循规蹈矩，遵循标准程序操作，难以针对"事件"本身提出富有远见和灵活性的建议。同时，由于它们"沉溺"于日常事务，也常常难以对政府外交中的

---

[1] Dean Acheson, "The President and the Secretary of State", in Don K. Price ed., *The Secretary of State*, p. 37.

[2] Patrick Tyler, *A Great Wall: Six Presidents and China*, p. 53.

长期计划予以充分的重视。①

尼克松的从政经验使他深谙外交机构尾大不掉、人浮于事、政府消息外泄等纷扰的弊端。1968年10月24日，鉴于美国在越南战场上"蒙受的严重挫折"，喜欢"冷静"决策的总统在广播演说中保证，要"恢复国家安全委员会在国家安全计划中所发挥的杰出作用"。在尼克松看来，内阁制不是决策的有效形式。有些原本为"地方诸侯"的内阁成员，常常在内阁会议上长篇大论，不能很快适应自己作为阁员的角色，致使内阁会议经常拖延很长时间。尼克松认为："内阁政府是个谜，但无法运转。总统永远不要依赖内阁……大脑正常的总统是不会将任何事情交给内阁的……这太离谱了……太单调无味了。"1968年12月2日，尼克松宣布，任命基辛格为总统国家安全事务助理、国家安全委员会主任。②

国家安全委员会主任是政府中的高级官员。他的职位并非宪法规定，而是依赖于同总统、国防部长和国务卿等人保持良好的关系，但他真正执掌着决策的过程。③国家安全委员会是行政机构中最为重要的委员会之一，是平衡各方利益的重要平台。④

在重新凸显国家安全委员会重要地位的问题上，新任总统国家安全事务助理与总统有着共同的观点。他们认为，"如果没有一个集中的行政管理中心，外交政策就变成了一系列互不相干的决定。这样，我们就变成了形势发展的俘虏"。⑤尼克松要求基辛格设计"一个十分令人振奋的新程

---

① 关于官僚机构分享权力、维护本部门利益的研究，参见 Graham Allison, *Essence of Decision: Explaining the Cuban Missile Crisis*, pp. 79 – 81, 89, 92。

② 尼克松在1972年成功连任后对记者说："我有一个室中最冷静之人的名声。"参见 Arthur M. Schlesinger, Jr., *The Imperial Presidency*, p. 218。〔美〕基辛格：《白宫岁月》第1册，第19~20、481页。尼克松对于内阁的看法，参见夏亚峰《试析尼克松政府对外政策决策机制、过程及主要人员》，《史学集刊》2009年第4期，第93页。关于尼克松对基辛格的任命、尼克松-基辛格搭档的特点的分析，参见 Robert Dallek, *Nixon and Kissinger: Partners in Power*, pp. 81 – 82, 89 – 94; Walter Isaacson, *Kissinger: A Biography*, pp. 139 – 156。

③ Graham Allison, *Essence of Decision: Explaining the Cuban Missile Crisis*, p. 164, note 66.

④ Samuel Huntington, *The Common Defense: Strategic Programs in National Politics* (New York: Columbia University Press, 1961), p. 153.

⑤ 〔美〕基辛格：《白宫岁月》第1册，第48~49页。

序",这就为基辛格提供了一个机构,使他可以将多年来从学者角度对官僚机构组织与管理的思考付诸实践。基辛格担任肯尼迪总统顾问的那段白宫经历,使他深谙总统权力与决策的实质。他深信,无论政府的习惯做法如何,无论哪些人物当政,外交政策的中心必然在白宫。他提出要让总统做真正的抉择,而作为总统的国家安全顾问,最主要的任务就是为总统提供各种尽可能多的选择方案,并且说明它们可能产生的后果。①

在前艾森豪威尔总统顾问古德帕斯特(Andrew Goodpaster)将军和哈佛同事霍尔珀林(Morton Halperin)的协助下,基辛格于1968年12月27日向尼克松总统递交了一份关于调整国家安全体制(National Security System)的备忘录。

在备忘录中,基辛格首先回顾了前任总统们的决策方式。他指出,"星期二午餐会"(Tuesday Lunch)是约翰逊总统时期关键的外交决策机制。总统同国务卿、国防部长、中央情报局局长、参谋长联席会议主席以及负责国家安全事务的特别助理等主要顾问进行讨论。"星期二午餐会"并没有正式的议程和对政策执行的跟踪,决定通常以口头形式下达给各部门。总统或者总统特别助理通过"国家安全行动备忘录"将总统的决定通知整个官僚机构,却不对决策做出任何解释。国家安全委员会不定时地召开一些指导性会议,但并没有形成一种决策制度。艾森豪威尔政府时期,国家安全委员会召开经常性会议,向与会人员送交国家安全委员会职员精心准备的报告,使他们对问题有充分的了解。所有递交国家安全委员会的报告,都在总统特别助理的主持下,由国家安全委员会各机构代表组成的计划委员会召开经常性会议讨论。总统特别助理制定会议议程,总结与会者的立场,并在会后向总统呈交供其批阅的报告。行动协调委员会负责实施国家安全委员会的决策。②

基辛格认为,约翰逊时期外交决策机制最主要的优点是快速、灵活,

---

① 〔美〕基辛格:《白宫岁月》第1册,第38、48~52页。Essay by Henry A. Kissinger, *FRUS, 1969–1976*, Vol. I, Document 4.
② Memorandum from the President's Assistant for National Security Affairs – Designate (Kissinger) to President – Elect Nixon, December 27, 1968, *FRUS, 1969–1976*, Vol. II, Document 1, pp. 2–3.

但也存在很大的不足。首先,"星期二午餐会"对人员的限制,使它不足以处理那些细微复杂的问题。其次,由于缺乏先期研究,决策时难以考虑到所有的政策选项,也难以确保政府内所有相关者都有机会表达各自的观点。最后,由于缺乏对政策执行情况的跟踪,下级通常不清楚高层到底做出了哪些决定,不知道决策的原因和政策的实施情况。艾森豪威尔时期的机制尽管比较完备,但过于正式,花费各部门首长的时间太多。①

在综合两种体制优点的基础上,基辛格提出国家安全委员会应具有以下功用:为总统及其高级顾问提供所有现实的政策选项,指出各政策选项的利弊,提供所有相关机构的观点和建议。为了实现这一目标,他提出了一份具体的包括机构、程序和人员在内的设计方案:

1. 国家安全委员会——讨论需要部门间合作特别是中、长期政策问题的主要会议。总统国家安全事务助理接受总统的命令、与国务卿协商,负责制定决策议程,并确保各部门先期准备完善的报告。为了限制会议的规模,只有部门首长可以参加(副国务卿或例外)。国家安全委员会并非总统讨论国家安全事务的唯一论坛,总统将保留成立快速处理军事事务的分委员会的权利。

2. 国家安全委员会审查组(National Security Council Review Group)——负责审查送交国家安全委员会讨论的报告。评估组由总统国家安全事务助理担任主席,由国务卿和国防部长级别以下、与国家安全事务相关的高级官员,以及参谋长联席会议主席或其代表组成;如有需要,则可包括中央情报局和其他机构首长或其代表。该评估组认为不需要由内阁级别讨论或经总统决定的问题,将被下送到国家安全委员会特别副部长委员会负责处理。

3. 国家安全委员会特别副部长委员会(NSC Ad Hoc Under Secretary's Committee)——负责国家安全委员会评估组分配的事务,以及部际地区组不能达成一致意见但又不需要总统决定或内阁一级讨论的事务。委员会由副国务卿担任主席,主要成员包括国防部副部长、参谋长联席会议主

---

① Memorandum from the President's Assistant for National Security Affairs – Designate (Kissinger) to President – Elect Nixon, December 27, 1968, *FRUS, 1969 – 1976*, Vol. II, Document 1, p. 3.

席、中央情报局局长。

4. 部际地区组（Inter–Agency Regional Groups）——主要担负三方面的职责：（1）讨论并决定能在助理国务卿一级解决的问题；（2）准备政策报告供国家安全委员会考虑，报告需陈述政策选项、代价及影响；（3）准备应对潜在危机的应急报告，讨论为避免危机应采取的步骤以及危机期间计划采取的行动，供国家安全委员会审查。部际地区组将由目前助理国务卿主持的部际地区组整合形成，作为国家安全委员会的下属机构，成员包括国务院、国防部、中央情报局等部门的代表。

在设立部际地区组的建议后，基辛格还特别补充道："有了这种精心安排的国家安全体制，现存的高级部际组就没有必要继续保留了。"此外，他还建议设立特别工作组（Ad Hoc Working Groups）、外聘顾问（Outside Consultants）来讨论地区性及专业性事务。

在国家安全程序方面，基辛格建议，以"国家安全决定备忘录"（National Security Decision Memorandum，NSDM）、"国家安全研究备忘录"（National Security Study Memorandum，NSSM）代替约翰逊时期的国家安全行动备忘录。前者由总统向各相关机构通告其决定及理由，后者通告具体的研究问题。此外，由国家安全委员会及相关机构的职员为总统准备向国会提交的"年度国际局势评估报告"（Annual Review of the International Situation）。[①]

在人员方面，基辛格将其麾下职员分为项目助理（Assistants for Programs）、执行职员（Operations Staff）、计划职员（Planning Staff）及军事助理（The Military Assistant），负责向总统提供对项目内容、计划和执行的意见。[②]

---

① Memorandum from the President's Assistant for National Security Affairs–Designate（Kissinger）to President–Elect Nixon, December 27, 1968, FRUS, 1969–1976, Vol. Ⅱ, Document 1, pp. 3–6.

② Memorandum from the President's Assistant for National Security Affairs–Designate（Kissinger）to President–Elect Nixon, December 27, 1968, FRUS, 1969–1976, Vol. Ⅱ, Document 1, p. 7. 具体的职员名单，参见 Memorandum From the President's Military Assistant（Haig）to the President's Assistant for National Security Affairs（Kissinger）, February 11, 1969, FRUS, 1969–1976, Vol. Ⅱ, Document 24。

基辛格设计的这一体制，使决策者在决策过程中不仅可以考虑国务院、国防部等官僚机构正常程序提出的政策选项，而且还拥有官僚制度程序之外国家安全委员会这一常设机构的职员提出的政策方案。①这就迎合了"尼克松坚信外交部门对他怀有根深蒂固的敌意"的心理，执行了尼克松要求"国务院权势集团的影响必须削减"的指示。②它使国家安全委员会高级评估组会议取代国务院和国防部下设的委员会，控制了决策过程，进而使评估组会议主席基辛格拥有了制定白宫外交政策讨论日程的权限，③取代了国务卿承担的协调各部门对外政策观点的职权。

1968 年 12 月 27 日，在基辛格提交这份国家安全体制设计报告当天，尼克松就同意了所有的建议，只是在国家安全委员会评估组成员中否决了中央情报局局长的资格。④一天之后，尼克松将他任命的国务卿罗杰斯、国防部长莱尔德和总统国家安全事务助理基辛格召集到佛罗里达州的比斯坎岛，讨论基辛格的建议。当时没有人表示反对。⑤

在外交决策学领域，外交决策是指决策者从多种受限定的选项中，挑选一项他认为能够实现自己特定目标的选项的过程。⑥外交决策的过程，可分为确定目标、分析情况、拟定备选方案、研究咨询、选择方案、调整和修正方案六个步骤。⑦一般而言，总统和国会的作用表现在最为关键的第五步，即做出外交政策选择，而参与外交决策的其他机构，如国务院、国防部、国家安全委员会及情报机构，共同完成其他步骤。但是，在基辛格设计的外交决策机制中，国家安全委员会成为其他五个步骤的协调中

---

① White House Background Press Briefing by the President's Assistant for National Security Affairs (Kissinger), December 18, 1969, 2: 50 p.m., *FRUS, 1969–1976*, Vol. I, Document 47.
② 〔美〕基辛格：《白宫岁月》第 1 册，第 54 页。
③ Robert Dallek, *Nixon and Kissinger: Partners in Power*, p. 85.
④ Memorandum from the President's Assistant for National Security Affairs – Designate (Kissinger) to President – Elect Nixon, December 27, 1968, *FRUS, 1969–1976*, Vol. II, p. 2, footnote 3. 但在回忆录中，基辛格称："尼克松惟一改动的地方就是，不让中央情报局局长继续参加国家安全委员会会议。"〔美〕基辛格：《白宫岁月》第 1 册，第 56 页。
⑤ 〔美〕基辛格：《白宫岁月》第 1 册，第 55～56 页。
⑥ Snyder, Richard Carlton, Bruck, Henry W., Spain, Burton M., *Foreign Policy Decision – Making* (New York: Free Press, 1962), p. 57.
⑦ 刘文祥：《美国外交决策中的国会与总统》，中国经济出版社，2005，第 92 页。

枢，国务院等部门的工作完全在国家安全委员会职员班底的统筹下进行。各部门首先向国家安全委员会职员递交分析报告，由后者负责整理并拟订备选方案，主持召开研究会议，向总统提供选择方案和选择建议，并组织开展后续的政策调整和修改工作。基辛格的这种设计，意在克服过去总统难以控制各部门政策活动的弊病。但是，因为拥有了"国家安全研究备忘录"的起草权，国家安全委员会主任就能够以总统的名义，指导各部门政策研究的内容并订立评估研究报告的标准，在事实上约束各部门的政策活动。①

尽管基辛格的设计并没有立即遭到国务卿和国防部长的反对，但是很快引起曾在约翰逊政府中担任美国驻日大使且即将出任负责政治事务副国务卿的亚历克西斯·约翰逊（U. Alexis Johnson）的警觉。约翰逊最为担忧的是基辛格要裁撤高级部际组并改组部际地区组。高级部际组成立于1966年，由副国务卿主持，成员包括来自其他机构的最高级别的代表。部际地区组的成员为助理国务卿、助理部长一级的官员，组织结构与高级部际组相同，负责世界五大区的政治和军事事务。二者是负责向总统上报政策建议的正式委员会。②

1969年1月5日晚，基辛格在纽约皮埃尔饭店会见了即将赴东京的约翰逊。虽然这次会谈仅持续了短短15分钟，但已足够让约翰逊"看清楚，前面是一条坎坷不平之路"。他回忆道："亨利概述了他的想法。这一设计清除了泰勒将军（General Maxwell Taylor）③和我在1966年设计的高级部际组-部际地区组的部际系统，国务院在该系统中担负着指挥外交事务中部际工作的广泛职责。亨利旨在建立一个以他自己为首、以国家安全委员会为中心的体制。"会谈结束后，约翰逊倍感忧虑。他担心，那些有关设立高级评估组-部际地区组以及国务院地位与角色的政治理论，攸关国务院在外交领域的职权，是如此重要，但

---

① 关于美国政府中领导人难以制定政府各机构执行标准并予以奖惩的研究，参见 Graham Allison, *Essence of Decision: Explaining the Cuban Missile Crisis*, p. 86。
② Roger Morris, *Uncertain Greatness: Henry Kissinger and American Foreign Policy*（New York: Harper & Row, Publishers, 1997），p. 75.
③ 约翰逊政府时期的参谋长联席会议主席。——笔者注

罗杰斯等国务院的新任长官们却并不熟知。而基辛格设计的国家安全体制一旦实行,将严重削减国务院的政策权力,弱化国务院在指挥外交事务中的职能。约翰逊在走下楼梯、坐上驶往机场的出租车时,便迫不及待地同罗杰斯和已被任命的副国务卿埃利奥特·理查森(Elliott L. Richardson)打电话,告知他们事情的严重性。抵达东京后,约翰逊再次致函理查森,强烈建议他和罗杰斯在1969年1月20日新政府就职前,务必抵制这份将使基辛格和国家安全委员会夺取国务院部际职权的计划。①

于是,一离开比斯坎岛,罗杰斯和莱尔德就很快"变了卦",②国务卿决心维护国务院在外交决策中的职责和权力。在罗杰斯的授意下,理查森向尼克松递交了一份备忘录,表达了国务院对基辛格1968年12月27日建议的不满:"国务卿是总统对外事务的首要顾问,国务院的首要职责是全面指导、协调和管理美国政府在海外的部际活动。"理查森在备忘录中提出了另一套国家安全体制的设计,包括国家安全委员会、国务院、副部长委员会、部际地区组、特别工作组和外聘顾问。其中,与基辛格的设计最为不同的,是对副部长委员会的设计。副国务卿任副部长委员会主席,总统国家安全事务助理、国防部副部长、财政部副部长和参谋长联席会议主席等为成员。副部长委员会取代了基辛格设计的国家安全委员会评估组及国家安全委员会特别副部长委员会的职能。此外,国务院的设计还要求维持现行部际地区组的设置与功能,反对将部际地区组划归为国家安全委员会下属的分支机构。理查森提出的这套以国务院为中心的决策机制,得到了国防部的支持。③

基辛格和古德帕斯特将军自然不能坐视国务院的翻盘。1969年1月7日,他们向总统提出了反对意见。他们认为,国务院的设计旨在保留由它主持的部际组织,使之成为总统指导外交政策的"执行代理",囊括统筹各部门设计、审查、组织讨论和执行对外政策的职责,并且保有管理和协

---

① Editorial Note, *FRUS*, 1969–1976, Vol. II, pp. 10–11.
② 〔美〕基辛格:《白宫岁月》第1册,第56页。
③ Paper Prepared by the Under Secretary of State – Designate (Richardson), *FRUS*, 1969–1976, Vol. II, pp. 16, 17–19.

调驻外大使的权力。相形之下，国家安全委员会则成为不会对国务院决策权力形成威胁的政策补充机构。①他们建议，总统若要确保所有政策选项都经过仔细研究、所有论证都能被清楚陈述，唯一的方法就是让总统自己的人监督报告的准备工作。这些人能够对总统的要求做出迅速反应，适应总统的风格，以总统的而非部门的立场开展工作。总统如果想要掌控政策，那就必须控制制定政策的机构。②最后，基辛格还提醒总统："在执政之初就出现这种官僚政治纷争是无益的，尤其是针对一个你在比斯坎岛已经做出决定的问题。"③

在随后的两天中，古德帕斯特和基辛格分别同已被任命的国防部长莱尔德进行会谈，向他解释国家安全体制的设计初衷。不过，会谈并没消除莱尔德心中的不满。他批评基辛格的设计无异于订立了一个"封闭环"，所有输入的信息都必须通过唯一的渠道，即总统国家安全事务助理及国家安全委员会职员，从而使总统与情报机构、国务卿、国防部长和其他高级官员相隔离。同时，制定研究题目、指定研究部门的权力完全被置于总统国家安全事务助理及国家安全委员会职员手中，使得各部首长要围着国家安全委员会转。各部首长直接面见总统本应当成为一个经常性的惯例。④

在一连几日的沉默之后，尼克松在1月13日告知基辛格："除了我今天在你提交的执行报告中已经批准并且签署的部分，我不接受埃利奥特·

---

① Tab A, The Case for a State – Centered System, in Memorandum from the President's Assistant for National Security Affairs – Designate (Kissinger) to President – Elect Nixon, January 7, 1969, *FRUS*, *1969 – 1976*, Vol. II, p. 12.

② Tab B, Counter – Arguments, in Memorandum from the President's Assistant for National Security Affairs – Designate (Kissinger) to President – Elect Nixon, January 7, 1969, *FRUS*, *1969 – 1976*, Vol. II, p. 13.

③ Memorandum from the President's Assistant for National Security Affairs – Designate (Kissinger) to President – Elect Nixon, January 7, 1969, *FRUS*, *1969 – 1976*, Vol. II, pp. 11 – 12.

④ Memorandum from Secretary of Defense – Designate Laird to the President's Assistant for National Security Affairs – Designate (Kissinger), January 9, 1969, *FRUS*, *1969 – 1976*, Vol. II, pp. 22 – 23. 基辛格在回忆录中记录了与莱尔德几次讨论的内容。基辛格认为莱尔德"关心的是不让参谋长联席会议主席太名正言顺地执行他作为总统主要军事顾问的合法权利"，"他争取的只不过是让中央情报局局长参加国家安全委员会的会议，并建议具有进行研究的权利。这些要求很容易地得到了采纳"。参见〔美〕基辛格《白宫岁月》第1册，第56页。

理查森报告中提出的改动。请告知各有关方面，我坚持我先前以及你执行报告中提出的计划。这是我坚定而明确的决定，我希望立刻开始所有必要的准备工作，使这个体制在1月20日生效。"①

发生在尼克松政府就职之前的这场内部斗争，"在表面上以及在预示总统和他的主要顾问们的关系上，要比在实际权力上来得重要"。②它代表着基辛格设计的国家安全体制的胜利，确立了总统国家安全事务助理享有的权威，也确立了国家安全委员会在国家安全体制中作为政策商议核心的地位。通过这一新的国家安全体制，外交政策的指挥权、倡议权和决策权都集中到了白宫。国务院等政府部门的政策建议不仅在国家安全委员会的指挥下开展，而且所有的政策报告都必须经过国家安全委员会职员的整理和修改。于是，限于专业知识的缺乏，国家安全委员会职员在撰写递交总统的报告时，不得不撷取国务院等部门研究成果之精华，政策创意之功遂常常为他们邀得。

基辛格虽然是新体制的主笔，但尼克松才是真正的设计者。正如基辛格所言："我们决策程序的真正由来，在于尼克松（在我被任命以前就有了的）要从白宫指挥对外政策的决心，在于他对现有官僚机构的不信任，再加上他的哲学和我的哲学的吻合以及新国务卿的相对缺乏经验。"③

1969年2月6日，白宫召开新闻发布会，宣布尼克松总统所采取的措施"将使国家安全委员会重新扮演1947年国家安全命令所规定的角色"。同一天，罗杰斯向国务院官员和工作人员通报了这一新体制的建立。他保证：总统的意图是使国务院"扮演一种核心和富有活力的角色"。④不但得不到昔日好友、今日总统的倚重，罗杰斯还要违心地向部属做出这种违心的解释，为尼克松和基辛格的新设计打圆场。除了削弱国务院的影响，尼克松还严格限制定期出席国家安全委员会的人员，以

---

① Memorandum from President - Elect Nixon to the President's Assistant for National Security Affairs - Designate (Kissinger), January 13, 1969, *FRUS, 1969 – 1976*, Vol. II, pp. 25 - 26.
② 〔美〕基辛格：《白宫岁月》第1册，第59页。
③ 〔美〕基辛格：《白宫岁月》第1册，第59页。
④ Editorial Note, *FRUS, 1969 – 1976*, Vol. II, p. 49.

个人私交而非职责来批准或否决内阁成员的出席资格。①通过这样的限定，尼克松便以个人好恶为标准，将某些部门的首长隔离于国家安全委员会会议的大门之外。总之，总统决策在越来越多地倚重个人助理的同时，国家安全委员会职员发展成为总统与内阁之间的唯一正式联络渠道。这种决策制度安排，造成了总统与内阁之间在一定程度上的孤立和隔离。

三　决策方式的影响

新国家安全体制的订立，是白宫在制度上削弱国务院职权的第一步，也是国务院同白宫尤其是基辛格的国家安全委员会班底争夺对外事务职权的开始。尼克松就职后，基辛格通过幕后渠道开展的个人外交引发了国务院官员的不满与抗议，但白宫置若罔闻，在对外政策上尼克松－基辛格的"二人决策"最终形成。②

对于基辛格开展个人外交的做法，首先向罗杰斯表达不满意见的是国务院负责东亚暨太平洋事务的助理国务卿威廉·邦迪。1969年1月24日，基辛格会见了南越驻美国大使裴艳（Bui Diem），并告知对方可以随时同他会谈。几天之后，邦迪提醒国务卿罗杰斯："白宫人员独自会见外国大使是一个巨大的错误。"他指出，这种形式在艾森豪威尔政

---

① 尼克松仅允许美国新闻署署长弗兰克·莎士比亚（Frank Shakespeare）参加与新闻署有关事务的讨论，而拒绝将其扩展为法定成员。他拒绝让财政部长大卫·肯尼迪（David Kennedy）参加国家安全委员会定期会议，却同意让肯尼迪的继任者约翰·康纳利（John Connally）参加；允许司法部长约翰·米切尔（John Mitchell）出席国家安全委员会定期会议，却收回米切尔的继任者理查德·克莱因迪恩斯特（Richard Kleindienst）的参加资格。参见 Editorial Note, *FRUS*, 1969-1976, Vol. Ⅱ, pp. 36-37。

② Robert Dallek, *Nixon and Kissinger: Partners in Power*, pp. 79-80；夏亚峰：《试析尼克松政府对外政策决策机制、过程及主要人员》，《史学集刊》2009年第4期，第93页。关于尼克松和基辛格的"二人决策"，有学者指出，国家安全委员会机制在尼克松政府第一年运转正常，但随着打开与中国关系的努力取得实质性进展，决策的模式发生变化，重要问题的决策大多在尼克松和基辛格的私人谈话中就搞定了。参见 Wilfrid L. Kohl, "The Nixon-Kissinger Foreign Policy System and U.S.-Europe Relation", *World Politics*, Vol. 28, No. 1 (Oct., 1975), pp. 1-43。事实上，为了保密，尼克松和基辛格的"二人决策"早在1969年年中就已经形成。

府时期根本不存在,直到肯尼迪总统任命与他私交颇深的强势白宫职员后才出现,并逐渐为人们所接受。"基辛格显然认为他现在的做法是照章行事",邦迪劝告罗杰斯,应严格限制这种行为,否则一旦白宫方面向外国大使传达的美国政策立场同国务卿表达的不一致,两国关系就会受到严重的损害。他还指出:"事关您个人和部门的地位,更为重要的是,它还关涉我们能否对对外事务给予有序、正确指导的问题。"①邦迪敏锐地预言了基辛格单独会见外国大使在日后将产生的恶果。

邦迪的提醒引起了罗杰斯的警觉。不久,1969年2月15日,尼克松通过白宫办公室主任霍尔德曼告知罗杰斯,总统将单独会晤苏联大使阿纳托利·多勃雷宁(Anatoly Dobrynin)。这一次,罗杰斯当即表示反对。他指出,总统不应当单独会见一国大使,并强烈要求国务院人员出席会谈。这让基辛格十分头痛。他认为,苏联大使要向总统转达非常重要的信息,而如果国务院人员出席,消息就会被泄露,使总统失去对事态的掌控。作为折中方案,白宫提出由霍尔德曼出席会谈,但仍然遭到罗杰斯的拒绝。在罗杰斯看来,由总统助理代替国务院人员参加首脑会谈是"十分荒谬"的。白宫最终应允,国务院人员可以参加会谈,但是要在总统与苏联大使单独会见之后,"再让那个笨蛋参加有书面记录的会谈"。②

罗杰斯无力阻止总统或基辛格单独会见外国大使,也难以改变尼克松对国务院深刻的不信任。从一开始,总统就下定决心要控制最重要的谈判。③邦迪警告的情况不但没有被制止,反而逐渐发展,日益严重。同多勃雷宁于1969年3月3日再次举行会谈后,基辛格告诉尼克松:"莫斯科准备好与总统通过多勃雷宁-基辛格渠道,'就敏感的重要问题进行绝对保密的交流'。"1969年3月至11月,基辛格与多勃雷宁共进行了六次单独会谈和两次尼克松也参加的会谈。12月22日,基辛格

---

① Memorandum from the Assistant Secretary of State for East Asian and Pacific Affairs (Bundy) to Secretary of State Rogers, January 29, 1969, *FRUS, 1969–1976*, Vol. Ⅱ, pp. 46–47.
② Editorial Note, *FRUS, 1969–1976*, Vol. Ⅱ, p. 67.
③ 〔美〕基辛格:《白宫岁月》第1册,第36页。

向尼克松提出请求，建立他与多勃雷宁定期会晤的机制。总统批准了这项提议。从此，美苏两国之间最为敏感的问题都经由多勃雷宁－基辛格渠道来处理。直至1971年5月美苏限制战略武器谈判（SALT I）实现了突破性的进展，国务院对多勃雷宁－基辛格幕后联络渠道的存在一直毫不知情。[1]

厌倦了官僚机构无休止的争议和尾大不掉的惰性，尼克松越来越多地把敏感谈判转由白宫直接掌握。[2]在他的授意下，基辛格还同其他外国驻美外交官建立了类似他同多勃雷宁之间的特殊沟通渠道。此外，基辛格还绕过国务院，直接同美国驻越南、巴基斯坦、西德、法国等国大使联络，开展秘密外交。

所有与外国政府的官方接触，包括由总统特使完成的谈判，都通过国务院渠道进行，这原是美国外交程序的一个基本原则。不过，这一程序的优点也正是它的缺点：所有相关机构的专业意见和机构目标都掺杂其中，外交主动行动要同既有政策相适应，进入官僚系统的信息被散发给每一位声称需要知晓实情的分析员、部门长官和外交官。[3]尼克松和基辛格之所以对国务院等官僚机构怀有深刻的不信任，正是因为担心信息在大范围内的扩散很可能最终导致向媒体和公众泄露。而这也成为他们极力避免国务院参与核心外交决策的一个重要原因。在同重要的外国领导人打交道时，他们更多地使用绕过国务院从白宫战情室（Situation Room）直接通向事件现场的渠道，即所谓的"幕后渠道"。[4]基辛格自称："幕后渠道基本上是一种通信系统，它设法绕过正常的程序，通常被排除在外的对象就是国务院。"[5]通过秘密谈判渠道展开外交，尼克松并非第一人，肯尼迪和约翰逊总统时期已有先例。但是，正如尼克松毫不避讳地对他的白宫顾问们所

---

[1] Editorial Note, *FRUS, 1969－1976*, Vol. Ⅱ, p. 68. 关于1971年5月美苏限制战略武器谈判取得的进展和罗杰斯得知情况后的反应，后文亦有论述，参见〔美〕基辛格《白宫岁月》第3册，第1050页；H. R. Haldeman, *The Haldeman Diaries*, May 19, 1971, p. 289。

[2] 〔美〕基辛格：《白宫岁月》第1册，第37页。

[3] Walter Isaacson, *Kissinger: A Biography*, pp. 205－206.

[4] 〔美〕基辛格：《白宫岁月》第1册，第36页。

[5] 〔美〕基辛格：《白宫岁月》第1册，第927页。

说的那样:"这个政府中还有更多的幕后渠道游戏,比历史上任何时候都多,因为我们不能信任该死的国务院。"①

为了保密,就必须隐瞒甚至欺骗。例如,对于一份简单的会谈备忘录,国家安全委员会的职员必须准备三个删减程度不同的版本。"因为某些事情不应该被政府中的某些人知道,"基辛格的助手安托尼·雷克(W. Anthony Lake)后来承认,"在政府中实行保密是必需的,但是亨利越过了由保密到欺骗的界限"。②

尼克松的传记作家艾特肯指出,喜爱大游戏、大秘密和大惊喜的尼克松,甚至将在制定外交政策上有发言权的国会也蒙在鼓里,这无疑挑战了立法机构的权威。③连基辛格也不得不承认:"他做出这些决定既没有同行政部门商量,也没有同国会商量,因此一旦出了差错,他就完全处于无法为自己辩护的困境。"④

1969年初,那种"无法为自己辩护的困境",似乎离这位意气风发、立志要在外交事业上建功树业的总统还很远。他的目的是避免臃肿官僚机构和顽固反对派的制约,亲掌外交大权。在柯立芝(John Calvin Coolidge)政府中担任副总统的查尔斯·道斯(Charles Gates Dawes)曾言:"内阁成员是总统的天然敌人。"⑤不过,此话用来形容尼克松总统和他内阁的关系似乎还嫌不够。在尼克松看来,自己四周都是阴谋,草木皆兵,甚至他的内阁同僚都参与其中。⑥于是,对这样一位总统来说,保守秘密成为他用以评判下属忠贞与否的最严格、最关键的准则。

1969年1月23日,国家安全委员会高级评估组召开了第一次会议。

---

① Editorial Note, *FRUS*, 1969-1976, Vol. Ⅱ, p. 68; Patrick Tyler, *A Great Wall: Six Presidents and China*, p. 54. 有关美国对华缓和进程中幕后渠道的相关研究,参见 Walter Isaacson, *Kissinger: A Biography*, pp. 205-209; 李红垒《中美关系解冻——三条渠道探析》,曲阜师范大学硕士学位论文,2008;郑华《中美关系解冻过程中的巴黎渠道》,《当代中国史研究》2008年第4期,第80~88页。
② Walter Isaacson, *Kissinger: A Biography*, pp. 208-209.
③ Jonathan Aitken, *Nixon: A Life*, p. 427.
④ 〔美〕基辛格:《白宫岁月》第3册,第942页。
⑤ 转引自〔美〕罗杰·希尔斯曼《美国是如何治理的》,第5页。
⑥ 〔美〕基辛格:《白宫岁月》第1册,第32页。

基辛格花费相当多的时间，着重强调保密的要求："总统希望，大家都能在国家安全委员会会议上自由交换意见，不为泄密或观点被公开的担忧所束缚。因此，他希望对所有讨论的问题都能保守秘密。"①

尽管"保密"成为尼克松为国家安全委员会订立的首要准则，但是泄密的事情还是发生了。1969年5月9日，《纽约时报》记者威廉·毕彻（William Beecher）撰文揭露了美国轰炸柬埔寨的事件。联邦调查局局长胡佛（J. Edgar Hoover）领导的调查，将嫌疑人定位于国家安全委员会职员莫顿·霍尔珀林、国防部系统分析处（Systems Analysis Agency）职员伊凡·瑟琳（Ivan Selin）、基辛格白宫办公室的助理拉里·伊格尔伯格（Larry Eagleburger）及国务院公共事务办公室东南亚组的成员。随后，在"最高权威"的授权和基辛格的指示下，美国联邦调查局开始对霍尔珀林、丹尼尔·戴维森（Daniel Davidson）、赫尔穆特·索南费尔特（Helmut Sonnenfeldt）、理查德·慕斯（Richard M. Moose）、理查德·斯内尔德（Richard Sneider）等四名国家安全委员会职员和一名国防部官员进行电话监听。此后，监听的范围逐渐扩大。②

在基辛格看来，"泄密"是政府内部在越南战争问题上两种不同路线之间矛盾冲突的产物，目的在于煽动国会内的保守派参议员。其中一派以国务院内主张采取温和外交路线的高官为代表，另一派则是坚持强

---

① 关于约翰逊对基辛格的忠告，参见〔美〕基辛格《白宫岁月》第1册，第23页。基辛格在第一次国家安全委员会评估组会议上的发言，参见 Memorandum for the Record, January 23, 1969, *FRUS, 1969–1976*, Vol. II, p. 44。

② 霍尔珀林于60年代在国防部中出任副助理国防部长。1969年尼克松就职后，基辛格邀请霍尔珀林在国家安全委员会中任职。但是，基辛格对自己这位哈佛同僚的任命，立刻遭到了参谋长联席会议主席惠勒将军（Earle G. Wheeler）、联邦调查局局长 J. 埃德加·胡佛和参议员巴里·戈德华特（Barry Goldwater）的批评。1969年5月9日《纽约时报》揭露美国轰炸柬埔寨的事件后，霍尔珀林失去了基辛格的信任，于1969年9月离开国家安全委员会，但是对他的电话监听一直持续到1971年2月。霍尔珀林的名字也赫然出现在"水门事件"调查中被发现的"尼克松的敌人名单"中。有关胡佛与基辛格关于5月泄密事件及监听的电话记录和往来文稿，参见 *FRUS, 1969–1976*, Vol. II, pp. 94–100, 103–104。关于从1969年5月开始，基辛格对国家安全委员会职员、其他政府官员和记者的监听的研究著作及原始材料目录，参见 *FRUS, 1969–1976*, Vol. II, pp. 100–101。关于"最高权威"的授权，参见 *FRUS, 1969–1976*, Vol. II, p. 105。关于尼克松授命监听的人员和范围，参见 Robert Dallek, *Nixon and Kissinger: Partners in Power*, p. 123。

硬路线的尼克松和他本人。他向联邦调查局助理局长斯考特·沙利文（Scott D. Sullivan）表示，尽管来自温和派的压力巨大，但他并不打算俯首听命。①

1969年5月的泄密事件还在紧张的调查之中，新的泄密很快又发生了。6月3日，《纽约时报》头版刊登了记者赫德里克·史密斯（Hedrick Smith）的文章，泄露了有关美日归还冲绳问题谈判的情报，几乎是完整的国家安全委员会决定备忘录的内容。这则新闻无异于又一重磅炸弹，激怒了本已"十分恼火"的尼克松。他下令，严格调查国防部、国务院内与国家安全委员会文件有关的每一个高级官员。②

第二天，《纽约时报》又在头版刊登了史密斯的另一则报道，透露尼克松与南越总统阮文绍在会谈中讨论了削减驻越美军的问题。接连发生的泄密，进一步加深了白宫对国务院的怀疑。基辛格公开质问罗杰斯，声称国家安全委员会职员中唯一与此有关的人，正是来自国务院。尼克松也更加明确地指责泄密的源头就在国务院。③

当天傍晚，尼克松不停地从圣克莱门蒂（San Clemente）给基辛格打电话，认定问题出在国家安全委员会程序上，下令开展新的调查，并削减国家安全委员会会议至两周一次或一个月一次，减少国家安全委员会报告的散发。他还表示，以后的大多数报告将由他独自决定，基辛格直接向他而非其他国家安全委员会成员汇报情况。尼克松的这一系列"愤怒"的决定，甚至令基辛格和他的助手感到惊慌。他们担心，因泄密而终止正式的国家安全委员会会议，更改已宣布的政策制定程序，不但令人难以接受，并且将使政府受到严厉的批评。④

取消国家安全委员会会议不是尼克松一时的气愤之举，更深层的动力是尼克松-基辛格要对外交政策实现最大限度的控制。⑤由于泄密事件的

---

① Memorandum from the Assistant Director (Domestic Intelligence), Federal Bureau of Investigation (Sullivan) to the Director (Hoover), May 20, 1969, *FRUS*, 1969 – 1976, Vol. Ⅱ, p. 102. Editorial Note, *FRUS*, 1969 – 1976, Vol. Ⅱ, p. 106.
② Editorial Note, *FRUS*, 1969 – 1976, Vol. Ⅱ, pp. 105 – 106.
③ Editorial Note, *FRUS*, 1969 – 1976, Vol. Ⅱ, p. 106.
④ Editorial Note, *FRUS*, 1969 – 1976, Vol. Ⅱ, pp. 106 – 107.
⑤ Robert Dallek, *Nixon and Kissinger: Partners in Power*, p. 124.

发生，总统更有理由不再信任任何人，决意单独同基辛格秘密做出决定。在基辛格的劝说下，国家安全委员会会议最终得以继续召开，但是尼克松对僚属的猜忌已达至顶峰：总统决定对所有接触国家安全委员会报告的人，除了基辛格及其助手亚历山大·黑格（Alexander Haig）和部分国家安全委员会成员外，都进行电话监听。①最终，带着对官僚机构和僚属的深刻不信任，尼克松通过调整国家安全体制，首先将外交政策的制定权集中于白宫，又逐渐将它从内阁、国家安全委员会凝聚到他与基辛格的二人组合身上。

1969 年 7 月尼克松开始环球旅行。在观看美国"阿波罗 11 号"载着第一批登月使者在太平洋中部溅落之后，他先后访问了菲律宾、印度尼西亚、泰国、南越、巴基斯坦、罗马尼亚和法国。途经关岛时，他发表了一篇演说，其内容在后来被称为"尼克松主义"。这个声明着实给美国政府内从事东亚政策研究且"早已习惯了对东亚摆出一种高度军事姿态"的官员一次不小的冲击。②国务院负责东亚事务的助理国务卿马歇尔·格林为尼克松起草了"尼克松主义"演说的框架。③事实上，此次演说的内容与前述国务院政策规划委员会在 1969 年初政策建议的主旨一脉相承。早在 1967 年，时任美国驻印尼大使的马歇尔·格林就告诉尼克松，如果美国想要抵制苏联势力的增长，那么"通往莫斯科之路需要经过北京"。④就任总统后，尼克松也并不避讳同诸如格林等国务院高官谈论发展对华关系的兴趣。⑤可以

---

① Robert Dallek, *Nixon and Kissinger: Partners in Power*, p. 107. 1969 年 5 月开始，尼克松下令对国家安全委员会职员和政府其他部门官员、记者进行监听，许多学者都对此有研究，如：Roger Morris, *Uncertain Greatness: Henry Kissinger and American Foreign Policy*, pp. 156–162; Roger Morris, *Haig: The General's Progress* (New York: Playboy Press, 1982), pp. 147–167; Seymour M. Hersh, *The Price of Power: Kissinger in the Nixon White House* (New York: Summit Books, 1983), especially pp. 83–97, 318–325; Walter Isaacson, *Kissinger: A Biography*, especially pp. 212–227, 497–500; David Wise, *The American Police State: The Government Against the People* (New York: Random House, 1976), pp. 31–106。据 Robert Dallek 的记载，尼克松甚至想对基辛格的电话进行监听，参见 *Nixon and Kissinger: Partners in Power*, p. 123。
② 霍尔德里奇的口述，*China Confidential*, p. 229。
③ 格林的口述，*China Confidential*, p. 229。
④ Patrick Tyler, *A Great Wall: Six Presidents and China*, p. 55.
⑤ 格林的口述，*China Confidential*, p. 230。

说，至少在环球旅行之前，尼克松仍然重视国务院在制定对华政策过程中的作用。

然而，事情在尼克松环球航行的途中起了变化。在从雅加达飞往曼谷途中，基辛格要求助手霍尔德里奇起草一份准备发给中国的电报，提议两国恢复对话、改善关系。在随后对巴基斯坦和罗马尼亚的访问中，尼克松通过这两国的领导人，向中国捎去了美国有意改善中美关系、美苏不会合谋进攻中国的口信。① 尽管国务院的官员对这些并非毫不知情，但他们不知道全部的真相。② 此外，在与外国政府首脑会谈中，为了不向国务院泄露机密，尼克松坚定地拒绝美国驻外大使参与会谈。基辛格还严厉禁止国家安全委员会职员向国务院透露有关会谈的任何消息，否则将遭受"炒鱿鱼"的命运。如此一来，国务院没有任何总统同外国首脑会谈的记录，只能通过基辛格有选择的回忆来获知会谈内容的一二。"逐渐地，在国务院工作的我们认识到，我们并不知道事情的全部。当这样的事情发生时，你就开始失去了信任。"格林回忆说，"我还能同基辛格就各种问题有一点儿联络。这都是一些很和蔼友好的通信，没有一点儿恶意卑鄙的行为。卑鄙的事情都是背着你做的"。③

这一切，仅仅是尼克松排挤国务院、亲掌外交的开端。环球旅行之后，尼克松开始起草给国会的外交政策咨文。与惯例不同，他将这份工作交给了白宫职员而非国务院。他在内阁会议室召集了所有国家安全委员会职员，发表了一番长篇大论，十分明确地表明了对国务院的态度。总统告诉他们，不仅对华政策，凡是敏感的外交政策问题，都不再由国务院而是由白宫来处理。④ 但是，由于缺乏具备地区外事知识背景的官员，白宫在处理具体对外事务时仍然需要国务院的筹备和运作。

抛开国务院甚至国家安全委员会的"尼克松－基辛格二人决策"模

---

① 霍尔德里奇的口述，*China Confidential*，pp. 229 - 230。
② 〔美〕霍尔德里奇：《1945年以来中美外交关系正常化》，第39~40页。
③ 霍尔德里奇、格林的口述，*China Confidential*, p. 232。
④ 霍尔德里奇口述，*China Confidential*, p. 232；〔美〕霍尔德里奇：《1945年以来中美外交关系正常化》，第40页。

式，其至遭到了国家安全委员会职员的反对。1969 年 8 月初，霍尔珀林和基辛格的助手温斯顿·洛德在给基辛格的备忘录中指出，其他部门和机构花费很长时间准备了美国对华政策的研究备忘录（NSSM 14），总统却在没有对他们做出任何通知或解释、国家安全委员会也未对报告进行讨论的情况下，独自决定了报告中的一些问题。霍尔珀林和洛德担心，长此以往，这种做法会产生消极的影响，使对更多重要问题的决策都转移到国家安全体制之外。①

霍尔珀林和洛德担忧的情况，很快成为尼克松和基辛格的经常性做法。1970 年初，国家安全委员会职员雷克和莫里斯（Roger Morris）向基辛格递交了辞呈。在信中，他们表示："越发感觉到逐渐被隔离于政府的国内外政策设计之外"，对决策过程和政策本身颇感失望，对政府内充满"猜疑、操纵和恶意"的气氛沮丧至极。他们劝诫基辛格，只有让职员清楚他要努力实现的目标、分享他所掌握的情报，并且相信他们、支持他们，他们才能够有效地为他工作。不久，霍尔珀林也辞去了国家安全委员会顾问的职务。② 不满在决策过程中被边缘化、被欺瞒，国家安全委员会职员纷纷辞职，给国家安全委员会工作机构以不小的冲击。

然而，这些都没能阻止尼克松和基辛格展开个人秘密外交的步伐。绕过国务院的"尼克松－基辛格二人决策"模式，逐渐从幕后的政策策划，发展为实际开展的外交活动。从 1970 年开始，尼克松在会见外国领导人时，已经完全排除国务院人员的出席，而基辛格成为总统身边唯一的美国人，在必要时还充当总统的翻译。会后，会议备忘录先经过国家安全委员会职员整理删改，再经基辛格批准，最后才被下发给国务院各相关科室。如此一来，国务院负责地区事务的助理国务卿和驻外大使就都被蒙在鼓里，无法确知首脑会谈的实情，也就难以开展有效的外交工作。这种做法

---

① Paper Prepared by the Assistant for Programs, National Security Council Staff (Halperin), undated, *FRUS, 1969–1976*, Vol. II, p. 143. 根据注释1，推知其时间为 1969 年 8 月初。

② Draft Letter from W. Anthony Lake and Roger Morris of the National Security Council Staff to the President's Assistant for National Security Affairs (Kissinger), undated, *FRUS, 1969–1976*, Vol. II, pp. 231–233, footnote 1.

引起国务院官员的普遍反感和抗议。①

1971年5月12日,苏联驻美国大使多勃雷宁向基辛格答复,苏联不再坚持在首都部署反弹道导弹的主张,同意美国的提议,即同时开展限制进攻性武器和防御性武器两项谈判。这无疑是尼克松执政以来的一个重要外交成就。然而,在为与苏联谈判成功高兴的同时,尼克松也大为苦恼。因为现在他不得不告诉自己的国务卿,谈判已经背着他秘密进行了好几个月,而且就要发表公告宣布谈判成功了。②

5月19日上午9时,尼克松将这一消息告诉了罗杰斯。在总统面前,罗杰斯竭力让自己表现得沉着、冷静,但仍然难以掩饰内心的惊愕与茫然。③ 与总统会谈后,他立刻打电话给霍尔德曼,希望能够获得更多的信息。他在电话中质问霍尔德曼:"为什么不告诉我你们做的事情?就算没有必要让我参加进去,但必须让我知道详情。"他愤怒地指出,基辛格和总统都曾经向他允诺,不会不向他通告就同任何外国大使单独会面,特别是多勃雷宁。可是这次,他自己又会成为所有报纸杂志的一个大笑话,声誉受损。罗杰斯无奈地抱怨说,自己支持总统的政策,但总统不信任他;他一直向基辛格通报自己所做的每件事情,而基辛格却一直对他隐瞒实情。④

怒气发泄后,罗杰斯还是要顾全自己和白宫的颜面,在应对国会和媒

---

① Memorandum from the Executive Secretary of the Department of State (Eliot) to the Under Secretary of State (Irwin), October 28, 1970, FRUS, 1969 - 1976, Vol. II, p. 275. 例如雷克在给基辛格的一份备忘录中请示基辛格,在将尼克松总统同韩国总统朴正熙会谈记录的备忘录送交国务院之前是否进行删改:"附件是由尼克松总统和朴正熙总统会谈翻译记录的会谈备忘录的复印件。我在我认为应当在将这份备忘录送交国务院之前删去的部分上画了括号——如果您希望把它送交国务院的话。我保留了大部分立场强硬的谈话,因为我认为国务院看到这些会有用。但是,您也可以要求通过删除一些总统的更强硬的措辞来缓和这份报告。"基辛格的批示选择了"做一些删减再送给国务院"的选项。参见 Memorandum for Henry A. Kissinger, From Tony Lake, August 31, 1969. Source: Natioanl Archives, Nixon Presidential Materials Staff, NSC Files, Presidential/HAK MemCons, Box 1023, Folder 11。

② 〔美〕基辛格:《白宫岁月》第3册,第1050页。

③ 基辛格在回忆录中称,尼克松没有亲自告诉罗杰斯,而是让霍尔德曼将这个消息告诉他。但是,霍尔德曼在日记中记载,尼克松首先亲自告诉罗杰斯,之后罗杰斯打电话约见霍尔德曼。〔美〕基辛格:《白宫岁月》第3册,第1050页;H. R. Haldeman Diary Entry, May 19, 1971, FRUS, 1969 - 1976, Vol. II, pp. 310 - 311。

④ 对罗杰斯情绪状态的描述,参见 H. R. Haldeman Diary Entry, May 19, 1971, FRUS, 1969 - 1976, Vol. II, p. 312。

体时，与白宫保持一致的口径。同时，尼克松也需要罗杰斯，需要由国务卿出面做好国会方面的工作。于是，尼克松通过霍尔德曼告诉罗杰斯，在向国会汇报时，他可以说："总统采取的主动打破了僵局，并且由政府内某些适当级别的官员实施。尽管我知道详情，但不会透露有关谈判的任何细节。"在霍尔德曼做好这一切调和工作后，尼克松才给罗杰斯打电话。霍尔德曼在日记中回忆：谈话结束，尼克松长长地舒了口气。他看着窗外，感叹道："要是不必同人打交道，当总统会是多么简单。"①

美苏在召开限制战略武器谈判上达成一致，但是直到正式宣布这一消息前的 72 小时，国务卿才明白这次成功是通过白宫 - 克里姆林宫幕后渠道取得的。在尼克松政府时期，白宫隐瞒国务院、通过幕后渠道同其他国家达成秘密协定的事情，这既不是第一次，也不是最后一次。之前，尼克松向罗杰斯隐瞒了他在 1969 年 7、8 月间与北越主席胡志明之间的私人通信，一直到 1969 年 11 月在电视上透露这件事情的前两天，他才告诉罗杰斯。之后，1971 年 7 月，当基辛格已经在秘密前往北京的途中时，罗杰斯才得知这一消息。按基辛格自己的说法，"这样的例子不胜枚举"。②

尼克松和基辛格不允许罗杰斯和国务院加入幕后渠道的秘密外交中来，甚至不满罗杰斯等国务院官员会见苏联及其他外国驻美外交官。国务院开展的这些普通的外交活动，很快遭到基辛格的检举。尼克松随后下令，国务院同苏联、中国、以色列、阿拉伯国家、智利等国开展的外交会谈，必须由白宫事先审查会谈的目的、形式，且会谈之后须向总统递交有关会议内容的备忘录。③

至此，白宫正式"纠正"了罗杰斯一直持有的"错误观念"，使他明白，国家安全委员会不仅负责政策设计，还可以参与外交活动和政策的执行；国家安全委员会不仅是一个政策设计机构，还是一个政策执行机构。④

---

① H. R. Haldeman Diary Entry, May 19, 1971, *FRUS*, *1969 – 1976*, Vol. II, p. 313.
② 〔美〕基辛格：《白宫岁月》第 1 册，第 37 页。
③ Memorandum from the President's Assistant for National Security Affairs (Kissinger) to Secretary of State Rogers, January 14, 1972, *FRUS*, *1969 – 1976*, Vol. II, p. 349; Memorandum from President Nixon to Secretary of State Rogers and the President's Assistant for National Security Affairs (Kissinger), *FRUS*, *1969 – 1976*, Vol. II, p. 341.
④ Editorial Note, *FRUS*, *1969 – 1976*, Vol. II, pp. 339 – 341.

四 国务院的争权与改革

官僚机构为了维护自身的正常运转，都倾向于竭力保护自己的财政预算、人事和职权。① 当基辛格设计的国家安全体制运行后，国务院面临着在职权、预算和人事三方面同时被约束和削减的状况。②

通常来说，为了对某些问题进行专项研究，政府领导人常常在某一官僚机构中下设小组或者另组团队，为决策者提供更多的政策选项。由于情报和评估都由这一机构提供，所以它的政策建议就有很高的几率获得领导人的认可，进而使该机构受到重视，职权得以扩展。③ 因 1969 年 5、6 月间的泄密事件，尼克松对包括国家安全委员会在内的官僚机构的信心发生了动摇，对国家安全体制的可靠性产生了怀疑。而此时又恰逢国内反越战运动高涨，越南问题给政府带来的压力也愈益加大。借此机会，罗杰斯在外交程序上采取了新动作，试图通过由国务院主持成立新的工作组或委员会的方式，收回被国家安全委员会侵夺的权力。

1969 年 6 月 24 日，罗杰斯向尼克松提出建议，成立一个由尼克松、国防部长莱尔德、基辛格、参谋长联席会议主席惠勒将军和他自己组成的美国对越南政策工作组（Policy-level US/Vietnamese Working Group）。此外，设立越南问题特别委员会（Ad Hoc Committee on Vietnam），对工作组予以辅助，由国务院负责东亚暨太平洋事务的副助理国务卿威廉·苏利文（William H. Sullivan）任主席，由白宫、国务院、国防部、参谋长联席会议及中央情报局代表组成。④

按照国家安全体制的流程，6 月 24 日当晚，罗杰斯的报告首先递交给了国家安全委员会。国家安全委员会职员斯内尔德与黑格共同讨论了这

---

① Graham Allison, *Essence of Decision*: *Explaining the Cuban Missile Crisis*, p. 93.
② 关于白宫对国务院财政预算和人员的削减，将在后文论述。
③ Graham Allison, *Essence of Decision*: *Explaining the Cuban Missile Crisis*, p. 93.
④ 1969 年 6 月 24 日上午 10：18 至 11：10，罗杰斯同尼克松在白宫进行了会谈，汇报了南越总统阮文绍建立美、越工作组的倡议。在这份备忘录中，罗杰斯详细阐述了他对于工作组成员、会议时间、议程的设计。Memorandum from Secretary of State Rogers to President Nixon, June 24, 1969, *FRUS*, *1969 – 1976*, Vol. Ⅱ, pp. 111 – 112.

份提议。斯内尔德认为,罗杰斯此举是"为了避免与基辛格摊牌,试图为解决越南问题上的政策分歧提供一种妥协方案。罗杰斯此议已酝酿有时"。罗杰斯提议成立的工作组尽管根本不在国家安全体制的架构之内,但是"国家安全委员会制度已经死了——亨利很久以前就把它扼杀了"。所以,他建议基辛格最好接受罗杰斯的建议,以免扰乱大局。①

作为国家安全委员会职员,斯内尔德在泄密事件中也受到怀疑。他对尼克松绕过国务院甚至国家安全委员会程序与基辛格单独决策表露不满之情,也属情理之中。然而,黑格则不同。作为基辛格的军事事务助理,他被基辛格称为"办公室中唯一可以信赖的人",② 深得基辛格的信任和重用。他虽然赞同斯内尔德的分析,但对其建议深不以为然。他敏锐地察觉到了罗杰斯此举中"危险的意图",决定要尽快建议基辛格采取行动,掌握先机。6月25日上午,基辛格的日程表上并没有会见总统的安排。但是,黑格极力劝说他:"或许会见总统是关键的,你应当谈谈国务卿罗杰斯建立越南问题工作组的提议……国务院正在趁火打劫,罗杰斯在避免与总统发生直接冲突的同时,想要扼杀国家安全委员会制度,重新恢复副国务卿的职权,并削弱你的权力。这是国务院以最小的风险获得最大利益的策略。我认为你不应当在这个问题上犹豫不决。"他建议基辛格向总统阐明,罗杰斯提议的机构"必须在国家安全委员会制度的框架之内,否则它将阉割国家安全体制,并且将国家安全委员会制度引向毁灭"。③

---

① Memorandum from the President's Military Assistant (Haig) to the President's Assistant for National Security Affairs (Kissinger), June 25, 1969, *FRUS*, 1969–1976, Vol. Ⅱ, p. 113.

② 原文为 "It is clear that I don't have anybody in my office that I can trust except Colonel Haig here",参见 Memorandum from the Assistant Director (Domestic Intelligence), Federal Bureau of Investigation (Sullivan) to the Director (Hoover), May 20, 1969, *FRUS*, 1969–1976, Vol. Ⅱ, p. 103。

③ 原文为 "I cannot help but feel that there is some blackmail being exercised by State in an effort to kill the NSC system, to reassert the vicarship of the Secretary and to defuse your power while at the same time avoiding a direct confrontation with the President, which Rogers may not be sure he can win. This has all the earmarks of a State Department ploy to achieve maximum benefits with minimum risks. I do not believe you should roll over on this one"。参见 Memorandum from the President's Military Assistant (Haig) to the President's Assistant for National Security Affairs (Kissinger), June 25, 1969, *FRUS*, 1969–1976, Vol. Ⅱ, pp. 113–114。

黑格的观察是敏锐的。在华盛顿的政治游戏中,这是一场关乎基辛格和罗杰斯、国家安全委员会和国务院外交决策职权与地位的斗争。收到黑格的备忘录,基辛格并没有像黑格建议的那样立即面见总统。他将罗杰斯给尼克松的建议备忘录压了几天,到 7 月 1 日才上书尼克松:"尽管我同意建立一个压缩的内阁级别政策组的提议,但是我担心,在国家安全委员会制度框架之外建立这样一个由您挂主席虚衔的内阁级别的工作组,会在事实上将有关越南的政策和执行事务都置于国务卿之手。"其后果,则是国务院扮演起指导有关越南事务的支配性角色,而国家安全委员会被搁置一边,白宫的审查权力也随之被架空。总之,"这一特殊安排的整体影响,将是大大削减现行国家安全委员会制度赋予您对指挥整个越南事务的控制权"。"换句话说,这个提议实际上就是 1 月份国务院努力推行但遭到您否决的高级评估组制度"。①

"如果要建立一个工作组",基辛格继续写道:"它应该(a)成为国家安全委员会制度的一部分,(b)是您日程计划内的特别会议,(c)由国家安全委员会职员供职,(d)只应您的要求开会。"最后,他向尼克松提出:"我建议您签署罗杰斯的备忘录,批准建立一个内阁级别的越南工作组,但是将这个组保留在国家安全委员会制度框架下。"②

尼克松接受了基辛格的建议,他在第二天致信罗杰斯:"我欢迎这个组定期召开会议,但是鉴于我的时间有限,不能答应再参加一个定期会议。我建议,如有需要,将它作为国家安全委员会程序的一部分,在国家安全委员会地点内召集这个组的会议。我已经指示亨利·基辛格按此原则筹备。"③ 如此一来,罗杰斯的提议事实上遭到了否决。他收回国务院在越南问题上的政策主导权的努力最终夭折。

此后不久,武器控制和裁军处主任(Director of the Arms Control and Disarmament Agency)杰勒德·史密斯(Gerard Smith)建议罗杰斯同尼克

---

① Memorandum from the President's Assistant for National Security Affairs (Kissinger) to President Nixon, July 1, 1969, *FRUS, 1969 – 1976*, Vol. II, pp. 118 – 119.
② Memorandum from the President's Assistant for National Security Affairs (Kissinger) to President Nixon, July 1, 1969, *FRUS, 1969 – 1976*, Vol. II, pp. 119 – 120.
③ Memorandum from President Nixon to Secretary of State Rogers, July 2, 1969, *FRUS, 1969 – 1976*, Vol. II, p. 120.

松、基辛格商议，在国家安全体制内重新恢复首长委员会（Committee of Principals），以支持正在进行的裁军谈判。首长委员会最初成立于1958年，由国务卿任主席，是针对裁军问题做决策、向总统提供建议的主要平台。在基辛格设计的国家安全体制中，并没有这一设置。因此，史密斯认为，鉴于裁军问题的紧迫性和重要性，有必要重新恢复首长委员会。① 然而，鉴于屡次在机构调整问题上与白宫产生的摩擦，罗杰斯这次吸取了教训，既没有批准也没有否决史密斯的建议，而是搁置起来。于是，建立首长委员会一事也就此作罢。②

至此，国家安全体制运行后，罗杰斯在1969年收回国务院参与决策职权的努力暂告失败。国务院职权受侵蚀的事实，引发外交人员极大的不满，他们士气低落，将原因都归咎于国家安全委员会和基辛格。在1969年12月对美国外交机构所做的一次演讲中，罗杰斯承认了国务院职权受到侵蚀的事实。但作为国务卿，他难以将自己和基辛格之间的矛盾以及国务院同国家安全委员会之间的纷争公开化，只能把这一结果归责到国防部和中央情报局身上，并承诺国务院应当重申本应行使的职权。③

国务院并没就此罢手，而是在等待重新伸张职权的机会。1970年7月，总统外国情报顾问委员会（Foreign Intelligence Advisory Board）的许多成员在东南亚之行后纷纷向尼克松提出，需要对美国未来在东南亚的政治、军事和经济投入做更多的规划。罗杰斯很快抓住了这个机会，向总统献策。他提出，为了使政策规划更为有序和连贯，在没有国家安全委员会参与的前提下，使副部长委员会会议成为讨论亚洲计划和项目的非正式论坛，并由马歇尔·格林领导一个机密的由各部门人员组成的职员组提供支持。此外，由副部长委员会负责制定一份执行"尼克松主义"的

---

① Action Memorandum from the Director of the Arms Control and Disarmament Agency (Smith) to Secretary of State Rogers, undated, *FRUS*, 1969 – 1976, Vol. Ⅱ, pp. 129 – 130.
② Footnote 2, 5, Action Memorandum from the Director of the Arms Control and Disarmament Agency (Smith) to Secretary of State Rogers, undated, *FRUS*, 1969 – 1976, Vol. Ⅱ, pp. 129 – 130.
③ Telcon The President and Mr. Kissinger 12/17/69 6：40 p.m., Source：National Archives, Nixon Presidential Materials Staff, NSC Files, Kissinger Telcons, Chronological File (Novemberl, 1969 to January 26, 1970), Box 3, Folder 17 – 31 Dec, 1969.

五年计划。①

罗杰斯的建议又一次惹恼了基辛格。在给尼克松的备忘录中，基辛格抨击罗杰斯的提议是"削弱1969年1月制订的国家安全委员会制度的努力。事实上，这是要重新恢复以前的高级部际评估组，建立一个由国务院主导的国家安全决策机制……这在长期将对国家安全委员会制度形成致命打击"。他指出："国务卿备忘录中所提出的最基本的问题，是由谁来控制政策规划的过程。"基辛格不仅强烈反对罗杰斯的建议，而且还提出了一个替代方案，即建立一个由他本人为主席的副部长级别的计划小组，由国务院主持的辅助工作组向其提供支持。②

经总统批准，1970年8月13日，基辛格向国务卿、国防部长和中央情报局局长下发第79号国家安全研究决定备忘录（NSDM79），要求在国家安全委员会制度框架下，建立一个东南亚特别评估组（Special Review Group for South East Asia），负责制定有关这一地区的长期的政治、军事、经济政策。③ 这意味着罗杰斯恢复国务院掌控外交政策规划权的努力再次失败。

尼克松当选总统之后，通过调整国家安全委员会和国务院等机构设置和决策程序，将外交决策过程置于总统、国家安全事务助理基辛格及一些关键顾问的掌控之下，目的在于使总统通过国家安全委员会保有对外交决策的控制权，由白宫监督总统决定的施行过程。如此一来，在肯尼迪政府之后，尼克松政府时期新的国家安全体制进一步改变了以国务院为中心的外交政策制定和执行机制，同时，总统国家安全事务助理和国家安全委员会的重要性也远超越邦迪时期的"小国务院"（the Little State Department）。④ 总统国家安全事务助理和国家安全委员会在很大程

---

① Memorandum from Secretary of State Rogers to President Nixon, July 27, 1970, *FRUS*, *1969 - 1976*, Vol. II, pp. 246 - 248.
② Memorandum from the President's Assistant for National Security Affairs (Kissinger) to President Nixon, August 3, 1970, *FRUS*, *1969 - 1976*, Vol. II, pp. 249 - 251.
③ National Security Decision Memorandum 79, August 13, 1970, *FRUS*, *1969 - 1976*, Vol. II, pp. 257 - 258.
④ Andrew Preston, "The Little State Department: McGeorge Bundy and the National Security Council Staff, 1961 - 65", *Presidential Studies Quarterly* 31 (2001): 657.

度上取代了国务卿与国务院的职权,甚至国务院在内部的人事安排上也受制于白宫。

国务院是职业外交机构,外交官大都是一开始便进入国务院,而且可望终身从事外交工作。他们逐级晋升,轮流在华盛顿和外国任职。① 因此,外交官的任期并不受四年一届政府更替的影响,新任政府中往往保留了大量前任政府的外交官员。但是,出于对前任政府中留任外交官员的不信任,并且为了克服官僚机构在执行总统命令过程中的"走样"或拖沓,尼克松决心在国务院的关键岗位和大使职位上任命"总统的人"。此外,由于预算紧张,他还决心要削减驻外人员的数量。

1969年1月7日,正当罗杰斯、莱尔德与基辛格就国家安全体制的设计争论不休时,尼克松要求罗杰斯在新政府正式就职后,立即开始审查美国驻外大使的资质,并且限定在2~3个月完成撤换。在他看来,"新政府伊始,是将一些朽木移除、将一些没资质的人换到不太重要岗位的好时机"。②

1969年2月1日,尼克松同他的助理基辛格和布赖斯·哈洛（Bryce N. Harlow）讨论了对一些驻外大使和关键职务的任命。本来,尼克松对国务院中高级官员的任命还是比较满意的。不过,他在这次谈话中了解到,他的许多朋友对总统没能在国务院中任用更多"尼克松的人"（RN people）颇感失望。他们认为,除了罗杰斯,国务院中的其他人要么是利欲熏心的野心家,要么就是亲近尼克松在共和党内的政治对手洛克菲勒（John D. Rockefeller）的家伙。朋友们的议论使尼克松颇感心烦。③

此时的尼克松还是相信"罗杰斯能够控制局势"并管好国务院中的那些旧朝臣子的。然而,毕竟一朝天子一朝臣,他担心"这在未来的确会成为潜在的政治问题"。于是,尼克松很快责成内政顾问埃利希曼:"通过在近期宣布一些新大使的任命,来纠正、至少充分缓解这种情况。

---

① 〔美〕罗杰·希尔斯曼:《美国是如何治理的》,第234页。
② Memorandum from President – Elect Nixon to Secretary of State – Designate Rogers, January 7, 1969, *FRUS*, *1969 – 1976*, Vol. Ⅱ, pp. 663 – 664. 有关尼克松任命大使及国务院高级职位的相关资料参见 Editorial Note, *FRUS*, *1969 – 1976*, Vol. Ⅱ, pp. 664 – 665。
③ Footnote 2, Memorandum from President Nixon to his Counsel (Ehrlichman), February 1, 1969, *FRUS*, *1969 – 1976*, Vol. Ⅱ, p. 668.

特别重要的是，必须立即更换那些刺眼的、得到约翰逊的政治性任命的人。"① 总之，在这次对驻外大使的"换血"中，尼克松要做的是启用那些能够与国务院中的专家"对着干"的人，一些年龄在25~40岁之间、经验丰富、忠诚、积极并且拥有卓越的管理能力的年轻新人。②

本来，由国务卿向国务院负责各国和各地区事务的国别主任（Country Directors）征求人选意见并且亲自同他们会谈是国务院内选拔驻外大使的一般程序。③ 但是，要对外交队伍进行"换血"的尼克松决心改变陈规。执行尼克松政策的副国务卿理查森无可奈何地对向他推荐大使人选的新罕布什尔州共和党众议员路易斯·韦曼（Louis C. Wyman）说："我们正在努力执行这样一个训令，一方面是来自尼克松的指示，他想要减少非职业任命外交人员的总数；同时，我们还收到相当多的来自白宫的名字，实际上他们想要照顾这些人……这些非职业的外交人员中谁能够成为职业外交官的问题，取决于白宫给我们的名单。"韦曼似乎对理查森的这一番"私下交流"颇感吃惊，花费了些时间后才弄明白，参与大使的遴选需要先拿到白宫的"条子"。④

这场针对外交官的"换血"，很快蔓延至对整个国务院内部官员的调换。在这个过程中，尼克松的旧识特纳·谢尔顿（Turner Shelton）⑤ 发挥了重要的作用。1969年4月初，应基辛格的要求，谢尔顿通过与国务院内各级职员的讨论和观察，完成了一份关于调换国务院官员的政策报告。

---

① Footnote 2, Memorandum from President Nixon to his Counsel (Ehrlichman), February 1, 1969, *FRUS, 1969–1976*, Vol. II, p. 668.

② Memorandum from President Nixon to his Assistant for National Security Affairs (Kissinger), February 14, 1969, *FRUS, 1969–1976*, Vol. II, pp. 671–672; Memorandum from the President's Assistant (Flanigan) to the Under Secretary of State (Richardson), April 8, 1969, *FRUS, 1969–1976*, Vol. II, p. 674.

③ Memorandum from the Counselor of the Department of State (Pedersen) to Secretary of State Rogers, February 11, 1969, *FRUS, 1969–1976*, Vol. II, p. 670.

④ Notes of Telephone Conversation between the Under Secretary of State (Richardson) and Representative Louis Wyman, March 20, 1969, *FRUS, 1969–1976*, Vol. II, p. 673.

⑤ 特纳·谢尔顿（Turner Shelton）在20世纪五六十年代任职于美国新闻署和国务院，并在肯尼迪和约翰逊政府的欧洲事务局和公共事务局中任职，出任过美国驻布达佩斯大使馆的法律顾问以及巴哈马首都拿骚的总领事。1968年离开国务院。1970年10月，尼克松任命他为驻尼加拉瓜大使，直至1975年8月。

他在报告中指出,那些同前任总统和政府有着强烈情感联系的雇员,他们的不忠是显而易见的,对他们进行"训练",使他们接受一种新的思考方式、"皈依"尼克松对外交事务的哲学观是徒劳无获的。而那些在前任政府里通过官僚制度的晋升阶梯达到现在职位的助理国务卿,对于前任总统和政府的官员仍有"怀旧之情"。他们既不会对现任总统产生个人忠诚感,也不能对现任总统的意愿做出积极的响应,甚至还可能竭力拖延、改变白宫的指示与命令。基于以上分析,谢尔顿建议,为了通过重组来打造一个对尼克松总统负责的国务院,需要重新评价那些同其他政治人物感情密切、从根本上与现任总统的外交政策意见相左的职员,将他们调换到其他岗位。①

当基辛格把谢尔顿的这番分析和建议递交给尼克松后,总统颇为赏识地在上面写下:"他是对的,当然。基(辛格)——,(1)看我们是否能把谢尔顿安排到国务院的岗位上,谨慎询问,他或许知道哪个职位重要。(2)此外,同理查森讨论一下这件事(不要透露来源),看他对改组的问题有什么意见。(3)让谢尔顿和其他人提供一些赞同我的观点的外交官的名字,然后让弗拉尼根(Peter M. Flanigan)去敦促他们。"② 6月,他再次要求基辛格设法让谢尔顿提供一份名单,辨别"在外交人员中谁是我们的朋友、谁是我们的对手"。③

1969年7月,谢尔顿终于提交了这份名单。他区分了三类人:"(1)应当从关键岗位上开除的人;(2)对政府有利并且应当考虑委以关键职务的人;(3)现在政府外任职但能够成为顾问或者委以职务的人。"④ 随后,按

---

① Attachment: Memorandum from Turner Shelton to the President's Assistant for National Security Affairs (Kissinger), April 6, 1970, FRUS, 1969 – 1976, Vol. II, pp. 707 – 710.
② 弗朗吉根是总统行政和职员安置顾问。Memorandum from the President's Assistant for National Security Affairs (Kissinger) to President Nixon1, April 10, 1970, FRUS, 1969 – 1976, Vol. II, pp. 706 – 708。
③ Footnote 2, Memorandum from the President's Assistant for National Security Affairs (Kissinger) to the President's Assistant (Haldeman), July 13, 1970, FRUS, 1969 – 1976, Vol. II, p. 712.
④ Footnote 4, Memorandum from the President's Assistant for National Security Affairs (Kissinger) to the President's Assistant (Haldeman), July 13, 1970, FRUS, 1969 – 1976, Vol. II, p. 713.

照总统的命令，理查森根据谢尔顿的建议开始对国务院人员进行改组。他移除了国务院内非"尼克松的人"和不太听命的前朝旧员，通过提拔新人，将蒙受现任总统恩惠的新秀转变成了"尼克松的人"，肩负起重要职责。①

尼克松以忠诚于自己的新人更替前任政府旧臣的方式，对国务院的关键职位和驻外大使进行了"换血"。此外，他还裁减了美国驻外使团的规模。为了削减财政开支，1968年1月18日，约翰逊总统签署了"BALPA"计划，要求将除越南以外的美国外交使团人员削减10%。② 但在尼克松看来，裁减规模还远远不够。至1969年11月，在美国驻外使团中，共裁减直接雇佣的美国文职人员5777名、当地职员1408名以及海外军事人员14937名，共裁撤海外领事馆19个。③

在官僚政治中，总统或政府领导人做出的决定在执行过程中很难保证不被官僚机构扭曲或者搁置一边，这是司空见惯的事情。④ 就国务院的运作而言，它行动迟缓，在做出决定前无休止地要求各司局"澄清"问题，真正采取行动时又优柔寡断，很少对下属机构实行有力而必要的坚强领

---

① 理查森设计的改组方式为：第一，鼓励职业官员参加与商界、基金会和学术界以及国会委员会职员的岗位交换项目；第二，分遣400多名职业官员到其他联邦机构中工作，以丰富他们的管理经验；第三，采取措施提升富有才能的年轻官员到更高级的岗位；第四，鼓励国务院内地区和职能岗位职员间更大规模的互换；第五，安排精力充沛的新人到制定政策的岗位，其中包括行政和高级岗位上的55名新的非职业雇员、32名新的非职业大使及51名新的职业大使。Footnote 2, Memorandum From the Under Secretary of State (Richardson) to the Deputy Under Secretary of State for Administration (Rimestad) and all Assistant Secretaries and Bureau Chiefs, May 2, 1969, FRUS, 1969 – 1976, Vol. II, pp. 678 – 679.

② 关于BALPA, 参见footnote 5, Memorandum from the President's Assistant for National Security Affairs (Kissinger) to the President's Counsel (Ehrlichman), June 2, 1969, FRUS, 1969 – 1976, Vol. II, p. 680。

③ 早在1968年底当选总统后，尼克松就下令将美国新闻署、美国国际开发署以及除越南、朝鲜和西欧战争地区之外的军事人员削减1/3。Memorandum From President Nixon to his Assistant (Haldeman), June 16, 1969, FRUS, 1969 – 1976, Vol. II, p. 682. 就职后，他继续下令削减50% ~ 66.6%的美国驻日本、菲律宾、印度、德国和英国外交人员，裁撤美国新闻署在海外的电视新闻台，削减50%的军事援助顾问团和其他军事机构等。Memorandum from the President's Assistant for National Security Affairs (Kissinger) to the President's Counsel (Ehrlichman), June 2, 1969, FRUS, 1969 – 1976, Vol. II, pp. 679 – 680。

④ Graham Allison, Essence of Decision: Explaining the Cuban Missile Crisis, pp. 172 – 173.

导。于是，国务院常常遭到白宫和新闻界的诟病，被称为"软糖厂"，意思是只会提出一些甜丝丝、软绵绵的建议而已。然而，国务院工作中的这些弊病是由其工作内容和性质决定的。① 在美国历届政府中，总统为了改变国务院等官僚机构不听指挥、行动迟缓的弊端，按照自己的意愿大规模更换、削减人员的案例，可谓少之又少。② 如此看来，尼克松在就任初期对国务院人员和规模的整顿，实属一个突出的案例。通过人员的调换和削减，尼克松将"总统的人"安排在了关键的岗位，由此也削弱了国务院的自主性和行动力。

在经历了大规模的人员裁撤之后，1970年新年刚过，为了应对来自白宫的行政压力，国务院随即主动开始了一场内部改革，希冀以此重新博取总统的信任和重用。事实上，自第二次世界大战结束后，为了使之具有更快速的反应力和更高的效率，改革国务院行政和组织的努力一直在进行。1949年，为了使国务院能够更有效地承担起美国在第二次世界大战后的国际政治中所扮演的角色，前总统赫伯特·胡佛（Herbert Hoover）主持完成的胡佛委员会报告（the Hoover Commission Report of 1949），提出了对国务院的改革建议。1954年，由布朗大学校长亨利·里斯顿（Henry M. Wriston）担任主席的人事公共委员会（Public Committee on Personnel），对外事人员的分类和使用提出了重要的建议。1962年，由前国务卿克里斯蒂安·赫脱（Christian A. Herter）主持的赫脱委员会（Herter Committee）仍然认为，国务院依旧难以有效处理复杂的对外政策，于是提出了对人员和组织继续进行改革的建议。1970年的这次改革是前述一系列改革的继续和延伸，强调在国务院实行现代化管理，继续改革人事安排。③

1970年1月14日，负责行政事务的代理副国务卿威廉·麦康伯（William Macomber）向国务院和其他外交人员致辞，题目为"管理战略：一个面向70年代的项目"（Management Strategy: A Program for the Seventies），由此拉开了国务院改革的序幕。麦康伯提出："传统上来说，我们

---

① 〔美〕罗杰·希尔斯曼：《美国是如何治理的》，第237~238页。
② Graham Allison, *Essence of Decision: Explaining the Cuban Missile Crisis*, p. 86.
③ John H. Esterline and Robert B. Black, *Inside Foreign Policy*, pp. 216-217.

是一个对决策、谈判和在海外执行政策都十分擅长的机构。但实际上，我们往往凭直觉行事，缺乏计划，疏于管理"，难以满足总统的需求。他含蓄地指出："总统依旧视我们为制定国家政策中的主要臂膀"，并且"继续希望国务院能确保海外的政府行动同他的决策相一致"。但是，国务院的行动"缺乏承担这些责任所需要的系统性和积极性"。为了弥补国务院在管理上的缺陷，他提出了一系列的改革措施，特别强调开展人事制度改革。①

然而，国家安全委员会对国务院这场大张旗鼓的改革却不屑一顾。在麦康伯发表演说的当天，国家安全委员会职员雷克在给基辛格的备忘录中就直言不讳地表示："这个演说不值一提。"② 此外，他还附加了一份"关于如何对国务院进行破坏"的信件，提出"最关键的进攻是我们应当利用驻外事务处，并且在行事上努力避开陈规旧矩"。③ 在基辛格和他的国家安全委员会助手看来，国务院这场轰轰烈烈的内部改革尽管刚刚开局，但并不会对国家安全委员会的地位造成任何挑战，只是在程序上小做手脚。④

国务院此次改革包括两项主要内容，一是提高内部的"创造力"（creativity），二是提升对国会以及公众的"开放性"（openness）。在第一个方面，改革的设计者认为，冗繁的上下级和同级审查程序消耗了大量的时间，形成的却是一种难以令人满意的妥协，造成一种集体负责制，即尽管没有一个官员会犯错，但个人完全丧失了积极性和主动性。因此，他们主张取消审查制度，代之以成立针对解决某一特定问题的特别委员会，由与此问题相关的官员参加决策。对于"开放性"，他们提出，国务院应当

---

① 原文参见 Department of State Bulletin, February 2, 1970, pp. 130 – 141 以及 Diplomacy for the 70's: A Program of Management Reform for the Department of State, pp. 587 – 605, 转引自 Editorial Note, FRUS, 1969 – 1976, Vol. II, p. 697.
② 原文为 "I do not believe the speech is worth more than a quick skim"。
③ Memorandum from W. Anthony Lake of the National Security Council Staff to the President's Assistant for National Security Affairs (Kissinger), January 14, 1970, FRUS, 1969 – 1976, Vol. II, pp. 698 – 699.
④ Footnote, Memorandum from W. Anthony Lake of the National Security Council Staff to the President's Assistant for National Security Affairs (Kissinger), January 14, 1970, FRUS, 1969 – 1976, Vol. II, p. 698.

同其他政府机构、商界、专家群体和学术界形成人员的交流与互动,在群策群力的同时,向外界公开决策,并拉近同国会的关系。①

半年后的1971年7月6日,国务院公布了麦康伯撰写的改革进展报告,称此次改革是"试图在不改变国务院架构的前提下,改变人员的工作态度和习惯,使原组织结构可以更有效运行"。② 同一天,罗杰斯公开宣布要改组国务院最高层级——"第七层",运用政策分析和资源配置(PARA, Policy Analysis and Resource Allocation)等现代管理概念,引进新的管理体制。此外,他还决定继续改革驻外人员的聘用及管理制度。③ 罗杰斯的这些改革计划旨在扩大"第七层"的职责范围,强化管理外交事务的权限与合法性,重新确立国务院在外交事务上的主要地位。

然而,国务院的改革却很快遭受接连两波冲击。第一波冲击发生在1971年7月20日,基辛格秘密访华后,白宫严令禁止各官僚机构与部门对尼克松访华声明做出任何评论、公开声明或通过外交渠道接受询问。④ 这显然是出于不信任而主要针对国务院所做的封口令。第二波冲击源于两次严重的泄密事件。1971年6月中旬,《纽约时报》刊登了前国防部官员丹尼尔·艾尔斯伯格(Daniel Ellsberg)泄露的1948~1968年美国在印度支那行动情况的文件,即"五角大楼文件"(Pentagon Papers)。随后不久,7月下旬,《纽约时报》又刊登了有关美苏限制战略武器谈判情况的文件。相较于1969年6月、7月的泄密,这两次事件的影响尤为深远。最高法院对尼克松政府起诉艾尔斯伯格一案的判决,沉重打击了"帝王式总统权",但泄密事件也浇灭了国务院内部进行得如火如荼的改革。在

---

① *Diplomacy for the 70's*: Summary, pp. 4–10. 转引自 John H. Esterline and Robert B. Black, *Inside Foreign Policy*, p. 229。

② Editorial Note, *FRUS*, 1969–1976, Vol. II, pp. 697–698.

③ Editorial Note, *FRUS*, 1969–1976, Vol. II, p. 748. 美国国务院座落在华府弗吉尼亚大街与C大道、21大道、23大道之间,是一栋四方形的建筑。该建筑的第七层是国务卿、副国务卿,负责政治、经济等负责具体事务的副国务卿以及一些特别助理的办公室所在地,是国务院的权力核心。有关国务院大楼各层办公室及设施的布局和职能,参见 John H. Esterline and Robert B. Black, *Inside Foreign Policy*, pp. 40–42。

④ Memorandum by the President's Assistant for National Security Affairs (Kissinger) for The Secretary of State, The Secretary of Defense, The Director of Central Intelligence, July 20, 1971, *FRUS*, 1969–1976, Vol. II, pp. 327–328.

白宫的重压下，罗杰斯下令对某些国务院官员进行谎言测试，并严格限制国务院内的信息传达。至1971年10月，"保密"（Secrecy）的氛围弥漫于整个国务院，重要的外交事件直到发生前几天才公之于众，只有国务卿和少数高级官员才能提前知情。① 国务院由此迅速而全面地摧毁了它在自身改革中倡导的"开放性"，也因此打击了职员的主动性和积极性，此番改革被迫终止。

五 国务卿的失势与离职

为了机构利益和个人的尊严，罗杰斯及国务院内的高级官员一直同基辛格和国家安全委员会职员班底进行着斗争。尼克松无法信任国务院，一心想要把外交权力控制在白宫的掌控之内，在外交活动中努力绕过国务院，在政策设计中以他和基辛格为核心。然而，正如邰培德（Patrick Tyler）所指出的，基辛格对罗杰斯的排挤大大超过了尼克松的预期。② 国家安全委员会职员班底对国务院外交职权的侵夺，引发国务院官员的极大不满。由这些不满衍生的消极敷衍与不合作的态度，更强化了尼克松所抱怨的国务院在外交事务上的种种"掣肘"行为。总统亲自拉开了国家安全委员会同国务院之间相互攻击和设障的大幕，不得不与这种紧张局面左右周旋，疲于应对官僚政治的纷争。

1969年2月，新的国家安全体制运行不久，国家安全委员会职员就给了国务院里的秀才们一个"下马威"。通常而言，官僚机构在提交的报告中，为了使符合本部门利益的政策选项得到总统的认可，通常会罗列几个内容极端的所谓"稻草人"选项，用来被总统否决，以突出该部门期待总统选择的选项。③ 在1969年2月13日召开的国家安全委员会高级评估组会议上，国家安全委员会职员批评国务院欧洲事务局递交的报告"完全不符合国家安全委员会的要求"，因为它是一份纯粹的"辩护报告"，为了使欧洲事务局认为符合自身目标的政策选项获得通过，报告中

---

① John H. Esterline and Robert B. Black, *Inside Foreign Policy*, pp. 230–232.
② Patrick Tyler, *A Great Wall: Six Presidents and China*, p. 53.
③ Graham Allison, *Essence of Decision: Explaining the Cuban Missile Crisis*, p. 90.

包含了许多形式上符合要求但实际上是用来被否定的"稻草人"选项。尽管国务院方面当即反对这种说法，但报告仍被打回重写。① 这场冲突标志着基辛格对官僚机构中的本位主义和陈规旧矩宣战。但是，他仅仅以总统国家安全事务助理和国家安全委员会主任的身份，要求国务院等官僚机构调整工作程序，即便是职权范围内的合理要求，也不免会遭遇不满和抗拒。

职权之争也成为基辛格同国务卿罗杰斯个人关系交恶的引子。1969年6月16日开始，国务院在向各地特别是越南发出电报之前，不再提请白宫审批。这立刻引起了基辛格的警觉。两天之后，他向司法部长约翰·米切尔（John Mitchell）提出抗议，指责国务院违反了已经执行了八年的电报审查惯例，并且认为这个命令出自国务卿罗杰斯，是罗杰斯亲自签署了所有的电报。②

当天稍晚时，基辛格本打算向总统写一封备忘录，指责国务院最近"在有关越南的重要通信中没有同白宫协商"，强调由白宫"控制总统关心的重要通信"是多么重要。这封备忘录还没有发出，基辛格便改变了主意。与其由他向总统抱怨，不如直接由总统向罗杰斯提出警告。第二天，他直接以总统的名义，草拟了一份给罗杰斯的备忘录："我已经注意到，国务院最近的一些重要电报没有经过白宫的审查。我想重新申明我的希望，即部门电报都需要经过白宫的审查，以确保我完全了解最新的涉及总统利益的那些重要政策和执行问题的通信。"尼克松签署了备忘录，并于6月20日送到国务院。③

收到这封备忘录后，罗杰斯颇感意外。他反复修改回信草稿，在其中写道："涉及政策问题的电报应当经由您的职员审查，但是我并不认为他们应当审查所有处理执行问题的电报，也不认为这样做是明智的。如果需要这样做，那么我作为国务卿的角色将仅仅是一个政策通道。"他不无坚

---

① Memorandum of the Record, February 13, 1969, *FRUS, 1969–1976*, Vol. II, pp. 64–65.
② Editorial Note, *FRUS, 1969–1976*, Vol. II, p. 109. 司法部长米切尔是尼克松的政治密友，尼克松在1968年竞选时的经纪人。据基辛格说："尼克松在作具有重大政治影响的决策是多数情况下都要找约翰·米切尔商量。"〔美〕基辛格：《白宫岁月》第2册，第638页。
③ Editorial Note, *FRUS, 1969–1976*, Vol. II, p. 109.

定地写下："除非您本人希望审查所有的执行电报,否则我将认为电报是否送交您关注的判断,应当由我做出。"①

罗杰斯或许已参透这封备忘录的执笔人实为基辛格而非总统。回信写好后,他并未直接发送给总统,而是在6月20日下午6点多给基辛格打了个电话。他说,他对总统发来的关于电报审批的备忘录感觉有点儿不安,已经写好了给总统的回复,但是想先同基辛格讨论一下。紧接着,他丝毫不客气地挑明,不认可由基辛格的职员来审查执行电报。与罗杰斯发生正面冲突、将事态扩大,对基辛格自身也并无利益。于是,基辛格忙回应道:"我认为我们应当先把事态控制住。这样对每个人来说都是满意的。"他随后对事情的缘由做了解释,并说:"我们不能审查您所有的电报,但是现行的审查制度是没有问题的。"而罗杰斯坚持认为电报是否送交总统审查的决定,"国务卿应当做定论",并且要向总统申明,每日关于谈判的电报应当由国务院处理。最后,两人的口水仗成了顽固的争执。罗杰斯的"强烈反应"引起了黑格的注意。他建议基辛格:"如果你想要继续以现在的地位服务于总统的话,你应当告诉他,这是一个重要的不能妥协的问题。"②

一个星期之后,总统对这场权力交锋进行了"宣判"。他告知罗杰斯,按照基辛格6月18日给总统备忘录中的那些通信分类标准,要求国务院在电报发送前需经国家安全委员会审查。③ 电报事件引发的风波虽然平息了,但罗杰斯仍然坚持认为,国家安全委员会与政策执行类事务无关,有关政策执行的电报和其他事务无须通过基辛格获得白宫的审查,因为国家安全委员会并非政策执行机构。④

在电报审查问题上,罗杰斯坚持国务卿的权力,抵制国家安全委员会对电报事务的插手,让基辛格感到十分不快。他认为这是罗杰斯同他"开战"。1969年8月,他向司法部长米切尔抱怨:"现在必须正视国务卿

---

① Editorial Note, *FRUS*, 1969–1976, Vol. Ⅱ, pp. 109–110.
② Editorial Note, *FRUS*, 1969–1976, Vol. Ⅱ, pp. 110–111.
③ Memorandum from President Nixon to Secretary of State Rogers and Secretary of Defense Laird, June 26, 1969, *FRUS*, 1969–1976, Vol. Ⅱ, pp. 115–116.
④ Editorial Note, *FRUS*, 1969–1976, Vol. Ⅱ, p. 340.

和我的工作关系问题,否则,官僚政治的战争将愈演愈烈,会对我们对外事务的管理产生严重后果。"① 基辛格表达这种不满已不是第一次。一个月前,他曾着力控诉罗杰斯"按照同白宫相反的路线,系统性地消解总统可以利用的优势",称罗杰斯"随心所欲","不忠于"总统的政策,"对美国的国家利益造成了严重影响"。②

尼克松内心虽然清楚基辛格打压罗杰斯的用意,但他同时也需要维护白宫的政策权威。1969年9月1日,他向国务卿罗杰斯、国防部长莱尔德、中央情报局局长赫尔姆斯明确提出:所有公开发表的声明、新闻稿以及有关外交政策的部门间通信,都必须经过基辛格的审查。③ 通过严格制度,白宫审查文件的类别从电报扩大到公开声明、部门间通信,被审查的机构也由国务院扩大到国防部和中央情报局。

随着基辛格与罗杰斯之间的官僚战愈演愈烈,尼克松发现,同罗杰斯之间的斗争已经削弱了基辛格的工作效率,甚至使他失去了理智。他希望由霍尔德曼和米切尔出面,对基辛格进行劝说。这让霍尔德曼着实为难。他认为,问题的关键在于基辛格要求国务院严格、完全地遵守白宫政策的每一个细节,并且在任何事情上都试图做总统和内阁官员的中间人,而这些内阁官员根本不买他的账。如此一来,连基辛格要求这些官员做他们本来准备好要做的事情时,他们也都不愿积极合作了。不过霍尔德曼又不愿把全部责任归咎于基辛格,只是指出,后者在处理与罗杰斯关系的方式上有不合适的地方。④

基辛格的助手黑格意识到,由于国务院与国家安全委员会的职权之争,国务院、国务卿在包括限制战略武器谈判,中东、拉丁美洲、非洲等广泛的外交政策事务中,未能给予有效合作,未能遵守总统批准的主要政策路线,也未能遵守既定的协作程序,甚至采取与总统的策略意图相反的

---

① Footnote 2, *FRUS*, *1969-1976*, Vol. II, p. 151; H. R. Haldeman, *The Haldeman Diaries*, August 29, 1969, p. 83.
② Memorandum from the President's Military Assistant (Haig) to the President's Assistant for National Security Affairs (Kissinger), July 12, 1969, *FRUS*, *1969-1976*, Vol. II, pp. 137-138.
③ Telegram from President Nixon to Secretary of State Rogers, Secretary of Defense Laird, and Director of Central Intelligence Helms, *FRUS*, *1969-1976*, Vol. II, p. 151.
④ H. R. Haldeman, *The Haldeman Diaries*, October 15, 27, 1969, p. 100.

方式。总之,"国务院与白宫关系的恶化已经到了必然会对国家利益造成严重损害的地步……如此以往,实属难忍"。①

国家安全委员会中其他高级职员也切身感受到,"国家安全委员会职员同国务院的工作关系已经降至近年来的最低点……国务院以前所未有的方式,视国家安全委员会为对手,与以往相比,更不愿意以妥协的方式解决问题"。但是,与霍尔德曼一样,他们并未完全将此归咎于国务院。他们指出,问题在于罗杰斯同尼克松和基辛格之间的私人关系、国务院同白宫的政策分歧以及官僚政治等。国务院中的许多人都不信任国家安全委员会,普遍认为它是为了遏制国务院而设立的,因此如果把国务院与国家安全委员会职员的分歧提交国家安全委员会,则很难令他们信服。他们还观察到,国务院的官员还认为,国家安全研究备忘录和国家安全决定备忘录中总统的指示,更多地反映了基辛格而非总统的意愿。此外,基辛格不仅反对、贬低国务院的工作,而且绕开国务院,通过幕后渠道开展秘密外交,更引起国务院方面的不满。总之,这些因素造成了国家安全委员会与国务院关系的恶性循环,最终致使彼此间失去了信任。②

那么,如何解决国家安全委员会与国务院之间的矛盾呢?国家安全委员会职员秘书(Staff Secretary)威廉·瓦特(William Watts)向基辛格建议:"若想真正缓和紧张、改善关系,必须从你和国务卿罗杰斯的关系入手。"他建议,可以由基辛格分别同罗杰斯、副国务卿理查森以及部际小组主席举行会谈,鼓励国家安全委员会职员同国务院同事进行商议,加强副国务卿委员会的作用,加快各类报告在白宫系统内的审查等。总之,在政府中,除基辛格之外,没有人能解决目前的问题,只有基辛格采取主动,才能够真正改善白宫与国务院的关系。③ 对于这些分析和建议,作为

---

① Memorandum from the President's Military Assistant (Haig) to the President's Assistant for National Security Affairs (Kissinger), October 19, 1969, *FRUS, 1969 – 1976*, Vol. II, pp. 177 – 182.
② Memorandum from W. Anthony Lake of the National Security Council Staff to the President's Assistant for National Security Affairs (Kissinger), November 14, 1969, *FRUS, 1969 – 1976*, Vol. II, pp. 183 – 186.
③ Attachment D, Memorandum from William Watts, Staff Secretary, National Security Council Staff to the President's Assistant for National Security Affairs (Kissinger), November 15, 1969, *FRUS, 1969 – 1976*, Vol. II, pp. 186 – 189.

政治场上的老手,黑格公开表现出不屑甚至嘲笑的态度。①

许多年后,基辛格在回忆录中承认:"罗杰斯事实上比人们所描绘的要能干得多。他思想敏锐,擅长分析,而且很有见地。"但是,作为律师,罗杰斯的观点是战术性的,而他自己的观点则着眼于地缘政治且富有战略性。"罗杰斯一定认为我是一个自私自利、专门找岔子的人,破坏了他和总统的关系。我倾向于认为,他是一个会把我国对外政策的精心构想弄糟的感觉迟钝的新手。我们的关系必然会越来越坏。"② 在尼克松政府就任不久,基辛格就已经表露出自己对国务卿的不满与偏见,他断言:"罗杰斯的自私令人讨厌,使他很难胜任服务总统的职责。"③

既然两个同样骄傲且地位都不牢固的人注定要痛苦地在官僚政治中相互争斗,④ 那么为了在斗争中保存自己的地位,基辛格宁可走置之死地而后生这一步险棋,也不会首先向罗杰斯抛出橄榄枝。1970年初,为了争取最终的胜利,他打算向总统"请辞"。但是,在付诸行动之前,他要和他唯一信任的伙伴——黑格商量是否以及如何向总统提出辞呈。黑格向基辛格建议,在没有下定决心辞职之前,不要轻易向总统请辞。同时,他也告诉基辛格:"我确信,为了让你高兴并留任,总统会付出任何代价。"既然总统完全清楚罗杰斯与基辛格之间的矛盾,那么不必催促总统对国务院采取强硬的措施,黑格强调,而是要向总统表示,如果他不愿意支持在基辛格与罗杰斯、国家安全委员会与国务院之间清楚界定职权范围和工作关系,那么应当以"绝对不能让总统对你要离开政府的决心有任何怀疑"的方式,"向总统提出一个冷静的、经过深思熟虑且坚定要离开政府的决定"。⑤ 黑格给基辛格的策略,迎合了基辛格以退求进的意图。

---

① Footnote 5, ibid., p. 187.
② 〔美〕基辛格:《白宫岁月》第1册,第39页。
③ H. R. Haldeman, *The Haldeman Diaries*, March 10, 1969, p. 38.
④ 原文为"罗杰斯太骄傲,我在学识上又自视很高,而且我们两人的地位都不牢靠,以致不能采取这样一个方针,使我们能够避免许多不必要的痛苦和官僚机构方面的头疼问题。"〔美〕基辛格:《白宫岁月》第1册,第39页。
⑤ Memorandum from the President's Military Assistant (Haig) to the President's Assistant for National Security Affairs (Kissinger), February 21, 1970, *FRUS, 1969–1976*, Vol. II, pp. 213–216.

1970年2月22日，尼克松同基辛格在戴维营共进午餐。身处这个风景如画的度假胜地，他们谈论的却是如何处理基辛格同罗杰斯剑拔弩张的关系。这并非一个轻松的话题。[1] 处境孤独的总统，需要基辛格这样一位并非对他本人而是对权力更为忠诚的伙伴，践行他对外交事务的理解。[2] 但是，基辛格对总统的处理方式并不满意。[3] 相形之下，罗杰斯对基辛格的愤怒和不满更为强烈。因为基辛格曾信誓旦旦地向罗杰斯承诺，会及时通报美国与北越在巴黎开展秘密和平谈判的情况以及美国对中东的政策。然而事实却是，罗杰斯只能从基辛格的新闻发布会上得知相关进展。因此，他再也难以容忍基辛格对他屡屡隐瞒、谎报实情的做法。1970年9月25日，火爆的罗杰斯甚至在电话中同基辛格吵嚷起来。[4]

这场撕破颜面的争吵一结束，基辛格便打电话向霍尔德曼诉苦。尼克松很快得知了详情。本来，对于罗杰斯和基辛格之间的矛盾纷争，或许正如基辛格所言，总统并无意从根本上解决，因为这种竞争关系可以使两大干将互相牵制。[5] 然而，当罗杰斯与基辛格之间的暗斗发展为公开冲突时，尼克松意识到，这种矛盾已经影响了美国外交的正常运转。霍尔德曼向尼克松建议，同意基辛格的辞职申请。而在尼克松看来，尽管应该给基辛格一点儿敲打，可如果基辛格真的离开，"将是重大的损失，国务院和罗杰斯会更加肆无忌惮，后果十分严重"。一山难容二虎，但是他还需要继续观察，最终决定其中一位的去留。[6]

时过不久，黑格的一则报告点燃了尼克松对罗杰斯的怒火。1970年12月，黑格向尼克松报告：国务院的人在背后向媒体诋毁总统的外交政

---

[1] Memorandum from the President's Military Assistant (Haig) to the President's Assistant for National Security Affairs (Kissinger), February 21, 1970, *FRUS, 1969–1976*, Vol. II, footnote 5, p. 216.
[2] 〔美〕基辛格:《白宫岁月》第1册，第40页。
[3] H. R. Haldeman, *The Haldeman Diaries*, July 15, 1970, p. 182.
[4] Transcript of Telephone Conversation Between Secretary of State Rogers and the President's Assistant for National Security Affairs (Kissinger), September 25, 1970, 7:15 p.m., *FRUS, 1969–1976*, Vol. II, pp. 267–270.
[5] 〔美〕基辛格:《白宫岁月》第1册，第38页。
[6] H. R. Haldeman, *The Haldeman Diaries*, September 16, 21, 23, 1970, pp. 194–197.

策，而且还持续不断地泄露美国的外交机密。① 尼克松立刻愤怒地要求霍尔德曼明确告诉罗杰斯，在他同基辛格的斗争中，总统站在他的一边；但是在更重要的外交人员同总统的斗争中，总统将斗争到底，希望罗杰斯能够在国务院内采取有效的控制措施。②

尼克松指望罗杰斯能够协调白宫和国务院的关系，一方面忠于白宫的路线方针，另一方面严格管理国务院人员，确保他们严守外交机密、严格执行白宫的政策。然而，这却是一个必然落空的希望。对罗杰斯或任何人而言，都难以扮演这样一种完满的角色。自1969年新国家安全体制运行开始，国务院拥有的外交政策设计权便已然旁落，院内不满之声鼎沸。通过向媒体泄露国家外交机密，以舆论左右政策，成为国务院官员发泄对国家安全委员会不满的方式。由于泄密，白宫对国务院的怀疑愈益深重。为了保守秘密，便出现了让国务院官员难以容忍的现象：国家安全委员会职员不与国务院商议，便在没有国务院人员出席的情况下，同外国官员直接接触。③ 国家安全委员会同国务院间恶性循环的矛盾，源自最初基辛格奉尼克松之意设计的国家安全体制，这是尼克松遏制国务院外交权力和作为的制度樊篱，只要罗杰斯不能改变它、不能为国务院争取原有的职权，就难以成功扮演白宫和国务院间"和事佬"的角色。自新国家安全体制确立后，罗杰斯屡次试图对其进行调整，这些努力不但均以失败告终，甚至他自己也成为白宫眼中"外交人员的俘虏"。④

1971年1月20日是尼克松政府执政两周年的日子。这一天，基辛格召集总统顾问埃利希曼、与尼克松关系密切的管理与预算办公室主任乔治·舒尔茨（George Shultz）、司法部长米切尔和霍尔德曼，向他们每人发放了一叠厚厚的记载着国务院累累"罪行"的文件。尽管基辛格告诉客人们，他不打算同总统谈国务院的问题，但在霍尔德曼看来，这无异于一种虚伪的掩饰，是在间接地向总统施加压力。基辛格当众声言，只要国

---

① Jack Anderson 的专栏报道："外交人员称，理查德·尼克松将会作为丢失拉丁美洲的总统被铭记于史册。" Editorial Note, *FRUS, 1969–1976*, Vol. II, p. 277。

② Editorial Note, *FRUS, 1969–1976*, Vol. II, pp. 277–278。

③ Memorandum from the Executive Secretary of the Department of State (Eliot) to the Under Secretary of State (Irwin), December 9, 1970, *FRUS, 1969–1976*, Vol. II, pp. 278–279。

④ Editorial Note, *FRUS, 1969–1976*, Vol. II, p. 769。

家安全委员会能够完全控制外交政策的设计和决策过程，按照他设计的处理白宫与国务院关系的新规则行事，且罗杰斯能够言听计从，国务院造成的这些问题就能得到解决；否则，他将递交辞呈。

基辛格设计的处理白宫与国务院关系的新规则，除了此前白宫审查国务院所有有关政策事务的电报外，还规定国务卿同白宫的所有联络包括国务卿打给总统的电话，只要关涉国家安全事务及外交政策，都必须通过国家安全委员会办公室；如有例外，必须立即告知基辛格，使他知晓国务卿同总统沟通的内容。① 显然，基辛格是要完全监视罗杰斯同尼克松之间的直接联络。对此，罗杰斯当然无法接受，并竭力抵制。②

不久，尼克松也发现了基辛格企图利用国家安全委员会制度架空自己，隔离他同罗杰斯、莱尔德直接联络的心机。他感觉到，自己"需要不通过基辛格，更频繁地单独会见莱尔德和罗杰斯"，但同时也担心，这样的做法会使基辛格更为焦虑不安。③ 然而，罗杰斯而非基辛格的离去，已时日不远。

在现代美国政府的架构中，国务卿是总统在外交政策事务中有关政治、军事问题的高级私人顾问，与包括国防部长、财政部长和总统国家安全事务助理等总统其他的外交政策问题高级顾问是同僚。国务卿还是与外国领导人谈判中地位最高的外交官。在国会中，他是政府外交政策的首要代表。他是负责向美国民众讲解重大外交事务的教师，是政府外交行动的

---

① Draft Paper Prepared in the National Security Council, White House – State Relations, January 20, 1971, FRUS, 1969 – 1976, Vol. Ⅱ, pp. 290 – 291.
② 1971年2月5日，基辛格在给罗杰斯的备忘录中，具体指出国务院的一些电报未经白宫审查，要求国务院严格执行总统关于电报审查的命令。Memorandum from the President's Assistant for National Security Affairs (Kissinger) to Secretary of State Rogers, February 5, 1971, FRUS, 1969 – 1976, Vol. Ⅱ, pp. 296 – 297. 几天之后，罗杰斯回信，表示根据白宫的要求，他已经在国务院内建立了电报审查的规定，基辛格所提到的几份电报都是根据这些规定执行的，"并没有违背总统制定的政策"。Memorandum from Secretary of State Rogers to the President's Assistant for National Security Affairs (Kissinger), February 10, 1971, FRUS, 1969 – 1976, Vol. Ⅱ, pp. 298 – 299. 1971年2月22日，在同霍尔德曼共进午餐时，罗杰斯向他请求帮助，寻求一种不经过基辛格、直接同总统联络的方法。February 22, 1971, The Haldeman Diaries: Multimedia Edition, quoted from FRUS, 1969 – 1976, Vol. Ⅱ, p. 299.
③ H. R. Haldeman, The Haldeman Diaries, June 24, 1970, p. 177.

捍卫者，也是向世界阐释美国外交政策的政府发言人。更重要的，他是"国务院先生"（Mr. State Department）或称"外交办公室先生"（Mr. Foreign Office），是"职员们的首长，他们行动的代言人、利益的保护者、纠纷的判决人、工作的管理者、事业的导师"。对此，艾利森敏锐地观察到，国务卿虽同时承担所有这些职责，但一种职责的履行必然会影响他履行其他职责的信用和权力。这是因为，国务卿在指导日常工作中形成的观点，与总统要求他作为通才和分歧协调者所应具备的见解并不一致。例如，当他为了部门利益而战时，就会牺牲对总统的忠诚。此外，他必须紧密服从总统的意志、屈从于国家安全委员会的要求，但这种做法又必然会限制他代表部门利益的能力。①

面对这些冲突，解决的方法不在于国务卿职位本身，而在于谁占有这个职位。② 由于对外事机关的深刻不信任，在考虑国务卿人选时，尼克松已决意要找一个能干的谈判者，而不是一个决策人，因为他早已将决策的任务留给了自己和他的国家安全事务助理。他需要的国务卿是"一个强有力的办事人，这个人能够确保国务院支持总统的政策"。③ 于是，尼克松找到了他"深信不懂外交政策"的罗杰斯。他是总统的昔日好友，是曾经的司法部长和出色的律师，却不懂外交政策，这似乎正合总统心意。

总统任用了一位"不懂外交"的国务卿，无疑加强了基辛格作为总统国家安全事务助理的地位。基辛格坦言："我自己的作用显然是这种关系的结果……总统之所以这样信任我，让我担负这么多的责任，派我去完成这么多的使命，是因为我更多的是他直接控制下的人，而不是他的内阁控制下的人……他也用这样的办法来保证至少将一部分功劳归于白宫。"④

基辛格还承认，他同罗杰斯之间的竞争是必然的、不可避免的。⑤ 一

---

① Graham Allison, *Essence of Decision: Explaining the Cuban Missile Crisis*, p. 166.
② Graham Allison, *Essence of Decision: Explaining the Cuban Missile Crisis*, p. 166.
③ 〔美〕基辛格：《白宫岁月》第 1 册，第 33 页。
④ 〔美〕基辛格：《白宫岁月》第 1 册，第 32、36 页。
⑤ 关于基辛格与罗杰斯之间的个人斗争以及尼克松在其中的角色和作用，学界研究已有不少。然而，在现有的历史描述中，罗杰斯尤其是国务院官员始终是被动的失语者。参见 Robert Dallek, *Nixon and Kissinger: Partners in Power*, pp. 248-252; Walter Isaacson, *Kissinger: A Biography*, pp. 209-211; Patrick Tyler, *A Great Wall: Six Presidents and China*, pp. 52-54。

位是精通外交政策的强有力的总统国家安全事务助理，一位是不善外交的国务卿。如果总统国家安全事务助理在制定和阐明政策方面变得很活跃，势必会限制国务卿的权限，削弱他的作用。基辛格坦承，在尼克松执政时期，由于尼克松对国务院整个机构的不信任、尼克松与罗杰斯的关系、罗杰斯的缺乏经验以及他自己的强烈信念，国务卿要起杰出作用是不可能的。① 而罗杰斯却坚持自己作为国务卿应有的权力，这就使得问题复杂化了，也使他的地位被进一步削弱，最终被迫让位于基辛格。

除了总统、总统助理和国务卿之间职责、角色、个性的冲突外，1969年初尼克松政府时期外交决策机制——新国家安全体制的制定，就已经为决策过程中的纷争埋下了伏笔。1969年2月6日白宫宣布新安全体制当天，伦敦《经济学家》(The Economist) 杂志刊登的一则报道就预言了这一新的国家安全体制将给尼克松执政带来的麻烦："基辛格和国务院的非常规关系是个问题。美国外交若要运转自如，这个问题必须解决。"这种看法后来在国会公开化，即基辛格的主导地位削弱了国务卿和国务院的地位与权力。参议员赛明顿（Stuart Symington）抱怨道："只要下午或晚上在城里走一走，就听到人们在嘲笑我们十分能干的国务卿。人们说，他只是名义上的国务卿。"②

就职后不久，罗杰斯就发现基辛格与他不睦。他对朋友说，他可以从基辛格清嗓子的频率发现他是不是在撒谎。③ 很快，在同基辛格的明争暗斗中，他已明显无力扭转自己失势的命运。1971年尼克松与基辛格通过幕后渠道，在美苏联限制战略武器会谈（SALT）与中美关系缓和上取得了突破性的进展。然而，白宫的"辉煌业绩"却给罗杰斯在华盛顿的政治生命以沉重打击。

1972年1月18日访华前夕，尼克松向管理与预算办公室主任乔治·舒尔茨吐露了对罗杰斯的不满。相较于基辛格及其国家安全委员会职员班底有效而机密的外交运作，尼克松认为国务院人员缺乏勇气、原则和外交

---

① 〔美〕基辛格：《白宫岁月》第1册，第38页。
② 转引自夏亚峰《试析尼克松政府对外政策决策机制、过程及主要人员》，《史学集刊》2009年7月第4期，第93页。
③ Patrick Tyler, *A Great Wall: Six Presidents and China*, p. 54.

领域的知识。国务院没能有效工作、发挥作用的原因，在于罗杰斯作为国务院的第一领导人，不是按照白宫的政策管理国务院，而是"一味地袒护该死的国务院，并且自认为完全正确"，从而使这个问题愈加严重。"比尔在国务卿的位子上犯了一个致命的错误。在国务院中，他过于迎合僚属，以至于是国务院控制了他，而非他掌管国务院。他过于迎合负责报道国务院工作的新闻界，以至于让新闻界控制了他，而非他掌控他们。现在，所有这些的后果是，如果你去问问国务院和报道国务院的那些人：'你们喜欢比尔·罗杰斯吗？'会有90%的人支持他。反过来，如果在全国做一次民意测验：'你们知道国务卿罗杰斯吗？或者你们认为他是一个强硬的国务卿吗？'那么仅有30%的人表示认同。这就是一个悲剧，一个'让人太能干'的悲剧。"对于基辛格，尼克松更加坚定了先前的看法："由于我不太信任国务院的外事官员，基辛格的工作对我而言是不可或缺的，也是非常有帮助的。"① 倚赖基辛格、抛弃罗杰斯，逐渐成为他外交运作的必须之选。

1972年11月7日，尼克松再次当选总统，成功实现连任。随之而来的困扰，便是如何调整第二任期的政府职员，尤其是对国务卿罗杰斯的安排。尼克松已然认识到，不能再保留罗杰斯的职务。他决心要"摧毁旧的美国外事机构，并建立一个全新的"。②

这一次，尼克松的"手术刀"首先指向了国务卿。1972年11月14日，尼克松通过助手霍尔德曼告知罗杰斯：尽管总统和国务卿的关系是"最为紧密的"，但是任何一位在政府中任职四年的部长都应当离职，"你继续留任而让其他人离开则不太好。对你而言，带着签署越南和平协定的荣誉卸任是最好的结局。所以，你应当率先离职"。听闻总统要自己离职的消息，罗杰斯显得有些震惊。他并没有对霍尔德曼说什么，只是咕哝了一句："这么做实在不好。"这一天稍晚时分，他便匆忙面见尼克松，对总统未与他提前商议便做此决定表示不满，并担心在公众看来这种做法像是国务卿"被炒了鱿鱼"，引发不必要的负面舆论。他表示，自己同意离

---

① Editorial Note, *FRUS, 1969-1976*, Vol. Ⅱ, pp. 756-757.

② Editorial Note, *FRUS, 1969-1976*, Vol. Ⅱ, p. 768.

职，但希望等到 1973 年 6 月 1 日以后，这段过渡时间一方面可以使他清理手头的工作，另一方面"看上去不会像是被基辛格挤了出去"。①

对罗杰斯的请求，尼克松并未当场表态。1972 年 11 月 17 日，尼克松要求霍尔德曼向罗杰斯澄清：罗杰斯可以在 1973 年 6 月 1 日后离职，但在此之前要始终保持沉默。此外，"国务院和其他部门要进行重组，总统将决定所有的任命，所有的运作程序都必须按制度进行"。至于外事机构的人员调整，尼克松强调："最重要的是忠诚。"第二天，当从霍尔德曼那里听闻总统的意思后，罗杰斯争辩说："外交人员对总统非常忠诚，特别是现在。他们认同他的政策、他的步骤与措施，只要他对他们持一种基本理性的态度而非裁员，就能够把他们争取过来。"② 罗杰斯的争辩已经无济于事。尼克松已经决定在国务院内开始新一轮的重组。他任命国防部副部长肯尼思·拉什（Kenneth Rush）为副国务卿，任命证券交易委员会主席威廉·凯西（William J. Casey）为负责经济事务的副国务卿。凯西的角色在于"撕碎国务院"，而拉什的角色是支持凯西，负责准备有关欧洲安全会议、限制战略武器会谈（SALT）、越南战争等敏感事务。1973 年 2 月 2 日，拉什就任副国务卿。一天之后，凯西就任负责经济事务的副国务卿，威廉·波特（William J. Porter）接替亚历克西斯·约翰逊出任负责政治事务的副国务卿。罗杰斯的任职延长至 1973 年 9 月 3 日，之后由基辛格继任。③

成为国务卿后，基辛格在 1974 年接受采访时曾谈及国务院的角色："国务院的工作必须足够出色，才能使谁是总统的首席顾问的问题不会成为一个官僚政治难题。因为，如果国务院的工作达到了要求的质量，那么国务院将毫无疑问地成为做出决策的机构。"④ 言外之意，由于罗杰斯任内国务院的工作不够出色，才使得总统国家安全事务助理成为总统的首席外交政策顾问、国家安全委员会成为外交决策的机构。然而，他有意忽视

---

① Editorial Note, *FRUS*, 1969–1976, Vol. II, p. 769.
② Editorial Note, *FRUS*, 1969–1976, Vol. II, pp. 769–770.
③ Editorial Note, *FRUS*, 1969–1976, Vol. II, p. 769.
④ "The Secretary of State Interview", Bureau of Public Affairs, Office of Media Services, Department of State release of October 13, 1974.

了这样一个事实：他亲手设计的国家安全体制对外交职权与决策过程进行了重塑，使得职权之争在白宫与国务院之间引发不断的怀疑与猜测，最终成为美国外交政策运作的一种阻滞。

小　结

尼克松第一任总统任期内，美国国务院在外交决策中地位和职权的形成，是研究官僚政治如何影响美国政府外交决策机制形成的典型案例。从制度上说，1968年底竞选成功之后，尼克松便着手调整职权架构和决策程序，通过改组国家安全委员会，建立了一套更为正式和系统的决策程序。新的国家安全体制划分了尼克松政府内部外交决策程序中的权力和职能，改变了内阁阁员主导制，总统私人助理担负起更重要的职责。从机构的角度来说，国家安全委员会超越国务院成为外交决策的核心平台，是国务院、国防部等其他政府部门向总统提出政策建议的唯一正式渠道。此外，白宫通过幕后外交渠道，绕开国务院，同他国开展了一系列的秘密外交。就个人而言，尼克松在基辛格的协助下，通过调整国家安全委员会和国务院等官僚机构，将外交决策过程置于总统和总统助理的掌控之下。总统国家安全事务助理基辛格与国务卿罗杰斯之间的斗争既是个人权力的斗争，又关乎国家安全委员会与国务院的职权之争。

以尼克松政府时期国家安全体制的订立过程为例，可以看出，美国政府的外交决策过程从设定决策体制就已经开始了，权力随着机构的设立和职责范围的界定而形成，随着官僚政治的斗争而变化。美国政府外交决策的过程是一种包括总统、总统助理和国务院等官僚机构首长的团体性的政治过程。这种政治过程的特点是，在总统个人政治抱负、政治理念和政治意图的公开示意及潜在影响下，包括国务卿、国防部长、财政部长、中央情报局局长、参谋长联席会议主席和总统国家安全事务助理在内的主要首长在就任之初，通过明争暗斗，决定涉及国家安全的政府官僚机构的设置、权责和各机构领导人的职责；此后，才是决策参与者提出建议、彼此斗争、相互妥协的政策制定过程，以及总统做出外交决策的过程。决策体制设定之后，在政策制定和决定过程中，参与决策的首长在提出议案、维护本机构利益、维护自身地位等方面展开竞争，存在意见分歧、冲突甚至斗争。

一位是志在集中权力、亲掌外交、获得成功、揽取荣誉的总统，一位是以国际关系和外交为学术专攻并且志在将学术研究付诸实践的总统国家安全助理。二人通过在制度上确立国家安全委员会体制，在运作中开辟幕后渠道，不仅削弱了国务院在外交决策中的职权，而且隐瞒了秘密外交中的实情和信息。在尼克松第一任总统任期内，虽然白宫削减了国务院的外交职权，国务院在对外事务领域享有的制度性的决策地位滑至谷底，但在1969~1972年美国政府缓和对华关系的进程中，国务院决策地位的下降并没有限制其发挥提供政策建议和执行外交决策的正常职能。这是因为权力的分配通过对上层机构的调整而实现，而具体的政策设计与执行仍由职能部门内部负责具体事务的职员完成，外资决策的执行离不开国务院内的中国问题专家和职业外交官的工作。在基辛格主持设计的国家安全体制中，为了削弱国务院的影响，原来由国务院主持的讨论重大国际问题的高级部际组和部际地区组被整合到国家安全委员会体系中，接受国家安全委员会主席、总统国家安全事务助理基辛格的领导，从属于以国家安全委员会为核心的国家安全体制。不过，这种变化主要发生在组织结构和权力层面，关系各部门的决策地位，具体的政策研究、政策方案的设计和政策执行的工作仍然主要由国务院等政府部门承担，国家安全委员会职员的工作很大程度上建立在他们的政策建议、研究报告的基础上，将其整合后上报总统。国务院在美国缓和对华关系进程中发挥了什么样的作用，这些作用是以何种方式发生的，将是本书第二章至第四章考察的主要内容。

第二章
政策研究

"自19世纪以来,美国就对中国有一种特殊的担忧。此外,由于一种神秘感扭曲了美国人对'中国是什么样、应该是什么样'的认识,这种担忧变得更为复杂。然而,自从朝鲜战争以来,共产党中国与美国却陷入了一种敌对状态中。"美国对华政策向来不仅关涉单一的双边关系,它还影响着美国与整个第三世界以及亚洲国家的关系,在美国外交政策中占有重要地位。[①] 1969年尼克松政府就职后,关于"中国是什么样、应该是什么样"的问题,再次成为美国人制定对华政策时需要考虑的核心问题。所不同的是,他们试图抛开意识形态的禁锢,从美国的现实利益出发,探索出一条从对抗走向缓和的道路。

在紧迫的时间限制和强大的工作压力下,美国国务院官员更倾向于将时间和精力集中于那些不断发生的短期的紧急问题。尽管如此,更具根本性的长期政策问题也是他们工作内容的重点。一般而言,战略性的政策分析主要研究三种具有互动关系的变量:第一,对外部环境及其可能发展趋势的评估;第二,对支配外交政策的实际目标的制定;第三,对影响外部世界方法的选择。[②] 1969~1972年,美国国务院有关中国问题和对华政策的研究,包括评估"文化大革命"氛围中的中国内政、

[①] NSSM 14: US China Policy, August 8, 1969, Source: Nixon Presidential Materials Staff, NSC Institutional Files, Meeting Files (1969 – 1974), Box H – 023, Folder 6, p. 1.

[②] Robert R. Bowie, "The Secretary and the Development and Coordination of Policy", in Don K. Price ed., *The Secretary of State*, pp. 55, 69.

外交及其可能发展趋势，分析中国外交政策目标并制定美国对华政策目标，以及提出实施美国对华政策方法的建议。这些研究项目的最终报告，主要是对以总统国家安全事务助理基辛格名义发布的一系列"国家安全研究备忘录"（NSSMs）的回复，为白宫的对华战略决策提供了重要的建议，也是今天评估国务院在缓和对华关系决策中的立场及作用的主要素材。

一　因势利导

20世纪60年代，美国民众对美国与共产党国家关系的判断，越来越多地建立在理性与务实的基础上，较少带有情感上的恐惧。[1] 在1964年的民意调查中，已经有超过70%的人赞成与中国开展人员互访并同中国讨论亚洲问题。1966年，56%的人支持"共产党中国"获得联合国席位以缓和东亚地区的紧张局势。1967年，尽管仍有71%的人认为，与苏联相比中国是对世界和平的更大威胁，但更多的人相信，谈判能够减少这种威胁。[2]

从20世纪60年代中后期开始，有关中国政策的论证不仅热烈展开，而且发生了实质性的变化。美国外交学界出现了一个以青年研究者为主体的新学派——修正主义学派。他们在1966年成立了"关心亚洲学者委员会"（Committee for Concerned Asian Scholars），发行名为《关心亚洲学者通报》（The Bulletin of Concerned Asian Scholars）的机关杂志。在批判亚洲研究现状的同时，他们主张美军立即撤出越南和台湾，放弃敌视中国的政策，承认中华人民共和国。同年，一个超党派的独立的教育者组织——中美关系全国委员会（The National Committee on United States China Relations）成立。该委员会的会员来自实业界、劳动界、宗教界与学术界，研究与讨论的内容十分广泛，几乎涉及中美关系的所有问题，但对于政策问

---

[1] "The Future of the Alliance in the Light of Long-term Trends in Europe and North America", April 1, 1969, Source: RG 59, Planning Coordination Staff (S/PC), Subject, Country, and Area Files (1969-73), Box 401, Folder APAG Planning Talks 1970, p. 28.

[2] Evelyn Goh, Constructing the U.S. Rapprochement with China, 1961-1974, p. 58.

题并不采取任何特定的立场。与此同时，美国社会各界对中美关系的关注度也急速上升。①

早在艾森豪威尔第二任总统时期，美国国会也发出了要求采取灵活对华政策的零星言论。1957年，曾任参议院外交关系委员会主席的西奥多·格林（Theodore F. Green）和富布赖特发出了"承认中国已不可避免"的呼声。② 1959年5月，来自加州的参议员克莱尔·英格（Clair Engle）在参议院演讲时，大胆提出修正对华政策的建议，其中包括放宽对华贸易禁运、就实质性问题与北京举行高级别会谈等内容，并且获得几位自由派议员的赞许。③

约翰逊政府时期，在1964年1月中法建交后，国会中关于对华政策的议论更为活跃。参议院民主党多数派领导人迈克·曼斯菲尔德（Mike Mansfield）和中国问题专家鲍大可（A. Doak Barnett）等人强调，必须重新研究对华政策。④ 1965年3月，由克莱门特·札普洛奇（Clement J. Zablocki）领导的众议院外交关系委员会东亚与太平洋小组委员会，就中国问题举行了听证会，主题为"中苏冲突"。听证会在总结报告中建议："在适当的时候，考虑通过文化交流活动，特别是学者和记者的交流，与

---

① 〔日〕山极晃：《中美关系的历史性展开（1941～1979）》，第41页。
② Jaw-ling Joanne Chang, *United States-China Normalization: An Evaluation of Foreign Policy Decision Making* (Denver, Colorado: University of Denver, 1986), p. 130. 转引自孙哲等《美国国会与中美关系案例与分析》，时事出版社，2004，第97页。
③ A. T. Steele, *The American People and China* (New York: McGraw-Hill Book Company, 1966), pp. 211-212.
④ 〔日〕山极晃：《中美关系的历史性展开（1941～1979）》，第36页。1964年3月25日，富布赖特在题为"旧神话与新现实"的著名演讲中，表达了对于共产党政权的看法。他提出，"实际上并没有'两个中国'，而只有一个，那就是大陆中国，它是在共产党人的统治下，并且很可能将无限期地继续下去"。他所说的"神话"是指美国政府将每个共产党国家都视作"十足的恶魔和自由世界的严酷敌人"这一错误的观念，认为现在是抛弃神话、正视现实的时候了。在富布赖特看来，"现实"是并非每个共产党国家都对自由世界构成威胁，即使构成，其危险程度也是不同的，美国应认识到这一区别，才能对共产党阵营施加影响，使之朝着有利于自由世界安全的方向发展。Naomi B. Lynn and Arthur F. McClure, *The Fulbright Premise: Senator J. William Fulbright's Views on Presidential Power* (Lewisburg: Bucknell University Press, 1973), p. 96. 富布赖特的演说，参见 *The Congressional Record*, Vol. 93-94, 1947-1948. 有人以这一演说为根据写了一本小册子，即 J. W. Fulbright, *Old Myths and New Realities and Other Commentaries* (New York: Vintage Books, 1964)。

中共进行有限的直接接触。"① 1966年3月，参议院外交关系委员会举行了关于中国政策的听证会。后来发表的报告建议，即使遭到断然拒绝，美国在抵制中国"侵略扩张"的同时也要不断地寻求与中国"和平接触"。②

与中国接触的呼声日渐高涨的同时，20世纪60年代中期，院外援华集团的影响已然式微。国会对华政策的态度更多基于对中国大陆、台湾及美国三方利益关系的考虑，而非游说集团的影响。③ 国会内部，保守派势力进一步衰落，他们在众议院内的比例由1961年的74%下降至1965年的25%。此外，自由派力量的兴起为国会重新考虑对华政策创造了宽松的环境。④ 到尼克松竞选之时，"百万人委员会"已经瓦解，其主要资金筹集者已经搬去伦敦。1970年4月的《纽约时报》宣称，所谓的院外援华集团（China Lobby）事实上已经消失了。⑤

在美国社会、学界及政界要求改变对华政策的呼声此起彼伏、呈现热闹喧腾之势的同时，国务院也在悄悄做出一些试探性、象征性的改变。缓

---

① 腊斯克国务卿在会上的证词，参见 State Department Bulletin, 1966, No. 46; A. T. Steele, The American People and China (New York: McGraw-Hill Book Company, 1966), p. 215。

② 鲍大可、费正清、史华慈（Benjamin I. Schwartz）、林德贝克（John M. H. Lindbeck）、摩根索（Hans J. Morgenthau）、斯卡拉皮诺（Robert Anthony Scalapino）等中国专家纷纷登台发表意见，要求政府重新考虑对华政策，公开支持改善中美关系，回应那些强调通过更加现实主义的接触、贸易甚至"两个中国政策"来逐渐减少中国对美国安全威胁的中级中国问题官员的要求以及国际舆论。参见 Rosemary Foot, The Practice of Power: US Relations with China since 1949 (Oxford: Oxford University Press, 1995); Rosemary Foot, "Redefinitions: The Domestic Context and America's China Policy in the 1960s", in Robert S. Ross and Jiang Changbin eds., Re-examining the Cold War: US-China Diplomacy, 1954-1973 (Cambridge, MA: Harvard University, 2001); Thomas, James C., Jr., "On the Making of China Policy, 1961-9: A Study in Bureaucratic Politics", China Quarterly 50 (1972): 220-43。关于此次听证会，参见 On U. S. Policy with Respect to Main Land China, Hearings before the Committee on Foreign Relations U. S. Senate (Washington, D. C., 1966); 资中筠：《缓慢的解冻——中美关系打开之前十几年间美国对华舆论的转变过程》，《美国研究》1987年第2期；〔日〕山极晃：《中美关系的历史性展开（1941~1979）》，第38~39页。

③ Robert G. Sutter, The China Quandary: Domestic Determinants of U. S. China Policy, 1972-1982 (Boulder, Colorado: Westview Press, 1983), pp. 161-162.

④ 孙哲等著《美国国会与中美关系案例与分析》，第110页。

⑤ Nancy Bernkopf Tucker, "Taiwan Expendable? Nixon and Kissinger Go to China", Journal of American History (June 2005): 118.

和对华政策的春风，已经吹动对华政策的风向标。①

在中美缓和进程中，美国国务院的政策分析和外交人员，在对华政策上存在"代际差别"与立场分歧。经历了"麦卡锡主义"大清洗的老一辈外交官，在整体上信奉只有一个中国，即台湾当局。他们努力保留台湾在联合国安理会和联合国大会的席位，要求对中国大陆继续坚持反共产主义的对抗与遏制政策，认为"在他们（中国领导人）的面具之下，深埋着排外主义。他们可以在这些事情上蒙骗你，但他们真的不是你的朋友。在满足他们的国家目标后，他们可以重返苏联的怀抱"。而在"观察中国"的过程中成长起来的新一代外交官，却"对中华人民共和国抱有浪漫主义的强烈兴趣"。他们主张打开同中国的

---

① 很多学者通过研究肯尼迪、约翰逊政府的对华政策，打破了基辛格所言并为一些学者所接受的说法：基辛格和尼克松在20世纪60年代末70年代初对国内外形势的观察和判断，一改杜鲁门以来的美国政府过分注重意识形态对立、敌视中国的政策，谋求与中国缓和。参见〔美〕基辛格《白宫岁月》第1册，第218～219页；陶文钊主编《中美关系史（1949～1972）》中卷，上海人民出版社，2004，第563～565页。早期的美国对华关系研究认为，尼克松入主白宫之前的美国政坛，在对华"政策调整"问题上是"铁板一块"，即使注意到50年代末60年代初美国社会逐渐出现了一种主张改变美国对华僵硬政策的思潮，但是仍然认为社会舆论的变化并不等于现实中对华政策的调整。甚至对肯尼迪和约翰逊政府对华政策的新主张，人们也认为是玩弄政治花招。参见王炳南《中美会谈九年回顾》，世界知识出版社，1985，第79～85页。越来越多的学者开始接受，尼克松政府调整对华政策并非突然之举，60年代的美国对华政策酝酿着重大的调整，这一时期中美两国的尖锐对抗和在越南战场进行的间接战争，无疑推迟了美国调整对华政策的进程，但肯尼迪和约翰逊政府对华政策的"微调"为60年代末70年代初尼克松政府根本改变对华政策奠定了必不可少的主客观条件。尼克松、基辛格的成功，实际上是建立在前任已经改变对相关问题的看法和政策的基础之上的，基辛格的说法夸大了尼克松政府在改善对华关系问题上的作用。尼克松对华政策是对前任政府对华政策的继承和发展，经历了一个漫长的变化过程。可参见：Rosemary Foot, *The Practice of Power: U. S. Relations with China since 1949* (Oxford: Clarendon Press, 1995); Leonard A. Kusnitz, *Public Opinion and Foreign Policy: America's China Policy, 1949 - 1979* (Westport, CT: Greenwood Press, 1984);〔美〕史蒂文·M.戈德斯坦《聋子的对话？——1955～1970年中美大使级会谈》，姜长斌、罗伯特·罗斯（Robert Ross）主编《从对峙走向缓和——冷战时期中美关系再探讨》，世界知识出版社，2000，第235、239～240页。很多中国学者的新近研究，也接受了尼克松政府调整对华政策并非心血来潮的创新之举，而是继承和发展的说法，认为这是一个漫长的历史过程。参见李智《试论尼克松政府对华政策改变的原因》，辽宁大学硕士学位论文，2006，第34页；郭秀华《尼克松政府调整对华政策的原因》，东北师范大学硕士学位论文，2008，第33～34页；苏格《60年代后期美国对华政策的解冻》，《美国研究》1997年第2期；陶文钊主编《中美关系史（1949～1972）》中卷，第301～318页。

关系，认为中国可以成为美国对抗苏联的"壁垒"，主张放弃台湾、走向中国。①

事实上，所谓的修正旧有遏制观点的"修正派"官员，在20世纪60年代就已经开始不断地发出呼吁。在肯尼迪和约翰逊任内先后担任负责远东事务的助理国务卿和负责政治事务的副国务卿的哈里曼（Averell Harriman）、国务院负责远东事务的助理国务卿的特别助理唐知明（James C. Thomson Jr.），约翰逊任内负责远东事务的助理国务卿威廉·邦迪（William Bundy）、国务院政策规划委员会官员爱德华·赖斯（Edward Rice）等国务院官员早已开始推动放松美国对华政策。1961年10月，赖斯在国务院规划协调室撰写的关于美国对华政策的报告中，提出了一系列可能的对华主动缓和政策，包括承认中国在联合国的代表权，开放贸易，允许美国记者、医务人员和学者访华，邀请中国参加武器谈判，国民党撤出中国大陆沿海岛屿，美国保证不协助台湾反攻大陆等。② 1962年，哈里曼先后向国务卿腊斯克及总统肯尼迪建议，由于在中国政府领导层中存在一些不那么敌视美国、倾向于采取缓和政策的领导人，所以美国应当"通过适当的方式，鼓励（中国政府内）那些（对美国）较少敌视的人"。20世纪60年代中期，哈里曼的主张在国务院中得到了更多人的支持。他们认为"文化大革命"的混乱与中国在外交上的失败已经导致中国革命领导层的分裂，"当今北京正处于政权变革的前夜"，因此强烈建议华盛顿通过缓和对华政策，来影响即将发生的中国领导层的权力更替。唐知明认为，这些主动步骤可以使美国看上去对中国的敌对不那么强硬，反而向北京"转移责任"，使它自己承受孤立、不妥协的指责。③ 尽管对中国内政的分析并不准确，但这些国务院官员提出的对华主动缓和措施与战略分析，为尼克松政府的对华政策提供了重要的参考。

在学界尤其是青年研究者纷纷成立组织、倡导重新研究中美关系的

---

① 尼克松1972年中国之行的翻译傅立民（Charles W. Freeman, Jr.）以及曾在中央情报局驻香港站、中央情报局中国科工作的李洁明（James R. Lilley）的口述，参见 China Confidential, pp. 232-233。
② Yafeng Xia, Negotiating with the Enemy, p. 110.
③ Evelyn Goh, Constructing the U. S. Rapprochement with China, 1961-1974, pp. 46, 54, 56, 60, 68.

1966年，美国国务院也开始推动政府领导人重新看待中国的地区性和国际性地位。1966年3月1日，唐知明在给约翰逊总统特别助理的备忘录中，第一次强调让中国加入国际社会的重要性。两个星期之后，国务卿腊斯克在向众议院远东事务小组委员会的证词中承认："当今共产党中国是一个重要的亚洲强国……我们希望中国能在某一天成为一个重要的世界强国。"随后，约翰逊总统1966年7月在一次关于中国的具有里程碑意义的演讲中，强调了中国在实现亚洲和平的进程中所扮演的关键性角色，并且称只有"通过使所有国家在法律的约束下加入国际社会"，亚洲的和平才有可能实现。① 1967年2月，在一份给罗斯托的报告中，白宫职员中的中国事务专家、后来尼克松政府时期国务院负责东亚暨太平洋事务局共产党事务办公室官员艾尔弗雷德·詹金斯（Alfred le Sesne Jenkins）建议，政府应当重视研究"中国与亚太地区均势有关的事务"，如中国与苏联、日本、台湾、东南亚等国家和地区未来的战略角色。② 到1968年，结束中国的孤立状态、使其作为一个负责任的大国融入国际社会，已经成为"修正派"官员们的热望。1968~1969年，在美国对华政策发生重大变革的前夜，正是这些与中国和解的观点与政策建议，激发了尼克松和基辛格寻求与中国缓和。③

在政策研究之外，美国国务院还肩负着教育、引导美国民众，并向国会和公民通告美国外交关系执行状况的职责，媒体便成为其最主要的舆论宣传工具。尽管国务院从不对媒体的报道进行直接控制，但它十分关注媒体的评论并与新闻界保持着密切的联系。曾任《美国之音》中国部项目主任的罗伯特·尼克斯（Robert L. Nichols）回忆他同国务院中低级官员打交道的经历说："毫无疑问，当时国务院中最高级别以下的官员们感觉到，我们应当朝着与北京缓和关系的方向推进。"1968年，他给国务院写信，表达了在对华宣传中使用"共产党中国"（Communist China）一词指代中华人民共和国的不满。出乎他意料的是，此信最终递交至助理国务卿邦迪，并且很快在一个星期内获得了回复。国务院批准，除直接援引喜

---

① Evelyn Goh, *Constructing the U. S. Rapprochement with China, 1961 – 1974*, pp. 72 – 73.
② Evelyn Goh, *Constructing the U. S. Rapprochement with China, 1961 – 1974*, pp. 79 – 80.
③ Evelyn Goh, *Constructing the U. S. Rapprochement with China, 1961 – 1974*, pp. 92 – 93.

欢使用"共产党中国"的国务卿腊斯克或其他美国官员的话语之外,在广播中可以适当使用"中华人民共和国"的称谓。据尼克斯称,当他后来到中国时,中国人告诉他,他们在收听《美国之音》时发觉了这一变化,并且为此议论纷纷,认为这是一个重要的改变。①

总之,20世纪60年代开始,美国政府中重新审查对华政策、研究利用中苏关系的战略可能性等政策活动已经开始。② 尼克松政府就任初期,美国国务院也在推动对华主动缓和政策方面走在了白宫的前面。③

1969年1月尼克松政府就职后,很快加紧了对美国外交政策的全面评估。1969年1月23日,即尼克松政府就职后的第四天,基辛格就以总统国家安全事务助理的名义发布了一系列"国家安全研究备忘录",其中第9号国家安全研究备忘录(NSSM9)是"对国际局势的评估"。这份备忘录指出,尼克松总统"希望对经济、安全局势,与美国安全利益有关的重大问题,以及美国的双边、多边关系进行评估"。其中,"共产党中国"也成为研究的重点。想打开中国的大门,首先要了解、推测大门另一侧的方方面面。这份备忘录便是尼克松政府最早下达的研究中国的备忘录。它提出要对中国国内的政治状况、领导层、粮食和经济、军队、核项目、中苏关系以及中国对美国的态度、对亚洲的威胁、与北越和越南民族解放阵线的关系等问题,予以细致研究。在中国对美政策问题上,则要弄

---

① 尼克斯的口述,参见 Nancy Bernkopf Tucker, *China Confidential: American Diplomats and Sino-American Relations, 1945-1996*, pp. 224-225。
② 相关研究参见 Evelyn Goh, *Constructing the U. S. Rapprochement with China, 1961-1974: from "Red Menace" to "Tacit Ally"*; Yafeng Xia, *Negotiating With The Enemy: U. S. - China Talks during the Cold War, 1949-1972* (Indiana University Press/Bloomington and Indianapolis, 2006), pp. 107-134; Leonard A. Kusnitz, *Public Opinion and Foreign Policy: America's China Policy, 1949-1979* (Westport, CT: Greenwood Press, 1984); Rosemary Foot, "Redefinitions: The Domestic Context and America's China Policy in the 1960s", in Robert S. Ross and Jiang Changbin eds., *Re-examining the Cold War: US-China Diplomacy, 1954-1973* (Cambridge, MA: Harvard University, 2001); James C. Thomas, Jr., "On the Making of China Policy, 1961-9: A Study in Bureaucratic Politics", *China Quarterly* 50 (1972): 220-243; John Garver, "Food for Thought: Reflections on Food Aid and the Idea of Another Lost Chance in Sino-American Relations", *Journal of American - East Asian Relations* 7, 1-2 (Spring/Summer 1998): 101-106。
③ 关于国务院对华政策主张的相关研究,参见 Evelyn Goh, *Constructing the U. S. Rapprochement with China, 1961-1974*, pp. 128-136。

清"中国共产党对美国的态度是什么？他们是否愿意以苏联为代价，与美国打交道？他们是否真的有意与美国和平共处？北京的前提条件是什么？"①

可以想见的是，在这最初的观察中，拨开"文化大革命"云雾的重重笼罩，成为透过竹幕研究中国内政与外交的首要困难。1969年初，包括国务院在内的各部门对第9号国家安全研究备忘录的回复报告中有关中国的内容，与其说是研究，不如说是"推测"。例如，国务院方面认为"文化大革命"严重摧毁了中国的政治机构，重新恢复党政机关的工作十分困难，而毛泽东再掀起更为激进的革命运动也并非易事；中国领导层内发生政变的可能性比较小，因为内部的反对更多是对毛泽东的政策，而非针对其本人；随着洲际弹道导弹的发展，中国会重新考虑它在核问题上的政策立场；中国领导人对与美国打交道不感兴趣，不但会继续对美国执行强硬的外交路线，而且仍将对东南亚地区施加强大的政治压力，鼓励当地的武装斗争。② 对于中国海陆空三军的人数，国务院、中央情报局和国防部三方给出的数字都不一致。③

1969年2月3日，国务院又向国家安全委员会递交了一份关于筹备第135次中美大使级会谈的报告，分析了中国对美国的政策态度和意图，并提出了美方在大使级会谈上的政策议案。但是，这份报告并没有得到基辛格的重视（参见本书第三章第一节）。紧接着在2月5日，针对原定于2月20日举行的中美第135次大使级会谈，基辛格按照尼克松的指示分别向国务卿、国防部长和中央情报局局长下达了"第14号国家安全研究备忘录"（NSSM14），要求开展一项针对美国对华政策以及中国外交政策的专项研究："第一，目前美国与共产党中国和中华民国的关系状况；第二，中国共产党在亚洲的威胁和真实意图；第三，美国的对华政策与其他

---

① National Security Study Memorandum 9, January 23, 1969, Source: DNSA, CH00038.
② Memorandum, Subject: ONE/FE Comments on State, DIA, and CIA Answers to NSSM 9, Vol. Ⅱ, Communist China, Source: Nixon Presidential Materials Staff, NSC Institutional Files, Study Memorandums (1969 – 1974), Box H – 129, Folder NSSM 9.
③ 中央情报局认为中国陆军有230万人，没有海、空军的人数。国务院情报机构认为中国有陆军236.5万人，海军26.78万人，没有空军人数。国务院认为海、陆、空军共270万人。Ibid., p. 3.

利益相关大国对华政策的互动;第四,美国对华政策的其他方案及其代价和风险。"① 在国务院内,这项研究由负责东亚暨太平洋事务的副助理国务卿温斯洛普·布朗大使主持。②

1969年5月15日,基辛格主持国家安全委员会高级评估组会议,讨论"美国对华政策"(NSSM14)项目的研究进展。会议开始,基辛格开门见山地提出,最主要的问题是如何对"延续现行政策、加强遏制、缓和紧张"三种美国对华政进行选择。作为国务院代表和项目主持者,布朗指出:"这份报告的前提假设是:由于中国的面积和人口,它不会一直保持孤立。那么问题便是,在中国走出当今孤立状态的时候,我们应如何改善它的行为。"他认为,对美国而言,中国对邻国的政策以及在国际社会中的姿态十分重要。为了防止中国对周边国家可能的"侵略",美国每年要花费150亿美元军费维持大量军队。此外,在诸如美苏限制战略武器会谈(SALT)、美国对印度的安全保证、对巴基斯坦的武器政策、维护越战后的亚洲安全、承认外蒙古等重要问题上,中国的重要性与日俱增。所以,为了美国自身的利益,他认为有必要将中国带入国际社会。美国"应当尽最大努力,摆脱与中国发生敌对与冲突的危险",以较为缓和的方式,与中国发展出一种"正常"的敌对关系。"这会成为一个重大的步骤",布朗表示,尽管美国对华政策在短期内或许不会有重大改变,但在长期,它既能改善美国同其他国家的关系,又能满足公众舆论呼吁改善对华关系的要求。对于布朗提出的"以渐进的方式减少紧张",基辛格深表赞同。会议结束后,由国务院负责,根据各方的意见继续修改报告。③

1969年8月8日,这份主要由国务院东亚暨太平洋事务局起草的"美国对华政策"报告最终完成,它融贯了美国国务院内从约翰逊政府时

---

① National Security Study Memorandum 14, February 5, 1969, *FRUS, 1969–1976*, Vol. XVII, p. 8; Memo from Richard M. Moose For Dick Sneider, January 27, 1969, Source: Nixon Presidential Materials Staff, NSC Institutional Files, Study Memorandums (1969–1974), Box H–134, Folder NSSM 14 (2 of 2).
② 〔美〕霍尔德里奇:《1945年以来中美外交关系正常化》,第37~38页。
③ Minutes of the Senior Review Group Meeting, May 15, 1969, 2:10–3:55 p.m., *FRUS, 1969–1976*, Vol. XVII, pp. 33, 35–37, 38–39.

期已经兴起的修正派官员对华政策的主张和精神。尽管自1969年8月以来,中苏边界爆发大规模冲突,并且苏联扬言要对中国的核设施施以"外科手术"式的打击,但这份报告丝毫没有低估中国共产党政权的政治稳固性、中国军事的发展以及中国未来在亚洲地区的影响力。它认为,中国虽然在经济发展上仍将面临一系列困难,但在政治上仍将由共产党政府统治,军事上逐渐发展成为一个强大的、在未来15年内拥有大量核武器和远程导弹储备的军事强国,外交上依旧努力寻求扩大在亚洲的影响并将最终形成与美国相互竞争的格局。更为重要的是,它已然预料到,随着中国力量的增长,会有更多的国家以牺牲"中华民国"来承认中华人民共和国。①

与20世纪50年代至60年代初美国政府官员普遍视中国为输出革命、向外扩张的"红色威胁"不同,这份报告不但视中国为一个"复苏的大国"、一个未来与美国相与争锋的竞争者,② 而且认为对亚洲国家而言,它的危险性大大减少了。它指出,尽管"北京希望被视为重要的世界大国和革命意识形态的先锋",并且"北京拥有对任一周边邻国施以重大武装攻击的能力。但是,我们没有证据证明中华人民共和国有意扩张疆域或通过武力征服实现这个目标,除了可能会对台湾这么做。到目前为止,北京从未使用有限的核军力直接威胁任何亚洲国家"③。

对于中国未来的发展趋势,报告指出了两种极端可能性:"一种是中国人转向更富侵略性的政策。这包括:(1)增加对亚洲和其他地区颠覆活动的支持;(2)使用直接的核威胁;(3)以常规军事行动进行威胁,

---

① NSSM 14: US China Policy, August 8, 1969, Source: Nixon Presidential Materials Staff, NSC Institutional Files, Meeting Files (1969 – 1974), Box H – 023, Folder 6, p. 2.
② Evelyn Goh 运用建构主义的研究方法,通过研究1961~1968年美国政府官员表述中国与对华政策话语的变化,考察他们如何"建构并且维持一种新的中美关系",指出在这期间中国形象发生了四种转变:"红色威胁"(Red Menace)、"革命性的敌手"(Revolutionary Rival)、"动荡的现代化者"(Troubled Modernizer)、"复苏的大国"(Resurgent Power)。每一种中国形象都对应着同一时期美国对中国和美国自身身份的认知、根据此认知所建议和执行的政策及其目标。Evelyn Goh, *Constructing the U. S. Rapprochement with China*, *1961 – 1974: From "Red Menace" to "Tacit Ally"*.
③ NSSM 14: US China Policy, August 8, 1969, Source: Nixon Presidential Materials Staff, NSC Institutional Files, Meeting Files (1969 – 1974), Box H – 023, Folder 6, pp. 2 – 3.

特别是针对亚洲邻国；(4) 对沿海岛屿/或台湾、或苏联采取军事行动。"但是，它认为这种可能性并没有很大的现实意义。"更可能的是，鉴于其内部政治氛围逐渐和缓，中国的对外政策最终也会趋向温和。(1) 寻求同美国或日本改善关系，部分出于抗衡苏联压力的目的；(2) 减少对革命运动的援助；(3) 寻求增强同亚洲国家和国际组织成员的联系；(4) 关注控制核军备竞赛的方法。"[1] 历史的发展证明，这正是1972年后中国外交发展的主要方向。

既然中国很可能自己走出自我封闭，对外政策也会变得更为缓和，那么一个在国际舞台上更为活跃的北京，是否符合美国的利益？美国又当如何应对呢？在分析中国未来发展趋势之后，这个问题成为美国对华政策设计中的一个重点。报告认为，如果中国选择遵循一种更为务实、温和的外交政策，那么，由于亚洲国家要求容纳并且接受它加入国际组织而给美国带来的压力，会迅速增加。因此，就短期而言，中国走出自我孤立的境地会成为美国亚洲政策的新挑战，给美国自身以及其"盟友"台湾造成损失。但是在长期，北京对外政策的缓和会为东亚带来更为稳定的前景。"既然没有力量阻止北京打破自身的孤立，那么美国所面对的问题便是：如果进行阻挠，这种演变是否依然会发生？美国是否愿意接受、承认北京融入国际社会，并且尽可能利用这种转变？"最后，报告指出："美国如果不能调整政策来适应这种已发生变化的局势，就会给国际社会造成顽固不化的印象，使北京有更可信的理由继续保持对美敌对的态度。"[2] 总之，报告确认了中国走出自身孤立、融入国际社会的发展趋势，认为这在长期而言符合美国的利益，并且承认了美国无力阻止这一发展进程的事实。那么，为了避免给国际社会留下美国政策僵化的印象、给北京留下敌对美国的口实，"因势利导"便成为美国对华政策的要旨。

报告紧接着提出了美国对华政策的利益和目标。它指出："没有理由认为当前冲突与敌对的状态会永久持续下去。向着与中华人民共和国建立

---

[1] NSSM 14: US China Policy, August 8, 1969, Source: Nixon Presidential Materials Staff, NSC Institutional Files, Meeting Files (1969–1974), Box H – 023, Folder 6, pp. 3–4.

[2] NSSM 14: US China Policy, August 8, 1969, Source: Nixon Presidential Materials Staff, NSC Institutional Files, Meeting Files (1969–1974), Box H – 023, Folder 6, p. 4.

一种改善的、更缓和的关系的方向，美国长期目标和利益的设定应当更为灵活。"这些目标包括：阻止中国在东亚的"侵略"，避免中美发生直接武装冲突；防止中国同任何直接反对美国的国家结盟；在东亚维持一种平衡的影响，既保持这一地区国家的独立，又使它们可以同美国等国家保持友好的政治、经济关系，让中国接受这样一种独立国家的体系，并同这一地区的其他国家进行合作；实现中美缓和以及政治、经济关系正常化，使中国参加有关武器控制与裁军的讨论；以非武力的方式解决台湾地位问题；在军事上维持台湾对美国的开放，满足美国履行对"中华民国"以及其他地方防御承诺的需要；继续鼓励台湾经济的发展。① 最后，为了实现使中国走出孤立、缓和中美关系的目标，报告提出了三种对华政策选项：维持现行政策、加强对中国的威慑与孤立、减少孤立和中美冲突。

"维持现行战略"的选项假设：来自中国的军事威胁非常有限。在短期，美国在减少中国对美国及美国盟友的敌对态度方面，能取得的成效极为有限。在长期，随着新一代领导人的执政，中国或许可以向着减少敌对的方向转变政策，而美国的姿态可能成为影响这一转变的一个因素。②

"加强对中国威慑与孤立"的政策选项假设：（1）屡次的政策失败以及孤立状态产生的压力，会迫使"后毛泽东"（post－Mao）时代的领导人重新评估中国在国际事务中的角色，改变政策，减少中美外交目标的冲突；（2）美国改善与北京关系的努力，没能够成功引导中国认识到缓和外交政策的必要性。这一方案建议，美国应加强对亚洲国家的军事和经济援助，加强自身的攻击与防御能力，通过加强威慑来迫使中国领导人转变强硬与敌对的外交政策。

"减少孤立和中美冲突"的政策选项假设：美国缓和对中国施加的压力，最可能促使后毛泽东时代的领导人重新评估美国对中国的态度以及中国在国际事务中的角色。因此，它建议美国维持对亚洲盟友的防御承诺，

---

① NSSM 14: US China Policy, August 8, 1969, Source: Nixon Presidential Materials Staff, NSC Institutional Files, Meeting Files (1969 - 1974), Box H - 023, Folder 6, pp. 7 - 8.
② 张曙光教授将这一选项解读为："报告认定，选择一，对于近期降低中美之间的冲突和长期促使中国政策变化只能产生'极为有限的结果'。"张曙光：《接触外交：尼克松政府与解冻中美关系》，第42页。

同时在军事方面逐渐降低对中国的遏制，单方面减少、取消旨在孤立中国的经济和政治措施，默许中国更全面地加入国际社会。①

虽然三种政策选项所依赖的前提假设不同，但政策目标都是要改善、缓和中美关系，改变中国的政策立场。随后的事态发展表明，第三个政策选项成为1969~1972年美国政府对华缓和进程所遵循的路线，尽管它的发生没有等到"后毛泽东"时代。按"毛泽东时代"和"后毛泽东时代"，报告将第三个政策选项的措施划分为短期和长期两类。它假设"北京在短期内不会对美国的政策做出反应"，短期改善中美关系有很大的不确定性，"对现行政策进行重大改变存在风险和成本"。尽管如此，它仍然提出，可以"在政治、军事和经济领域进行某些相对小的、低风险的政策调整，向中国发出美国寻求改善关系意愿的信号"。②

政治上，它提出，在短期，尽快取消所有美国人赴中国大陆旅游的签证限制，增加中美对话的频率，在公开及私下场合表示不反对中国加入联合国，但同时坚决反对剥夺"中华民国"的代表权。在长期，尝试新的外交接触方式，包括派遣特殊工作层次的官方或非官方代表团访问北京；在保证维持美台"外交"关系、承担美国对台湾及澎湖列岛防御承诺的前提下，公开表示美国准备承认中华人民共和国对中国大陆行使主权，并且寻求两国政治关系正常化。

军事上，在短期，取消对中国大陆领空的常规侦察，最大限度减少美军靠近中国领土的海上及空中活动，维持美国现行对金门、马祖的防御，但是私下告知"中华民国"，美国不可能再像1958年那样对它给予保护，不再提供任何物质与后勤援助，也不会对两岛进行直接防御。在长期，随着越南战争的结束，逐渐减少美国在台湾的驻军和军事设施；视中华人民共和国放弃在台湾海峡地区使用武力的意愿，决定是否

---

① 以上内容参见 NSSM14：US China Policy, Secret, August 8, 1969, Source：Nixon Presidential Materials Staff, NSC Institutional Files, Meeting Files（1969 - 1974）, Box H - 023, Folder 6, pp. 9 - 11。
② NSSM 14：US China Policy, Secret, August 8, 1969, Source：Nixon Presidential Materials Staff, NSC Institutional Files, Meeting Files（1969 - 1974）, Box H - 023, Folder 6, p. 15。

完全撤出美国在台及海峡地区的驻军,仅保留一个小联络组履行对台湾及澎湖列岛的防御承诺;减少美国在东南亚地区的直接军事活动和对中国沿海地区的威慑。

经济上,在短期,将美国对中国金融管制与贸易出口限制的水平降低到现行对苏联的限制水平。在长期,最终将禁运范围缩减到中国无法从欧洲和日本进口的货物。①

从上述内容可以看出,至1969年8月,国务院等部门在筹划美国对华政策时,不认为中国的对外政策能够在毛泽东时代发生变化,并因此将缓和的希望寄托于北京在长期做出改变。尽管如此,他们并未静观其变,而是希望以小步骤、单方面的渐进方式,向中国表明美国缓和对华政策的态度,引导中国逐步做出改变。其中,派遣代表团赴京、减少并最终撤出驻台美军、最大限度降低贸易管制等在"长期"实施的政策,很快成为尼克松和基辛格在绕开国务院的秘密外交中对中国的承诺。在缓和中美关系的进程中,这份报告所具有的重要的建设性意义是不容小觑的。

1969年8月14日,在加州圣克莱门蒂,尼克松亲自主持了关于中国与朝鲜问题的国家安全委员会会议。为了准备这次会议,国家安全委员会职员班底提前在国务院执笔的对第14号国家安全研究备忘录的研究报告基础上,另外准备了一份题为"美国对华政策"的文件。这份文件同样认为,尽管中国目前的对外政策对美国的战略利益产生了消极的影响,但是"由于经济压力和中苏冲突,并且随着未来更为务实的领导人接管政权,中国的对外政策会变得更加务实与温和"。同国务院的分析相同的是,它也将希望寄托在毛泽东之后的领导人身上,认为中国"发展出一种真正温和的政策可能要几年的时间"。②

从政策酝酿的过程来看,虽然白宫此时正在秘密地着手通过幕后外交

---

① NSSM 14: US China Policy, Secret, August 8, 1969, Source: Nixon Presidential Materials Staff, NSC Institutional Files, Meeting Files (1969 – 1974), Box H – 023, Folder 6, pp. 16 – 17.

② U.S. China Policy, August 8, 1969, Source: Nixon Presidential Materials Staff, NSC Institutional Files, Meeting Files (1969 – 1974), Box H – 023, Folder 6, p. 3.

渠道打开与中国关系的大门,但是基辛格及其助手给总统的政策建议,在很大程度上仍依赖于国务院的政策研究工作。他们一方面将国务院的政策分析据为自己的成果,另一方面不仅向国务院隐瞒幕后外交的实情,还设法降低国务院研究报告的重要性。基辛格虽然承认对中国的研究和有关对华政策选项的讨论十分重要,因为这是考虑美国"对其他问题政策的一个首要决定性因素",这些问题包括中苏冲突及美国的角色、对东亚地区的政策、共用军队和军事基地、核政策等。① 但是,在他一手安排的1969年8月14日的会议日程中,关于朝鲜问题的讨论被放在了第一位,中央情报局局长、国防部长和国务卿分别做了三个报告,时长共45分钟。而中国问题被排在最后,不但没有请国务卿做报告,而且中央情报局局长赫尔姆斯对中国核能力和政治趋势等问题的评估,也不过25分钟。国务院主笔的第14号国家安全研究备忘录的研究报告仅仅作为会前的参考资料散发给各部门的首长。②

会前,国家安全委员会职员为基辛格准备了一份发言提纲,内容基本上是对国务院研究报告摘要的整理,最后还罗列了美国对华政策的三个政策选项。③ 但是,在尼克松的会议笔记上,仅仅记载了赫尔姆斯报告的内容,并没有关于国务院研究内容的记录。国防部长莱尔德的档案对这次会议的总结不过是简单的一句话:"美国对共产党中国的政策仍保持不变,除了关于美国公民到大陆旅行和限制购买大陆生产的中国商品之外。"④

两个月后,基辛格向总统提交了一份关于国际局势及美国外交政策建

---

① Memorandum for The President, From Henry A. Kissinger, undated, Source: Nixon Presidential Materials Staff, NSC Institutional Files, Meeting Files (1969 – 1974), Box H – 023, Folder 5, p. 2.
② Memorandum for The Vice President, The Secretary of State, The Secretary of Defense, The Director, Office of Emergency Preparedness, from Henry A. Kissinger, August 9, 1969, Source: Nixon Presidential Materials Staff, NSC Institutional Files, Meeting Files (1969 – 1974), Box H – 023, Folder 5.
③ HAK Talking Points, U. S. China Policy, August 14, 1969, Source: Nixon Presidential Materials Staff, NSC Institutional Files, Meeting Files (1969 – 1974), Box H – 023, Folder 6.
④ footnote 1, President's Nixon's Notes on a National Security Council Meeting, undated, *FRUS, 1969 – 1976*, Vol. XVII, p. 67.

议的报告。对于美国的对华政策，报告明确指出："逐渐改善同共产党中国的关系，同时维持针对中国进行军事扩张与核讹诈的威慑力量"。[1] 其保守性不言而喻。不过，从随后的历史发展来看，在美国对华缓和进程中，尼克松和基辛格最终施行的政策和采取的外交方式，都不出国务院报告的内容。可以推断，基辛格对会议议程的安排和对国务院研究报告的有意忽视，要么是故意在总统面前排挤国务院的研究成果、降低其重要性，要么是表明在国务院已经为缓和中美关系准备好行动方案的时候，基辛格和尼克松都还没有成熟的战略计划和具体的政策规划，是国务院的设计为他们准备了随后秘密开展幕后渠道外交的政策内容。

二 三角战略

与 20 世纪 60 年代美国国内有关缓和对华关系的呼声略有不同的是，由于 60 年代末中苏关系日渐紧张，美国国务院对华政策的研究除了考虑中美关系外，还紧紧围绕中美苏三边关系的战略互动，在美苏关系的基本框架内思考对华政策的转变。

早在 1969 年中苏边界冲突爆发之前，美国国务院领导人就已察觉，如果谨慎操作，美国可以利用苏联对中国的担忧，把握发展对华关系的战略优势。1969 年 2 月 13 日国家安全委员会高级评估组会议后，鉴于基辛格提出以"有限敌对"（limited adversary）而非"总体敌视"（total hostility）或"缓和"（détente）来描述并发展美苏关系，国务院助理国务卿约翰·莱第（John Leddy）向国务卿罗杰斯建议：国务院应同意基辛格的这一提法，支持在同苏联的缓和中遵循一种综合了威慑（deterrence）和灵活性（flexibility）的方法，推动美苏开展限制战略性武器谈判，并且将这一谈判同缓和世界紧张局势、促进两国达成政治协定相联系。不过，莱第还特别提出，在东欧、东亚等地区追求一种僵化的反苏政策，并不能有效地服务于进一步发展美苏政治关系的目的。"现在，苏联寻求同西方缓和

---

[1] Memorandum from the President Assistant for National Security Affairs (Kissinger) to President Nixon, October 20, 1969, *FRUS, 1969–1976*, Vol. Ⅰ, Document 41.

紧张关系的努力有其内在的动力,与苏联对来自共产党中国的担忧不无关系。苏联担心美国同共产党中国实现缓和,导致中国人对美国等西方国家采取一种更为温和的政策。总而言之,美国不应当向莫斯科明示中美关系的发展方向,但同时也不要在中美关系和美国对华政策的意图方面,故意误导苏联人。"①

与此同时,1969 年 2 月一份美国中央情报局的报告注意到:"苏联在中苏边界附近持续增加军队……军队的增加以及贝加尔湖东岸指挥组织的变化,似乎超过了保卫边境安全的需要。"它据此推测:"这表明,苏联人正在增加应对中国在北方发动进攻的实力。"② 果不其然,不久后,中苏于 1969 年 3 月 2 日在珍宝岛爆发了第一次武装冲突。随后,苏军在 4～7 月侵入中国新疆、内蒙古等地区,不断制造流血事件。③

自 1969 年 3 月中苏边界冲突爆发后,国务院和白宫就不断收到有关苏联官员试探美苏对中国采取联合行动的情报。两名苏联记者向美国驻莫斯科使馆官员表示:"事态或许会发展到美苏有必要在对中国政策上实现'理解'的地步。"苏联首先主动拉拢美国,其实是担心中美关系可能出现的改善陷自身于被动。苏联担心中美关系改善的情报也很快在 3 月传到了华盛顿。3 月下旬,参议员爱德华·肯尼迪(Edward Kennedy)和前总统肯尼迪的助手西奥多·索伦森(Theodore Sorensen)在演说中纷纷建议,通过改善美国与中国的关系来刺激苏联人。此二人的演说迅即在苏联政治精英中引发骚动,猜忌更加深了苏联方面的担忧。④

至 1969 年 6 月,美国情报部门观察到,中苏两国在舆论上的相互抨击已白热化,中苏视对方为首要大敌,在边境地区陈兵布阵。苏联在中苏边界和蒙古陈兵 30 个师,并部署大量战术空中力量,驻军达到 1965 年底

---

① Assistant Secretary of State John Leddy provides Secretary of State William Rogers with background information in preparation for the 2/19/69 National Security Council (NSC) meeting on East - West relations, Feb 18, 1969, Source: DDRS, CK3100556146.
② Footnote 2, National Security Study Memorandum 63, July 3, 1969, *FRUS*, *1969 - 1976*, Vol. XVII, p. 42.
③ 中共中央文献研究室编《周恩来年谱(1949～1976)》下卷,第 304 页。
④ Footnote 2, Memorandum from the President's Assistant for National Security Affairs (Kissinger) to President Nixon, September 29, 1969, *FRUS*, *1969 - 1976*, Vol. XVII, p. 102.

的两倍。中国尽管在新疆、内蒙古等边境地区仅有9个步兵师，但在沈阳、北京、兰州内线军事区驻扎有超过50个师的兵力。①

1969年6月24日，黑格将中央情报局的一份"非常重要的文件"递交给基辛格。这份文件详细陈述了苏联对于中美两国关系改善的担忧。黑格写道："根据这个报告和其他我们已经得到的报告，可以完全肯定：我们方面与中共缓和的努力以及出于威胁目的意欲采取的行动，都会成为苏联方面最大的担忧。"②

两天之后，基辛格谨慎地向尼克松提出了"让中苏相斗，使苏联人向美国做出让步，影响苏联在对美关系中行动"的建议。他同时承认："任何的努力都充满了复杂性……我们应当明确，我们希望从苏联人或中国人那里得到什么，并且我们的行动如何影响他们以及其他相关国家。"③基辛格在1969年6月末向尼克松做出的政策建议，与国务院助理国务卿莱第2月的建议不谋而合。

1969年7月2日清晨，尼克松要求基辛格尽快部署研究美国如何应对中苏冲突。④ 其实，对中苏冲突的研究，在第14号国家安全研究备忘录"美国对华政策"以及"中苏冲突原因及未来前景"的国家情报评估（NIE）中都已经有所涉及。此外，从5月中旬开始，国家安全委员会也已经着手开展美国对中苏冲突政策的专项研究。⑤ 但是，随着中苏冲突局势的发展，系统、完善地研究美国对中苏冲突以及美、中、苏三角关系的政策选项，越来越成为决策之需。在总统的催促下，7月3日，基辛格发布了酝酿已久的关于研究"美国对当前中苏分歧政策"的第63号国家安

---

① Intelligence Analysis Concerning the Tense and Hostile Relationship between China and the Soviet Union, Aug 8, 1969, Source: DDRS, CK3100544079, pp. 1 – 2.
② Footnote 2, National Security Study Memorandum 63, July 3, 1969, *FRUS*, *1969 – 1976*, Vol. XVII, p. 42.
③ Memorandum from the President's Assistant for National Security Affairs (Kissinger) to President Nixon, June 26, 1969, *FRUS*, *1969 – 1976*, Vol. XII, Soviet Union, January 1969 – October 1970, Document 61.
④ Minutes of Washington Special Actions Group Meeting, July 2, 1969, 11: 42 a.m. – 12: 28 p.m., *FRUS*, *1969 – 1976*, Vol. II, pp. 122, 127.
⑤ Memorandum for Dr. Kissinger, from Morton H. Halperin, June 27, 1969, Source: Nixon Presidential Materials Staff, NSC Institutional Files, Study Memorandums (1969 – 1974), Box H – 155, File NSSM 63 [3 of 4].

全研究备忘录（NSSM63）。文件要求："这项研究应当考虑中苏敌对对美国、苏联、共产党中国三角关系的主要影响，特别关注研究美国对苏联与共产党中国军事冲突事件的政策选项。这项研究还应当考察在中苏关系持续紧张但没有发生军事冲突情况下可能采取的政策。"①

基辛格最初考虑项目的执行时，本打算将其作为国家安全委员会的一个"内部"项目，由国家安全委员会职员完成，但由于下属中缺乏研究这一问题的合适人才，并且国务院此时已经在开展一项"美国对中苏重大冲突的紧急政策问题"的研究，他方才转而将这项研究任务交予国务院。最终，这项研究由副国务卿理查森主持，基辛格以及国务院、国防部、中央情报局等部门人员共同完成。② 从研究内容来说，第63号国家安全研究备忘录主要针对美国对中苏冲突的长期政策，而"美国对中苏重大冲突的紧急政策问题"的研究，主要针对短期政策，由国务院规划协调室负责撰写。③

至此，美国政府开展的涉及中苏冲突形势与美国对中苏冲突政策的研究主要有四项："苏联与中国"（NIE11/13-69）、"美国对华政策"（NSSM14）、"美国对中苏重大冲突的紧急政策问题"以及"美国对目前中苏分歧政策"（NSSM63）。其中，前两项涉及美国对中苏冲突形势与亚洲战略格局的判断，于1969年8月完成。国务院主持了后三项的研究，中央情报局与国家安全委员会参与其中。

"苏联与中国"（NIE11/13-69）由中央情报局和国务院、国防部的情报部门以及国家安全局（National Security Agency）共同负责，于1969年8月12日完成。报告对中苏冲突的情势做出了严峻的判断。它指出，自3月"珍宝岛"冲突以来，中苏军事冲突进一步恶化，"几乎或根本没

---

① National Security Study Memorandum 63, July 3, 1969, *FRUS, 1969 – 1976*, Vol. XVII, pp. 41 – 42.
② Memorandum from WZ, May 13, 1969; Memorandum for Dr. Kissinger, From Morton H. Halperin, June 27, 1969, Source: Nixon Presidential Materials Staff, NSC Institutional Files, Study Memorandum (1969 – 1974), Box H – 155, Folder NSSM (3 of 4), Folder NSSM 63 (4 of 4).
③ Footnote 1, Washington Special Actions Group Report, November 10, 1969, *FRUS, 1969 – 1976*, Vol. XVII, p. 118.

有改善关系的希望",在近期爆发战争的"可能性是清楚存在的"。由于中国对苏联的核威胁日益明显,"苏联有理由辩解说(对中国核设施)进行攻击的最佳时机将很快到来,而不是几年以后"。"我们不认为苏联希望卷入一场持久的大范围冲突,但我们看到了这样一种可能性,即莫斯科认为它能够对中国的核力量及导弹设施发动进攻,同时不会引发大规模的冲突。"总之,中苏冲突"升级的可能性一直存在"。①

尽管中苏两国关系在随后的发展并没有再出现大的武装冲突,但美国情报机构和部门在"苏联与中国"(NIE11/13-69)中对于中苏关系的评估,并非杞人忧天。当时,有关苏联要用核武器轰炸中国的战略基地、原子弹基地的传言,已经在国际社会风行,而苏联方面对此也从未予以否认。1969年9月11日,周恩来在北京机场同柯西金会谈时怒责:"你们说,你们要用先发制人的手段来摧毁我们的核基地,如果你们这样做,我们就宣布,这是战争,这是侵略,我们就要坚决抵抗,抵抗到底。但是,我们不希望出现这种情况。所以我要把这个话告诉你。"然而,柯西金对此并没有做任何澄清。之后,在中苏双方边界谈判中,中方几次提出这个问题,苏联方面都没有正面作答。② 9月22日,在全军战备工作会议上,周恩来就国际国内形势问题发表讲话强调:"目前国际形势紧张,我们要准备打仗,特别要防止敌人突袭,要严加戒备。"③ 可见,苏联对中国进行核威胁的传言并非空穴来风,中国领导人对此确有担忧,并做好了战争准备。

关于中苏关系的现状对中苏两国外交的影响,"苏联与中国"报告(NIE11/13-69)观察到,中苏双方都在重新评估各自的对外政策。苏联为了遏制中国,在努力"吸引新的盟国,或者至少是友善的中立国",并且"已经发出一些愿改善同西方关系的信号"。但是,报告对于中国的外交战略选择并没有做更多的分析。④

---

① National Intelligence Estimate, NIE 11/13-69, August 12, 1969, *FRUS*, *1969—1976*, Vol. XVII, pp. 65-66.
② 1969年11月23日周恩来会见越南劳动党中央政治局委员、政府副总理黎清毅等时的谈话,参见《周恩来年谱(1949~1976)》下卷,第333页。
③ 《周恩来年谱(1949~1976)》下卷,第323页。
④ National Intelligence Estimate, NIE 11/13-69, August 12, 1969, *FRUS*, *1969—1976*, Vol. XVII, p. 66.

相比于"苏联与中国"(NIE11/13-69)报告,几乎同时出台的由国务院东亚与太平洋事务局执笔的"美国对华政策"(NSSM14)报告更着眼于未来国际关系格局的走向。它论及苏联武力威胁下的亚洲格局和中国的外交战略选择,敏锐地察觉到,亚洲正在由"两极格局"(bi-polar)向中、美、苏、日"四边关系"(four-sided relationship)转变,预见"未来中国领导人或许会寻求通过操纵同其他三国的关系,实现与其中之一或多方的有限的缓和"。① 面对这样的局势,美国应当做出什么样的反应呢?

1969年8月底至9月初,华盛顿注意到中苏剑拔弩张的局势已愈益紧张。8月28日,《真理报》警告中国不要再进行武装挑衅:"在当前拥有最现代的技术、最有效的致命武器和发射这些武器的现代化手段的条件下,如果爆发战争,哪一个大陆也不能幸免。"同一天,中共中央委员会公开发布命令,号召人们再次加强备战,加速在城中建设地下通道。8月下旬,美国侦察到苏联空军在远东的一次停飞待命。这种行动将使所有飞机都同时进入高度准备状态,往往是一种进攻的信号,至少是在异常紧张的神经战中发出的严酷警告。停飞待命在整个9月都继续保持。9月1日是第二次世界大战爆发30周年纪念日,苏军总参谋长兼国防部第一副部长马特维·查哈罗夫在苏联政府机关报《消息报》上发表文章,直截了当地追述了苏联战争期间在25天内摧毁日军700万人进攻的战绩。总参某部高级军事学院院长斯·波·伊万诺夫将军9月2日在《红星报》上发表的文章也采取了同样的论调。②

中国高度戒备,苏联耀武扬威。形势逼迫美国必须做进一步的表态,澄清美苏共谋的谣言,纠正国内一些民众幸灾乐祸的态度。1969年8月29日,国务卿罗杰斯在对国务院实习生讲话时说:尼克松政府并不认同一些美国人的观点,即"让苏联和共产党中国打一场大仗对美国而言是一件好事"。他声言:"我们认为任何地方的战事对整个国际社会而言都是有害的,这种战争将会危害全人类。我们不希望它

---

① NSSM 14: US China Policy, August 8, 1969, Source: Nixon Presidential Materials Staff, NSC Institutional Files, Meeting Files (1969-1974), Box H-023, Folder 6, p. 5.
② 〔美〕基辛格:《白宫岁月》第1册,第230页。

发生。"① 几天之后,副国务卿理查森在美国政治科学协会(American Political Science Association)的演讲中,对美国对中苏冲突的政策做出了明确的表态:

> 就共产党中国而言,在长期改善我们的关系,符合我们的国家利益。我们不会为了自身的利益而利用苏联同中华人民共和国之间的敌对。两个共产主义巨人之间的意识形态分歧与我们无关。但是,若争论演变成一场对国际和平与安全的严重破坏,我们则不能不表示深刻的担忧。就长期而言,我们的国家安全会因我们同一方联合起来针对另一方而受到损害。每一方都对美国改善同另一方关系的努力高度警惕。尽管如此,我们试图在长期逐渐与双方发展更为良好的关系。我们不会让共产党中国的谩骂,阻止我们为了自身利益寻求同苏联达成共识。相反,我们也不会让苏联人的忧惧,阻止我们努力引导共产党中国走出它愤怒而孤立的堡垒。②

对理查森的演讲中关于中国的表态,连基辛格都不得不承认:"对于美国来说,如此公开地关注对这样一个国家的威胁,是又一个革命性的步骤。因为20年来,它一直对这个国家采取敌视态度,而且在新政府就职后与之没有任何来往。"③ 随后,罗杰斯在同苏联外长葛罗米柯的会谈中再次明确表示,美国不会卷入中苏冲突,并谴责冲突的升级。④

由理查森和罗杰斯来传达美国的态度,自然源于尼克松的意图。将国务卿推到前台表述美国的政策立场,"既可以令苏方明白他是代表总统发

---

① Patrick Tyler, *A Great Wall: Six Presidents and China*, p. 68.
② Elliot Richardson Speech to American Political Science Association, Sept. 5, 1969, Source: Nixon Presidential Materials Project, NSC Files, Henry A. Kissinger Office Files, Country Files – Far East, Box 86, Folder U. S. China Policy 1969 – 1972 (1 of 2).
③ 〔美〕基辛格:《白宫岁月》第1册,第230~231页。
④ Memorandum for Mr. Kissinger, from Helmut Sonnenfeldt, John Holdridge, September 5, 1969, Source: Nixon Presidential Materials Staff, NSC Institutional Files, Study Memorandums (1969 – 1974), Box H – 155, Folder NSSM 63 (2 of 4), p. 1.

言,同时也不会使美国对苏联的挑战意味过于明显"。① 作为总统,尼克松仍然在中苏冲突和对华政策问题上持谨慎态度,不愿亲自发表任何评论。例如,在国务院为他准备于9月18日在第24届联合国大会上发表的对华政策的原则性讲话时,尼克松坚决要求"关于中国的部分不要超过一句话"。② 而这一句话不过是他自己的老生常谈:"只要共产党中国的领导人选择放弃他们自我施加的孤立,我们就准备以同样坦诚和认真的态度与他们谈判。"③

尼克松不愿意对中苏冲突做出公开表态,原因之一在于,尽管美国已公开表示不会利用中苏冲突,但如莱第等国务院高官一样,他深知中苏冲突对美国而言是一个重大战略机遇。不过,若处理不好,反而会置美国于危险之地。因此,在华盛顿做出明确决定之前,仍需要对中苏冲突的政策选择进行更为谨慎、全面、系统的研究和讨论。

很快,更为系统的对策研究紧锣密鼓地展开了。1969年9、10月间,国家安全委员会处理危机的主要平台——华盛顿特别行动小组几次召集会议,讨论国务院规划协调室主持的"美国应对中苏重大冲突的紧急政策"报告草稿。基辛格、司法部长米切尔、副国务卿约翰逊、国防部助理部长纳特(G. Warren Nutter)以及来自中央情报局和国家安全委员会的代表,参加了几次会议的讨论。

在1969年9月4日第一次讨论上,小组一致认可了国务院规划协调室的报告草稿。对于"不偏不倚"和"倾向中国"两种政策选项,与会者基本上同意这样一点,即如果在中苏冲突中采取"不偏不倚"的立场,"其实际后果就是帮助了苏联人"。即便不采取任何行动,美

---

① 〔美〕基辛格:《大外交》,顾淑馨、林添贵译,海南出版社,1998,第699页。
② Telcon Secretary Rogers and Mr. Kissinger, 9/17/69 1:50 p.m.. Source: Nixon Presidential Materials Staff, NSC Files, Kissinger Telcons, Chronological File, Box 2, Folder 1-18 Sep., 1969.
③ 关于美国对苏联的谈判政策,尼克松说:"我们试图同苏联进行严肃、认真的谈判,既不被偏见所阻碍,又不为情感所迷惑,寻求达成共识而不是搞宣传。"在谈了美国对苏联的谈判政策后,尼克松顺势谈到了对华政策。*Public Papers of the Presidents of the United States*, *Richard Nixon*, 1969 (Washington: Office of the Federal Register, National Archives and Records Service, General Services Administration of Docs., U.S. G.P.O., 1971), p. 365.

国也必须做出表态，在联合国中呼吁双方停火，表示美国不会容忍核战争的发生。① 同一天，副国务卿理查森向基辛格强烈建议，应当主动向苏联澄清美国对中苏发生重大冲突的政策立场。基辛格对此表示赞同。② 9月17日华盛顿特别行动组召开会议，主要讨论了如果苏联封锁中国沿海、干涉公海航运甚至拒绝开放进出香港的通道，将在香港的美国公民乃至整个香港作为人质的话，美国是否该做出军事反应，但会议并未得出结论。③ 9月29日，华盛顿特别行动组的会议再次讨论了国务院规划协调室准备的这份研究报告。基辛格对报告提出的政策建议表示满意，要求将这份报告作为第63号国家安全研究备忘录（NSSM63）的一部分。④

正当美国政府内部抓紧准备应对中苏冲突升级的政策方案时，随着1969年9月11日苏联部长会议主席柯西金同周恩来在首都机场会晤，中苏紧张关系开始缓和。经毛泽东批准，周恩来在9月18日致信柯西金："1969年9月11日，在北京机场的会见中，我们双方同意：长期悬而未决的中苏边界问题，应该在不受任何威胁的情况下，通过和平谈

---

① 1969年9月4日在加州圣克莱门蒂岛召开的WSAG会议，参见 Memorandum for the Record of the Washington Special Actions Group Meeting, September 4, 1969, *FRUS, 1969–1976*, Vol. XVII, pp. 76–77; Memorandum for Henry A. Kissinger, from John Holdridge, September 4, 1969, Source: Nixon Presidential Materials Staff, NSC Institutional Files, Meeting Files (1969–1974), Box H–071, Folder 3。

② Memorandum for Mr. Kissinger, from Helmut Sonnenfeldt, John Holdridge, September 5, 1969, Source: Nixon Presidential Materials Staff, NSC Institutional Files, Study Memorandums (1969–1974), Box H–155, Folder NSSM 63 (2 of 4), p. 1. 但是，对苏联试探美国对华政策的举动，基辛格在回忆录中写道："我关心我们对这些试探的反应。苏联人对他们的对华政策可能还不十分确定，而我们的反应可能影响他们的打算。其次，苏联人可能利用我们在中国和世界上造成这样一种印象，即我们正在秘密咨商，而且很可能对他们的军事行动处之泰然……我认为，我们应该表明，我们没有玩弄这些策略。"全然没有提及国务院方面在这一问题上最初的政策态度。〔美〕基辛格：《白宫岁月》第1册，第232~233页。

③ 1969年9月17日在华盛顿召开的华盛顿特别行动组（WSAG）会议参见 Minutes of the Washington Special Actions Group Meeting, September 17, 1969, 4:45–6:30 p.m., *FRUS, 1969–1976*, Vol. XVII, p. 84。

④ 1969年9月29日在华盛顿召开的WSAG会议，参见 Memorandum for Dr. Kissinger, from Colonel Robert M. Behr, September 29, 1969; Memorandum for Mr. Kissinger, from Helmut Sonnenfeldt, September 29, 1969, Source: Nixon Presidential Materials Staff, NSC Institutional Files, Meeting Files (1969–1974), Box H–071, Folder 6。

判解决；在解决前，双方采取临时措施，维持边界现状，避免武装冲突。"9月23日，中国首次进行地下核试验取得成功。随后，中苏两国经过协商，同意于1969年10月20日在北京开始中苏边界问题谈判。①

鉴于中苏关系出现的缓和之势，霍尔德里奇在为基辛格准备的10月21日华盛顿特别行动组会议的发言稿中提出：尽管起草"美国对中苏重大冲突的紧急政策问题"报告之初，"莫斯科与北京发生重大冲突的可能性远远大于今天"，但是这份报告并非失去了自身的价值。它将作为第63号国家安全研究备忘录（NSSM63）研究的一部分，并随着中苏关系的变化而加以修订。②

1969年11月10日，"美国对中苏重大冲突的紧急政策问题"报告最终完成。报告开篇指出："中苏冲突不符合我们的利益。因此，我们应当尽可能避免卷入其中，同时尽可能敦促双方结束敌对状态，特别是在苏联取得重大胜利之前。"③ 在原则上，报告建议："美国应当公开强调不偏不倚和不卷入，力劝双方不使用核武器，敦促通过谈判恢复和平，并且采取行动避免做出任何挑衅行为、避免美国军队同交战国军队发生意外接触。如果冲突由苏联引发，美国要表达强烈的关注；如果使用核武器，则给予强烈的谴责……在任何常规性的中苏冲突中，应当通过有选择的命令与警示行动来加强美国的军事准备和反应部署……美国要强烈反对中苏在冲突中使用核武器，并且如果情报显示任何一方在计划使用，我们将谨慎考虑通过向另一方透露我们的信息来减少遭遇奇袭的可能性。如果核武器被使用，我们要带头谴责并且提升我们在全球范围的战备级别。"在具体实施上，"为了阻止中苏冲突，美国可以发出公开警告表示中苏冲突会危害世界和平，通过在联合国中讨论这一问题向可能爆发冲突的双方施加压力。向苏联人和北京强调我们对中苏战争危险的担忧。鼓励第三国对苏联与中

---

① 《周恩来年谱（1949~1976）》下卷，第320~324页。
② Memorandum for Colonel Behr, from John H. Holdridge, October 20, 1969; Memorandum for Dr. Kissinger, from Robert M. Behr, October 20, 1969, Source: Nixon Presidential Materials Staff, NSC Institutional Files, Meeting Files (1969 – 1974), Box H – 071, Folder 9.
③ Washington Special Actions Group Report, November 10, 1969, FRUS, 1969 – 1976, Vol. XVII, p. 118.

国发挥影响，避免冲突升级"。①

在没有使用核武器的情况下，绝不在军事上卷入中苏冲突，不刺激任何一方尤其是苏联，这是报告提出的美国政策底线。即便是在苏联有可能封锁中国沿海、影响美国人在香港利益的情况下，美国也"无意否定苏联切断对大陆贸易的行为，但是会寻求通过外交渠道保护美国船只在中立港口自由航行的权利，包括香港"。然而，如果中、苏任何一方计划使用核武器，美国则会在情报上支持被攻击的一方。②

尽管国务卿罗杰斯和副国务卿理查森指出，"不偏不倚"的政策选项事实上有支持苏联之嫌，但是在1969年11月中美关系尚处于隔绝状态、美苏限制战略武器谈判及关于中东问题的四方谈判都进入关键阶段的时刻，美国不可能采取明显偏向中国的立场而致使美苏关系受损。对此，基辛格也承认："我明白这个问题，但我也不知道答案是什么。"③ 美国所能做的，只能是向国际社会和中苏双方表明自己不卷入、反对冲突升级的政策立场。因此，最后的方案排除了"倾向中国"的政策选项，仅留下"不偏不倚"一项。

报告对美国如何保持同其他国家的关系提出了建议。对亚洲盟友和北约盟国，它提出：一方面要强调美国保持不介入中苏冲突的立场，另一方面要在重申对盟友的条约承诺的同时警惕韩国和台湾当局借机扩张，并敦促北约对苏联保持温和的、非挑衅性的姿态。对日本，它指出：一方面要告知日本，美国对于卷入中苏冲突的态度十分谨慎；另一方面要强调美国随时机动性地使用冲绳军事基地的重要性。对东欧，报告建议美国在表达不卷入立场的同时，敦促东欧国家发挥积极影响，并重申美国改善同所有国家双边关系的愿望。④ 因此，"不偏不倚"并非无所作为，而是静观其

---

① Washington Special Actions Group Report, November 10, 1969, *FRUS*, *1969 – 1976*, Vol. XVII, pp. 118 – 119, 121.
② Washington Special Actions Group Report, November 10, 1969, *FRUS*, *1969 – 1976*, Vol. XVII, p. 120.
③ Minutes of the Senior Review Group Meeting, November 20, 1969, 3：05 – 4 p.m., *FRUS*, *1969 – 1976*, Vol. XVII, p. 133.
④ Washington Special Actions Group Report, November 10, 1969, *FRUS*, *1969 – 1976*, Vol. XVII, p. 120.

变，相机行事。

报告还特别建议，美国在对中苏冲突本身持"不偏不倚"态度的同时，"认可中国领土完整的原则"。"如果新疆或者西藏在苏联的鼓励和协助下出现独立运动，美国应当表示反对以武力改变中国领土的行为，认可中国领土完整的原则。要向苏联人表达我们对于分割中国领土行径的关注，并且警告印度人，如果他们在西藏的侵犯行动引起中国的反击，我们必须要审查《印美防空协定》的适用性。"总之，为了防止中苏冲突演变成地区性的战争，美国将反对苏联、印度对中国领土的任何觊觎。此外，它还明确表示："如果在中国内部发生了由中苏冲突引发的权力斗争，美国要在冲突派别中间保持不偏不倚的立场"，亦即美国不会趁机利用中国国内的政治矛盾。①

报告指出，中苏冲突不但可能给美国带来构建中、美、苏三边关系的战略机会，还可能使美国在越南战场上取得优势。"在越南，鉴于中苏敌对，要重新审查撤军计划以及我们在南方的军事态势，将对河内的压力最大化。我们还可以考虑对北方增加军事压力，或者向河内抛出新的富有吸引力的和谈诱饵。"②

当国务院规划协调室紧锣密鼓地准备美国对中苏发生重大冲突的短期政策时，关于"美国对中苏冲突的长期政策"（NSSM63）的研究报告也在副国务卿理查森的主持下加紧筹备。1969年9月3日，由国务院规划协调室成员约瑟夫·纽波特（Joseph W. Neubert）和迪克·戴维斯（Dick Davies）执笔，完成了报告的草稿。③ 同时，国防部也于9月2日完成了一份"国防部对NSSM63的补充报告"。④ 但是，相较于应对中苏发生重

---

① Washington Special Actions Group Report, November 10, 1969, FRUS, 1969–1976, Vol. XVII, pp. 120–121.
② Washington Special Actions Group Report, November 10, 1969, FRUS, 1969–1976, Vol. XVII, p. 120.
③ 1969年9月3日最初的NSSM63报告，见 NSSM – 63, U. S. Policy on Current Sino – Soviet Differences, September 3, 1969, Source: Nixon Presidential Materials Staff, NSC Institutional Files, Study Memorandums (1969–1974), Box H – 155。
④ 1969年9月2日国防部完成的对于NSSM63的研究报告，见 A DOD Supplementary Paper on NSSM 63, September 2, 1969, Source: Nixon Presidential Materials Staff, NSC Institutional Files, Meeting Files (1969–1974), Box H – 040, Folder 7。9月23日，对国防部的报告，

大军事冲突的短期政策研究,这两份长期政策研究报告并不十分成功。报告将美国的战略选择分为四项:"A. 支持中国;B. 与苏联合谋孤立中国,向中国施加压力、对苏联采取更温和的姿态;C. 采取'袖手旁观'的态度;D. 声明有兴趣改善与敌对双方的关系",并明确指出选项 D 富有可行的战略意义。尽管报告没有提出具体的政策行动,但是指出:"如果报告的主要结论被接受,有许多具体行动可以实行,例如实行第 14 号国家安全研究备忘录(NSSM14)研究报告中的政策建议。"这些主要结论包括:

1. 苏联与中国的分歧约束了两国实施与美国为敌的政策的能力,这是美国能在中苏对抗中获得的最重要的好处。

2. 尽管事实上双方都害怕美国与另一方合谋,但苏联和中国目前都不认为有必要在他们与美国的关系中做出让步。因此,目前美国没有可以同任何一方具体谈判的"筹码"。

3. 尽管如此,由于美国与苏联之间存在广泛的利益互动且双方都希望避免核对抗,因此苏联对中国日益加深的担忧很可能会促进美苏在诸如欧洲(例如柏林)、战略武器等双方核心利益重叠的问题上达成有限的共识。苏联对于美国可能站到中国一边的担心,是一个促使它减少与美国摩擦的关键因素。美国不应当缓和苏联的这一担忧。

4. 目前美国直接影响中美关系性质的能力有限,但是如果保持打开

索南费尔特和霍尔德里奇认为它主要是针对中苏间发生重大冲突而设计的,不适于加入国务院报告的主体,建议以脚注的形式加入,参见 Memorandum for Mr. Kissinger, From:Helmut Sonnenfeldt/John H. Holdridge, September 23, 1969;Talking Points For Mr. Kissinger – NSSM 63, September 23, 1969. Source:Nixon Presidential Materials Staff, NSC Institutional Files, Meeting Files(1969 – 1974), Box H – 040, Folder 1。国防部也在 10 月 8 日完成了对补充报告的修改,报告全文见 A DOD Supplementary Paper, NSSM 63, October 8, 1969. Source:Nixon Presidential Materials Staff, NSC Institutional Files, Meeting Files(1969 – 1974), Box H – 040, Folder 7。但是,11 月 10 日,霍尔德里奇和索南费尔特仍然建议基辛格对国防部负责国际安全事务的助理部长沃伦·纳特(Warren Nutter)表达感谢并答应将此份报告作为主题报告的附件的同时,否认其研究内容的可行性,参见 Memorandum for Mr. Kissinger, From:Helmut Sonnenfeldt/John Holdridge, November 10, 1969. Source:Nixon Presidential Materials Staff, NSC Institutional Files, Meeting Files(1969 – 1974), Box H – 040, Folder 7。

改善关系的大门，不但能够在长期鼓励发展出一种更理性的关系，也可以在短期向苏联施加压力。因此，有必要调整美国对北京的主动，即便是非互惠的单边行动。

5. 苏联或许能容忍美国对北京的主动，但这些主动必然会刺激美苏关系。如果中美关系出现显著改善，苏联或许会在国内及国际事务中采取更为强硬的路线。无法预知中美关系的改善带来的利益是否能抵消美苏关系僵硬而造成的损失，尚不确定二者的平衡点在哪里。在改善与中国关系时要谨慎，不偏不倚地对待两个大国。

6. 重大中苏冲突很可能对美国产生极大的消极影响，这是美国最不希望看到的。因此，我们应当考虑如何力求降低发生重大冲突的可能性。①

1969年9月4日，理查森主持了对这份草稿的讨论。与会者认为，报告详细分析了中、美、苏三角关系，并且充分讨论了美国的主要政策选择，从这方面而言分析得很好。但是从另一方面来看，报告并没有提出实施这些政策的措施。国家安全委员会职员霍尔德里奇和索南费尔特认为："这份报告只不过是强调了业已存在的政策，即不卷入分歧、利用分歧改善美国同双方的关系。在最初的会议上已经指出，这个政策是一个前提假设，而不是选项之一。我们要得到具体的政策，而不是花费大量时间辩论到底是站在苏联一边，还是与中国为伍。"最终，理查森建议报告应当再进行修改。②

1969年9月25日、11月20日，国家安全委员会高级评估组先后两次召开会议，专门讨论"美国对中苏冲突的长期政策"（NSSM63）报告。会议由基辛格主持，国务院、国防部、中央情报局、参谋长联席会议、应

---

① 国务院在1969年9月3日的NSSM63报告基础上准备了一份摘要，参见NSSM-63, U. S. Policy on Current Sino-Soviet Differences, Summary Statement, September 11, 1969, Source: Nixon Presidential Materials Staff, NSC Institutional Files, Meeting Files (1969-1974), Box H-040, Folder 1, pp. 1-7。

② Memorandum for Mr. Kissinger, from Helmut Sonnenfeldt, John Holdridge, September 5, 1969, Source: Nixon Presidential Materials Staff, NSC Institutional Files, Study Memorandums (1969-1974), Box H-155, Folder NSSM 63 [2 of 4], p. 1.

急准备局（OEP）、新闻署（USIA）等部门的代表参加。与会各方对报告内容及美国应当采取的政策立场分歧很大。

9月23日，在为基辛格准备的1969年9月25日会议的发言稿中，国家安全委员会职员索南费尔特、霍尔德里奇对国务院的报告提出了意见。他们仍然认为报告没有对"声明有兴趣改善同敌对双方关系"这一战略选项提出具体可选的政策措施。此外，在一些关键问题上，如中苏是否愿意调整对西方尤其是美国的政策态度并做出妥协，苏联对中美缓和的反应是否会变得强硬、是否愿意在中东等其他地区问题上向美国做出妥协等，报告的阐述前后并不一致，甚至存在矛盾。① 9月25日的高级评估组会议上，基辛格提出报告应当进一步区分中苏紧张关系是否会发生战争的两种情况。"在没有战争的情况下，支持弱者对抗强者更有道理，因此要倾向中国。在冲突中，中立的客观效果就是帮助了苏联。"索南费尔特和美国新闻署代表莎士比亚提出，应当考虑日本等第三国的角色与作用："表明'倾向中国'的最好手段就是容许第三国与中国打交道。而在这方面，日本是一个非常重要的国家。"此外，与会者还在其他问题上提出了质疑，诸如美国是否应当、是否有能力阻止中苏冲突；中苏爆发大规模的军事冲突是否会引发大灾难，苏联是否会推翻中国共产党政权并建立一个傀儡政府，结果是否符合美国利益；在中苏发生战争的情况下，中国内部政治会如何变化，毛泽东之后的中国政府是否会屈从于苏联，新疆、西藏是否会独立、中国变得四分五裂；中苏战争将对中东、东欧、古巴等地区的战略态势产生什么样的影响；等等。最后，基辛格要求国务院再次修改报告，考虑是否能够提出这样一项建议，即"保持我们对中国的政策选项的悬而未决状态，以使我们获得苏联方面的让步"。②

从以上美国政府内部各相关部门对"美国对中苏冲突的长期政策"

---

① 基辛格在此次会议上的发言，基本上依照了索南费尔特和霍尔德里奇所准备的发言要点。Memorandum for Mr. Kissinger, from Helmut Sonnenfeldt/John H. Holdridge, Talking Points For Mr. Kissinger – NSSM 63, September 23, 1969, Source：Nixon Presidential Materials Staff, NSC Institutional Files, Meeting Files (1969 – 1974), Box H – 040, Folder 1.
② Minutes of the Senior Review Group Meeting, September 25, 1969, 2：25 – 3：35 p. m., FRUS, 1969 – 1976, Vol. XVII, pp. 92 – 101.

报告的讨论可以看出，至 1969 年 9 月，美国政府内部对于中苏冲突的性质、发展趋势及影响的分析与判断都存在矛盾，甚至一个部门内部的观点都前后不一。正如中央情报局的一份报告所指出的："存在爆发战争的可能性；苏联至少有理由发动军事行动。但是，发动攻击的决定是一种政治行为，我们没有强有力的证据充分了解中国和苏联领导人的意图。"① 因此，对于美国在不同情况下采取何种对策，自然难以形成一致的意见。国务院承担的这项研究任务，注定难调众口。

1969 年 10 月 17 日，国务院完成了"美国对中苏冲突的长期政策"（NSSM63）报告的修改。② 10 月 29 日，该报告被散发到相关部门进行讨论。③ 在此期间，周恩来于 10 月 6 日复信柯西金，重申关于维持边界现状、避免武装冲突的五项临时措施，同意首先进行边界谈判，并宣布了中方参加边界谈判的代表团名单。④ 从表面上看，中苏关系已经由战场转向了谈判桌。这份修改过的"美国对中苏冲突的长期政策"（NSSM63）报告，也体现出了局势的变化。与 1969 年 9 月 3 日完成的报告不同，国务院将"中苏冲突将以目前的政治斗争的方式持续下去"作为前提假设，删除了对"中苏爆发大规模战争"情况的分析。它提出了美国的三项基本战略选择，分析了美、中、苏关系的实质，并且考察了美国应对中苏冲突的问题与机会。

对于美国的政策选项，修改后的报告将初稿中"C. 采取'袖手旁观'的态度；D. 声明有兴趣改善与敌对双方的关系"，改为在 C 选项"公开的中立"下的两种不同实现方式："C1. 不采取任何可能被认为

---

① Intelligence analysis concerning the tense and hostile relationship between China and the Soviet Union, Aug 8, 1969, Source：DDRS, CK3100544079, p. 3.
② 报告全文见 NSSM 63, U. S. Policy on Current Sino - Soviet Differences, Revised Version, October 17, 1969, Source：Nixon Presidential Materials Staff, NSC Institutional Files, Meeting Files (1969 - 1974), Box H - 040, Folder 7。
③ Memorandum for Mr. Richard F. Pedersen (State), Mr. William I. Cargo (State), Mr. G. Warren Nutter (Defense), Mr. R. Jack Smith (CIA), Lt. Gen. F. T. Unger (JCS), Mr. Haakon Lindjord (OEP), cc：Mr. Frank Shakespeare (USIA), October 29, 1969, Source：Nixon Presidential Materials Staff, NSC Institutional Files, Study Memorandums (1969 - 1974), Box H - 155, Folder NSSM 63 (1 of 4).
④ 《周恩来年谱 (1949～1976)》下卷，第 327 页。

是倾向某一方的行动。C2. 维持中立的政策，同时努力实现我们与中国、苏联双方的长期利益，并且不使任何一方对我们的行动做出不当的解释。"①

索南费尔特和霍尔德里奇对国务院修改后的报告仍不满意。他们认为，报告所列的"政策选项都过于极端"，而且"没有强调更为现实的等级次序"。他们建议，基辛格在高级评估组会议上要求国务院方面"以更为现实的眼光制定政策选项"继续修改报告，尽快将一份"更为平衡的研究"递交国家安全委员会。"鉴于中苏冲突暂息和中国内部的活跃情况，现在可能是一个关注对华政策的特殊机会。事实上，现在可能是几年以来，我们对中国做出主动缓和姿态的最有利时机。"②

在 1969 年 11 月 20 日讨论"美国对中苏冲突的长期政策"（NSSM63）报告修改稿的高级评估组会议上，中央情报局、国防部、参谋长联席会议等代表并未提出意见，只有基辛格提出质疑。按照索南费尔特和霍尔德里奇的建议，他指出："看起来最现实的选项似乎是 C2。选项 A 的政治问题过于极端。"他认为应该具体区分不同的情况："我们可以有更为微妙的、不过于刺激苏联的政策。"③

对于基辛格提出的问题，国务院规划协调室前代理主席米丽娅姆·坎

---

① 10 月 17 日修订过的 NSSM 63 报告的摘要，参见 Draft Response to National Security Study Memorandum 63, October 17, 1969, *FRUS, 1969 – 1976*, Vol. XVII, p. 109。

② Memorandum for Mr. Kissinger, from Helmut Sonnenfeldt/John Holdridge, November 10, 1969, Source: Nixon Presidential Materials Staff, NSC Institutional Files, Meeting Files (1969 – 1974), Box H – 040, Folder 7. 1969 年 10 月 8 日，霍尔德里奇在给基辛格的备忘录中表示，他观察到中国政府在声明中指出愿意同苏联在和平共处五项原则的基础上发展正常国家关系，认为"显然这一原则适用于美国和苏联。的确，这令人联想到去年（1968 年）11 月中国同意恢复华沙会谈的声明。从这方面来看，这是一个很重要的信号"。他推测"北京的'务实派'似乎能够对指导中国的外交政策发挥日益增强的影响"，并建议美国试探中方的意愿。他认为，由于中国人对苏联问题的担忧，"他们很可能比过去几年更愿意接受美国的主动"。参见 Memorandum from John H. Holdridge of National Security Council Staff to the President's Assistant for National Security Affairs (Kissinger), October 8, 1969, *FRUS, 1969 – 1976*, Vol. XVII, pp. 104 – 105。

③ Minutes of the Senior Review Group Meeting, November 20, 1969, 3: 05 – 4 p. m., *FRUS, 1969 – 1976*, Vol. XVII, pp. 130 – 132。

普斯女士回应道："每一个选项都包含了各种问题的次选项。很难分析每一个能够想到的次选项，并且很难限定制约因素。"基辛格表示理解这一困难，也并没有要求再做进一步的修改，而是建议召开国家安全委员会会议予以讨论，认为在应对中苏冲突的问题上，"我们需要一个更为微妙的方法"，实行一种"在中立的范围内"，"稍微倾向于一方或另一方的政策"。坎普斯女士指出，这正是 C2 选项所提出的。而基辛格认为 C2 选项并不具体，且会产生不同理解。见此状况，坎普斯女士表示，基辛格所所说的这些细微差别报告中都已经有所考虑，"报告的摘要并不完善，应当先仔细阅读整篇报告"。基辛格最终承认自己的确"只是略读了整篇报告"，答应会再去仔细看看。①

"美国对中苏冲突的长期政策"（NSSM63）的研究目的，并非提出可操作的政策决定，而是考虑不同情况下各种政策选择及其可能产生的结果与影响。从这份报告出炉到不断修改的过程可以看出以下几点。第一，在对中苏冲突给美国带来的战略机会这一问题上，国家安全委员会和国务院并没有大的分歧。至 1969 年 11 月底，他们基本都认可中苏冲突对美国而言是有利的机会。苏联人确实十分担忧"红色中国和其难以驾驭的领导人"，因此"他们可能会因自身利益而寻求实现克里姆林宫和华盛顿的缓和，甚至向美国做出某些让步，将美国视为一个未来可能的盟友，至少是在中苏冲突中保持友好的中立态度的准盟友"。②在政策方向上，双方都主张美国对中苏冲突保持中立，同时保留对中国和苏联发展关系的灵活性，从而对中苏分歧加以利用。但是，双方对政策意见的解释存在分歧，国务院认为建议已经包含了偏向冲突一方的微妙的灵活性，而基辛格却认为仍然不够。第二，由于对中苏冲突的性质、发展趋势的判断仍不十分确定，报告很难针对各种情况提出有效、准确的政策选项，国务院的研究工作注定

---

① Minutes of the Senior Review Group Meeting, November 20, 1969, 3: 05 – 4 p. m., *FRUS, 1969 – 1976*, Vol. XVII, pp. 130, 132 – 135.
② Memorandum from the President's Assistant for National Security Affairs (Kissinger) to President Nixon, undated, *FRUS, 1969 – 1976*, Vol. I, Document 39. 根据其附件推测其时间为 1969 年 10 月。

是难调众议。国家安全委员会对国务院的这份报告不甚满意。基辛格对报告的意见基本上出于国家安全委员会职员的书面总结和建议，他自己甚至没有认真阅读报告原文，也因此引起了国务院政策规划人员的不满。第三，鉴于中苏冲突态势趋于平静、中国外交变得活跃，美国对华政策研究的紧迫性和重要性逐渐超越了美国对中苏冲突政策的研究。

1970年1月15日，国务卿罗杰斯在全国对外政策编辑和主持人会议上，总结了尼克松政府执政一年来对中苏冲突的政策态度。他说：

> 我们已经声明，我们无意利用他们的分歧。我们试图以一种严肃的方式同苏联谈判，追求共同的立场和共同利益。我们也试图寻求同共产党中国改善关系，并且很高兴我们已经达成协定1月20日在华沙举行会谈。我们认为，改善与苏联和共产党中国的关系符合我们的国家利益，并且我们的政策是寻求以谨慎的方式实现这个目标。中苏冲突严格上说是他们自己的事情，但是这不能制约我们改善同双方关系的努力。①

这是国务院与白宫的政策共识。十几天后，尼克松在同英国首相威尔逊（Harold Wilson）会谈时，重申了美国要同时和中苏两国谈判以改善关系的决心。②

在美国外交官加紧研究美、中、苏三角关系的同时，中国领导人也在设计着一场三角关系的牌局。1969年2月受命研究国际问题的陈毅、徐向前、聂荣臻和叶剑英四位老帅，根据美苏的政策动向，提出了利用美苏矛盾谋取最大战略利益、打开中美关系的建议。1969年10月下旬开始的中苏边界谈判，只不过是中国领导人运筹中、美、苏大三角关系的一个杠杆。正如周恩来叮嘱新华社要及时、迅速地收集各国对中苏冲突的反应，中国领导人密切地关注、调整着这一盘已悄然开始的战

---

① Address by Secretary of State Rogers, January 15, 1970, *FRUS*, *1969 – 1976*, Vol. Ⅰ, Document 51.

② Editorial Note, *FRUS*, *1969 – 1976*, Vol. Ⅰ, Document 55.

略三角关系互动的牌局。1969年11月21日，周恩来在接见即将出访阿尔巴尼亚的中国党政代表团时指出："只讲美苏勾结，不讲争夺，片面性很大。现在美苏争夺的中心是中东，光看到勾结，看不到争夺，有些问题就不能解释。只有两个阵营的矛盾的提法就是片面性。对国际形势的分析都要分析矛盾，怎么看不到矛盾呢？"① 不难看出，此时的中国领导人已经逐渐开始纠正党内中高级领导层对局势的看法，在思想上转轨。

三　中国与国际合作

20世纪60年代末70年代初，国际恐怖劫机活动日益猖獗，给国际民航运输造成严重威胁，也使在这一领域拥有巨大商业利益的美国深受其害。1968～1972年，全世界共发生劫机事件321起，约为过去37年间劫机事件总量的5倍，其中146起、近半数之多是针对美国的。② 由于劫机恐怖活动是一种跨国的有组织犯罪行为，往往危及几个国家的安全，并可能针对世界任何地方的目标，因此，预防、应对、打击此类恐怖活动，非一国之力可为，必须加强国际间的广泛合作。③ 本节从应对全球性威胁、实现国际合作需要的视角，以20世纪70年代初美国邀请中国参加制定反劫机国际公约——《海牙公约》及

---

① 1969年10月20日，周恩来"指示新华社：各国对中苏边界谈判的反应，要使中央领导同志及时了解。要多搜集反应，要快。每天分几次送，要有分析，有综合，可出专集"。《周恩来年谱（1949～1976）》下卷，第330、334页。
② 张杨：《尼克松政府时期美国民航安全政策研究》，《史学集刊》第5期，2010年9月，第117页。
③ 卞堪光：《反劫机斗争初探》，《公安大学学报》2002年第3期，第60页。有学者研究了尼克松政府时期为应对国际恐怖劫机活动而制定民航安全政策，并通过国际民航组织、联合国、北约等国际组织积极争取国际反劫机合作的努力。张杨从美国史的角度，研究了尼克松政府时期为了应对国际恐怖主义而制定美国民航安全政策的历史，认为这些政策虽然促进了国际社会在航运安全领域的合作，但因受冷战思维的影响，无法获得其他国家的支持而作用有限。参见张杨《尼克松政府时期美国航行安全政策研究》，《史学集刊》2010年第5期，第117～124页。不过，鲜有论者述及为了争取国际社会尤其是劫机分子可能将飞机劫持到的美国的敌对国对国际反劫机公约条款的"最广泛"的认可，尼克松政府如何认识并且解决中国等所谓"分裂国家"的角色和缔约国资格的问题。

《蒙特利尔公约》会议的决策过程为例,对尼克松政府 20 世纪 70 年代初加快缓和对华关系步伐①并调整对中国联合国席位政策的动因②做出新

---

① 学界对尼克松政府时期缓和对华关系动因的研究,从短期的政策层面和长期的战略分析着手,主要有四个方面:第一,利用中苏对抗,将中国作为抗衡苏联的筹码;第二,借助中国的影响,尽早实现从越南撤军;第三,缓解国内政治压力,恢复美国国内秩序;第四,避免中苏对抗导致全球战争,同时防止中苏和解对美国不利,以多级制衡代替两级对抗来转型冷战、构建新的全球战略均势格局。参见郝雨凡《白宫决策》,东方出版社,2002;〔美〕亨利·基辛格《大外交》,海南出版社,1998;陶文钊《中美关系史(1949~1972)》(中卷),上海人民出版社,2004;John Lewis Gaddis, *The Cold War* (London: Penguin Books, 2007); John Lewis Gaddis, *Strategies of Containment: A Critical Appraisal of Postwar American National Security Policy* (New York, NY: Oxford University Press, 1982); Robert E. Osgood, *Retreat From Empire? The First Nixon Administration* (Baltimore: Johns Hopkins University Press, 1973); Franz Schurmann, *The Foreign Politics of Richard Nixon: the Grand Design* (Berkeley: University of California Press, 1987); Michel Oksenberg, Robert B. Oxnam eds., *Dragon and Eagle: United States ~ China Relations: Past and Future* (New York: Basic Books, 1978); Patrick Tyler, *A Great Wall: Six Presidents and China: An Investigative History* (New York: Public Affairs, 1999); James Mann, *About Face: A History of America's Curious Relationship with China, From Nixon to Clinton* (New York: Vintage Books, A Division of Random House, Inc., 1998); Robert Dallek, *Nixon and Kissinger: Partners in Power* (New York: HarperCollins Publishers, 2007)。有学者论述了为"接触"中国从而转型冷战的目的,尼克松政府既要将中国纳入国际体系又要维护亚洲"盟友"利益的政策努力,以及将中国纳入军控和裁军的大国合作机制的尝试。参见张曙光《接触外交:尼克松政府与解冻中美关系》,第 9、10 章。然而,由于材料的局限,即便有学者关注了为解决全球性问题而实现国际合作这一缓和对华政策的动因,也较多局限于军控和裁军等议题,鲜有涉及应对国际恐怖劫机等兴起于 20 世纪 60 年代末的现代恐怖主义的问题。

② 对于中国在联合国代表权问题本身,因难以从材料和观点上突破现有研究,本书不再赘述。学界对这一问题的研究主要涉及:中国联合国代表权问题与中美缓和之间的关系,尼克松政府在中国联合国代表权问题上失利的原因,尼克松政府对中国在联合国代表权问题的处理方式对此后中美关系的影响,国会、国务院的反应,基辛格第二次访华对于联合国投票的影响,国务院官员、驻联合国大使布什以及基辛格、尼克松对中国在联合国代表权问题的政策态度,等等。可参见 Nancy Tucker, "Taiwan Expendable? Nixon and Kissinger Go to China", *Journal of American History* (June 2005): 109 – 135;吕迅《美国尼克松政府关于联合国中国代表全问题的决策(1969~1971)》,北京大学硕士学位论文,2006;张绍铎《美国与联合国中国代表权问题(1970 年 11 月至 1971 年 10 月)》,《当代中国史研究》2007 年第 6 期;姚百惠《尼克松政府与中国在联合国的代表权问题——围绕安理会席位问题的美台交涉》,《唐都学刊》第 25 卷第 3 期,2009;王国璋《中国如何取代我国在联合国之席位》,《问题与研究》第 32 卷第 5 期,1993 年 5 月;王正华编《中华民国与联合国史料汇编》,台北"国史馆",2001; Erskine Hazel, "The polls: Red China And The U. N.", *Public Opinion Quarterly*, Spring, 1971, Vol. 35; Lincoln P. Bloomfield, "China, the United states, and the United Nations", *International Organization*, Vol. 20, Issue 4 (Autumn 1966): 653 – 676; Jerome A. Cohen et al.,

的探析,并考察国务院内部的政策制定过程。

劫持民航飞机的恐怖活动是国际民航安全的主要威胁。20世纪30年代至60年代末,针对美国的劫机事件数量少且并未给美国民航业造成严重威胁,因此未引起美国政府的注意和民众的不安。然而,1969年8月29日,解放巴勒斯坦人民阵线成员劫持了美国环球航空公司840次航班并迫使飞机降落在叙利亚大马士革机场,炸毁了驾驶舱和机舱。尽管没有人员伤亡,但叙利亚扣留了6名以色列乘客作为人质。[1] "人阵"宣布这次劫机不仅针对美国投票否决联合国安理会谴责以色列的决议,而且针对美国向以色列出售战斗机的行为。这是美国遭遇的第一起由外国劫机者实施且未飞往古巴的劫机事件,也是巴勒斯坦民族主义力量第一次直接袭击美国目标。[2] 美国国务院立刻向白宫建议,采取有效步骤以制止劫机事件再次发生。国务院认为,劫机事件不仅会对航空安全造成威胁,而且还会引发国际政治事件,甚至会出现被劫持飞机的降落国为达到某种政治目的而不愿立刻遣返飞机、机组人员和乘客,并且不对劫机者采取任何有效惩罚的情况。代理国务卿埃利奥特·理查森指出,为了让飞机、机组人员和乘客必须被遣返、劫机者必须受到惩罚的原则获得国际社会最广泛的认可,并且向那些违反原则的国家施加有效的国际压力,必须采取一系列必要措施。其中首要的两点即:第一,尽各种努力,让更多国家和地区加入

---

eds., *Taiwan and American Policy: The Dilemma in U. S. – China Relations* (New York: Praeger Publishers, 1971); Nancy Bernkopf Tucker, "John Foster Dulles and the Taiwan Roots of the 'two Chinas' Policy", Richard H. Immerman (ed.), *John Foster Dulles and the Diplomacy of the Cold War* (Princeton, NJ: Princeton University Press, 1990); Rosemary Foot, *The Practice of Power: US Relations with China since 1949* (Oxford: Oxford University Press, 1995); Robert S. Ross, *Negotiating Cooperation: The United States and China, 1969 – 1989* (Stanford, CA: Stanford University Press, 1995); George Bush, *Looking Forward*, Garden City, 1987; *FRUS 1969 – 1972*, Vol. V, United Nations。

[1] 关于美国国务院、白宫对这次劫机会议的处理,参见以下文件:Memorandum for the President, from Henry A. Kissinger, Source: DNSA, TE00041; Memorandum for the President, from William P. Rogers, the Secretary of State, September 2, 1969, Source: DNSA, TE00042; Memorandum for Mr. Henry A. Kissinger, from Theodore L. Eliot, Jr., Executive Secretary, Department of State, September 10, 1969, Source: DNSA, TE00044.

[2] 关于针对美国的劫机事件的统计及对此次劫机事件的分析,参见张杨《尼克松政府时期美国航行安全政策研究》,第118页。

《东京公约》①；第二，制定补充公约，要求遣返劫机者或在飞机降落国对劫机者进行审判。他建议，美国政府应强烈要求国际民用航空组织（ICAO）②理事会在 1970 年秋季召开国际会议制定关于劫机问题的补充公约。③

美国的建议得到国际民航组织的积极回应。1970 年 3 月，国际民航组织理事会决定，于 1970 年 12 月在荷兰海牙召开订立《关于制止非法劫持航空器的公约》（即《海牙公约》)④ 的外交会议，并按照"维也纳规则"（Vienna Formula）的邀请原则于 1971 年 2 月在加拿大蒙特利尔召开修改《华沙公约》⑤

---

① 《关于在航空器内犯罪和其他某些行为的公约》（Convention on Offences and Certain Other Acts Committed on Board Aircraft），简称《东京公约》。由国际民航组织于 1963 年 9 月 14 日在东京国际航空法会议上签订，同年 12 月 4 日生效。该公约是世界各国试图解决航空器内犯罪问题的第一个国际条约，填补了国际航空法中行事管辖权的空白，并对劫持航空器的行为做了初步规定。国际民航组织在《东京公约》的基础上进一步缔结了 1970 年《海牙公约》和 1971 年《蒙特利尔公约》。中国于 1978 年 11 月 14 日交存加入书，1979 年 2 月 12 日该公约对中国生效。《东京公约》、《海牙公约》和《蒙特利尔公约》这三个公约即是通常所说的关于防止劫持飞机的三个国际公约。曾庆敏主编《法学大辞典》，上海辞书出版社，1998，第 630 页。

② 国际民用航空组织（International Civil Aviation Organization，ICAO）简称"国际民航组织"，是协调国际民用航空活动的政府间国际组织。根据 1944 年在美国芝加哥签订的《国际民用航空公约》（简称《芝加哥公约》），于 1947 年 4 月 4 日正式成立，同年 5 月 13 日成为联合国的专门机构之一，总部设在加拿大的蒙特利尔。中国是创始会员国，1944 年 12 月 9 日，当时的中国政府在《芝加哥公约》上签字，并于 1946 年 2 月 20 日批准该公约。1971 年 11 月 19 日国际民航组织第 74 届理事会通过决议，承认中华人民共和国政府为中国唯一合法的政府，驱逐了国民党集团的代表。1974 年 2 月 15 日中国决定承认《芝加哥公约》，并自该日起参加该组织的活动。参见曾庆敏主编《法学大辞典》，第 911 页。

③ Memorandum for the President, from Johnson, U. Alexis, Acting Secretary Department of State, October 2, 1969, Source: DNSA, TE00052.

④ 《关于制止非法劫持航空器的公约》（Convention for the Suppression of Unlawful Seizure of Aircraft）于 1970 年 12 月 16 日订于海牙，1971 年 10 月 14 日生效。中国于 1980 年 9 月 10 日加入该公约，同时声明：对本公约第十二条第一款持有保留；台湾当局用中国名义对该公约的签署和批准是非法和无效的。该公约于 1980 年 10 月 10 日对中国生效。参见曾庆敏主编《法学大辞典》，第 633 页。公约的中译文参见《海牙公约和蒙特利尔公约》，法律出版社，1982，第 3~9 页。

⑤ 《华沙公约》（Warsaw Conventions）指 1929 年 10 月 12 日在华沙签署、以法文写成的《统一国际航空运输某些规则的公约》（Convention for the Unification of Certain Rules Relating to International Carriage by Air），包括《附加议定书》。该公约于 1933 年 2 月 13 日生效，后经多次修改。国际民航组织于 1955 年 9 月 28 日签订了修改议定书，即《海牙议定书》，1963 年 8 月 1 日生效。中国于 1958 年正式加入这一公约。参见曾庆敏主编《法学大辞典》，第 528 页。1971 年 9 月重新修订的公约即《关于制止危害民用航空安全的非法行为的公约》（《蒙特利尔公约》），中译文见《海牙公约和蒙特利尔公约》，第 10~17 页。

的外交会议。① "维也纳原则"是指联合国或与联合国有关的国际组织主办会议的一种通常的邀请原则,被邀请方一般包括联合国、联合国专门委员会、国际原子能组织(IAEA)成员国以及国际法院法令(Statute of the ICJ)协议方在内的各国。②

不过,捷克斯洛伐克代表很快对蒙特利尔会议的邀请原则提出了异议。1970年3月26日,捷方代表向国际民航组织理事会递交提案,提议授权国际民航组织理事会主席(或国际民航组织秘书长),就让最广泛国家接受《关于制止非法劫持航空器的公约》的问题,同联合国秘书长进行商议。此外,让作为《华沙公约》保存国的波兰向法国③提供一份缔约方名单,可由法国邀请包括非国际民航组织成员在内的所有《华沙公约》缔约方出席此次外交会议。④ 捷克斯洛伐克的提案意味着,作为《华沙公约》缔约方但非国际民航组织成员的中华人民共和国、朝鲜民主主义人民共和国和德意志民主共和国也可以被邀请参加缔结《海牙公约》和修改《华沙公约》的两次外交会议。由于捷克斯洛伐克提案来得非常突然,在德意志联邦共和国的动议和美国的支持下,国际民航组织理事会决定将对捷克斯洛伐克提案的表决推迟至1970年5月19日。⑤

为审慎起见,国际民航组织秘书长首先征求了联合国秘书长对捷克斯洛伐克提案的意见和建议。1970年5月11日,联合国法律顾问斯达夫罗

---

① Tab C – Memo from IO – Mr. De Palma to the Undersecretary, 5/14/70, Source: National Archives, RG 59, Lot Files 72D456, 74D88 & 74D400, Suject Files of the Office of Asian Communist Affairs (ACA) (1961 – 73), Box 5, Folder (AV – 12 Hijacking – 3) ICAO Attendance, p. 1.

② Memorandum from the Executive Secretary of the Department of State (Eliot) to the President's Assistant for National Security Affairs (Kissinger), August 5, 1971, FRUS, 1969 – 1976, Vol. E – 1.

③ 根据《华沙公约》第41条规定,法国有责任"采取必要措施以筹备会议"。——档案原文注

④ Participation by the PRC, the GDR and the DRK in Diplomatic Conferences on Hijacking and the Warsaw Convention, Legal Position Paper, Source: National Archives, RG 59, Lot Files 72D456, 74D88 & 74D400, Suject Files of the Office of Asian Communist Affairs (ACA) (1961 – 73), Box 5, Folder (AV – 12 Hijacking – 3) ICAO Attendance, p. 1.

⑤ Tab C – Memo from IO – Mr. De Palma to the Undersecretary, 5/14/70, Source: National Archives, RG 59, Lot Files 72D456, 74D88 & 74D400, Suject Files of the Office of Asian Communist Affairs (ACA) (1961 – 73), Box 5, Folder (AV – 12 Hijacking – 3) ICAO Attendance, p. 1.

泊罗斯（C. A. Stavropoulos）以报告的方式提供了法律意见。首先，制定《关于制止非法劫持航空器的公约》的会议，并不具有提供普遍参与的法律义务，并且有关条约法的维也纳会议①的确不赞同被提案签署的条约在文本中体现出普遍参与的原则。但是，在由联合国主持进行的某些重要条约的谈判中，普遍参与被认为尤为必要，并且一般通过一种特别的"三方保存"（triple depositary）的安排来实现。因此，鉴于公约的对象和目的，国际民航组织理事会召开的外交会议可以不受任何规则或法律的约束，自由决定与会者的范围。其次，关于修订《华沙公约》的会议，《维也纳条约公约》② 第40条第2项规定："所有修改涉及全部缔约方的多边条约的提案，必须通知所有缔约方，每一方都有权利参与……谈判和缔结条约修正案。"③ 不过，如果产生了关于是否邀请某些特定实体作为国家参加会议的分歧，理事会有法定资格做出决定，不受保存国主张的缔约方名单的约束。④ 总之，就通行的国际法原则与实际操作而言，国际民航组织理事会有权决定这两次外交会议的邀请名单，即使公约保存国出具的缔约方名单中包含"某些特定实体"，国际民航组织理事会也有最终决定权。因此，尽管中国、朝鲜和东德是《华沙公约》的缔约方，且根据已被公开签署但未正式生效的《维也纳条约公约》有权参与修改公约的会议，但是作为"特定实体"，最终仍需要由国际民航组织理事会决定它们是否有资格以"国家"身份受邀参会。

在社会主义、资本主义两大阵营对峙的冷战格局中，这种邀请已不再局限于国际法范畴，而是牵涉东西方关系、西方阵营内部关系、国际航空安全与美国对中国等"分裂国家"的政策等多种复杂因素。捷克斯洛伐

---

① 指1949～1969年联合国国际法委员会在奥地利维也纳召开的一系列有关《条约法》的会议。
② 《维也纳条约公约》（Vienna Treaties Convention）亦称《关于条约法的维也纳公约》（The Vienna Convention on the Law of Treaties, or VCLT），是一份关于国家间条约惯例的国际法，1969年5月22日被采用，1969年5月23日公开签署，1980年1月27日生效。
③ 《条约法公约》还没有实施，它的条款也没有生效。——档案原文注
④ Participation by the PRC, the GDR and the DRK in Diplomatic Conferences on Hijacking and the Warsaw Convention, Legal Position Paper, Source: National Archives, RG 59, Lot Files 72D456, 74D88 & 74D400, Suject Files of the Office of Asian Communist Affairs (ACA) (1961 - 73), Box 5, Folder (AV - 12 Hijacking - 3) ICAO Attendance, pp. 2 - 3.

克提案一提出，西欧主要大国以及日本、加拿大等国很快做出反应。由于对东德的邀请牵涉有关东德国际地位、两德关系以及西德同英、法、美等盟国关系的问题，因此最先对捷方提案做出反应、采取外交行动的是西德政府。

1970年5月6日，西德大使馆受命请求美国政府支持他们提出的否决捷方提案的倡议，并向占国际民航组织理事会大多数的西德"友好国家"寻求支持。① 5月21日，西德总理勃兰特（Willy Brandt）和东德总理斯多夫（Willi Stoph）在西德东部城市卡塞尔举行会谈后，情况似乎出现转机。双方要求对邀请中国、朝鲜和东德与会的方案等问题做进一步研究。然而，卡塞尔会议之后，西德内阁会议很快做出决定，除非所有的政治关系都得到妥善解决，否则在国际舞台上，西德决不向东德做出丝毫让步。勃兰特声称：西德政府再次请求所有的朋友们，不要改变对东德国际地位的政治立场。② 于是，西德又重新回到了坚决反对捷克斯洛伐克提案的立场。

英、法、日、加等国的立场与西德的反对态度形成对比。1971年5月12日，在英国、法国和西德等国代表参加的波恩组（Bonn Group）会议上，法国代表很明显地暗示，法方支持中国参加两次会议，并且愿意同意东德的参与。英国代表则表示，对于修改《华沙公约》的会议，英方承认中国而非东德的与会身份，并提出能否在中国和东德之间做出一种"有效的法律性"区分。由于各方意见分歧，这次会议未能对英、法的方案做出决定。③ 不久，日本政府告知美国驻东京大使馆，他们不仅正在考

---

① Tab C – Memo From IO – Mr. De Palma to the Undersecretary, 5/14/70, Through: S/S, Source: National Archives, RG 59, Lot Files 72D456, 74D88 & 74D400, Suject Files of the Office of Asian Communist Affairs (ACA) (1961 – 73), Box 5, Folder (AV – 12 Hijacking – 3) ICAO Attendance, p. 1.

② Participation by the PRC, the GDR and the DRK in Diplomatic Conferences on Hijacking and the Warsaw Convention, Legal Position Paper, Source: National Archives, RG 59, Lot Files 72D456, 74D88 & 74D400, Suject Files of the Office of Asian Communist Affairs (ACA) (1961 – 73), Box 5, Folder (AV – 12 Hijacking – 3) ICAO Attendance, p. 3.

③ Participation by the PRC, the GDR and the DRK in Diplomatic Conferences on Hijacking and the Warsaw Convention, Legal Position Paper, Source: National Archives, RG 59, Lot Files 72D456, 74D88 & 74D400, Suject Files of the Office of Asian Communist Affairs (ACA) (1961 – 73), Box 5, Folder (AV – 12 Hijacking – 3) ICAO Attendance, p. 3.

虑赞成捷克斯洛伐克提案，并且日本驻国际民航组织的代表已经向美国代表递交了一份与捷克斯洛伐克提案类似的建议方案。此外，加拿大外交部的一位官员也向美国驻渥太华大使馆表示，加拿大政府没有理由不支持捷克斯洛伐克提案。①

在听取联合国法律顾问的意见后，捷克斯洛伐克代表又于1970年6月1日向国际民航组织秘书长提交了一份修正案。修改后的提案同日本代表早先制定的提案相似，提议：其一，理事会按照1954年4月6日做出的邀请各国参加1955年海牙会议决定的步骤制定邀请方案，即扩大邀请属于《华沙公约》缔约方但又没有被包含在1970年3月26日决议中的各方参加会议；其二，鉴于非法劫持航空器事件的性质，并且为实现让国际社会最广泛接受新原则的目标，理事会应当宣布制定《关于非法劫持航空器的公约》的会议向所有国家——包括先前理事会决定中没有包含的那些国家——开放。②

至此，邀请中国等所谓"分裂国家"参加反劫机国际公约会议的问题，已经不再是一个简单的国际航空安全问题，而成为一个冷战时期牵涉两大对立阵营之间以及两个阵营内部复杂政治关系的国际问题。西欧主要大国围绕东德的国际地位问题形成西德、英国、法国为代表的三种不同立场，而日本和加拿大的政策立场则与捷克斯洛伐克提案相近。尽管从法律的角度看，国际民航组织理事会对邀请原则拥有最终决定权，但美国的态度主导着最终方案的达成。

捷克斯洛伐克提案在美国国务院内部引发的风波，并不亚于其在国际舞台上掀起的风浪，成为美国国务院内部包括国际组织局、东亚暨太平洋事务局、欧洲事务局、经济事务局以及法律顾问办公室等在

---

① Participation by the PRC, the GDR and the DRK in Diplomatic Conferences on Hijacking and the Warsaw Convention, Legal Position Paper, Source：National Archives, RG 59, Lot Files 72D456, 74D88 & 74D400, Suject Files of the Office of Asian Communist Affairs (ACA) (1961 - 73), Box 5, Folder (AV - 12 Hijacking - 3) ICAO Attendance, p. 4.

② Participation by the PRC, the GDR and the DRK in Diplomatic Conferences on Hijacking and the Warsaw Convention, Legal Position Paper, Source：National Archives, RG 59, Lot Files 72D456, 74D88 & 74D400, Suject Files of the Office of Asian Communist Affairs (ACA) (1961 - 73), Box 5, Folder (AV - 12 Hijacking - 3) ICAO Attendance, pp. 4 - 4a.

内的各部门对华政策的角力场。各方争论的焦点集中于如何对待中国在国际组织中的政治地位，牵涉美国与盟国关系、对"分裂国家"的政策。

1970年5月15日，美国国务院负责国际组织事务的助理国务卿萨姆·德·帕尔马（Sam De Palma）向副国务卿理查森递交备忘录指出，反对捷克斯洛伐克提案并积极回应西德的行动与美国的现行政策一致；而国务院各相关部门之所以花费时间和精力讨论这个提案，主要是因为它牵涉很多问题。支持捷方提案的有利因素在于：首先，恐怖劫机事件已经引起联合国大会和国际民航组织的重视，并且美国也一直积极支持通过各种多边及双边合作来解决这一问题，尼克松总统还曾在联合国大会上强调劫机问题关系到每个国家的利益并且"超越了政治"。因此，向"维也纳规则"以外的国家发出邀请，有利于维护美国的利益。其次，支持按照《维也纳条约法》有权获邀参加修改《华沙公约》会议的中国参会，符合尼克松政府发表的乐意寻求改善与北京实质关系并致力于使北京参与国际社会的声明的立场。

尽管如此，帕尔马表示，国务院国际组织局仍然认为，赞成捷方提案的弊端和风险大于利益。首先，扩大邀请范围，既不能保证这些政权的参加，<u>也不能保证他们会签署会议可能达成的任何协议</u>，反而会导致"中华民国"与韩国的缺席，最终仍难以实现"更广泛参与"的目标。其次，尽管中国和朝鲜作为缔约国可以参加修改《华沙公约》的会议，<u>但是无法以这种原则邀请北京参加订立《关于制止非法劫持航空器的公约》的会议</u>。第三，如果美国默许捷方提案，则其严重后果是会被一些国家视为美国改变对中国联合国代表权政策的信号，从而动摇美国的立场，且表明美国放弃了同西德、英、法达成的在两德关系没有任何改善的情况下决不改变对东德等"分裂国家"在国际社会身份及地位问题的立场的协定，<u>即成员身份、观察员地位和参加任何例如专门委员会等联合国分支机构，都是重要的政治问题，必须在诸如联合国大会等最高政治机构中予以决定</u>。总之，美国国务院国际组织局不认为这些会议的技术性或者专门性特征可以破此惯例。帕尔马建议，应认真考虑制订一种方案，既能扩大参加范围以满足更广泛的人道主义等特殊考虑，同时又不损害"中华民国"

在联合国的地位和美国的重要利益。①

在收到帕尔马的备忘录后，副国务卿理查森同意，争取让国际民航组织理事会推迟对捷方提案的表决，同时重新评估美国对中国、东德和朝鲜参会的政策。经美方斡旋，国际民航理事会对捷克斯洛伐克提案的表决推迟到1970年6月8日。②

与国务院国际组织局、东亚暨太平洋事务局以及欧洲事务局不赞成捷方提案的意见相反，1970年6月3日，国务院法律顾问约翰·R. 史蒂文森（John R. Stevenson）在向理查森递交的备忘录和法律顾问办公室起草的立场报告中表示，邀请"分裂国家"参会对美国对中国联合国代表权问题以及"分裂国家"在联合国及联合国专门机构地位问题的政策影响有限。首先，出席、参加为谈判具体条约而召开的外交会议，同以会员国身份参加国际组织机构有明确的区别。美国长久以来的立场是，让一个不被美国承认的国家参加国际会议，不会引起任何有关承认的问题，况且美国已经参加过两次有中国参加的日内瓦会议。前国务卿杜勒斯早在1958年已澄清："我们并不自欺欺人地认为中国共产党政权并不存在。在付出沉重的代价后，我们知道，它的确存在。当跟它打交道符合有利的国家目标时，我们并不拒绝同它的代表们打交道。"就中国在联合国代表权问题本身而言，即便"阿尔巴尼亚提案"③ 在1970年秋季的联合国大会上能

---

① 下划线为档案原文标注。以上内容可参见 Tab C – Memo from IO – Mr. De Palma to the Undersecretary, through: S/S, May 14, 1970, Source: National Archives, RG 59, Lot Files 72D456, 74D88 & 74D400, Suject Files of the Office of Asian Communist Affairs (ACA) (1961 – 73), Box 5, Folder (AV – 12 Hijacking – 3) ICAO Attendance, pp. 2 – 5。

② Action Memorandum, to the Under Secretary, through: S/S, from L – John R. Stevenson, June 3, 1970, Source: National Archives, RG 59, Lot Files 72D456, 74D88 & 74D400, Suject Files of the Office of Asian Communist Affairs (ACA) (1961 – 73), Box 5, Folder (AV – 12 Hijacking – 3) ICAO Attendance, p. 1.

③ 指阿尔巴尼亚等国关于恢复中华人民共和国在联大一切合法权利的提案。1970年第25届联合国大会对阿尔巴尼亚等关于恢复中华人民共和国在联大一切合法权利的提案进行表决时，出现了51票赞成、49票反对的过半数赞成的结果。但由于美国坚持在1961年第16届联大对中国在联合国代表权问题提出的"重要问题案"的规则，即非经2/3多数赞成，不得改变代表权，此届联大未通过阿尔巴尼亚提案。直至1971年10月25日的联合国大会上，由阿尔巴尼亚、阿尔及利亚等23个国家提出"恢复中华人民共和国在联合国组织中的合法权利"的议案，才以76票赞成、35票反对、17票弃权的结果获得通过。

被击败，尚不确定在1970年联合国大会之后，美国还能继续反对这个提案多久。① 其次，美国的立场应当同1969年9月尼克松总统在联合国大会上的发言一致，即劫机"是一个超越政治的问题；没有必要让它成为一个饱受争议的话题或政治分歧的焦点。它涉及每一个国家的利益、每位空中旅客的安全以及国际社会所依赖的秩序的完整"。因为劫机者总是设法在被劫持航空器国家的敌对国寻求庇护。已经出现过韩国飞机在被劫持后转飞到朝鲜的事件，被劫持飞机转飞中国大陆的可能性也不容忽视。② 最后，从法律上来说，缔结公约的东德、中国和朝鲜有权参与修改公约的会议。③ 史蒂文森建议，为了更好地应对劫机事件，美国应当赞成一份最大范围的邀请名单，使更多的国家参与讨论反劫机问题的会议。国务院法律办公室的意见获得了经济事务局的赞同。④

截至1970年6月初，美国国务院包括法律顾问办公室、经济事务局和国际组织局、东亚暨太平洋事务局、欧洲事务局在内的五个部门，出现了支持与反对捷克斯洛伐克提案的分裂。值得特别注意的是，尽管立场不同，但它们对于邀请三国参会的合理性的认识基本一致：其一，国际反劫

---

① Participation by the PRC, the GDR and the DRK in Diplomatic Conferences on Hijacking and the Warsaw Convention, Legal Position Paper, Source: National Archives, RG 59, Lot Files 72D456, 74D88 & 74D400, Suject Files of the Office of Asian Communist Affairs (ACA) (1961-73), Box 5, Folder (AV-12 Hijacking-3) ICAO Attendance, pp. 7-9.

② Participation by the PRC, the GDR and the DRK in Diplomatic Conferences on Hijacking and the Warsaw Convention, Legal Position Paper, Source: National Archives, RG 59, Lot Files 72D456, 74D88 & 74D400, Suject Files of the Office of Asian Communist Affairs (ACA) (1961-73), Box 5, Folder (AV-12 Hijacking-3) ICAO Attendance, pp. 9-10. 1969年12月大韩航空公司一架YS-11型飞机于韩国釜山机场起飞后遭劫持，劫机者要求前往朝鲜。抵达朝鲜后，乘客及乘务员11名连同飞机都未被返还。1970年由日本赤军派策划的"淀"号劫机事件是日本最早的劫机事件。在这次劫机事件中，日本的运输政务次官被顶替当作人质，劫匪成功流亡朝鲜。

③ Action Memorandum, to the Under Secretary, through S/S, from L-John R. Stevenson, June 3, 1970, Source: National Archives, RG 59, Lot Files 72D456, 74D88 & 74D400, Suject Files of the Office of Asian Communist Affairs (ACA) (1961-73), Box 5, Folder (AV-12 Hijacking-3) ICAO Attendance, pp. 1-2.

④ Action Memorandum, to the Under Secretary, through S/S, from L-John R. Stevenson, June 3, 1970, Source: National Archives, RG 59, Lot Files 72D456, 74D88 & 74D400, Suject Files of the Office of Asian Communist Affairs (ACA) (1961-73), Box 5, Folder (AV-12 Hijacking-3) ICAO Attendance, p. 3.

机合作需要中国等多方最广泛的参与及合作;其二,中国、朝鲜、东德作为缔约方,有权参加修改公约的会议;其三,邀请中国参会有助于改善中美关系。双方分歧的焦点在于:**邀请中国等"分裂国家"参加国际组织会议,是否会动摇美国对"分裂国家"国际地位的既有政策,特别是对中国联合国代表权问题的政策**。①

就在国务院内部在支持与反对捷克斯洛伐克提案的问题上僵持不下时,从英国传来消息:在1970年6月3日的波恩组会议上,英国、南非、萨尔瓦多、澳大利亚已经做出决定,反对中国参加修改《华沙公约》的会议。英国不仅将拒绝日本提出的与捷克斯洛伐克提案类似的邀请方案,而且已经命令驻国际民航组织的代表同西德代表商议,向国际民航组织秘书长提出一个反对捷克斯洛伐克提案的联合行动方案,希望这两次会议的邀请方案采用通常的维也纳规则。鉴于英国和德国施加的压力,法国代表尽管在早先的会议上表示不会赞同将中国大陆排除在外的提案,但在这次讨论中一直保持沉默。②

权衡国务院各方观点和盟友的反应后,理查森决定支持国务院国际组织局、东亚暨太平洋事务局、欧洲事务局的意见,反对捷克斯洛伐克提案。③ 1970年6月6日,美国国务院以国务卿威廉·罗杰斯的名义,向各相关驻外使领馆以及驻联合国使团发出电报,正式阐明美国对捷克斯洛伐克在国际民航组织中提案的立场:基于美国长期以来的立场,即如国际民航组织类的技术性组织不适宜对诸如捷克斯洛伐克提案类的政治问题做出决议,美国政府反对捷克斯洛伐克提案(既反对最初的方案,也反对与

---

① To EA – Mr. Green, from EA/ACA – Alfred les. Jenkins, September 20, 1970, Source: National Archives, RG 59, Lot Files 72D456, 74D88 & 74D400, Suject Files of the Office of Asian Communist Affairs (ACA) (1961 – 73), Box 5, Folder (AV – 12 Hijacking – 3) ICAO Attendance, pp. 1 – 2.

② FM AMEMBASSY BONN, TO SECSTATE WASHDC IMMEDIATE 8467, SSR807, Source: National Archives, RG 59, Lot Files 72D456, 74D88 & 74D400, Suject Files of the Office of Asian Communist Affairs (ACA) (1961 – 73), Box 5, Folder (AV – 12 Hijacking – 3) ICAO Attendance, p. 2.

③ To EA – Mr. Green, from EA/ACA – Alfred les. Jenkins, September 20, 1970, Source: National Archives, RG 59, Lot Files 72D456, 74D88 & 74D400, Suject Files of the Office of Asian Communist Affairs (ACA) (1961 – 73), Box 5, Folder (AV – 12 Hijacking – 3) ICAO Attendance, p. 1.

日本方案协调后的修改方案——档案原文注)。但是,美国坚定地认为,使有效的反劫机措施获得最广泛认可非常重要。因此,美国政府将赞成制定允许最广泛国家出席会议的补充规定,采取《不扩散核武器条约》、《部分禁止核试验条约》及其他一些重要条约中所使用的"所有国家/多方保存"的规则。电报在结尾处还特别叮嘱美国驻汉城和东京的大使馆以及驻台北人员:"在解释美国在补充条款上的立场时,应强调美国此举是为了让有关反劫机问题的方案得到最广泛的认可。美国对中国在联合国代表权问题,或在联合国机构中对共产党政权的承认问题的立场,没有任何改变。"①

在协议补充条款中制定"所有国家/多方保存"的规则,出自国务院负责东亚暨太平洋事务的副助理国务卿温斯洛普·布朗(Winthrop G. Brown)的建议。"所有国家/多方保存"的规则一改以往诸如《东京公约》以国际民航组织为交存机构的规定,两种方式的区别在于,如果以联合国专门组织作为公约的交存机构,那么只有"联合国成员国或某一专门机构成员国"才有资格申请加入;②"如果交存机构是一个不具有其成员国资格的国际组织,那么无论台北参加会议会给北京带来什么样的难题,中国共产党都不太可能愿意成为缔约方"。③

依据美方的建议,1970年12月签订的《海牙公约》和1971年9月签订的《蒙特利尔公约》都规定:苏维埃社会主义共和国联盟、大不列颠及北爱尔兰联合王国以及美利坚合众国政府为保存国政府,而非国际民用航空组织这一联合国专门机构。两个公约向会议参加国开放签字后,将在莫斯科、伦敦和华盛顿向所有国家开放,"任何国家、可在任何时候加入本公约"。④

---

① Tab A - State 87938, 6/6/70, Source: National Archives, RG 59, Lot Files 72D456, 74D88 & 74D400, Suject Files of the Office of Asian Communist Affairs (ACA) (1961-73), Box 5, Folder (AV-12 Hijacking-3) ICAO Attendance, pp. 2-3.
② 《东京公约》的英文原文参见国际民航组织网站 http://www.ciaonet.org/cbr/cbr00/video/cbr_ ctd/cbr_ ctd_ 45. html.
③ To L - Mr. Stevenson, E - Mr. Trezise, from EA - Winthrop G. Brown, November 9, 1970, Source: National Archives, RG 59, Lot Files 72D456, 74D88 & 74D400, Suject Files of the Office of Asian Communist Affairs (ACA) (1961-73), Box 5, Folder (AV-12 Hijacking-3) ICAO Attendance, p. 1.
④ 《海牙公约和蒙特利尔公约》,第8、16页。

既要确保不影响美国对中国联合国代表权问题的既有政策,又要尽可能争取中国的参与,美国国务院最终以改变反劫机国际合作公约保存规则的方式,暂时找到了一种折中办法。孰料,劫机事件接连发生。在环球航空公司 840 航班被劫持后的一年时间里,针对美国的劫机事件数量猛增到 27 起,不但给国际民航安全带来极大威胁,更使美国政府无法忽视恐怖主义对美国民航安全的危害,加强国际合作以防止和应对劫机事件于是更为紧迫。① 是否邀请中国参加制定和修改反劫机国际合作公约的问题,再次成为美国国务院内政策争议的焦点。

在 1970 年 6 月 8 日举行的国际民航组织理事会会议上,由于法国等国的坚持,对捷克斯洛伐克提案的表决被再次延迟到 9 月 28~29 日。恰在会议前夕,亦即 1969 年巴勒斯坦劫机事件一年之后,包括美国环球航空公司的波音 707 型飞机、瑞士航空公司的 DC-8 型飞机、以色列航空公司的波音 707 型飞机、泛美航空公司的波音 747 型飞机在内的 4 架飞机都在 1970 年 9 月 6 日遭到解放巴勒斯坦人民阵线策划的劫持。9 月 11 日,在针对劫机问题所做的总统致辞中,尼克松提出所有国家应当接受规定引渡或者惩罚劫机者的多边公约,呼吁国际社会采取联合行动,并建议国际民航组织理事会尽快召开紧急会议。② 按照尼克松的倡议,美国国务院向国际民航组织理事会提出,将原定于 9 月 28 日召开的理事会会议提前到 9 月 22 日。③

1969~1970 年,全球接二连三发生的劫机事件使尼克松政府在国内承受了严峻的压力。面对新的危急形势,在这次提前召开的国际民航组织理事会上,美国是仍然固守冷战政治、拒绝捷克斯洛伐克提案,还是为通过最广泛的国际合作来避免劫机悲剧再次发生,同意邀请中国、

---

① 关于劫机事件数量的统计,参见张杨《尼克松政府时期美国民航安全政策研究》,第 119~120 页。
② *Public Papers of the Presidents of the United States*, *Richard Nixon*, 1970, Sept. 11 (Washington: Office of the Federal Register, National Archives and Records Service, General Services Administration, For sale by the Supt. of Docs., U. S. G. P. O., 1971), pp. 743-744.
③ To EA - Mr. Green, from EA/ACA - Alfred les. Jenkins, September 20, 1970, Source: National Archives, RG 59, Lot Files 72D456, 74D88 & 74D400, Suject Files of the Office of Asian Communist Affairs (ACA) (1961-73), Box 5, Folder (AV-12 Hijacking-3) ICAO Attendance, p. 1.

朝鲜和东德三国的方案？不久，尽管尚未得到证实，但是有消息称，1970年6月做出的反对邀请中国、朝鲜和东德参加反劫机国际公约会议的决议再次被肯定。消息传出，国务院法律顾问办公室和东亚暨太平洋事务局亚洲共产党事务办公室立即采取新一轮的行动。国务院法律顾问史蒂文森、亚洲共产党事务办公室主任艾尔弗雷德·詹金斯在美国国务院这栋"奇妙大楼"内又掀起了一场关于反劫机会议邀请范围的旋风。①

1970年9月19日，史蒂文森再次给负责政治事务的副国务卿亚历克西斯·约翰逊（U. Alexis Johnson）写信，表示国务院法律顾问办公室的立场与6月时一样，即美国应当赞成邀请中国、朝鲜和东德参加两个外交会议，因为劫机代表了一个专门的和尖锐的问题，需要普遍的参与。②

当天下午，詹金斯同东亚暨太平洋事务局"中国"事务办公室③及朝鲜事务办公室主任进行了讨论。之前，后两者由于担心邀请中国、朝鲜和东德参加会议带来的利益不足以抵消它对美台、美韩关系带来的损害，因此坚决反对捷克斯洛伐克提案。④ 然而，由于劫机事件的接连发生，他们的立场发生了改变，认为"劫机问题的紧迫性使得将要召开的会议非常必要，邀请中国和朝鲜与会，不会使各自的'主顾'有什么麻烦"。鉴于这种变化，第二天，詹金斯就对负责东亚事务的助理国务卿马歇尔·格林进行游说。他表示，由于这些中间派的立场已经发生变化，国际组织局也

---

① Letter from Alfred le S. Jenkins, Director of Office of Asian Communist Affairs, to David L. Osborn, The American Consul General of Hong Kong, September 24, 1970, Source: National Archives, RG 59, Lot Files 72D456, 74D88 & 74D400, Suject Files of the Office of Asian Communist Affairs (ACA) (1961 –73), Box 5, Folder (AV – 12 Hijacking – 3) ICAO Attendance, p. 1.
② Memorandum for J – Ambassador Johnson, through: S/S, from: L – John R. Stevenson, September 19, 1970, Source: National Archives, RG 59, Lot Files 72D456, 74D88 & 74D400, Suject Files of the Office of Asian Communist Affairs (ACA) (1961 –73), Box 5, Folder (AV – 12 Hijacking – 3) ICAO Attendance, p. 1.
③ 主要负责对台湾"中华民国政府"的外交事务。
④ To EA – Mr. Green, from EA/ACA – Alfred les. Jenkins, Source: National Archives, RG 59, Lot Files 72D456, 74D88 & 74D400, Suject Files of the Office of Asian Communist Affairs (ACA) (1961 –73), Box 5, Folder (AV – 12 Hijacking – 3) ICAO Attendance, p. 3.

已开始认真考虑改变明年美国在中国联合国代表权问题上的立场。此外，国务院法律顾问办公室、经济事务局一如既往地支持扩大会议邀请范围的提案，并且总统已经重申美国号召"所有国家"加入寻求解决劫机问题的努力。因此，他建议，应当由格林提请白宫对这个问题予以重新考虑。①

格林接受了詹金斯的建议，并试图以如果不邀请中国参加会议则会刺激更多国家强调恢复中国在联合国的代表席位为由，向决策者兜售捷克斯洛伐克提案。9月21日，他向副国务卿约翰逊指出：劫机事件已经影响到国际运输并引发了严重的人道主义担忧，使美国难以采取不邀请"所有国家"参与解决这一问题的立场。尽管这种邀请会影响美国同西德、韩国和"中华民国"的关系，但"我们认为鉴于这一危机不同寻常的本质，这些问题应能得以解决"；而如果反对邀请中国、朝鲜和东德，那么"为了解决我们现在所面临的尴尬问题，很可能会有更多国家强调要将这三个国家——特别是共产党中国——纳入（联合国）专门机构"。② 尽管收到了来自国务院法律办公室和东亚暨太平洋事务局的建议，副国务卿理查森仍然维持1970年6月的决议，即否决捷克斯洛伐克关于扩大会议邀请范围的提案。③

直至联合国大会恢复中国的合法席位之后的1971年11月19日，国际民航组织第74届理事会才通过决议，承认中华人民共和国政府为中国

---

① To EA – Mr. Green, from EA/ACA A. Jenkins, September 20, 1970, Source：National Archives, RG 59, Lot Files 72D456, 74D88 & 74D400, Suject Files of the Office of Asian Communist Affairs (ACA) (1961 – 73), Box 5, Folder (AV – 12 Hijacking – 3) ICAO Attendance, pp. 1, 4.

② Memorandum from EA – Marshall Green to J – Ambassador Johnson, September 21, 1970, Source：National Archives, RG 59, Lot Files 72D456, 74D88 & 74D400, Suject Files of the Office of Asian Communist Affairs (ACA) (1961 – 73), Box 5, Folder (AV – 12 Hijacking – 3) ICAO Attendance, pp. 1 – 2. 1952年7月，第18届红十字会国际委员会大会承认中国红十字会是中国唯一合法的全国性红十字会，中国红十字会因而成为新中国在国际组织中第一个恢复合法席位的团体。

③ Letter from Alfred le S. Jenkins, Director of Office of Asian Communist Affairs, to David L. Osborn, The American Consul General of Hong Kong, September 24, 1970, Source：National Archives, RG 59, Lot Files 72D456, 74D88 & 74D400, Suject Files of the Office of Asian Communist Affairs (ACA) (1961 – 73), Box 5, Folder (AV – 12 Hijacking – 3) ICAO Attendance, p. 1.

唯一合法的政府，并驱逐国民党集团的代表。1974年2月15日，中国决定承认《国际民用航空公约》，并自该日起参加该组织的活动。[①] 1980年11月3日，中国国务院办公厅正式向外发表了加入《海牙公约》和《蒙特利尔公约》的通知，声明中国政府在1980年9月10日加入两份公约。[②]

小　结

尼克松政府就职之初，美国国务院研究人员在1969年8月完成的对华政策研究，延续了20世纪60年代就已出现的要求缓和对华关系的政策呼声。在中国"文化大革命"的政治背景下，透过"竹幕"观察中国的美国国务院政策研究官员，对中国领导层尤其是毛泽东的认知存在偏差，认为毛泽东是共产主义意识形态的狂热分子、世界革命的坚定推动者，因此将缓和中美关系的希望寄托于毛泽东去世后的中国领导人身上。他们提出，要因势利导地以渐进的方式，减少中国的孤立和中美冲突，在长期通过小步骤、单方面的主动措施，实现中美关系的缓和。国务院方面的政策分析获得了白宫的认可，他们提出的一系列措施，为此时仍没有成熟战略计划和具体政策规划的尼克松和基辛格，准备了日后通过幕后外交渠道执行的政策方案。

在冷战格局的战略性规划方面，国务院助理国务卿约翰·莱第早在1969年初中苏珍宝岛冲突之前，就已经看到了利用苏联对中国和中美缓和的担忧，迫使苏联同西方进一步发展缓和关系的战略机会。1969年3月中苏冲突爆发后，从国务院开展的一系列关于美国对中苏冲突政策的研究活动来看，他们已经注意到苏联因对中国担忧而可能在诸如柏林问题、限制战略武器谈判等问题上与美国开展积极的合作，并且中苏冲突可能在越南战场上造成有利于美国的形势。但是，中苏间发生重大的军事冲突并不是他们的希望，因为这将对美国产生重大的负面影响。他们提出，保持

[①] 曾庆敏主编《法学大辞典》，第911页。
[②] 《国务院办公厅关于我国加入〈海牙公约〉和〈蒙特利尔公约〉的通知》，参见《海牙公约和蒙特利尔公约》，第1页。

打开改善中美关系的大门以向苏联施加压力，同时谨慎地改善与中国的关系，不过分刺激苏联，不偏不倚地对待两个大国，以免使苏联因中美关系的改善而实行更为强硬的路线。在缓和中美关系以向苏联施加压力的战略上，美国国务院同白宫并无实质性分歧。

尽管缓和对华关系成为尼克松政府执政初期的一致认同，但如何对待中国在国际组织与国际合作中的身份、地位，不仅关涉美国在冷战格局下对共产党阵营中所谓"分裂国家"的冷战政策以及与盟友的关系，而且也是美国对中国联合国代表权问题的风向标。1970年，针对是否邀请中国、朝鲜和东德参加国际民航主办的两次旨在制定新的反劫机国际公约会议的问题展开的争论，体现出反劫机任务给美国内政带来的压力同反共特别是不承认中华人民共和国的既有政策之间的紧张，以及美国同法、英、德等国在对华政策上的矛盾。对中国的国际地位特别是中国联合国代表权问题的政策，成为美国支持邀请中国参加国际反劫机合作的政治难题。此外，由于捷克斯洛伐克提案中将东德和中国的参会资格相连带，使得邀请中国与会的问题又牵涉东西德关系、美国对西欧盟友在东德问题上的承诺等多个方面。美国国务院内部虽然围绕是否邀请中国参加反劫机国际公约会议的问题分裂成对立的两派，但双方保有一个共识，即让中国参与反劫机的国际合作，是非常重要而且必要的。在这场讨论中，即便对中国与会持否定态度的一方也已经认识到：拒绝承认中国、否定中国在联合国代表权的一贯政策立场，是美国为应对新的全球性问题而实现广泛国际合作、建立新的国际合作机制的掣肘。缓和对华关系并改变对中国在联合国地位的政策已迫在眉睫，并逐渐成为各方共识。鼓励、邀请中国参与应对全球性威胁的国际合作，成为美国缓和对华关系、改变对中国在联合国地位政策的一个重要动因。

第三章
与国会及盟国的政策互动

除了向国会汇报美国对华政策的目的、内容及外交活动,国务院还担负着同美国主要盟国进行政策协商的职责。为了在一个"军事两极化、政治多元化"的时代巩固美国与盟国的关系、建立美国主导的世界新秩序,在基辛格看来,这需要与盟国在战略上及时协商,形成一种共同的政治观念。① 在就职之初,尼克松也对国会的两党议员声言,美国需要同盟国进行"更多的提前协商"。② 1969年4月10日,在庆祝北约成立20周年的会议上,他再次表示:"我希望对任何能够影响东西方关系格局的事务,进行充分的协商",并且提出了旨在改善北约各国对军事、政治和社会问题协商方式的三项建议。③ 但是,最终在与盟国的政策互动中扮演了重要角色的,仍然是美国国务院。

随着1969年3月中苏边界冲突的爆发,美国对中苏冲突的政策成为美国对华政策研究的重要内容,也成为国务院与盟国政策互动的核心议题。美日规划会谈(US–Japanese Planning Talks)与北约大西洋政策咨询组会议(Atlantic Policy Advisory Group),是美国同日本及北约盟国的非政府、非正式的政策互动平台。但是,由于各国参加会议的代表都是政策规划官员,国务院与盟国的政策磋商就为尼克松政府转变战略创造了良好的

---

① Essay by Henry A. Kissinger, *FRUS*, *1969–1976*, Vol. I, Document 4.
② Memorandum from the President's Special Assistant (Buchanan) to President Nixon, February 19, 1969, *FRUS*, *1969–1976*, Vol. I, Document 12.
③ Address by President Nixon to the North Atlantic Council, *FRUS*, *1969–1976*, Vol. I, Document 18.

国际氛围。通过会谈，美国得以向盟国传达对华主动缓和政策的内容与精神，同时收集各国对于美国对华政策的反应。同1971年7月基辛格秘密访华制造的"尼克松冲击"相比，更凸显国务院同日本、北约各国的积极互动发挥的效用。

一 与国会的政策互动

1969年1月15日，刚刚受到当选总统尼克松任命的国务卿罗杰斯在参议院外交关系委员会的听证会上作证，接受参议员询问，以获得参议院对他的国务卿任命的确认。参议员富布赖特（J. William Fulbright）主持了听证会，他向罗杰斯提出了如何看待美国与苏联缓和前景的问题。虽然没有处理外交事务的经验，但罗杰斯此时已经敏锐地观察到中苏分歧给苏联带来的压力："首先，我认为中苏分歧可能是自从大陆中国被（共产党）接管后，在国际关系中发生的最重要的事件。很明显，他们（苏联人）对此非常担忧。"他认为，苏联入侵捷克斯洛伐克，很明显地意味着苏联"在社会主义阵营中遇到了困难"。因此，他相信这是一个由美国"发起主动，试探和平的好时机"。随后，在回答参议员贾维茨（Jacob Javits）关于同中国发展关系的可能性时，罗杰斯表示：

> 如果有可能，并且只要有可能，与红色中国建立沟通的渠道就非常重要，并且我认为这在很大程度上取决于他们的态度……不能让十亿人长期生活在国际社会之外。那是让人难以理解的。没人有能力预言说，我们的所作所为可以在未来使他们成为国际事务中和平的、建设性的因素。但是，我肯定地认为，我们应当尽力尝试，同时保持警惕并考虑到现实性。①

1969年新任尼克松政府成立之初，缓和美苏关系仍然是外交事务的首要议题。尽管中苏分歧并没有发展至兵戎相见的程度，但罗杰斯已然洞

---

① 以上内容参见 Editorial Note, *FRUS*, *1969 – 1976*, Vol. Ⅰ, Document 8。

察,中苏矛盾能够给美国促压苏联缓和美苏关系带来的机遇。对于如何发展与中国的关系,他心中尚无定论,且对中国的反应持保守态度。他虽然向国会做出承诺,将竭力建立与中国沟通的渠道,但这种表态只有轮廓而没有细节,仍然让国会议员如同雾里看花。不过,随着国务院在尼克松政府执政一年多时间中不断为缓和中美关系做出努力,人们很快就有了柳暗花明之感。1970 年 10 月 6 日,在众议院外交事务委员会下属的亚洲暨太平洋事务分会举行的"美国对华政策"听证会上,国务院负责东亚事务的助理国务卿格林做了一场关于美国政府对中国的观察和政策方向的报告。

此次听证会讨论的议题包括美国对中国的政策选择方案、中苏冲突、目前及未来中国在南亚扮演的角色、中国的军事政策(包括核能力与核战略)、中国的"文化大革命"及内部发展、苏联在东南亚地区的角色、美国对华政策等。在听证会上作证的除格林之外,大多是一直以来关注中美关系的中国问题及东亚问题专家,包括布鲁金斯学会教授鲍大可(A. Doak Barnett)、哥伦比亚大学教授多纳德·柴哥里亚(Donald S. Zagoria)、兰德公司分析师托马斯·沃尔夫(Thomas W. Wolfe)、乔治·华盛顿大学哈罗·欣顿教授(Harold Hinton)、哈佛大学教授莫顿·霍尔珀林(Morton H. Halperin)、加州大学教授罗伯特·斯卡拉皮诺(Robert Scalapino)、麻省理工学院教授白鲁恂(Lucian W. Pye)、密歇根大学教授艾伦·惠廷(Allen S. Whiting)等。助理国务卿格林在最后一个议题"美国对华政策"中发言。[①]

格林在报告中首先分析了美国改变对华政策的原因与契机。关于"文化大革命"对美国对华政策的影响,他指出:"(文化大革命)延缓了中国政府和人民迈向他们迫切向往的现代化的进程",但是"评估文化大革命的结果为时尚早"。"尽管打倒了国家主席刘少奇、清洗了大量较低

[①] Memorandum from Harry C. Cromer, Staff Consultant to Honorable William T. Murphy, Chairman, Subcommittee on Asian and Pacific Affairs, August 5, 1970, Source: National Archives, RG 59, Lot Files 72D456, 74D88 & 74D400, Suject Files of the Office of Asian Communist Affairs (ACA) (1961 - 73), Box 5, Folder LEG 4, Congresional Comm Green Testimony 1970.

级别的官员且毛主义者的控制得到了重新的巩固,但在共产党中国,政策分歧仍明显存在……这种分歧表明,在这一关键时刻,美国对中国的政策至少可以有限地影响目前中国人对一些问题的决策。"① 在格林看来,中国内部的政治分歧为美国转变对华政策、改善中美关系提供了一个契机。之所以要改变对华政策,还因为在过去 21 年中,中国及整个亚洲发生了深刻的变化,美国在共产党政权初创、朝鲜战争之后对待"中国问题"的政策,"显然已经不适合今天已发生巨大变化的形势"。"自 60 年代初期以来,美国的政策开始随着中国、地区和世界形势的变化而演变",尽管人们对于演变的速度意见不一,但是"没有人能够再使它在一个急剧变化的世界面前保持静止"。② 他具体指出,与 20 世纪 50 年代的国际形势相比,70 年代有很大不同。首先,"当今的世界力量呈现出多中心的态势,并且愈益发展"。随着中苏关系的破裂,美、苏、中、日成为亚太地区四大力量中心。其次,北京虽然支持"人民战争",但它所声称的不在边境之外驻军的政策,在实质上正确的。并且,"我们目前认为,它不会对邻国构成'毁灭性'的威胁,它一直谨慎对待美国在这一地区的军事力量"。再次,亚洲非共产党国家的稳定与繁荣令人瞩目,其自卫能力有所增强。又次,中国的发展始终没有实现它在 50 年代宣扬的成为发展中国家榜样的目标。最后,中国优先发展战略性武器,是将其用作遏制苏联或美国进攻的威慑和政治杠杆。"拥有核武器,并不必然使中国人更富有侵略性;我认为美国和苏联的实力会继续压倒他们。也没有证据表明,中国人认为,在东亚贸然进行核'讹诈'会符合他们的利益。事实却是,拥有核武器的中国,真诚地要让世

---

① Statement by Assistant Secretary Green before the Subcommittee on Asian and Pacific Affairs Committee on Foreign Affairs, House of Representatives, October 6, 1970, Source: National Archives, RG 59, Lot Files 72D456, 74D88 & 74D400, Suject Files of the Office of Asian Communist Affairs (ACA) (1961 – 73), Box 5, Folder Master of Opening Statement by M. Green before House (10 – 6 – 70), pp. 2 – 3.
② Statement by Assistant Secretary Green before the Subcommittee on Asian and Pacific Affairs Committee on Foreign Affairs, House of Representatives, October 6, 1970, Source: National Archives, RG 59, Lot Files 72D456, 74D88 & 74D400, Suject Files of the Office of Asian Communist Affairs (ACA) (1961 – 73), Box 5, Folder Master of Opening Statement by M. Green before House (10 – 6 – 70), p. 3.

界倾听它的声音。"①

可以说，格林对于中国核武器的认识，同 60 年代美国领导人的观点相比，已经发生了质的改变。中国第一颗原子弹爆炸前后，人们曾普遍认为，在相当长的时间内，中国的核能力将维持在非常有限的水平，不会影响全球的核战略平衡。但是，肯尼迪总统并不这么认为。他在 1963 年 7 月指出："对于我们而言，中国共产党人手中掌握着即便是非常少的核武器，也是十分危险的。"同样，国务卿腊斯克也完全无视中国发展核武器所具有的防御性质和象征意义。他在 1966 年告诉参议院对外关系委员会，中国的核能力将被用于威胁"解放"亚洲国家，或者建立一种地区性的核"平衡"，并且中国将会更加有效地使用其"潜在的、几乎不可遏制"的常规军力。他警告说，中国将最终使用核武器来对付它的邻国和美国。② 随着国际形势的变化，美国政治家观察中国的视角，逐渐摆脱了意识形态的色彩。时至此时，格林已经有信心向国会澄清：在军事意义之外，中国核武器的政治意义和外交意义更为重要。这就正式地掀掉了覆盖在中国之上的"红色威胁"的面纱。

格林总结说："上述以及一些没有提到的次要变化，改变了我们对中华人民共和国对亚洲及世界其他地方意图的认知。"中国的威胁仍然存在，但是比起 50 年代，这些威胁已不再那么直接。况且，中国周边非共产主义邻国的自卫能力已更为强大。③

此时，格林还没有关注到中国领导人做出的一个象征性的举动：

---

① Statement by Assistant Secretary Green before the Subcommittee on Asian and Pacific Affairs Committee on Foreign Affairs, House of Representatives, October 6, 1970, Source: National Archives, RG 59, Lot Files 72D456, 74D88 & 74D400, Suject Files of the Office of Asian Communist Affairs (ACA) (1961 - 73), Box 5, Folder Master of Opening Statement by M. Green before House (10 - 6 - 70), pp. 6 - 8.

② Evelyn Goh, *Constructing the U. S. Rapprochement with China, 1961 - 1974*, p. 23；张静：《核武器与新中国 60 年发展历程》，《当代中国史研究》2009 年第 5 期，第 216~224 页。

③ Statement by Assistant Secretary Green before the Subcommittee on Asian and Pacific Affairs Committee on Foreign Affairs, House of Representatives, October 6, 1970, Source: National Archives, RG 59, Lot Files 72D456, 74D88 & 74D400, Suject Files of the Office of Asian Communist Affairs (ACA) (1961 - 73), Box 5, Folder Master of Opening Statement by M. Green before House (10 - 6 - 70), p. 10.

1970年10月1日,爱德加·斯诺(Edgar Snow)夫妇与毛泽东共同在天安门城楼上检阅游行队伍,并拍摄了合影。① 他还注意到周恩来在1970年整顿中国外交、修补与友好国家外交关系的一系列主动行动,以及"多年来北京首次表示,对成为联合国一员感兴趣"的表态。此外,由于邀请中国参加国际反劫机公约会议的提议受挫,格林意味深长地指出:"外界更为关心的是,如果没有中华人民共和国的积极参与,世界上一些最为紧迫的问题就难以得到彻底的解决。"他表示,国际社会的这种认识,将对中国在联合国的代表权问题产生实质性的影响。经过以上铺垫,格林阐明了新形势下美国对中国的政策态度。他说:"我们认为,中国更加紧密地加入解决全球共同关心的紧迫问题的努力中来,符合每个国家的利益。同时,我们欢迎改善同北京的双边关系。"对于过去15年中举行的100多次中美大使级会谈,他指出,尽管它们没能实现从根本上改变中美关系,但是"在处理两国间某些争议问题时,这些会谈澄清了我们的立场和意图,消除了中方的一些猜疑"。因此,"未来我们希望,继续使会谈成为开展更多建设性谈判的一种媒介"。②

格林也承认,美国目前对华政策本身仍存在矛盾,即改善中美关系的需要同美国维持对盟友——"中华民国"的军事承诺之间存在冲突:"人们无法抛开我们对中华民国政府的政策和关系而单独考虑我们对中华人民共和国的政策。"他表示,美国政府不会违背1954年同台湾签订的《共同防御条约》,原因之一在于,台湾有着重要的战略地位,它是支持美国在越南军事行动的基地;其二,在美国的支持下,台湾取得了经济和政治上的进步,是亚洲民主的橱窗。对于北京提出的美国撤出驻台军队的要求,格林坦陈:"美国在台湾的有限驻军,是为了满足越南战争的需要,不会对北

---

① 中方传达的信号最初未能引起美方的注意,参见〔美〕霍尔德里奇《1945年以来中美外交关系正常化》,第51页。
② Statement by Assistant Secretary Green before the Subcommittee on Asian and Pacific Affairs Committee on Foreign Affairs, House of Representatives, October 6, 1970, Source: National Archives, RG 59, Lot Files 72D456, 74D88 & 74D400, Suject Files of the Office of Asian Communist Affairs (ACA) (1961 – 73), Box 5, Folder Master of Opening Statement by M. Green before House (10 – 6 – 70), pp. 10 – 12.

京构成威胁。随着这一地区局势的缓和，我们会逐渐减少驻军。"①

关于尼克松政府的对华政策，他表示，中国政府一直没能对美国对华主动缓和政策做出明确的回应。但是，美国愿意继续积极回应北京发出的任何减少敌对状态的暗示，同北京展开建设性的有利于关系正常化的对话，向北京保证美国不会"遏制和孤立"中国，希望中国能够走出孤立，并作为负责任的一员参与国际大家庭。另外，美国将继续放松对华贸易和旅行限制。同时，他也含糊地暗示，国务院正在策划新的贸易政策，即考虑给予中国以贸易最惠国待遇和进出口银行信贷等优惠，以此"解放我们的双手，在同中国人进行的要求以互惠为基础的谈判中占据优势地位"。最后，他表示美国将根据日益形成的中、苏、日、美四边关系的实质，决定未来的政策行动。②

格林的发言获得了亚洲暨太平洋事务分会大多数成员的赞同。尽管有个别人担心，匆忙采取进一步的单边行动可能会被国际社会认为是对中国做出的妥协与让步，但大多数人基本上认可美国政府向北京传达改善关系意愿的步调。同亚洲暨太平洋事务分会的成员相比，以民主党为主、持自由主义立场的与会学者更强烈地要求尽快在以下几方面做出积极行动：放松赴华旅行签证限制，完全或基本消除对华非战略性物资的贸易限制，给予中国与苏联同等的贸易待遇，更严格避免美国侦察机飞越中国领空、领土或进行其他被认为带有挑衅意味的行动，从台湾撤出美国的军事力量，继续在华沙或其他地方与中国进行外交对话。③

---

① Statement by Assistant Secretary Green before the Subcommittee on Asian and Pacific Affairs Committee on Foreign Affairs, House of Representatives, October 6, 1970, Source: National Archives, RG 59, Lot Files 72D456, 74D88 & 74D400, Suject Files of the Office of Asian Communist Affairs (ACA) (1961 – 73), Box 5, Folder Master of Opening Statement by M. Green before House (10 – 6 – 70), pp. 15 – 20.

② Statement by Assistant Secretary Green before the Subcommittee on Asian and Pacific Affairs Committee on Foreign Affairs, House of Representatives, October 6, 1970, Source: National Archives, RG 59, Lot Files 72D456, 74D88 & 74D400, Suject Files of the Office of Asian Communist Affairs (ACA) (1961 – 73), Box 5, Folder Master of Opening Statement by M. Green before House (10 – 6 – 70), pp. 20 – 21.

③ Memorandum from EA – Marshall Green to the Secretary, 10/8/70, Source: National Archives, RG 59, Lot Files 72D456, 74D88 & 74D400, Suject Files of the Office of Asian Communist Affairs (ACA) (1961 – 73), Box 5, Folder LEG 4 Congressional Comm Green Testimony 1970, pp. 1 – 2.

总之,格林在此次听证会上,一方面向国会和学界阐明了美国政府对华政策的方向与原则,即继续采取以放松贸易和旅行管制为主要内容的单边主动,同时也坚定美国对台湾的条约承诺;另一方面也得以收集政界、学界对于政府对华主动缓和政策的反馈,争取他们的支持,并营造积极的舆论氛围。随后,这篇证词被散发给美国驻东京、莫斯科等使领馆及驻台北的"大使馆"。此外,亚洲共产党事务办公室官员詹金斯还试图通过美国驻阿富汗大使纽曼(Robert G. Neumann),请南斯拉夫驻阿富汗大使把格林的证词转交给中方代表,以表明美国对中国的政策态度。[1]

其实,远在太平洋彼岸的中国领导人正期待着美国政府能够坚定改善中美关系的立场,稳妥地开辟两国关系正常化的新篇章。从1969年2月取消中美第135次大使级会谈、1969年6月推迟美国参议院民主党领袖曼斯菲尔德访华,一直到1970年6月中止中美大使级会谈,为促使美国加大缓和的步伐,中国领导人控制着中美关系发展的步调,并逐步确认了美国改善关系的诚意。

当尼克松在1970年11月通过巴基斯坦幕后渠道向周恩来传递口信,表示准备派高级助手与中国代表对话时,周恩来对巴基斯坦总统叶海亚·汗说,他欢迎美国总统派特使来京商谈。在谈到民族精神与经验时,周恩来说:

> 一个民族需要积累自己的经验。他们(美国)的缺点就是不成熟,表现在政策上和国际行动中就是容易冲动、多变,有时候容易冒险。而他有利的方面就是开创精神。比如美国初期的开创精神,敢于不顾一切进行开创,因为他们没有历史包袱。古老的、历史悠久的国家的长处就是有丰富的经验,但是必须善于分析和总结这些经验,好的传统留下来,坏的丢掉。否则就会变成历史包袱,变得保守,停止不前。[2]

---

[1] Letter from Alfred le S. Jenkins, Director of Office of Asian Communist Affairs, to Robert G. Neumann, American Ambassador to Kabul, January 15, 1971, Source: National Archives, RG 59, Lot Files 72D456, 74D88 & 74D400, Suject Files of the Office of Asian Communist Affairs (ACA) (1961-73), Box 5, Folder EA - ACA Official Informals Jan - June 1971.

[2] 《周恩来年谱(1949~1976)》下卷,第410~411页。

周恩来的这段话十分耐人寻味。一方面，美国领导人的"不成熟、易冲动、多变、易冒险"，正可以解释为什么中国领导人并不急于对美国的对华主动做出明确反应，而是适时、适当、有利、有节地采取一些举措，为促使美国做出更明确、更坚定的表态蓄势。另一方面，周恩来对美国开创精神的欣赏与对历史悠久国家的反思，无不在向叶海亚·汗透露，中国正在反省、正在寻求突破，已经准备迈步向前，进行开创。不难推断，此时的中国领导人已经准备好与美国进行认真的对话，前提是会谈必须是高级别的、有把握的和稳步进行的。

不过，中国方面的这些积极表态都是通过幕后渠道秘密传递的，为改善中美关系做了长期积极准备的美国国务院官员对此一无所知。相反，他们认为，"随着中苏边界态势的缓和以及中苏两国关系的改善，迫使中国接近美国的外部压力已经减小，致使中美关系逡巡不前"。①

二 国务院规划协调室

国务卿负有与他国进行各种形式的政策合作的职责。他在总统的指挥下工作，及时向总统汇报各种重要事务的详细进展，并同其他部门协商，获得他们对所提议行动的批准。尽管除国务院之外，许多部门和机构也越来越多地参与对外事务，但是与盟国开展政策互动与协商的重任，依旧由国务卿和国务院承担。② 尼克松政府时期，与外国政府的政策互动主要由国务院规划协调室主持。

1947 年 1 月，乔治·凯南奉国务卿马歇尔将军之命，设立了国务院政策规划室（Policy Planning Staff）。国务院政策规划室是国务院内的

---

① 1970 年 11 月，格林、詹金斯等人在英国同英国官员谈东亚政策问题时的发言。Telocon from Amembassy London to Secretary of State, WASHDC, 131348Z, Nov, 70. Source: National Archives, RG 59, Lot Files 72D456, 74D88 & 74D400, Suject Files of the Office of Asian Communist Affairs (ACA) (1961 – 73), Box 5, Folder POL 7 US – French Talks re PRC, p. 5.

② Robert R. Bowie, "The Secretary and the Development and Coordination of Policy", in Don K. Price ed., *The Secretary of State* (Englewood Cliffs, N. J.: Prentice – Hall, Inc., 1960), pp. 63, 67.

"智囊团",由政策规划主任领导,在政策制定过程中,独立为国务卿提出政策分析与建议。乔治·凯南、保罗·尼采(Paul Nitze)、沃尔特·罗斯托、温斯特·洛德等人,都曾经出任政策规划主任。1961年,该机构更名为政策规划委员会(Policy Planning Council)。同年,肯尼迪总统取消了国家安全委员会下属的负责监督政策执行的行动协调小组(Operations Coordinating Board),由政策规划委员会主席主持的部际计划组(Interagency Planning Group)取而代之。1969年,尼克松总统再次将政策规划委员会重组为规划协调室(Planning and Coordination Staff),政策规划委员会遂丧失了大部分的职权,最为重要的政策规划与决策都在国家安全委员会完成。1973年基辛格就任国务卿后,将他在国家安全委员会中的下属带到了政策规划委员会,重新恢复了政策规划委员会的地位。①

政策规划室的设立,是为了凸显在外交事务中"将想法融入行动"的重要性,具体来说就是要及时洞察潜在趋势、抓住时机、制定适当政策、占据外交主动。在日常工作中,处理如密西西比河洪峰般汹涌而来的事务,耗尽了外交事务官员的精力与才智,使他们无力从事政策规划类的具有战略性的工作。鉴于此,政策规划室的职责便是协助国务卿,同国务院内其他职能及地区事务办公室、相关政府机构合作,以超越地区研究的方式,将不同的政策主张进行整合,以全球性的眼光从美国外交政策大战略的角度研究政策,并深入分析国际局势的长期问题与潜在因素。② 著名的马歇尔计划最初就是由国务院政策规划室制定的。1968年底,为了给下一届新政府更多的政策辅助,政策规划委员会针对一系列有重大深远影响的外交政策问题,独立完成了一组研究报告。其中的一份重要报告便是由政策规划委员会成员拉尔夫·克拉夫(Ralph N. Clough)完成的"美国对共产党中国的政策",这是政策规划委员会一直着力研究的美国长期

---

① 1974年其名称再次改为政策规划室,1982年又改为政策规划委员会,1987年改回政策规划室。参见美国国务院网站 http://www.state.gov/s/p/。历任政策规划主任名单及任期,参见 http://www.nndb.com/gov/334/000131938/。
② Dean Acheson, "The President and the Secretary of State", Robert R. Bowie, "The Secretary and the Development and Coordination of Policy", in Don K. Price ed., *The Secretary of State*, pp. 47 - 48, 69 - 71;美国国务院网站:http://www.state.gov/s/p/。

外交问题之一。①

1969年1月20日尼克松政府就任当天，新国家安全体制正式颁布。在这一体制中，助理国务卿被委以协调各机构限定政策问题、制定政策选项的职责。这就需要在国务院办公大楼第七层②办公的高级官员作为国务院利益的代表，对国家安全委员会的项目给予有效的政策建议和评估。规划委员会与副国务卿委员会的协力合作是实现这些目的的必要条件。

基辛格在就职之初便对国务院政策规划委员会诟病颇深。在他看来，国务院政策规划委员会的研究与现实问题毫不相关，对政策没有任何影响，制定的政策选项也含糊不清。③ 在实际工作中，政策规划委员会的研究的确很少影响具体的操作性决定，而副国务卿委员会则倾向于仅负责国家安全委员会下属的副部长委员会内的事务。政策规划委员会和副国务卿委员会两相分割的状况，的确影响了国务院设计政策和提出建议的职能。

为了让国务院分析、评估和协调职员更好地发挥作用，副国务卿理查森在1969年4月22日向罗杰斯建议，调整国务院大楼内堪称美国国务院"心脏"的第七层职员。理查森提出，将政策规划委员会与副国务卿委员会整合为国务院规划协调室，使彼此间建立直接联系，承担以下职责：(1) 从各地区、各职能部门及长时段的角度，协助国务院内的主要领导评估、整理各办公室的建议；(2) 评估国家安全委员会报告和部际报告，为国家安全委员会、国家安全委员会评估组及国家安全委员会副部长委员会会议做准备，追踪国家安全委员会决定的实施，协助主要官员指导国务院在国家安全委员会制度中的活动与角色；(3) 跨越机构界限，履行政

---

① DOS Policy Planning Council Report on "U. S. Policy toward Communist China", Dec 1, 1968. Source: DDRS, CK3100020313. 这一组报告研究的其他问题主要包括：在长期如何看待美国外交中的主要问题，美国同西欧和日本等发达国家的关系，美国同东南亚、中东等发展中世界的关系，美国同苏联的关系。

② 美国国务院办公大楼第七层堪称美国国务院的"心脏"，这里有重要的专项事务办公室和国务卿办公室。

③ Tab B, Counter-Arguments, in Memorandum from the President's Assistant for National Security Affairs – Designate (Kissinger) to President – Elect Nixon, January 7, 1969, *FRUS, 1969 – 1976*, Vol. II, p. 13.

策规划和项目分析的职责。规划协调室将由室主任（Staff Director）来领导和管理，为国务院办公楼第七层的所有主要领导提供服务。室主任与助理国务卿同级，协助主要领导指导国务院在国家安全体制中的工作，是国务院在国家安全委员会评估组中的代表。规划协调室成员由富有才干、视野开阔的人组成，解决短期的操作性问题并从事长期的项目策划与政策分析。总人数小于政策规划委员会（15 人）和副国务卿委员会（5 人）人数之和，控制在 17 人以内。所有的成员分为两组，一组为常设，包括地区事务专家以及负责政治、军事、经济援助、系统分析的专家；另外一组为来自学术界和研究机构的高级政策规划顾问，任期至少一年，负责详细的项目计划与评估。来自国务院外的顾问的主要任务是挑战院内权势集团的观点，提出解决难题的新想法，以成为沟通国务院官员与学术界专家的桥梁。①

从组织结构来看，经政策规划委员会和副国务卿委员会整合而成的规划协调室，并非助理国务卿和在第七层办公的领导之间的一个竖向梯队，而是对各部门提交给领导的报告进行收集、整理但并不审查的横向机构。此外，他们还向领导人汇报政策执行的状况，不与其他班子的职能重合。除了规划协调室，第七层领导还可以利用的人事资源包括国务院执行秘书处（S/S, Executive Secretariat of the Department of State）、国务院情报与研究办公室（INR, Bureau of Intelligence and Research, Department of State）以及负责政治事务的副国务卿办公室下属的政治军事事务办公室（J/PM, Office of Politico – Military Affairs in the Office of the Under Secretary of State for Political Affairs）。②

理查森认为，这样的整合会使政策规划因更贴近现实需要、切合国务院职责而变得更为重要。③ 罗杰斯批准了这一重组方案。1969 年 7 月 3 日，他宣布成立国务院规划协调室，并任命威廉·卡格（William I. Car-

---

① Footnote 2, Memorandum from the Under Secretary of State (Richardson) to Secretary of State Rogers, April 22, 1969, *FRUS, 1969 – 1976*, Vol. II, pp. 674 – 677.
② Footnote 2, Memorandum from the Under Secretary of State (Richardson) to Secretary of State Rogers, April 22, 1969, *FRUS, 1969 – 1976*, Vol. II, p. 677.
③ Footnote 2, Memorandum from the Under Secretary of State (Richardson) to Secretary of State Rogers, April 22, 1969, *FRUS, 1969 – 1976*, Vol. II, p. 677.

go）为室主任。① 他指出，原政策规划委员会的职能将融入新班子的工作，但并不丧失其原有特性，并且将会"对决策产生更大的影响"。② 1970 年 7 月 23 日副国务卿理查森离职，约翰·欧文（John Irwin）在 9 月 21 日继任副国务卿。由于欧文对政策规划并不感兴趣，规划协调室成员同国务院高层领导的关系遂不再紧密。③

三 美日规划会谈

美日规划会谈始于 1963 年，由美国国务院政策规划委员会同日本外务省研究分析部（Department of Research and Analysis, Japanese Ministry of Foreign Affairs）共同主持，一年举办一次或两次。会谈内容由美日双方共同确定。如果在华盛顿召开，则邀请美国国务院其他部门和国防部国际安全事务办公室（International Security Affairs, Department of Defense）的代表参加某些题目的讨论；如果在日本召开，日本外务省其他部门与相关机构的代表也会参加。美日规划会谈是美日两国外交部门间的"非正式会谈"，不形成任何政策建议。会谈的目的在于使美日双方政策规划人员对除美国军事战略政策、国防预算等外，双方共同面对的长远问题达成更好的理解。它是美日双方就双边及重大国际问题进行灵活、开放沟通的重要途径，也是彼此交换重大政策意见的重要渠道。④

---

① 威廉·卡格（William I. Cargo）于 1969 年 8 月 4 日就职，任职至 1973 年 7 月 30 日。参见 http://www.nndb.com/gov/334/000131938/。
② Footnote 4, Memorandum From the Under Secretary of State（Richardson）to Secretary of State Rogers, April 22, 1969, *FRUS, 1969–1976*, Vol. Ⅱ, pp. 674–675.
③ Editorial Note, *FRUS, 1969–1976*, Vol. Ⅱ, pp. 711–712. 1969 年 2 月 8 日，原政策规划委员会主席亨利·欧文（Henry Owen）接任布鲁金斯研究所外交分部的主管，由米丽娅姆·坎普斯（Miriam C. Camps）女士代理政策规划委员会主席一职。参见 Letter from Henry Owen, Chairman of the Policy Planning Council, State Department of the US, to Mr. Takashi Suzuki, Director of Research and Analysis Department, Ministry of Foreign Affairs of Japan, February 7, 1969. Source: National Archives, RG 59, Planning Coordination Staff (S/PC), Subject, Country and Area Files (1969–1973), Box 400, Folder Japanese–US Planning Talks 1970 (2 of 2)。
④ Letter from William I. Cargo, Director of Planning and Coordination Staff, to G. Warren Nutter, Assistant Secretary for International Security Affairs, Department of Defense, November 28, 1969. Source: National Archives, RG 59, Planning Coordination Staff (S/PC), Subject, Country and Area Files (1969–1973), Box 400, Folder Japanese–US Planning Talks 1970 (2 of 2).

日本的对华政策一直是美国国务院关注的问题。1969年尼克松政府就职后,这一问题变得更为突出。因为它不仅涉及与美国战略安全利益紧密相关的日本在亚洲角色的问题,而且关切美国与日本在安全和经济领域盟友关系的维持。①

20世纪60年代末,美、日在对华政策上仍保持着密切协商的关系,美国允许日本对中国采取适当灵活的政策。这种方式满足了日本的政策需要,也符合美国的利益,发挥了很好的效果,两国在对华政策问题上达成了广泛的一致,且都与台湾保持了良好的关系。但在日本国内,民众对政府屈从于美国压力、未能改善与中国关系的做法,表现出强烈的不满,致使日本政府所承受的民众要求对中国实行更积极政策的压力日益增大。

在有关对华政策问题上,尼克松政府该如何同日本打交道呢?1969年3月27日,国务院以东亚暨太平洋部际组(East Asian and Pacific Interdepartmental Group)主席威廉·邦迪的名义,向国家安全委员会评估组提交了一份关于"美国对日政策"的报告。尽管报告并未明确指出应采取什么解决方法,但还是提出了两种解决方案:一是鼓励日本同中国建立政治关系,并且成为中国同自由世界发生关系的"桥梁";二是努力劝阻日本发展同中国的关系,直到中国缓和其自身的对外政策为止。报告承认,这两种方案各有利弊。第一种方案希望日本作为民主的现代国家,帮助中国走出孤立、走上现代化的道路,但会破坏日本同台湾的关系。况且,日本政府领导人和国内的现实主义者都认为,与中国发生政治关系的时机尚不成熟。第二种方案希望维持现状,这有益于维护美日两国同台湾的关系,但会遭到日本政府与民众的怨恨。日本对落后于其他国家同中国建立关系的事情十分敏感。② 总之,1969年初,在日本对华政策问题上,尼克松政府陷入了进退维谷的境地。做出改变已经成为适应形势发展的必要之

---

① Paper Prepared in the National Security Council Staff, Washington, undated, *FRUS, 1969–1972*, Vol. I, Document 54.
② Memorandum from William P. Bundy, Chairman of East Asian and Pacific Interdepartmental Group to Chairman of National Security Council Review Group, March 27, 1969, Source: DNSA, JU01053, pp. 48–50.

举。于是，美日规划会谈便成为美国国务院向日本政府表明美方对华认识、对华政策方向，并让日方接受美国的观点、遵循美国路线的一个途径。

1969年4月2~4日，在中共九大召开的同时，由国务院东亚暨太平洋事务局亚洲共产党事务办公室主任保罗·克里斯伯格（Paul H. Kreisberg）[1] 和日本外务省中国科科长桥本裕志（Hiroshi Hashimoto）带领，美日外交人员在美国国务院举行了为期三天的工作会议，主要讨论了中国内部政治、经济和外交的现状以及发展前景。

对于中国国内政治状况，双方认为，从外部的观察来看，目前北京方面的政策方向依旧不明朗，但这并非中国领导人有意向外界隐瞒，而是因为其内部还没有形成一致意见。日方认为，毛泽东已经失去了他早年那种灵活而务实的态度，在晚年成为一个顽固的教条主义者，身边围绕着一群只会说"是"的官僚。而美方并不完全认同这一观点，认为毛泽东还拥有转变战术的权力和能力，这一过程或许非常缓慢，然而一旦形势需要，他就可以做出转变。不过，双方都认为，未来中国的实际政策将更为务实。

同样，对于中国的外交政策，美方也比日方更为乐观，认为中国的外交存在战术灵活性。他们还向日方指出："根据最新的研究，美国国务院认为中国不太可能通过赤裸裸的侵略来扩张领土。"日方也表示："因为中日间的经济和技术差距十分巨大，并且这种差距仍将在可预见的未来持续扩大，所以在日本人们对于中国'威胁'的担忧也非常少。"

关于中苏关系，双方均同意：苏联对中国的担忧不只在意识形态方面，还有对自身安全的考虑，他们尽管认识到在目前情况下中美关系的任何改善都十分有限，但仍深刻担忧中美缓和的可能性。"未来中苏关系得到改善的前景非常暗淡。"美国国务院代表向日方表明："我们欢迎与北

---

[1] 克里斯伯格曾任约翰逊总统时期国务院东亚暨太平洋司中国和蒙古科科长，1969年3月至1971年7月任国务院东亚暨太平洋事务局亚洲共产党事务办公室主任，1971年7月至1972年8月任美国驻达累斯萨拉姆（坦桑尼亚共和国首都）使团副团长。他从1965年起就一直作为中国问题的专家参与华沙会谈。

京改善关系，我们也同样寻求改善美苏关系。但是，对于美国对中华人民共和国的主动，莫斯科没有否决权。"

关于北京在国际社会的角色，美方表示已经注意到最近中国政府在同其他政府讨论时将接受中方对联合国代表权问题的观点作为改善关系的前提，"这或许表明，北京方面对联合国席位感兴趣"。①

国务院东亚暨太平洋事务局将美日在华盛顿的会谈记录整理后，以电报形式发给驻东京大使馆，国家安全委员会对电报进行了审查。国务院对中国内政、外交的分析，很快得到了国家安全委员会的认可与采纳。根据国务院和中央情报局的分析意见，基辛格在1969年4月29日向尼克松递交了一份关于中共九大的分析报告。这份报告认为："此次大会最富戏剧性的特点是政策分歧持续存在，毛同其他抵制其革命运动的领导人之间权力较量的僵局未能缓解。"文中特别用斜体强调"政策方向没有确定"。② 通过美日两国外交部门间的工作会议，国务院遵循尼克松制定的路线，向日本政府明确传达了美国对中苏冲突的政策态度，实现了与盟友的政策互动。

1969年6月8~10日在华盛顿艾丽宾馆（Airlie House）举行了第10次美日规划会谈，"长期对华政策"是主要议题之一。③ 美国方面，国务院规划协调室代理主任米丽亚姆·坎普斯（Miriam C. Camps）、负责东亚暨太平洋事务的副助理国务卿布朗、亚洲共产党国家事务办公室主任克里斯伯格、东亚暨太平洋事务研究与分析办公室主任霍尔德里奇、国家安全

---

① Airgram from Department of State – EA/ACA to the American Embassy Tokyo, April 11, 1969. Source: DNSA, JU01055, pp. 3 – 6.

② Memorandum From the President's Assistant for National Security Affairs (Kissinger) to President Nixon, April 29, 1969, *FRUS, 1969 – 1976*, Vol. XVII, p. 28. 但是在回忆录中，基辛格丝毫不提这些观点的来源。参见〔美〕基辛格《白宫岁月》第1册，第221页。

③ 另外两个议题是"科学与技术对于外交的影响"以及"朝鲜的未来"。Letter from Henry Owen, Chairman of the Policy Planning Council, to Mr. Shinichi Kondo, Deputy Vice – Minister of Ministry of Foreign Affairs of Japan, February 3, 1969; Letter from Shinichi Kondo, Deputy Vice – Minister of Ministry of Foreign Affairs of Japan to Henry Owen, Chairman of Policy Planning Council, February 12, 1969; Memorandum, from S/P – Ralph N. Clough to File, "Japanese Planning Talks", February 25, 1969; Source: National Archives, RG 59, Planning Coordination Staff (S/PC), Subject, Country and Area Files (1969 – 1973), Box 400, Folder Japanese – US Planning Talks 1970 (2 of 2).

委员会职员斯内尔德和霍尔珀林,以及来自国务院和国家安全委员会相关部门的官员都出席了会谈。① 美国国务院规划协调室完成了一份题为"美国对共产党中国的政策"的报告,分析了中国共产党的世界观、外交政策以及策略,并阐述了美国在对华政策、台湾问题与联合国代表权问题上的政策态度。

开篇之初,报告就简明扼要地指出,中美之间根深蒂固且难以解决的问题是台湾问题及中美在东亚影响范围的问题。北京一直以美国断绝与台湾关系为条件,拒绝美方提出的改善中美关系的建议。但是,中美"双方都不想通过战争解决冲突"。鉴于中国"文化大革命"的结束以及越南战争紧张局势的缓和,美国"将重新评估改变中美双边关系的可能性"。②

这份报告具有美国政府对华研究报告的一个典型特点,即从历史影响、内部分歧和意识形态三方面进行考察。第一,强调中国"中央王朝的历史"对于新中国领导人世界观与外交政策的影响,认为中国领导人对周边国家仍然抱有"天朝上国"的态度,希望通过加强军事与经济实力来控制和影响周边小国。第二,认为三年"文化大革命"隔离了中国领导人与外部世界,他们对世界的看法受到僵化的意识形态的束缚。第三,"毛主义"的"教条"统治了中国,毛泽东的思想顽固僵化、外交政策完全意识形态化,但同苏联领导层内部存在派系斗争一样,中国领导层内部也存在派系分歧。③

报告对中国未来外交的预测较为乐观,希望"毛(泽东)死后的

---

① "Memorandum to Participants of US – Japan Planning Talks", from Ralph N. Clough, Department of State, Policy Planning Council, June 6, 1969, Source: National Archives, RG 59, Planning Coordination Staff (S/PC), Subject, Country and Area Files (1969 – 1973), Box 402, Folder 10th US – Japanese Planning Talks (1969).

② "US Policy toward Communist China", Policy Planning Council, May 23, 1969, Source: National Archives, RG 59, Planning Coordination Staff (S/PC), Subject, Country and Area Files (1969 – 1973), Box 401, Folder Japanese – US Planning Talks (1968 – 69 – 70), p. 1. 中国史学界通常认为粉碎"四人帮"是"文化大革命"结束的标志。报告中关于"文化大革命"结束的说法是美方对"文化大革命"全面动乱高潮有所平息的推测。

③ "US Policy toward Communist China", Policy Planning Council, May 23, 1969, Source: National Archives, RG 59, Planning Coordination Staff (S/PC), Subject, Country and Area Files (1969 – 1973), Box 401, Folder Japanese – US Planning Talks (1968 – 69 – 70), pp. 3 – 5.

中国领导人能够实行 50 年代中期那种务实的'和平共处'外交政策",认为随着"文化大革命"激进运动的衰退,中国有可能采取更积极、灵活与务实的政策,在外交上取得进展,获得更多国家的承认及它们对中国恢复联合国席位的支持。期待中国能够回归"和平共处"的外交政策,并关注中国外交中"和平共处"意愿的表达,成为美国观察中国的一个新视角。此外,在观察中国外交时,报告还遵循了一种历史哲学的标准,指出,按照中国领导人的历史哲学,历史是站在中国一边的,因此中国的外交政策中允许有"策略灵活性"。例如,因具有很大风险和弊端,中国领导人一年又一年地推迟了"解放"台湾和香港的决策。在中国,几乎所有的灵活策略,都可以用毛泽东的"人不犯我,我不犯人"来获取正当性。①

在对中国内政外交及领导人的各种观察之外,这份报告主要指出了美国长期对华政策的方向及对几个具体问题的政策。美国的长期政策目标是在不损害那些美国负有防卫义务的国家和地区的安全的前提下,同中国发展一种更为正常、较少敌对的关系。具体措施为:第一,对中国维持一种适度军事威慑和履行对盟友防御承诺的能力;第二,扩大美国同北京进行沟通的官方与非官方渠道;第三,逐步解决台湾问题和中国联合国代表权问题;第四,鼓励共产党中国加入军控谈判。②

日本虽然与台湾有相互信赖与互利的关系,但是已经认识到东亚的长久和平离不开北京的参与,不愿意在改善对华关系方面落于人后。因此,日本在对华政策上始终与美国保持紧密联系,对美国政策的任何重大改变都十分敏感。对于美方报告中的表述,日方虽然认可美国采取的有限扩大对华关系的主动缓和措施,但预计美国缓和中美关系的政策努力不会很快产生效果。在军事上,日本尽管担心未来中国核力量的发展,但仍视中国为一个不发达国家,并且没有过度担忧中国对自

---

① "US Policy toward Communist China", Policy Planning Council, May 23, 1969, Source: National Archives, RG 59, Planning Coordination Staff (S/PC), Subject, Country and Area Files (1969 - 1973), Box 401, Folder Japanese - US Planning Talks (1968 - 69 - 70), pp. 7 - 9.
② "US Policy toward Communist China", Policy Planning Council, May 23, 1969, Source: National Archives, RG 59, Planning Coordination Staff (S/PC), Subject, Country and Area Files (1969 - 1973), Box 401, Folder Japanese - US Planning Talks (1968 - 69 - 70), pp. 9 - 10.

身安全的威胁。①

1969年11月19日，日本首相佐藤荣作和外相爱知揆一访问华盛顿，罗杰斯分别同他们进行了会谈，对华政策是会谈中的一个重要话题。在与佐藤荣作谈到70年代美日关系时，罗杰斯表示美国希望继续同日本在对华政策问题上保持紧密的沟通。他透露，美国正在考虑调整同北京的贸易关系，包括对美国海外子公司的海外资产管制以及美国公司与第三国贸易中包含有原产自中国的商品的规定。此外，美国还在考虑放松对中国出口货物的限制，允许出口有限数量的美国商品。总之，罗杰斯表示："在任何情况下，我们都会同日本政府继续讨论我们对华政策的重大调整。"在随后同日本外相爱知的会谈中，罗杰斯谈到了美国在亚洲的新安全战略。他重申美国将继续对亚洲盟友安全防御的承诺，但同时也坦言："目前，我们不相信共产党中国或者苏联会侵略亚洲任何自由国家。"② 可以说，1969年至1970年初，在美国对华政策问题上，国务院和国务卿罗杰斯一直同日本政府保持着积极的互动，向日方及时通报了美方对中国内政外交的观察和对华政策的动向。

1969年底至1970年初，中美关系因大使级会谈的恢复而出现转机。1970年3月2~3日，在日本本州岛东岸的日立市（Hitachi）召开了第11次美日规划会谈。③ 会谈中，美国国务院规划协调室向日方及时表明了美国在对华政策上更为积极的政策态度。

国务院规划协调室准备了一份题为"美国对华政策"的报告。报告在开篇首先表明指导美国对华政策的信念——中国拥有成为世界大国的潜

---

① Memorandum from S/PC – Miriam Camps to the Under Secretary, "Your Thoughts in Regard to U. S. – Japan Planning Talks", August 25, 1969, Source: National Archives, RG 59, Planning Coordination Staff (S/PC), Subject, Country and Area Files (1969 – 1973), Box 400, Folder Japanese – US Planning Talks 1970 (2 of 2), p. 3; Background – Japan's Relations with Communist China, Department of State, Bureau of East Asian and Pacific Affairs, Office of Japanese Affairs, November, 1969, Source: DNSA, JU01147, p. 1.
② From EA – Marshall Green to The Secretary, November 19 – Briefing Memorandum, Secret, November 18, 1969, Source: DNSA, JU01168, pp. 4, 6 – 7.
③ "Japan Planning Talks", from S/PC – A. L. Seligman to S/PC – Mrs. Camps, EA/J – Mr. Finn, December 17, 1969, Source: National Archives, RG 59, Planning Coordination Staff (S/PC), Subject, Country and Area Files (1969 – 1973), Box 402, Folder 11th US – Japanese Planning Talks (2 – 70).

力。美国相信，同中国大陆开展对话、使之成为世界共同体中更负责任的一员，是符合美国利益的。报告承认，20世纪60年代中后期以来，美国对华政策就开始了从"孤立"到"减少敌对"的转变。但是，由于中国方面要求首先解决中美关系中的关键问题即台湾问题，而美国又不愿意因为在台湾问题上与大陆讨价还价从而引起大陆以武力控制台湾或损害美国对协防台湾的条约信誉，所以中美关系迟迟没有取得突破性进展。然而，自尼克松政府就职以来，美国的对华主动缓和政策得到了加强，如美国从1969年7月开始放松美国公民到大陆旅游、购买中国商品、对华贸易等方面的限制措施，目的都是缓和对华关系。尽管仍难以确定中国恢复大使级会谈是否出于对美方政策的积极回应，但展望1970年，美国将"避免同中国发生武装冲突，引导中国在国际事务中扮演更为负责任的角色，同北京发展更正常的关系。同时，维持美国对中华民国的防御承诺以及和平解决台湾地位问题的承诺"。报告坚信："一个独立、稳定、在可接受的国际行为标准内寻求其自身利益的中国，会成为亚洲和世界舞台上的积极力量。"[①]

关于台湾问题，这份报告的观点至少代表了国务院政策规划协调室的立场。它指出，影响美国及盟国在东亚地区长期和平与安全的，不是台湾回归大陆或者保持独立与否，而是最终解决其地位的方式。美国希望大陆与台湾通过和平谈判而非使用武力解决问题，但这不取决于美国的选择或倾向，而是取决于北京和台北的立场。也就是说，在台湾问题上，美国真正关心的不是结果，而是产生结果的方式是和平的、非武力的。美国对台湾负有安全防御义务和承诺。如果大陆和台湾因归属问题发生战争，深受越南战争之苦的美国，就必然面临是否卷入另一场"越战"的痛苦选择——这是美国最不希望发生的事情。因此，在国务院看来，美国对台湾的政策态度是"对维护和平的承诺"，而不是对维护其独立的承诺。既然"任何和平解决台湾问题的可能性都看起来很遥远，那么缓和我们同中国

---

① "US – China Policy", Talking Paper for US – Japan Planning Talks March 3, 1970, February 18, 1970, Source: National Archives, RG 59, Planning Coordination Staff (S/PC), Subject, Country and Area Files (1969 – 1973), Box 401, Folder Japanese Planning Talks (1968 – 69 – 70), pp. 1 – 6.

敌对关系的最好途径,就是首先讨论其他可能达成的协议。因此,在同中国恢复接触的阶段,主要目标是试探他们先将台湾问题搁置一边而改善其他方面问题的意愿"。① 这一策略正是要继续1969年的做法,即通过单方面的对华主动,换取中方对美方缓和关系意图的信任。

在政策酝酿之外,美方报告也表明,美国缓和关系的心态是理性而冷静的:"我们预料到在任何方面获得中国认可的过程都会非常艰难和漫长。……即便短期的收获很小,也值得付出努力。通过在小问题上达成协议以缩小敌对的范畴,有助于改变两国对战略利益持有的僵化、意识形态化的老看法。"报告还表示,虽然美国已采取的改善中美关系的主动步骤很小,但是已经准备好在获得中方的回应后,做出进一步的主动。②

1969年7月开始,美国政府单方面采取了一系列放松对华管制的主动措施,以彰显缓和中美关系的意愿。虽然这些主动没有获得中国方面明显的回应,但是在美国国内引发积极的反响。对此,国务院规划协调室坦言:"美国公众对于我们这一行动的广泛接受和实质性的赞同,是我们最近对华主动缓和过程中一个积极的且让人有点意外的收获。这表明,在过去几年间,观察中国的思维模式已经发生了巨大变化,公众情绪同我们改善对北京关系的政策是协调一致的。在某些实际问题上,特别是允许中国进入联合国问题上,公众情绪逐渐发生变化。"③

会谈中,日本官员对美方的报告发言以及真诚的态度都给予了很高的评价。他们认为,双方已经跨越了将对华政策视为美日关系障碍的分水岭,两国将支持对方在对华政策上以各自认为合适的方式、清除意识形态

---

① "US – China Policy", Talking Paper for US – Japan Planning Talks March 3, 1970, February 18, 1970, Source: National Archives, RG 59, Planning Coordination Staff (S/PC), Subject, Country and Area Files (1969 – 1973), Box 401, Folder Japanese Planning Talks (1968 – 69 – 70), pp. 7 – 8.

② "US – China Policy", Talking Paper for US – Japan Planning Talks March 3, 1970, February 18, 1970, Source: National Archives, RG 59, Planning Coordination Staff (S/PC), Subject, Country and Area Files (1969 – 1973), Box 401, Folder Japanese Planning Talks (1968 – 69 – 70), pp. 8 – 9.

③ "US – China Policy", Talking Paper for US – Japan Planning Talks March 3, 1970, February 18, 1970, Source: National Archives, RG 59, Planning Coordination Staff (S/PC), Subject, Country and Area Files (1969 – 1973), Box 401, Folder Japanese Planning Talks (1968 – 69 – 70), p. 10.

的偏见，向着在长期改善与中国关系的方向努力。鉴于1969年美国采取的一系列单边对华缓和政策，日方也坦率地表示日本在改善对华关系上的确存在困难。1969年11月日本大选刚刚结束，佐藤荣作就表示要将改善日本对华关系作为1970年的主要工作。但是，国内政治状况使日本在改善对华关系上陷入了两难困境：一方面，日本的社会主义者、共产主义者的力量受到了严重削弱，内部很不稳定，左派大众团体也严重分裂，很难承担起改善中日关系的重任；另一方面，日本同中国的贸易规模已经很大，在通过密切经贸关系来改善对华关系方面已没有更多文章可作。日本代表于是强调，如果美国在改善对华关系方面走在了日本的前面，无疑会对日本政府造成损害性的政治后果。他们希望，在对华政策问题上，美国能够与日本保持紧密的协商。①

1969～1970年美国国务院同日本政府在对华政策上形成了积极的互动，然而这一切却在1971年7月白宫策划的基辛格"秘密访华"后很快结束。美日在对华政策上形成的良好联系被白宫的"越顶外交"冲得支离破碎。

对中苏关系的观察，是1969～1970年美日规划会谈的另一项重要内容。② 1969年3月中苏珍宝岛武装冲突之后，苏联在国际外交舞台上抨击中国，在社会主义阵营中排斥、孤立中国，对中国进行军事遏制与包围。苏联的这些举动都在美国国务院的密切关注之下。苏联驻美大使多勃雷宁

---

① "Eleventh US – Japan Planning Talks", March 2 – 3, 1970, Source: National Archives, RG 59, Planning Coordination Staff (S/PC), Subject, Country and Area Files (1969 – 1973), Box 402, Folder 11th US – Japanese Planning Talks (2 – 70), pp. 4 – 5.
② 1968年8月苏联入侵捷克斯洛伐克，这一事件对中国以及中苏关系的影响，立刻成为1968年12月美日规划会谈讨论的首要内容。1968年12月4～6日，在负责东亚暨太平洋事务的副助理国务卿院温思洛普·布朗的带领下，国务院政策规划委员会的拉尔夫·克拉夫（Ralph Clough）、东亚暨太平洋事务局的迪克·斯内尔德、国防部副助理国防部长莫顿·霍尔珀林和顾问乔·亚格尔（Joe Yager），同日方官员在日本静冈举行了会谈。日方代表提出，苏联入侵捷克斯洛伐克成功地实现了苏联的短期目标，但是长期而言，东欧自由化的潮流是难以阻挡的。他们认为，苏联的行动对北京有重大影响，中国领导人认为同现在的苏联领导人实现两国关系的缓和是不可能的，此外这一事件肯定引起中国人加强了对边界的防卫。Information Memorandum, from S/P – Henry Owen to the Secretary of Department of State, "US – Japan Planning Talks", January 9, 1969, Source: National Archives, RG 59, Planning Coordination Staff (S/PC), Subject, Country and Area Files (1969 – 1973), Box 400, Folder Japanese – US Planning Talks 1970 (2 of 2), p. 1.

在华盛顿展开了积极的外交攻势,向美国国务院的相关部门控诉称,是中方在苏联士兵毫无准备的情况下首先发起武装攻击,并扬言如果再发生此类事件,苏联将予以坚决反击。[1] 甚至在参加艾森豪威尔总统葬礼期间,他也不忘向国务卿罗杰斯递交苏联对乌苏里江边界事件的政府声明。[2]

紧接着,苏联最高苏维埃主席团主席波德戈尔内(Nikolai Podgorny)在1969年5月中下旬对朝鲜、蒙古进行了访问。国务院情报与研究局主任休斯(Thomas L. Hughes)在给国务卿罗杰斯的情报简讯中指出,此次苏联领导人出访的目的,是要在共产主义阵营中强化对中国的孤立,表明莫斯科成功地巩固了同中国的两个共产主义邻居的关系。几天之后,休斯再次详细汇报了苏蒙关系。他注意到,波德戈尔内在乌兰巴托的演讲中重申了1966年1月15日苏联在《苏蒙友好条约》中的军事承诺,即"紧密团结的党……会联合采取包括军事行动在内的一切必要措施,保卫两国的安全、独立和领土完整";如果任何一方受到军事打击并陷入战争状态,另一方应当"立刻给予所有形式的军事及其他援助"。此外,为了履行对蒙古的承诺,苏联已经在蒙古境内部署了两三个步兵师。[3]

休斯的观察和分析是敏锐的。苏联在蒙古和朝鲜的活动的确引起了中国领导人的关注与担忧。对于苏联在珍宝岛冲突后一系列的军事和外交活动,中国外交部副部长乔冠华在1969年5月同罗马尼亚驻华大使会谈时明确指出:"这是苏联包围中国的企图!"[4]

鉴于1969年中苏冲突的发展,中苏关系成为1970年初美日规划会谈

---

[1] Memorandum of Conversation, March 10, 1969, Mr. Smith's office, Source: National Archives, RG 59, East Asia &Pacific Affairs Lot Files, Box 6, Folder POL 32-1, Territory &Boundary Disputes, Damansky-Chen Pao-CPR-USSR, China, 1969.

[2] Memorandum of Conversation, March 30, 1969, Source: National Archives, RG 59, East Asia &Pacific Affairs Lot Files, Box 6, Folder POL 32-1, Territory & Boundary Disputes, Damansky-Chen Pao-CPR-USSR, China, 1969.

[3] Intelligence Note, from INR-Thomas L. Hughes to The Secretary, May 20, 1969, Source: National Archives, RG 59, Planning Coordination Staff (S/PC), Subject, Country, and Area Files (1969-1973), Box 401, Folder Japanese Planning Talks (1968-69-70).

[4] Document No. 1, "Telegram from Romanian in Beijing Aurel Duma to Foreign Minister Corneliu Manescu Regarding Conversation with Representatives of the PRC Ministries of Trade, Foreign Affairs, and Defense, 13 May 1969", *Cold War International History Project Bulletin*, Issue 16, p. 330.

讨论的主要内容。美国方面以第 63 号国家安全研究备忘录（NSSM 63）为参考，准备了此次美日会谈的内容。① 这份报告对中苏斗争、冲突起源的认识突破了"意识形态纷争"的局限。报告指出，自 60 年代以来，随着军事力量尤其是核力量的发展，中国所获得的"准强国"的实力和对自身利益的认知，同苏联维护自身国家安全与在共产主义阵营中的领导地位发生了冲突。"中国的军事力量和工业力量虽然还很薄弱，但是仍然可以在同苏联打交道过程中，依靠准强国的地位来维护和获取有限的利益……在莫斯科的眼里，中国对自己'准强国'地位利益的认知，是比意识形态更可怕的问题。"对于 1969 年 6 月勃列日涅夫提出的建立"亚洲集体安全体系"的设想，这份报告认为："这表明了莫斯科要努力在非意识形态的基础上孤立和遏制中国，特别是在美国从东南亚撤出以后。"报告还预测了未来 5～10 年中苏关系发展的趋势，认为政治冲突会持续存在，而中苏之间的紧张关系会促使它们缓和同美国的关系。这种缓和的企图虽然可能是策略性的，但是改善华盛顿与北京、莫斯科的关系，是美国外交的重要目标，美国不但"欢迎这种发展"，而且相信"在长期，中美关系的持续改善是可以预见的结果"。报告申明，美国认为利用中苏冲突绝对不会有利于第三方，同时美国也不会甘冒在军事上卷入中苏冲突的风险，偏袒任何一方。②

日方赞同美方对中苏关系的分析与预期，认为中苏冲突如果导致战争扩大将不利于世界稳定，也不符合自由世界的利益；而没有战争的中苏冲突应当是受"欢迎"的。苏联不会对中国施行先发制人的大规模军事进攻，而中国可能会一方面主动增加同西方的接触，另一方面利用与苏联和解的可能性，向西方施加压力，培植在东南亚的影响。日方承认，"鉴于

---

① Memorandum from S/PC – Miriam Camps to the Under Secretary, "Your Thoughts in Regard to U. S. – Japan Planning Talks", August 25, 1969, Source: National Archives, RG 59, Planning Coordination Staff (S/PC), Subject, Country, and Area Files (1969 – 1973), Box 400, Folder Japanese – US Planning Talks 1970 (2 of 2), p. 5.
② "The Sino – Soviet Dispute", US Paper for Eleventh US – Japan Planning Talks March 2 – 3, 1970, Source: National Archives, RG 59, Planning Coordination Staff (S/PC), Subject, Country, and Area Files (1969 – 1973), Box 401, Folder Japanese Planning Talks (1968 – 69 – 70), pp. 2 – 3, 8 – 9, 16, 19, 20 – 23.

国家力量以及同中国、苏联的关系,既没有能力阻止两大强国间的冲突扩大化,也没任何有效方法缓和中苏关系",因此日本基本上会采取"观望和等待"的中立态度。但是,这种中立并不代表"无为"。日方提出了与美国"不偏不倚、改善同双方关系"的政策相近的政策建议:"自由世界应当遵循的立场,不是试图对冲突本身发挥任何影响,而是为了自由世界的利益而利用它。"利用中国在中苏冲突中的形势调整与中国的关系,是符合日本利益的,"对于美国而言也是同样如此"。此外,日本还将试图利用苏联寻求同日本发展友好关系的倾向,解决日苏关系中悬而未决的问题,如北部岛屿的归属问题。[①]

四 北约大西洋政策咨询组会议

北约大西洋政策咨询组(Atlantic Policy Advisory Group, APAG)是北约的政策咨询机构,成员包括北约所有会员国代表,主席是北约负责政治事务和安全政策的助理秘书长。北约大西洋政策咨询组会议每年召开两次,在各成员国轮流举行,由各国负责政策规划事务的首长以个人身份参加,主要研究与安全政策相关的长期政策问题。[②] 所有提交会议的报告尽管都注明不代表政府意见,但由于各国报告均是政策部门的研究成果并经过高层审批,且参加会议的代表也均来自政府政策研究部门的高层,所以会议发挥了北约盟国就国际重大问题交流意见、对长远政策规划进行协商的作用。美国国务院规划协调室承担了与北约盟国在北大西洋政策咨询组会议上开展政策互动的工作,负责准备参加北约大西洋政策咨询组会议的报告,并对盟国报告进行分析。在20世纪60年代末70年代初的冷战大背景下,美国与其北约盟国是并肩战斗、对抗苏联的亲密盟友。北约大西洋政策咨询组会议也自然成为美国向北约盟国传达对

[①] "Sino-Soviet Relations", February 2, 1970, Research and Analysis Department, Gaimusho, Source: National Archives, RG 59, Planning Coordination Staff (S/PC), Subject, Country, and Area Files (1969-1973), Box 401, Folder APAG 70 (NATO Atlantic Policy Advisory Group), pp. 19-21, 28-29.

[②] *NATO Handbook*, 2006, p. 121.

国际重大问题的立场与政策、收集并观察北约盟国对美国外交政策与行动的反馈信息的平台。

1969年4月13~17日,在美国弗吉尼亚州沃伦顿市(Warrenton)举行了尼克松政府任职后的第一次大西洋政策咨询组会议。这次会议为美国新政府提供了一次同北约成员国就外交事务进行交流、沟通并推行美国外交政策的机会。总统国家安全事务助理基辛格、副国务卿理查森以及国务院规划协调室、国家安全委员会的部分成员出席了会议。① 尽管这次会议讨论的主题是北约的未来与欧洲、北美的长期发展趋势,但中苏冲突给苏联造成的影响以及给西方带来的战略机会也是会议重要议题,② 并成为尼克松政府时期北约大西洋政策咨询组会议讨论的主要议题。与此同时,在1969年4月举行的北约最高决策机构北约大西洋理事会(North Atlantic Council, NAC)第二十次年会上,尼克松向大会建议,成立一个"特别政治规划组",由北约各国高层官员参加,每年开会研究并讨论北约盟国共同面临的长期问题。他还建议,第一次会议讨论的议题以"中苏冲突"为主。随后,北约理事会按照尼克松的提议,重组了北约大西洋政策咨询组。③

1970年3月9~13日,重组后的北约大西洋政策咨询组在比利时首都布鲁塞尔召开了第一次会议。④ 美国国务院规划协调室主任卡格作为美方代表参加了此次会议,并提交了一份题为"中苏冲突对北约大西洋公

---

① Memorandum from S/P – Miriam Camps to the Under Secretary of Department of State, April 11, 1969, Source: National Archives, RG 59, Planning Coordination Staff (S/PC), Subject, Country, and Area Files (1969 – 1973), Box 401, Folder APAG Planning Talks 1970.

② "The Future of The Alliance", Meeting of Atlantic Policy Advisory Group (APAG), 13 – 16 April, 1969, United Kingdom Paper, Source: National Archives, RG 59, Planning Coordination Staff (S/PC), Subject, Country, and Area Files (1969 – 1973), Box 401, Folder APAG.

③ Memorandum from William P. Rogers, for the President, "NATO Inaugurates Planning Group in Response to your Proposal", March 26, 1970, Folder: APAG 70 (NATO Atlantic Policy Advisory Group), Box 401, RG 59, 1969 – 1973: Subject, Country, and Area Files, NARA Ⅱ, p. 1.

④ Memorandum from William P. Rogers, for the President, "NATO Inaugurates Planning Group in Response to your Proposal", March 26, 1970, Folder: APAG 70 (NATO Atlantic Policy Advisory Group), Box 401, RG 59, 1969 – 1973: Subject, Country, and Area Files, NARA Ⅱ, p. 1.

约组织影响"的报告。① 这份报告由规划协调室的纽波特（Joseph W. Neubert）完成，经国务院欧洲事务局以及东亚暨太平洋事务局等部门审阅通过。东亚暨太平洋事务局下属的亚洲共产党事务办公室担心，这份报告暗示了美国可能会利用中苏冲突得益。而纽波特却坚持，报告仅仅是将中苏关系大背景下美国改善同中国关系的努力告诉盟国，同美国的公开立场并不矛盾。"向我们的盟友揭示我们对这些结论的分析方法并不是毫无道理的"，拒绝按照共产党事务办公室的意见进行修改。②

对于中苏冲突，这份报告提出了"不偏不倚、改善同双方关系"的政策路线。它指出，中苏冲突是一个长期问题，如果不发生大冲突或短期缓和，对西方而言总体上是有利的，"毫无疑问应当利用"，并且坦言"美国正在寻求改善同中国与苏联的关系"。③ 它同时也强调："改善同莫斯科和北京的关系是美国政策的重要目标……美国不会在冲突中偏向任何一方。"因为在长期，"中美关系的持续改善是可以预见的。中美关系的改善，使苏联有更多动力避免同西方发生冲突，进而促进美苏关系的改善，促进东西方谈判的进展"。如果美国支持冲突中的任何一方，那么卷入同另一方的军事冲突的危险就会增加，损害美国改善同另一方长远关系的利益。④ 这一立场，同美方在同月举行的美日规划会谈上向日方的表述一致。

---

① Memorandum from S/PC - J. W. Neubert to Mr. Helmut Sonnenfeldt, National Security Council, "Brussels APAG Meeting, March 9 - 13, 1970", February 13, 1970, Source: National Archives, RG 59, Planning Coordination Staff (S/PC), Subject, Country, and Area Files (1969 - 1973), Box 401, Folder APAG 70 (NATO Atlantic Policy Advisory Group.
② Memorandum from S/PC - Joseph W. Neubert to S/PC - Mr. Cargo, "APAG: Paper for Brussels Meeting", February 12, 1970, Source: National Archives, RG 59, Planning Coordination Staff (S/PC), Subject, Country, and Area Files (1969 - 1973), Box 401, Folder APAG 70 (NATO Atlantic Policy Advisory Group), pp. 1 - 2.
③ Memorandum from S/PC - J. W. Neubert to Mr. Helmut Sonnenfeldt, National Security Council, "Brussels APAG Meeting, March 9 - 13, 1970", February 13, 1970, Source: National Archives, RG 59, Planning Coordination Staff (S/PC), Subject, Country, and Area Files (1969 - 1973), Box 401, Folder: APAG 70 (NATO Atlantic Policy Advisory Group), pp. 1 - 2.
④ Attachment in Memorandum from S/PC - Joseph W. Neubert to S/PC - Mr. Cargo, "APAG: Paper for Brussels Meeting", February 12, 1970, Source: National Archives, RG 59, Panning Coordination Staff (S/PC), Subject, Country, and Area Files (1969 - 1973), Box 401, Folder APAG 70 (NATO Atlantic Policy Advisory Group), pp. 4 - 5.

在会上，北约成员国关于这一问题的讨论十分积极，并最终在一些问题上达成了共识，如中苏冲突对西方有利，但不可操纵并试图从中渔利；改善同中国关系的机会有限；北约联盟应当根据中苏冲突，通过调整防御－缓和姿态来改善东西方关系。会议期间，虽然各国代表在中苏冲突有益于西方这一点上达成了共识，但是也有个别国家如挪威和丹麦出于谨慎，不同意将这一点写进正式的报告。在对华政策问题上，有更积极者如法国代表，指出西方现在拥有一个向北京表现积极姿态的重要的"历史性机遇"，并获得比利时代表的支持。美国国务院在会后的分析中认为，这次由尼克松总统倡议召开的会议，为北约各国分析、讨论中苏冲突等问题提供了一个良好的政策磋商平台，消除了北约成员国内部对美国对华政策及对中苏冲突立场的不安的猜测，有助于在北约盟国内部形成一致的政策反应。[1]

小　结

在 1969～1972 年的中美缓和进程中，尼克松总统将外交大权牢牢掌握在白宫，有意对国务院等政府部门和作为立法机构的国会隐瞒对华主动缓和的幕后渠道信息，拒绝让助理基辛格、霍尔德曼等人向国会汇报实质性的事务，坚持白宫职员有拒绝同国会委员会会晤的"豁免权"。[2] 相较于白宫决策方式造成的信息封闭，由国务院向国会及时传达、沟通美国对华采取的主动缓和政策，就显得十分必要。

此外，美国国务院还同日本、北约盟国开展了积极的政策互动。国务院规划协调室通过美日规划会谈以及北约大西洋政策咨询组会议，与盟国讨论除危机管理和日常外交事务之外的重大战略问题。通过这些会谈，美国就对华政策、对中苏冲突的立场等问题与北约盟国交换了意见，表明了

---

[1] Memorandum from S/PC – William I. Cargo to the Under Secretary, "NATO Atlantic Policy Advisory Group (APAG) Discussions of the Sino – Soviet Dispute and its Implications for the Alliance Information Memorandum", March 27, 1970, Source: National Archives, RG 59, Panning Coordination Staff (S/PC), Subject, Country, and Area Files (1969 – 1973), Box 401, Folder APAG 70 (NATO Atlantic Policy Advisory Group), pp. 1 – 3.

[2] Arthur M. Schlesinger, Jr., *Imperial Presidency*, pp. 251, 208.

美国旨在改善中美关系的意图和对中苏冲突问题的政策立场。一方面，美国与日本、北约盟国都认为，虽然中苏冲突在短期会减轻西方的军事压力，但是在长期不利于世界的稳定。况且，若中苏冲突演变成大规模的战争，则不符合任何国家的利益。只有中苏关系的缓和或适度的、没有战争的中苏冲突，才对西方有利。他们认可应当在中苏冲突中保持中立、不偏袒任何一方、不以操纵冲突为目的的前提下适当缓和同两国的关系。如果中苏间发生大冲突，则采取不卷入的立场，通过声明以及在联合国的共同努力来缓和冲突。另一方面，各方在一些问题上仍然存在分歧。例如，日本希望中苏冲突的一个结果是废除中苏以日本为共同敌人的《中苏友好互助同盟条约》，而美国则认为这样的结果很不现实。此外，北约内部在是否应当公开表示、以何种方式、在什么程度上发展对华缓和关系等问题上，仍未达成一致。① 总之，与盟国在重要外交问题上进行协商，是美国国务院的外交职责之一。规划协调室所主持的这两个同重要的亚欧盟友间的政策互动会议，向盟国表明了美国缓和对华关系的政策方向，掌握了盟国的态度与政策意图，为美国政府的对华缓和进程营造了良好的国际氛围。

---

① "Eleventh US-Japan Planning Talks", March 2-3, 1970, Source: National Archives, RG 59, Panning Coordination Staff (S/PC), Subject, Country, and Area Files (1969-1973), Box 402, Folder 11th US-Japanese Planning Talks (2-70), p. 4.

第四章
外交行动

就职之初,尼克松和基辛格虽有建立世界新秩序、"让愤怒的隔绝者走出孤立"的政治理想,但并没有现成的计划和蓝图。1969年新国家安全体制颁布实施后,国务院的职权受到了限制和削弱,国务院官员也始终未能得到白宫的信任。但是,他们接受白宫的指令,在职权范围之内,提出了比以往更为积极主动的缓和对华关系的具体方案。1969~1970年,在尼克松政府缓和中美关系的初期,放松对华贸易与旅行管制成为美国政府向中方表明缓和意图的最主要的单方面主动。此外,美方还积极恢复两国间的唯一正式联络渠道——中美大使级会谈。这些缓和对华关系的积极行动,都离不开国务院的推动、策划与执行。然而,国务院为打开中美关系新局面的努力,最终却被白宫的秘密外交邀了功。幕后渠道外交的成功,最终使中美间的联络从公开的华沙会谈转向幕后。

一 筹划会谈

冷战时期,中美两国长达15年共136次的大使级会谈,成为架在中美"巨大鸿沟"上的一座"桥梁"。[①] 会谈尽管断续进行,但它为处于敌对状态的中美两国提供了一条沟通政策、试探意图的渠道。美国国务院为推动中美关系缓和所做的最初尝试就是在1968~1969年为重开华沙会谈

---

① 王炳南:《中美会谈九年回顾》,世界知识出版社,1985,第25页。

所做出的努力。①

　　20世纪60年代，在"左"倾错误思想的影响下，中国外交走上了同时与美、苏两个超级大国对抗的道路，在中美大使级会谈中坚持台湾问题不解决、其他问题一概不谈的"一揽子"解决方案。② 1966年"文化大革命"爆发后，外交工作中更是出现了召回驻外人员、火烧英国驻华代办处、四处推行"世界革命"的闹剧。到60年代末，中国外交工作已失去了50年代的灵活性和回旋空间。1968年5月18日，因驻外官员被召回国参加"文化大革命"，且考虑到越南同美国开始在巴黎进行会谈，中国方面便以中方大使仍不能返任为由，建议将原定5月29日举行的第135次中美大使级会谈延期到11月中下旬。③ 美方从一开始就反

---

① 对于原定于1969年2月20日召开的第135次中美大使级会谈的筹划、政策目标以及会谈取消后双方的联络等过程，中国大陆、台湾和美国学术界都缺乏详细论述，相关研究的记载都非常简单，大致为：中美双方原商定于1969年2月20日恢复中美第135次大使级会谈，然而2月初发生了中国驻荷兰临时代办廖和叔叛逃美国的意外事件，美国向其提供政治庇护，中方的抗议遭拒绝，中国政府于2月28日宣布取消会谈。对于取消会谈后中美双方的行动举止并无交代。参见《我外交部新闻司发言人发表声明：在目前这种美国政府一手制造的反华气氛下，按预定日期举行中美大使级会谈，是很不适宜的》，《人民日报》1969年2月19日；Robert Dallek, *Nixon and Kissinger: Partners in Power*, p. 146; Chen Jian, *Mao's China and the Cold War* (Chapel Hill & London: The University of North Carolina, 2001), p. 245; Compiled and edited by Nancy Bernkopf Tucker, *China Confidential: American Diplomats and Sino - American Relations, 1945 - 1996*, p. 221; Yafeng Xia, *Negotiating with the Enemy: US - China Talks during the Cold War, 1949 - 1972* (Bloomington and Indianapolis: Indiana University Press, 2006)。中文相关著作，如陶文钊主编《中美关系史》中卷、王泰平主编《中华人民共和国外交史》第2卷（1970~1978）（世界知识出版社，1999），以及台湾学者包宗和《美国对华政策之转折——尼克松时期之决策过程与背景》（五南图书出版公司，2002）等，均未提及此次流产的大使级会谈。涉及美方筹划的文章又缺乏对美方政策形成过程的清楚追踪，模糊了美国外交决策的过程。郑华：《华沙渠道与中美关系解冻：华盛顿决策内幕》，《当代中国史研究》第14卷第2期，2007年3月。本书所用材料表明，美方采取的策略和战术，并非基辛格一人所为，而是包括了国家安全委员会职员斯内尔德、国务院相关人员及罗杰斯等在内的意见。

② 1960年上半年，中国修改了对美谈判的方针，提出"一揽子"解决方案，即台湾问题不解决，其他问题都谈不上，迫使美国先解决根本问题。参见牛大勇《1961~1963年的中美大使级会谈》，章百家、牛军主编《冷战与中国》，世界知识出版社，2002，第439页。

③ 中美大使级会谈1955年始于日内瓦，1957年转移到华沙。从1955年8月到1959年，王炳南大使负责与美方谈判共120次，1964年奉调回国任外交部副部长。其后，由王国权大使接替。1967年6月第133次会谈后，王国权奉调回国参加"文化大革命"，会谈顾问李连璧（中国驻波兰大使馆参赞兼）、会谈翻译钱永年及记录人员也先后回国。会谈

对延期，认为双方的交流是有价值的，尤其在国际局势紧张时期，应该更经常地而不是更少地进行这种交流。但是，这建议并没有得到中国方面的同意。

尽管中美大使级会谈中断了，但国内、国际两方面形势的变化，促使美国国务院时刻关注着恢复联络的时机。从美国国内情况来看，20世纪60年代中期开始，美国公众对政府实行孤立中国和对华管制政策的支持减弱，要求开放同中国文化交流和商业往来的呼声高涨。①从国际环境来看，中苏关系日渐紧张。1967年1月，周恩来会见了到访的阿尔巴尼亚军事代表团。国务院的情报显示，周恩来在与阿方的会谈中指责苏联对中国领土一共进行了2000多次侵犯。从1968年初开始，苏军不断侵入中国边境制造流血事件，中苏边境紧张局势日益升级。1968年8月，苏联军队大举入侵捷克斯洛伐克，"社会帝国主义"的姿态咄咄逼人。中国感到自己的国家安全日益受到苏联的严重威胁。

美国国务院最早敏锐地观察到了中苏关系的恶化，主张采取积极主动缓和措施，利用中国对苏联"勃列日涅夫主义"和"社会帝国主义"的担忧，捕捉恢复中美间联络的时机。1968年9月17日，美国国务院向中国发出了在11月20日恢复华沙会谈的提议。与以往大不相同的是，中方这次在48小时之内就做出迅速、积极的答复，并"加上了一些意味深长的话，即'在和平共处五项原则的基础上，不论社会制度，维持同所有国家的友谊，是中华人民共和国一直奉行的政策'"②，并重新提出"和平共处五项原则"，引起美方的关注。

但是，对恢复会谈的日期，中方迟迟未给予明确答复，一直拖延至

  不能正常进行。1968年1月8日中美第134次大使级会谈在波兰梅西里维茨基宫举行，由中国临时代办、参赞陈东代理不能按期返任的王国权出席。参见骆亦粟《中美关系解冻的开端——最后两次中美华沙大使级会谈》，《百年潮》2008年第4期，第23页。

① 〔美〕霍尔德里奇：《1945年以来中美外交关系正常化》，第36页。
② 霍尔德里奇的口述，参见 China Confidential, p. 225。关于美方向中方提出恢复华沙会谈的信件，霍尔德里奇的口述记录为1968年9月17日发出，然而，中方于1968年11月27日发布的声明中称此日期为9月12日。参见《就一三五次中美大使级会谈会期问题我外交部新闻司发言人发表谈话》，《人民日报》1968年11月27日。

11月初。① 严峻的国家安全环境迫使中国决策层加强了对国际形势的研究，不过，他们似乎不愿意表现得太"急切"，不愿让美国人"发号施令"。对美国恢复中美大使级会谈的建议，他们是在有意拖延。其实，在1968年冬天，毛泽东就已饶有兴趣地阅读了有关美国总统竞选的材料和尼克松的《六次危机》，对尼克松当选美国总统的前景表示"欣赏"。② 他还首先注意到尼克松在1967年10月发表的文章中提到不让"中国留在国际大家庭之外"，"容不得10亿最有潜在才能的人民生活在愤怒的孤立状态之中"。毛泽东认为，尼克松如果上台，美国有可能会改变对华政策。他叮嘱周恩来阅读尼克松的这篇文章。周恩来领会了毛泽东的意图，指示外交部门注意对美国战略动向的观察与研究。③

由于一直得不到中方对会谈日期的答复，美方在几次催促后，被迫于1968年11月18日单方面宣布延期。不久，经毛泽东批准，中国驻波兰大使馆政务参赞、临时代办陈东在1968年11月25日致函美国驻波兰大使斯托塞尔（Walter J. Stoesel, Jr.），建议于1969年2月20日举行中美第135次大使级会谈，并重申中国政府在中美大使级会谈中一直遵循的两个原则，即"第一，美国政府保证立即从中国领土台湾省和台湾海峡地区撤出它的一切武装力量，拆除它在台湾省的一切军事设施；第二，美国政府同意中美两国签订关于和平共处五项原则的协定"。陈东强调："中国政府已经一再明白告诉美国方面，中国政府是决不以原则做交易的。如果美国方面继续采取这种做法，不管美国是哪个政府上台，中美大使级会谈决不会有什么结果。"第二天，中国外交部发表了同样内容的公开声明。中国外交部新

---

① 中方在1968年11月27日的声明中称："九月十二日，它来信要把会期定死在十一月二十日。十一月八日，它又来了一个口头通知，限定中国方面在五天之内对它的九月十二日建议作出答复。这是典型的帝国主义态度。到了十一月十五日，它又来了一个书面通知，毫无根据地'假设'中国无意按原建议行事，建议会期推至明年二月五日或十一日。没等中国方面答复，十一月十八日美国政府又违反协商一致的原则片面宣布会谈延期。必须指出，美帝国主义在全世界横行霸道、发号施令的日子早已一去不复返了！指望中国政府接受美帝国主义这种横蛮作法，完全是白日作梦！"《就第一三五次中美大使级会谈会期问题我外交部新闻司发言人发表谈话》，《人民日报》1968年11月27日。

② 中共中央文献研究室编《毛泽东传（1949～1976）》下卷，中央文献出版社，2003，第1625页。

③ 《周恩来年谱（1949～1976）》下卷，第684～685页；孔冬梅：《改变世界的日子：与王海容谈毛泽东外交往事》，中央文献出版社，2006，第46页。

闻司发言人还称："到那个时候，美国的新总统已经上任一个月了，美国方面大概就可以拿定主意了。"这是中方为恢复中美大使级会谈所采取的一个主动缓和行动，也是对即将执政的尼克松政府发出的改善中美关系的呼吁。①

尽管言辞强硬，但中方在这份声明中重提"和平共处五项原则"，让美国国务院官员感到其中些微的灵活姿态。他们认为，"文化大革命"似乎已经结束，中国共产党正在重新恢复的过程中，北京方面在外交上出现了新变化。中国的提议"表现出很大的战术灵活性，这样的声明在一年前几乎是不可想象的"。②

在回忆录中，基辛格对这段历史的叙述有意省略了国务院从1968年9月开始为恢复中美华沙会谈所做的努力，只述及1968年5月28日中国推迟华沙会谈、1968年11月26日北京建议在1969年2月20日同美国举行另一次华沙会谈。此外，基辛格还认为，北京提出这一建议，是出于"中国对苏联领导集团的毫不掩饰的敌对情绪"和"对勃列日涅夫主义同样适用于中国"的担忧。此种不完整的记述，削弱了美国国务院的角色与作用，造成了中国政府主动提出恢复华沙会谈的假象。他还有意塑造尼克松打破中美关系坚冰先行者的形象，称"约翰逊政府是在当选总统尼克松的赞助下，接受了中国关于恢复华沙谈判的建议"。③

事实上，在1969年初，实现对中国的外交突破并非新一届美国政府面临的首要任务。如何从越南抽身才是让尼克松辗转不安的关键。就职之初，尼克松对国家安全体制的调整以及对所有对外政策的策划，都旨在为此中心服务。④ 打开通向中国的道路便是这些政策中的一项。尼克松的最初考虑就是要

---

① Cable to Secretary of State Dean Rusk from China's Charge d'Affairs Chen Tung on the 135th Sino – U. S. Ambassadorial talks, Nov 25, 1968, Source: DDRS, CK3100108686. 《就第一三五次中美大使级会谈会期问题我外交部新闻司发言人发表谈话》，《人民日报》1968年11月27日。
② Memorandum of Conversation, January 14, 1969, Source: DNSA, CH00037.
③ 〔美〕基辛格：《白宫岁月》第1册，前言第5页及第210~212页。
④ 尼克松在其回忆录中这样写道："我在白宫的第一个晚上只睡了大约四个小时，清晨6点45分就起床了。"他在前总统约翰逊的保险柜中发现了一个文件夹，"里面是情报部门前一天、即约翰逊担任总统最后一天关于越南形势的报告。我匆匆翻阅了一下。最后一页上写着最近的伤亡数字……我合上文件夹，放回原处。这份报告我一直保存在那里，直到战争结束，为的是使自己不忘记战争的惨重代价"。〔美〕尼克松：《尼克松回忆录》中册，第442页；〔美〕基辛格：《白宫岁月》第1册，第207页。

以中美关系的缓和，加强美国在北越谈判中的立场，并迫使苏联在越南问题上提供帮助；通过改善同中、苏两个社会主义国家的关系，使美国处于中、美、苏三角关系的主导地位。此外，他还希望良好的中美关系能够保证在美国撤出越南后，中方放弃对北越的援助，以使南越政权能够继续存在。①

1969 年 1 月 31 日，在给总统的每日简报中，基辛格提及中央情报局报告的一个消息，称波兰政府相信"美国知道，比起反对美国而言，中国人现在更加反对苏联。美方正在发掘同中国恢复关系的可能性"。尼克松对此颇感兴趣。第二天，他要求基辛格："应当尽可能鼓励这样的态度，即本届政府正在'发掘同中国恢复关系的可能性'。"他很乐意以私下的方式，在不向公众媒体透露丝毫信息的前提下，培植这种观点。② 尼克松的这份备忘录是要基辛格去"私下"造成一种假象，即"美国正在发掘同中国恢复关系可能性"。但是，这种姿态的对象不是"中国的朋友，而是东欧人"，目的是使苏联人感到不安，"激发他们帮助我们结束越南战争"。③

这份备忘录没有直接送交基辛格，而是首先送给国家安全委员会职员斯内尔德（Richard L. Sneider）。2 月 6 日，斯内尔德向基辛格提出几条建议，认为可以满足尼克松"靠私下渠道进行并且不为媒体所知"的要求：其一，既然苏联人一直非常关心中美华沙大使级会谈的内容，那么，如果美国拒绝安慰苏联和东欧国家对中美关系缓和的担心，则恰好达到美国寻求的效果；其二，将这一消息回复给波兰渠道；其三，既然苏联人和波兰人肯定会"完全记录"④ 中美华沙会谈的内容，那么不妨就在华沙故

---

① 〔美〕基辛格：《白宫岁月》第 1 册，第 208 页；国家安全委员会职员温斯顿·洛德、国务院负责远东和太平洋事务代理助理国务卿小亚瑟·胡默尔（Arthur W. Hummel, Jr.）的口述，参见 China Confidential, pp. 230-231。现任美国国务院副国务卿的罗伯特·霍马茨（Robert Hormats）曾作为基辛格国家安全委员会工作人员参与为 1972 年尼克松访华的准备工作，他在 2012 年 3 月 26 日在亚洲协会讲话时指出："当尼克松总统访问北京的时候，焦点是战略性的。对美国来说，主要是为了加强我们和北越谈判的立场。对中国，也对美国来说，这是为了抗衡当时所认为的苏联对中国日益增强的军事威胁。"引自 http://iipdigital. usembassy. gov/st/chinese/texttrans/2012/03/201203262746. html#ixzz1ribpQKTm。

② Memorandum from President Nixon to his Assistant for National Security Affairs (Kissinger), FRUS, 1969-1976, Vol. XVII, p. 7.

③ 〔美〕基辛格：《白宫岁月》第 1 册，第 214~215 页；〔美〕尼克松：《尼克松回忆录》中册，第 654 页。

④ 指窃听。

作姿态。①

既然深信打开通向中华人民共和国大门具有重要性的尼克松和基辛格仍没有找到实现与中国和解的道路,②那么在这种情况下,斯内尔德建议的措施不失为一种具有操作性的选项,尤其是第三点,即利用中美大使级会谈向东欧各国尤其是苏联"故作姿态"的示形之计。然而,这些都不过是为了解决越南问题而设计的小动作,并没有在实质上改善中美关系的意图。"故作姿态"之计,随着尼克松和基辛格选择国务院设计的对华谈判方案而得到最终的认可。

为筹备1969年2月20日举行的第135次中美大使级会谈,美国国务院东亚暨太平洋事务局亚洲共产党事务办公室,拟就一份题为"共产党中国/华沙会谈"的报告,并于2月3日送交基辛格。与白宫打算用并无实质内容的示形之计利用华沙会谈不同,国务卿罗杰斯为筹备第135次中美大使级会谈颇费心思,并屡次催促基辛格尽快修改并提交总统审阅。然而,基辛格迟迟未能完成修改。在基辛格和国防部长莱尔德、参谋长联席会议主席惠勒等其他国家安全委员会官员看来,这次会谈能否持续一天都值得怀疑,对会谈能产生的效果更不能抱太大希望。③ 直到2月12日,基辛格才向尼克松递交了一份关于国务院报告内容的备忘录。④

---

① Memorandum from Richard L. Sneider of the National Security Council Staff to the President's Assistant for National Security Affairs (Kissinger), February 6, 1969, FRUS, 1969 – 1976, Vol. XVII, p. 9.
② 〔美〕基辛格:《白宫岁月》第1册,第207页。
③ Summary of a meeting between Henry Kissinger, Secretary of Defense Melvin Laird and Joint Chiefs of Staff chairman General Earle Wheeler regarding U. S. military contingency plans in the event of a Soviet attack against Israel, Jan 30, 1969, Source: DDRS, CK3100520408. 此外,基辛格在回忆录中也指出,中美大使级会谈的"重大意义似乎就在于,它是不能取得任何一项重大成就的持续时间最长的会谈。会谈已进行了134次,全都毫无结果"。〔美〕基辛格:《白宫岁月》第3册,第879页。
④ Telcon Secretary Rogers and Mr. Kissinger, 2 - 11 – 69, 10: 10, Source: Nixon Presidential Materials Staff, NSC Files, Kissinger Telcons, Chronological File, January 21, 1969 to May 30, 1969, Box 1, Folder 1 – 11 February, 1969; Telcon Secretary Rogers and Mr. Kissinger, 2 – 13 – 69, 10: 25, Source: Nixon Presidential Materials Staff, NSC Files, Kissinger Telcons, Chronological File, January 21, 1969 to May 30, 1969, Box 1, Folder 12 – 22 February, 1969; Telcon Secretary Rogers and Mr. Kissinger, 2 – 13 – 69, 7: 15 p. m. , Source: Nixon Presidential Materials Staff, NSC Files, Kissinger Telcons, Chronological File, January 21, 1969 to May 30, 1969, Box 1, Folder 12 – 22 February, 1969.

"共产党中国/华沙会谈"报告认为,中方对此次恢复会谈的反应更为积极。它不仅观察到中国对恢复会谈的回复比以前更迅速且责骂较少,而且注意到中方在1968年1月26日的声明中,再次提出遵守"和平共处"五项原则的主张。报告由此推测,"文化大革命"高潮过后,中国内部政治出现了某种调整,中国恢复大使级会谈的提议同要求美国从台湾撤军的联系是松散的,"中国有意返回到一种'温和的外交政策'上来,即强调中美国家间关系而不是革命倾向。尽管没有证据表明北京正在同我们寻求缓和(détente),然而很清楚,北京希望同我们在华沙继续某种形式的对话"。① 中方之所以表现出灵活性与温和的态度,报告推测,可能出于以下因素:中国内部困难重重,外部中苏关系日益紧张、美越巴黎和谈继续进行、北越军事力量消耗严重,以及为试探尼克松政府的对华政策和美国新政府在台湾问题上的立场。

在对中方的政策意图做出乐观判断的基础上,报告认为此次会谈提供了一次美国转变对华政策方向的机会:在既不放弃美国对台湾防卫承诺或削弱台湾地位又不损害美国亚洲盟友(主要是日本)利益的前提下,同"共产党中国"达成暂时的妥协,将会为东亚提供意义巨大的稳定环境。报告指出,会谈应寻求同北京达成具体的、可以实施的协定,实现实质性的而非口头上的"和平共处"。显然,这一建议同白宫"故作姿态"的立场截然相反。此外,鉴于此前已持续13年的大使级会谈中有关美国承认中国、联合国代表权这两个主要议题的讨论并无实质成果,报告还提出将中美重开非战略物资贸易谈判作为美方的政策建议。② 这是约翰逊政府以来美国政府内部放松对华贸易管制政策呼声的延续,并且很快得到白宫的肯定,成为尼克松政府单方面对华主动缓和的第一个公开举措。

最为重要的是,这份报告详列了美国在此次会谈中可以采取的四个策略方案。方案一是以中美关系正常化为明确目标,"在和平共处和不干涉

---

① Tab A, Memorandum from the President's Assistant for National Security Affairs (Kissinger) to President Nixon, February 11, 1969, *FRUS, 1969 – 1976*, Vol. XVII, p. 12.
② Tab A, Memorandum from the President's Assistant for National Security Affairs (Kissinger) to President Nixon, February 11, 1969, *FRUS, 1969 – 1976*, Vol. XVII, pp. 12 – 13.

其他国家内政的基础上,暗示美国已准备好同共产党中国进行关系正常化的谈判",表明美国外交的一个基本改变,但同时也要明确,中美关系的改善以不损害美国和"中华民国"的关系及承诺为前提。报告认为,这一方案的优点是有可能促使中美关系由意识形态上的对抗向正常国家间关系发展,使中国改变对亚洲及欠发达国家的政治斗争政策,鼓励中国领导层中那些认为"美国不是一个敌对力量,应当做出认真努力与其达成谅解"的观点。然而,鉴于这一方案可能被中国解释为美国的"软弱",引起美国在台湾的信任危机,误导日本等国家在美国之前承认中国或改变对中国联合国代表权问题的立场,其"获得北京方面积极回应的可能性很低,风险较高,无法立即获得回报"。方案二试图在台湾问题上实现中美关系的突破。它提出,美国在台湾问题上的政策底线是不放弃对台湾的防御承诺。但是,如果中国承诺放弃以武力解决争端,那么美国"愿意重新审查在台湾地区的军事存在"。但是鉴于意大利和加拿大正酝酿在外交上正式承认中华人民共和国,并且美国在向日本归还冲绳岛问题及撤军问题上已经对台湾当局造成刺激,报告对执行此方案持保守态度。方案三是除了方案四"采取主动击败中国人的冒犯"这一强硬的敌对方案外,最保守无为的。它建议从中国提出的"和平共处"的角度切入,询问中方是否愿提出任何具体建议。但是,除了表示愿意聆听中方的建议外,美方不会采取任何具体的主动。因此,它只是一个限于试探中方"和平共处"意图的多听少动的策略。①

在将报告送交基辛格审阅时,罗杰斯建议,在会谈中向中方暗示美国进行认真谈判的意愿,提议愿同中国开展科技交流,并且征求中国方面的具体意见。从政策设计来看,罗杰斯在打开对华关系大门的道路上走在了白宫之前。但基辛格并不以为然,认为向中国提出具体缓和建议的时机尚未成熟。按照白宫既定的策略,基辛格删去了其中那些可能造成美国将从台湾撤军的暗示,建议尼克松采取第三方案,认为这种"试探"与"聆听"的姿态,一方面可以减少对台湾的刺激,另一方面可避免使其他国

---

① Tab A, Memorandum from the President's Assistant for National Security Affairs (Kissinger) to President Nixon, February 11, 1969, *FRUS, 1969–1976*, Vol. XVII, pp. 13–15.

家将美国的任何主动缓和措施都视为对加拿大承认北京的回应，或美国对华政策的根本改变。基辛格建议，待国家安全委员会在3月底就对华政策进行全面评估之后，再做稳妥决定。① 2月13日，尼克松批准了基辛格的建议。②

基辛格的保守立场源自他对北京战略意图的判断。在他看来，北京并非认真改善与美国的关系，只不过是以重开会谈作为对抗莫斯科的杠杆。中国人想要试探美国新政府在对台政策上的"软肋"。基辛格的谨慎可归因于他缺少对华政策的经验，缺乏有关中国决策层真实意图的情报。正如他自己承认的，直至中苏边界爆发冲突，他才认识到施展三角战略的潜在可能性。③ 当他在1969年底1970年初从幕后渠道获悉中方战略意图时，便积极行动起来，步伐更是远远超出国务院的想象。而彼时的国务院却被排斥于白宫秘密外交之外，不清楚美国对华外交图景的全部。

美国国务院报告对过去13年中美大使级会谈成效的反思、对尼克松政府重开中美大使级会谈政策目的的定位，以及白宫对谈判策略的选择，都表现出尼克松政府就职初期在对华政策上的矛盾处境：既想表达新政府改善中美关系的愿望，又苦于面对痼疾缺乏创新之举；既想在中美关系上有脱俗之举，又不愿给盟友和美国声誉带来任何消极影响。

1968年11月底，为了试探中国的态度，美国国务院曾经向中国提出，将举行中美大使级会谈的地点从波兰提供的大楼转移到美、中两国使馆，以避免苏联或者波兰窃听，使双方能够更好地进行坦率而严肃的会晤。④ 1969年2月5日，中美大使级会谈中方联络秘书、中国驻波兰大使馆随员骆亦粟口头告知应邀赴中国使馆的美方外交人员，中国同意第135次中美大使级会谈在双方均已同意的日期和时间、在以往的地点召开，拒

---

① Memorandum from the President's Assistant for National Security Affairs (Kissinger) to President Nixon, February 12, 1969, *FRUS*, 1969–1976, Vol. XVII, pp. 10–15.
② Telcon Secretary Rogers and Mr. Kissinger, 2–13–69, 10:25, Source: Nixon Presidential Materials Staff, NSC Files, Kissinger Telcons, Chronological File, January 21, 1969 to May 30, 1969, Box 1, Folder 12–22 February, 1969.
③ Evelyn Goh, *Constructing the U.S. Rapprochement with China, 1961–1974: From "Red Menace" to "Tacit Ally"*, p. 131.
④ Tab A, Memorandum from the President's Assistant for National Security Affairs (Kissinger) to President Nixon, February 11, 1969, *FRUS*, 1969–1976, Vol. XVII, p. 12.

绝变换此次会谈的地点，但可以在 2 月 20 日的会议上进一步商谈。①

然而在 1969 年 2 月 4 日，即中方确认会谈时间与地点的前一天，发生了一个意外事件：中国驻荷兰大使馆临时代办廖和叔（二秘）叛逃。2 月 6 日晚 8 时，骆亦粟在华沙将以临时代办陈东名义致美国驻波兰大使斯托塞尔的信件，递交给了美使馆临时负责会谈事务的秘书托马斯·斯堪龙（Thomas Scanlong）。这封信以强硬的措辞抗议美国为廖和叔叛逃提供庇护，称"这是美国政府勾结荷兰政府蓄意制造的严重反华事件"，要求必须遣返廖和叔，否则美国政府必须承担由此带来的一切严重后果。② 一时间，中美双方驻波兰大使馆间"十分放松和愉快"的联络氛围被完全打破。③

虽然收到了抗议信，可在美国驻波兰大使馆的外交人员看来，事情似乎还没有严重到影响中美大使级会谈的地步。他们还在 2 月 10 日打电话到中国驻波兰大使馆，询问关于此次会谈的翻译以及是否以英文和中文主持的问题，只不过在与中国联络过程中变得更为理智与谨慎。为了维护中美大使馆之间在华沙的联络渠道，美方同意中方在互相传递信件程序上的要求，即无论哪一方的信件，都由美国使馆人员到中国使馆递送、领取。④ 2 月 11 日，波兰政府为第 135 次中美大使级会谈租定了场所。⑤

无论是经办中美大使级会谈的美国国务院官员，还是运筹帷幄于白宫的尼克松和基辛格，都没有预料到叛逃事件会成为扼杀会谈的祸端。2 月 11～15 日，白宫一直在精心修改国务院提交的关于华沙会谈的报告。然

---

① Cable from Stoessel, Walter J., Jr. to United States, Department of State, February 5, 1969, Source：DNSA, CH 00044.
② Cable 315, from Stoessel, Walter J. Jr., to United States, Department of State, February 6, 1969, Source：DNSA, CH00047；骆亦粟：《中美关系解冻的开端——最后两次中美华沙大使级会谈》，第 24 页。
③ Cable 313, from Stoessel, Walter J., to United States, Department of State, February 6, 1969, Source：DNSA, CH00046.
④ 骆亦粟：《中美关系解冻的开端——最后两次中美华沙大使级会谈》，第 24 页。Cable 348, from Stoessel, Walter J. Jr., to United States, Department of State, February 10, 1969, Source：DNSA, CH00049。
⑤ Cable 360, from Stoessel, Walter J. Jr., to United States, Department of State, February 11, 1969, Source：DNSA, CH00050.

而2月18日上午10时，由中国驻波兰大使馆官员送交的一封简短信件令美国各方尤其是为此次中美大使级会谈做了大力准备的国务院官员大吃一惊。在信中，中方强烈谴责"美国政府与荷兰政府合谋，直接制造这场引诱前中国驻荷兰外交官廖和叔叛逃祖国，并且由美国中央情报局送往美国的严重的反华事件"，并宣布"中华人民共和国政府认为，在目前美国政府一手制造的反华气氛下，按照原定计划在2月20日举行第135次中美大使级会谈，显然是很不适宜的"。由于甚为惊讶，斯堪龙在看完信件后，竟然不顾外交礼仪，把前来送信的中方使馆官员单独留在办公室，径自离开请示大使斯托塞尔。收到指示后，斯堪龙回来说："美方对中方单方面的行动深感遗憾。我们必须拒绝有关廖先生问题的指责，因为他的旅行是由他本人决定的。"①

随后，中国政府发表了取消大使级会谈的声明。② 消息一经传出，美国大使馆在当天就遭到大群记者的包围。情急之下，无奈之余，斯托塞尔向国务院发出紧急电报，询问应对媒体之策。③ 华盛顿时间2月18日12时28分，国务院常务副国务卿罗伯特·麦克罗斯基（Robert McCloskey）就中国取消华沙会谈等问题，在新闻发布会上宣读了由国务卿罗杰斯署名的声明，对中方取消会谈表示失望和遗憾。声明称，美方谈判代表"已经被授权提出新的或者重新提出原有的建设性意见，包括考虑订立与我们在这一地区的条约义务相一致的和平共处协定，交换记者、学者、科学家和科学信息，以及建立邮政和电报联络等"。虽然中方取消了会谈，但"我们继续准备和中国共产党在任何时候进行会谈"。④

鉴于美国国内要求同中国开展文化交流和商业往来的呼声不断高涨，

---

① 骆亦粟：《中美关系解冻的开端——最后两次中美华沙大使级会谈》，第25页。
② 骆亦粟记载，在1969年2月17日收到这封国内发来的以代办名义致美大使的信件稿及译文，并嘱咐送出后电告国内，以便安排发表声明。骆亦粟：《中美关系解冻的开端——最后两次中美华沙大使级会谈》，第25页。
③ Cable 439, from Stoessel, Walter J. Jr., to United States, Department of State, February 18, 1969, Source: DNSA, CH00057.
④ Transcript of a press and radio news briefing with John Thomas, former Director of Refugee Affairs in Vietnam, Feb 18, 1969, Source: DDRS, CK3100516424.

国务院准备在此次会谈中着意提出更多建设性举措,如文化、科学交流和信息联络等。在后来曾出任台湾驻美"大使"的沈剑虹看来,美方在声明中表示继续准备同中国在任何时候进行会谈的态度,表现出"尼克松政府何等渴望恢复与北平的交往"。①

在麦克罗斯基2月18日的新闻发布会上,与第135次中美大使级会谈同样受关注的,还有美国三艘游艇在香港港口失踪的事件。②斯托塞尔在2月19日向国务院建议,首先,对香港游艇事件的处理应当与第135次大使级会谈分离,通过其他渠道、寻求其他政府的介入和帮助进行低调处理。因为如果由美国驻华沙大使馆与中方交涉游艇事件,就是在强调这个事件的政治色彩。其次,对于中美大使级会谈的后续交涉,他建议依循中方的说法,即"现在的气氛下不适合进行会谈",避免强调是中国人"取消"了会谈。"虽然我们不怀疑中国人取消第135次大使级会谈的意图,但我们应当避免表现出这可能不只是一个延迟。"总之,在宣传中要尽力使大使级会谈与其他意外事件相隔离,简单化、低调化,为日后恢复135次大使级会谈留余地。③

中国方面以美国"引诱"廖和叔叛逃为由,突然取消第135次大使级会谈,让美国措手不及。麦克罗斯基无奈地表示:"我们在应对刚刚发生的事情,严格地讲,就在几个小时之内发生的事情",任何人都不确定中国人是否会提出新的会谈日期。④

美国国务院为表示对此次会谈的重视,曾派出东亚暨太平洋事务局亚洲共产党事务办公室主任保罗·克里斯伯格和职员多纳德·安德森(Donald M. Anderson)⑤赴华沙参加会谈。因会谈的取消,他们被迫滞留在赴华沙的路上。2月18日下午,克里斯伯格从德国法兰克福给温思洛

---

① 沈剑虹:《使美八年纪要——沈剑虹回忆录》,世界知识出版社,1983,第57页。
② Transcript of a press and radio news briefing with John Thomas, former Director of Refugee Affairs in Vietnam, Feb 18, 1969, Source: DDRS, CK3100516424.
③ Cable 444, from Stoessel, Walter J. Jr., to United States, Department of State, February 19, 1969, Source: DNSA, CH00061.
④ Transcript of a press and radio news briefing with John Thomas, former Director of Refugee Affairs in Vietnam, Feb 18, 1969, Source: DDRS, CK3100516424.
⑤ 美国国务院东亚暨太平洋事务局亚洲共产党事务办公室职员,华沙会谈的译员,后来做过驻香港总领事,1980年2月至1983年5月任美国驻上海总领事。

普·布朗大使打电话,说他马上到华沙同斯托塞尔商议应对中国取消会谈的措施,建议由他以私人身份向中国大使馆递送关于在华美国公民一事的信件,并且按照麦克罗斯基声明的原则同中方会谈。①

收到克里斯伯格的建议后,布朗立即向国务院负责政治事务的副国务卿约翰逊报告,赞赏克里斯伯格的建议。布朗认为,由克里斯伯格以私人身份向中方递交关于在华美国公民的信件,一方面代表了国务院的行动,可向美国民众表明国务院在争取机会保护美国公民的利益。另一方面,克里斯伯格可以以此为借口,同中方就有关中美大使级会谈的问题进行广泛的讨论,既避免中方做出消极的回应,也不会给外界造成美国"乞求"中国人继续会谈的印象。② 然而,克里斯伯格却吃了中方的闭门羹。对于他会见中国使馆官员的请求,中方一方面回复这样的会谈"在美国制造的反华气氛中是不必要且徒劳的",另一方面也表示愿意继续"通过平常渠道"交换信件。

鉴于中方的表态,斯托塞尔建议给中方回一封信。信中在回溯了中方取消1968年5月第134次大使级会谈、在1968年11月推迟原定会谈日期以及此次取消中方自己在1968年11月25日提出的于1969年2月20日举行第135次大使级会谈的事实后,斯托塞尔表示:"美国政府仍愿意继续同中华人民共和国对话。但是,鉴于中国在过去13个月的行为,美国政府不清楚中国政府是否愿意继续这类会谈。"他进一步解释:

> 会谈的主要目的是我们双方在私下讨论争议与分歧。美国方面已经说明廖和叔的实情。廖先生自主决定来美国,并且有可以随时离开的自由。你们2月6日的信中说廖先生已经"背叛"了他的祖国。很清楚,贵方政府已承认是廖先生自动离开了他在海牙的办公室。如果贵方政府希望同我国政府进一步讨论关于廖先生的问题,最好的机

---

① 温思洛普·布朗大使,在高级部际小组中负责中国问题研究,也是东亚暨太平洋事务局司的副助理国务卿。Cable 436, from Stoessel, Walter J. Jr., to United States, Department of State, February 18, 1969, Source: DNSA, CH00056.
② Letter from from Brown, Winthrop G. to: Johnson, U. Alexis, February 18, 1969, Source: DNSA, CH00058.

会就是在原定于2月20日的会谈上。因此，美国政府拒绝贵方政府单方面取消这次会谈的原因。

还请您注意在贵方2月6日信中对尼克松总统及前总统约翰逊的"一丘之貉"的描述。在我们的联络中，对我国政府或贵方政府领导人使用冒犯性的描述是不合适的。我国政府非常不能接受贵方2月6日信中的措辞。

无论如何，美国政府都准备好由我们两个政府的代表在华沙或者其他地方继续举行大使级会谈。因此，我请您询问贵方政府对于未来我们双方会谈的态度与意图，并且感谢您将回复告知我们。

尽管中国使馆官员答复说"中国现在没有恢复会谈的意思"，但斯托塞尔并未因此丧失信心。他认为，虽然北京没有给出恢复会谈的日期，但不排除在亚洲有新的重要情况发生的时候，中国人会认为需要同美国进行特殊接触，从而使华沙会谈得以继续。2月21日，美国国务院官员克里斯伯格与安德森离开华沙返回华盛顿。① 廖和叔叛逃事件使美国为打开同中国关系所做的全部努力不得不停下来。② 但是，也正如斯托塞尔所预料的，待到1969年3月中苏边界武装冲突的发生和升级时，中美关系的发展出现了新的动向。

所谓旁观者清。早在1969年2月中美即将恢复第135次大使级会谈之前，就有波兰记者观察到中美关系发展的新迹象，③ 认为中国人之所以在此时要求进行会谈，主要基于三个原因：第一，随着"文化大革命"高潮的消退，中国人愿意返回"国际舞台"；第二，同华盛顿达成谅解是北京开展激烈反苏运动的一个结果；第三，美国新政府的就职为中美关系"缓和"提供了契机。1968年中国给美国的关于恢复会谈的声明中包括两个要点，即美国从中国领土台湾省和台湾海峡地区撤出一切武装力量并拆除一切军事设施，两国签订关于和平共

---

① Cable 452, from Stoessel, Walter J. Jr., to United States, Department of State, February 20, 1969. Source: DNSA, CH00063.
② 〔美〕霍尔德里奇：《1945年以来中美外交关系正常化》，第34页。
③ 1969年2月15日，斯托塞尔向美国国务院报告了一位名叫Gregorz Jaszunski的波兰记者对于中美重开大使级会谈的评论。

处五项原则的协定。这位波兰记者认为,显然,中国松动了在台湾问题上的立场,华盛顿和北京都接受"和平共处"的原则,的确"很有意思"。①

中国政府取消此次中美大使级会谈的时间值得推敲。中方为何没有在廖案发生后立刻做出取消会谈的决定,反而继续与美方商定会谈的时间、地点、语言等问题,而在半个月之后突然做出取消会谈的决定呢?中方对第 135 次中美大使级会谈的原有政策考虑以及取消这次会谈的真实意图究竟是什么?

1968 年 10 月中共八届二中全会结束后,面对"文化大革命"在全国造成的混乱局面,毛泽东的革命激情已大大降温,开始着手整顿和恢复党的工作,落实政策,缩小打击面,扩大团结面。这些举措中包括,1969 年 1 月中共中央为因所谓"二月逆流"而受到批判的老干部落实政策并给予保护。2 月 19 日,毛泽东召集中央文革碰头会议成员开会,并请陈毅、李富春、李先念、徐向前、聂荣臻、叶剑英参加会议。会议一开始,他就说:"你们这几位老总研究一下国际问题,由陈毅挂帅,徐向前、聂荣臻、叶剑英参加。"② 之后,经过四位老帅的研究,由陈毅写报告建议打开中美关系,并从战略上利用美苏矛盾。

华沙时间 1969 年 2 月 6 日晚 8 时,中方向美国驻波兰大使馆递交了抗议信。2 月 10 日,在与美方沟通会谈准备情况时,中方的态度虽然发生了些许改变,在传送信件的程序上,态度变得比较强硬,却也没有任何取消会谈的表示。然而,华沙时间 2 月 18 日上午 10 时,中方却通知美方要取消会谈。此时,正是北京时间 2 月 18 日下午 5 时。也就是说,在中方通知美方取消会谈后的第二天,毛泽东就请四位老帅研究国际问题。

时隔多年,在回忆这段历史时,骆亦粟认为,中国领导人之所以采取取消会谈这一坚决行动,固然与当时重视廖案及"文化大革命"的氛围

---

① Cable 409, from Stoessel, Walter J. Jr., to United States, Department of State, February 15, 1969, Source: DNSA, CH00053.
② 中共中央文献研究室编,逄先知、金冲及主编《毛泽东传(1949~1976)》下卷,中央文献出版社,2003,第 1537、1541、1543 页。

等因素有关，但同时也是对美国大选后的新政府的一个攻势，是以压促变这一策略的继续。①

毛泽东在取消中美大使级会谈后立即要求四位老帅研究国际问题，表明他并没有因突发事件改变对大局的判断。但在中美关系的敏感阶段，中方不可能在认为受到伤害的情况下对美示弱，如期举行华沙会谈。举行华沙会谈是毛泽东本人批准的，在当时的情况下，也只能由毛泽东决定取消。除了对"美国与荷兰的合谋"做出强硬的反击姿态之外，还要达到其他什么目的，这些要等待中方材料的进一步解密或相关人士的回忆来解答。据罗马尼亚方面的解密材料，1969年5月12日，中国外交部副部长乔冠华在同罗马尼亚驻华大使的会谈中表示：

> 鉴于美国继续占领中国台湾并且支持"两个中国"的政策、继续对华敌对的立场，中国方面依然认为美国的对华政策没有改变。美国刺探中国政府对改善中美关系的立场，是侵犯加谈判的两面手法。中国政府对美国的态度是基于其对华的实际行动，而不是言辞。中美华沙大使级会谈的恢复要看美国态度的转变。②

中国领导人的考虑，是要等待美国方面做出改善中美关系的实际行动。但尼克松政府就职伊始在对华政策上存在矛盾，国务院积极推动与中国的接触和交流，而白宫关注的焦点依旧在越南战场，认为与中国打交道不过是解决越南问题的杠杆，且中国并无诚意改善对美关系，因此对于改善中美关系依旧持观望与利用的保守立场。对比来看，中方对美方意图的判断和策略的把握，显然比美方更为敏锐。中国领导人取消会谈，或是要以"叛逃"一事借力发力、顺势而为，促压美国在台湾问题上采取实质性的举措。于是，一直到1969年12月美国第七舰队舰艇在台湾海峡的巡

---

① 骆亦粟：《中美关系解冻的开端——最后两次中美华沙大使级会谈》，第25页。
② Document No. 1, "Telegram from Romanian in Beijing Aurel Duma to Foreign Minister Corneliu Manescu Regarding Conversation with Representatives of the PRC Ministries of Trade, Foreign Affairs, and Defense, 13 May 1969", *Cold War International History Project Bulletin*, Issue 16, p. 330.

逻由定期改为不定期，中国方面才在恢复大使级会谈一事上做出了最后的决定。

二 放松管制

1969年7月21日，在尼克松开始访问亚欧多国的环球旅行前，美国国务院宣布放宽与中国贸易和人员旅游的限制，即在国外的美国人可购买100美元以内的中国产品回国，议员、记者、教师、学者、学生、科学家和医生六类人员可以访问中国。① 这成为尼克松政府缓和中美关系的第一个单方面主动政策。

20世纪40年代末，以东西方两大阵营军事对峙为主要特征的冷战开始之后，贸易禁运与管制便成为西方在经济领域对以苏联为首的社会主义阵营施加的遏制。1949年，美国制定了《出口管制法》（Export Control Act of 1949），严格控制武器和军民两用技术、产品进入社会主义国家，并根据不同国家与美国的关系及其实力等因素，按管制由严到宽的程度将世界上的国家分为Z、S、Y、W、Q、T、V七个组，中国最初被列为Y组。朝鲜战争爆发、中国赴朝参战后，被列入全面禁运的Z组。② 1952年9月，美、英、法、加、日等国决定成立"中国委员会"

---

① 关于这一事件，中外著述均有所述，然而对于尼克松政府为何选择此时发布政策、其意图如何以及政策设计过程等，并没做出解答。王泰平主编《中华人民共和国外交史》第3卷，第348页；陶文钊：《中美关系史（1949－1972）》中卷，第322页；何慧：《尼克松与中国——半个世纪的不解之缘》，第127页；沈剑虹：《使美八年纪要——沈剑虹回忆录》，第59页；熊向晖：《我的情报与外交生涯》，中共党史出版社，1999，第179页；包宗和：《美国对华政策之转折——尼克松时期之决策过程与背景》，第36页；〔美〕霍尔德里奇：《1945年以来中美外交关系正常化》，第38页；〔美〕基辛格：《白宫岁月》第1册，第226页；〔美〕基辛格：《大外交》，第699页；Chen Jian, *Mao's China and the Cold War*, p. 247; Robert Dallek, *Nixon and Kissinger: Partners in Power*, p. 146; Yafeng Xia, *Negotiating with the Enemy: US–China Talks during the Cold War, 1949–1972*, p. 131。随着近年来美国国家档案馆尼克松总统档案的解密和整理，1969年尼克松政府颁布此政策的台前幕后及其曲折跌宕、对华管制政策的设计过程、发布时机的选择及其政策意图等问题终可有彰于后世。

② 范青竹：《美国出口管制法及对中美经济贸易影响的法律分析》，复旦大学硕士学位论文，2010，第10页。

(China Committee of the Paris Consultative Groups, CHINCOM),对中国实行特殊管制,除巴黎统筹委员会(正式名称为输出管制统筹委员会,简称巴统)清单上的所有禁运物资全部对中国有效外,还制定了一份包含207种不在巴统管制清单内的所谓的"中国特别清单",使对中国实施贸易禁运的程度明显高于对苏联及东欧国家实施的禁运,即所谓的"中国差别"(China Differential)。① 同中国、朝鲜、北越和古巴进行任何金融与商业往来,都需要特别许可证。此外,美国法律还禁止公民到许多共产党国家旅行。②

然而,对共产党国家的贸易与旅行限制在20世纪60年代中后期就已受到抨击,开始发生动摇。早在1963年,美国驻香港总领事马歇尔·格林就曾经向国务院发出一系列电报,建议减少对华旅行和贸易限制,改善两国关系。③ 约翰逊政府也曾有意修改贸易和贷款限制、旅游限制等政策。④

到1969年6月30日,1949年出台的《出口管制法》就要期满。尼克松就职伊始,政府上下在修改《出口管制法》问题上发生了分歧。⑤ 国务院与商务部的官员认为,现有美国对东西方贸易的管制政策不但已经过时,而且不符合平衡贸易收支的长期目标,应当进行修改,放松管制。⑥ 但是,尼克松和基辛格有不同的战略思考。他们认为,对东欧尤其是苏联

---

① 1957年,英国单方面从其出口管制清单中取消了"中国差别"。到1957年底,除美国、日本外,巴统其他成员国都取消了"中国差别"。在艾森豪威尔总统1957年9月16日批准的国家安全委员会第5704/3号文件中,依然坚持对中国实施全面的贸易禁运,因为"放松美国禁运将产生长期的政治和心理上的影响,将严重削弱我们在远东的地位"。戴超武:《美国"贸易自由化"政策与中国"改革开放"(1969~1975)》,《史学月刊》2010年第2期,第88页。
② 〔美〕基辛格:《白宫岁月》第1册,第191页。
③ 〔美〕霍尔德里奇:《1945年以来中美外交关系正常化》,第50页。
④ FRUS, 1964 - 1968, Vol. XXX, Documents 302 - 306, 313, 328, and 336.
⑤ 〔美〕基辛格:《白宫岁月》第1册,第191~192页。
⑥ Letter from the Ambassador to Austria (MacArthur) to the Deputy Under Secretary of State for Economic Affairs (Samuels), April 4, 1969; Action Memorandum From the Acting Assistant Secretary of State for Economic Affairs (Greenwald) to the Deputy Under Secretary of State for Economic Affairs (Samuels), April 16, 1969, FRUS, 1969 - 1976, Vol. IV, Documents 289, 291. 国务院、财政部和国防部的意见,详见戴超武《美国"贸易自由化"政策与中国"改革开放"(1969~1975)》,《史学月刊》2010年第2期,第90~91页。

的贸易政策,应当同美苏在其他诸如限制战略武器、越南战争、柏林等问题上的谈判相联系,即所谓的"挂钩"战略。①

为了更好地研究美国对共产党国家的贸易政策,1969年3月28日,在尼克松的授权下,基辛格签署了第35号国家安全研究备忘录(NSSM 35),要求重新研究美国对东欧、亚洲共产党国家与古巴的贸易禁运政策及其外部影响。② 基辛格特意将对"亚洲共产党国家"的贸易禁运政策列入研究范围,③ 但事实上,随后的研究和讨论都以东欧和苏联为中心,排除了古巴和亚洲。④

由于苏联拒绝向北越施加压力以帮助美国早日解决越战问题,尼克松坚定地拒绝了国务院、商务部要求放宽对苏联贸易管制的建议,不同意他们所持有的扩大美苏贸易有助于两国政治关系改善的想法,甚至下令反对一切放宽对苏贸易政策的立法努力。然而,出于另一种战略考虑,白宫倒是"对东欧多少乐于帮助些",希望通过有选择地利用贸易,鼓励东欧共产党国家争取政治自治。例如在1969年7月尼克松访问罗马尼亚之后,白宫采取了一些积极促进美国对罗贸易的措施。不过,对罗马尼亚的行动是经过谨慎选择的,并不意味着要放宽对所有东欧国家的贸易管制。经过国务院和商务部的不断争取,直到1969年12月,国会才通过了1969年《出口管制法》(*Export Administration Act of 1969*),放松了旧《出口管制法》中的限制,但同时规定要由总统对政策的实施做出决定。⑤

那么,尼克松为何仓促选择在1969年7月21日,即环球旅行之前低

---

① 〔美〕约翰·盖迪斯:《遏制战略:战后美国国家安全政策评析》,时殷弘、李庆四、樊吉社译,世界知识出版社,2005,第307~308页。Letter from President Nixon to Secretary of Defense Laird, February 4, 1969, *FRUS*, *1969 – 1976*, Vol. I, Document 10; Editorial Note, *FRUS*, *1969 – 1976*, Vol. I, Document 11.

② National Security Study Memorandum 35, US Trade Policy toward Communist Countries, March 28, 1969, *FRUS*, *1969 – 1976*, Vol. IV, Document 288.

③ 〔美〕基辛格:《白宫岁月》第1册,第219页。

④ NSSM35 及其后续相关研究报告参见 U. S. Trade Policy toward Communist Countries, excluding China, Cuba and Yugoslavia Detailed, National Security Council, May 28, 1969. Source: DDRS, CK3100629096。

⑤ National Security Decision Memorandum 15, May 28, 1969, *FRUS*, *1969 – 1976*, Vol. IV, Document 299. 〔美〕基辛格:《白宫岁月》第1册,第192~193页。

调宣布放松对中国的贸易及旅行限制？① 国务院在其中发挥了什么样的作用？

1969年3月2日，中苏两国军队在珍宝岛发生了第一次武装冲突。随后，两国又在3月15日发生了第二次边界冲突。很快，苏联驻外大使纷纷在驻在国同美国、法国、德国、澳大利亚、加拿大、日本等国外交部长会面，表达苏方对中苏边界冲突的政策和立场。他们强调，苏联边防军严守不得主动开火进攻的命令，但遭到中方先发制人的攻击和俘虏，共产党中国的领导人有能力采取比这更危险的步骤。苏联的这套动作看似反应过激，因为像澳大利亚这样的国家，与中苏边界冲突毫无关联，然而，却并非不好理解。美国的情报人员分析，这是苏联人在制造国际舆论，为苏联在西伯利亚边境采取进一步行动做铺垫。② 3月22日，基辛格在巴黎同北越代表进行第一次秘密会谈时，北越代表团团长春水突然出人意料地大声喊道：美国想利用苏联和中国的分歧，这决不会得到什么好处，越南人将依靠自己。③

苏联人"拙劣的外交表演"和越南的强烈反应，引起了在一边作壁上观的美国决策者的兴趣。他们洞察到这是一个巨大的战略机会。④ 尽管中苏冲突的程度、两国关系的发展前景仍不明朗，但利用中苏分歧向北越施压显然有利于美国早日结束越战。应当如何把握这一战略机会，采取什么样的步骤，既可以避免卷入中苏双方的冲突，又可以利用它来实现美国利益的最大化呢？国务院和国家安全委员会都做出了一些积极的公开表态和政策研究。1969年3月27日，国务卿罗杰斯对参议院外交关系委员会表示，尽管中方取消了华沙会谈并且中国内部存在政治斗争，"但是我们继续等待双方可以开展有益对话的时机，向着减少紧张、解决分歧和发展更富有建设性关系的方向发展"。⑤ 4月21日，他又利用出席美国联合通

---

① 关于尼克松政府放松对华管制政策的战略考虑，参见拙文《尼克松政府放松对华管制政策出台前后》，《中共党史研究》2009年第9期，第52~61页，特别是第54~58页。
② Memo, White House, Mar 13, 1969, Source: DDRS, CK3100547214.
③ 〔美〕基辛格：《白宫岁月》第1册，第219页。
④ 〔美〕基辛格：《白宫岁月》第1册，第218~219页。
⑤ Department of State Bulletin, April 14, 1969, p. 312, 转引自 footnote 6, *FRUS, 1969–1976*, Vol. XVII, China, 1969, p. 38.

讯社年会的机会,再次表达了美国政府希望改善与中国关系的愿望。他宣布,美国"将采取主动缓和行动,与共产党中国重新建立更为正常的关系。并且,我们将对他们发出的任何较少敌对性的暗示,都予以积极的回应"。① 不久,基辛格开始主持美国对中苏分歧态度与立场的研究。5月15日,他主持召开了由国家安全委员会、国务院、国防部、中央情报局等部门代表参加的高级评估组会议,讨论了美国对华政策。在这次会议上,尽管基辛格认为"所有讨论都是空对空的",没有谈到中苏紧张关系的全球含义和美国在美中苏三角关系中可能获得的机会。② 但是,与会人员在缓和中美关系、谨慎利用中苏分歧等策略上,达成了基本的一致。负责东亚暨太平洋事务的副助理国务卿温思洛普·布朗赞同以渐进的方式缓和中美关系:"这是国务院的倾向,并且国务卿罗杰斯已经公开提出了这点。"与会者认为,要缓和美国对华政策,放松贸易管制和旅行限制不失为可以立刻实行的恰当选择。③

正当白宫和国务院酝酿应对中苏军事冲突、缓和对华关系的举措时,1969年4月16日,中苏在新疆边境又爆发了新一轮的战斗。随后,基辛格注意到,在中国把苏联提升为和美国同级的"苏修叛徒"后,中国也同美国一起成为苏联的主要敌人。5月,中苏在黑龙江流域发生战斗;5月20日、6月10日,两国在新疆边境又发生严重冲突。新疆冲突的发生,最终解答了基辛格心中关于谁是攻击者的疑问。当时,华盛顿流行的观点认为,中国是一个更好战的国家,但基辛格在分析了中苏在新疆发生战斗的地图后,认为战斗发生的地点离苏联铁路终点只有几英里,而离中国的任何一个铁路终点都有几百英里。中国的军事领导人不会选择这样的不利地点发动进攻。④ 因此,不应当是中国方面首先发动的进攻。

---

① Editorial Note, *FRUS*, 1969 - 1976, Vol. I, Document 21.
② 〔美〕基辛格:《白宫岁月》第1册,第223页。
③ Minutes of the Senior Review Group Meeting, May 15, 1969, 2: 10 - 3: 55, *FRUS*, 1969 - 1976, Vol. XVII, pp. 31 - 39. 美国中央情报局对于NSSM14的回复,也是建议如果采取缓和中美关系、减少美国对中国孤立的策略的话,经济方面可以采取放松对华贸易控制,达到巴统的水平。参见 Summary of the CIA Response to NSSM 14, undated, *FRUS*, 1969 - 1976, Vol. XVII, p. 30.
④ 〔美〕基辛格:《白宫岁月》第1册,第222页。

如果苏联是进攻者，那么对美国而言，这意味着什么？基辛格认为，苏联的进攻对美国来说既是问题，也是机会。问题是，苏联对中国的全面入侵不仅会破坏地缘政治，而且会打破全世界的心理平衡，以致出现无法遏制的严酷局面。机会在于，中国可能愿意重新进入世界外交舞台，缓和以前对美国的敌视。按照基辛格的均势理论，在两个敌对的伙伴中，联合弱的一方更有利于遏制强者。所以，美国选择中国，有助于使苏联有所克制。抵制苏联对中国采取鲁莽行动、启动三角外交战略的首要条件，是"同中国建立某种联系"。在这一过程中，基辛格强调，美国必须注意不能操之过急，以免对中苏双方造成刺激。如果美国行动过快或过于张扬，很可能被中国拒绝；如果行动太迟缓，有可能被中国怀疑为美苏勾结，最终迫使北京不得不与莫斯科妥协。此外，就美国国内民众而言，还存在如何改变中国是"不共戴天敌人"的认知的问题。①

与此同时，苏联从1969年6月开始，在外交上就中苏冲突大做文章。苏联驻美大使多勃雷宁在同基辛格的谈话中明确表示："中国不再是（苏联的）一个盟国，它是我们主要的安全问题。"② 6月7日，勃列日涅夫在莫斯科的共产党和工人党国际会议上谴责毛泽东，鼓吹建立"亚洲集体安全体系"。基辛格认为，这样的"体系"只能是针对中国的。③ 随后，苏联政府向西欧各国政府发送了一份从历史角度介绍苏方对中苏边界纠纷观点的报告，提议同中国在莫斯科进行谈判。6月14日，基辛格收到苏联驻美国大使馆代办切尼亚科夫（Yuri N. Tcherniakov）递交的这份报告后，立即给尼克松打电话。尼克松虽然不明白苏联人为什么如此小题大做，却反应敏锐。他对基辛格说："如果他们与中国有什么麻烦的话，我们应当加快速度采取行动。"④ 其实早在三天前，尼克松即已向负责东

---

① 〔美〕基辛格：《白宫岁月》第1册，第222~223页。
② Memorandum from the President's Assistant for National Security Affairs (Kissinger) to President Nixon, June 11, 1969, June 13, 1969, FRUS, 1969–1976, Vol. XII, Document 56.
③ 〔美〕基辛格：《白宫岁月》第1册，第224页。
④ Telcon Mr. Toon, State Department and Mr. Kissinger, 6/14/69 11: 05 a.m.; Telcon the President and Mr. Kissinger, 6/14/69 3: 15 p.m. 以上两个文件来源于National Archives, Nixon Presidential Materials Staff, NSC Files, Kissinger Telcons, Chronological File (November 1, 1969 to January 26, 1970), Box 3, Folder 2–18 June, 1969.

亚暨太平洋事务的助理国务卿格林表示对中国政策"感兴趣",倾向于采取一些不会产生实际互惠前景的短期步骤,如放松对华贸易和旅行限制。①

就在尼克松表示"我们应该加快速度采取行动"的当天,国家安全委员会在研究国务院等部门报告的基础上,草拟了对题为"美国对华政策"的第 14 号国家安全研究备忘录(NSSM14)的回复。这份回复建议,在近期将美国对中国出口的限制减少至美国对苏贸易的水平,在长期将限制减少至巴统的水平。近期政策的优点是:第一,它通过行政部门的运筹就可以完成;第二,这些政策既不会对美国安全造成损害,也不会明显增强北京获得物资的能力,且使美国能够同欧洲、日本竞争中国市场;第三,减少了美国贸易管制政策中的"反华"色彩,表明美国重视同中华人民共和国增加接触,实施缓和紧张关系的单边行动;第四,取消美国游客在境外购买中国商品的限制,既可以减少对美国旅游者的限制,又可以简化冗繁、高成本的行政程序。同时,报告也指出了这些政策存在的缺点,例如:不一定会促进中美贸易或增加经济交往;中国可能因此获得急需的物资;"中华民国"会认为这一政策代表美国对华政策的改变而加以反对;其他国家会认为这是美国对北京的安抚,进而削弱他们对美国在中国联合国代表权问题立场与限制战略物资贸易政策的支持。②

依照上述政策方向,美国国务院承担了研究放松对华管制的具体措施的任务。1969 年 6 月 21 日,副国务卿理查森向基辛格提出了四项政策建议:(1) 修改或完全取消对所有权属于美国的海外子公司同中国进行交易的禁令,同时维持对美国与中国开展直接贸易以及北京获取美元渠道的限制;(2) 取消对禁止美国公司向共产党中国所属船只、租用船只或驶向中国的船只提供石油产品的限制,因为这些管制政策对中国基本没有影响或者根本没有效果;(3) 放松对美国游客购买中国产

---

① Note 3 of National Security Decision Memorandum 17, June 16, 1969, *FRUS*, *1969 – 1976*, Vol. XVII, p. 40.
② Memorandum regarding background information on U. S. policy toward China in preparation for the 6/25/69 National Security Council (NSC) meeting, Jun 17, 1969, Source:DDRS, CK3100536048, pp. 1 – 2.

品的限制,允许美国游客在海外购买有限数量的中国产品,暗示美国有同中华人民共和国增加接触的愿望;(4)选择性地减少受管制的物资,允许对例如食品谷物、农业设备、药品和化肥实行更为宽松的许可证政策。最后,理查森还向基辛格说明:"这些及其他更广泛的削减对华贸易限制的政策,国务院已考虑过多次。去年底,国务院就向总统建议取消对美国海外子公司贸易的管制。"他认为,这些措施可以减少美国与盟国因对华出口管制问题产生的有关治外法权的争端,向中国表明美国对同中国增加接触、缓和紧张关系的意愿,简化行政手续。总之,"既不会在实质上有助于中国共产党人,又可以维持基本的管制范围"。此外,他还指出放松对华贸易管制政策对构建中、美、苏大三角关系的战略意义:

> 苏联与中国的紧张关系,使得苏联人对我们的对华政策态度特别敏感。毫无疑问,我们采取以上建议措施将至少引起他们的猜疑,如果不是担忧的话。我们将会提醒苏联人,他们不能以想当然的态度对待我们与中国的关系,在这方面我们也有自己的选择。这将向他们表明,与美国发展更好的关系不仅符合他们的长期利益,而且是一条双行道,苏联人需要在解决我们之间更为麻烦的问题时表现出合作的意愿。

为了实现这种战略效果,理查森还建议,要在中苏紧张关系恶化之前迅速采取行动。①

两天之后,基辛格将理查森的建议提交给尼克松。除了取消对向中国出口石油的限制外,尼克松批准了其他几项措施。② 按照尼克松的决定,6月26日,基辛格签署了第17号国家安全决定备忘录(NSDM17)。这份

---

① Memorandum from the Under Secretary of State (Richardson) to the President's Assistant for National Security Affairs (Kissinger), June 21, 1969, *FRUS, 1969 – 1976*, Vol. Ⅳ, Document 300.

② Action Memorandum from the President's Assistant for National Security Affairs (Kissinger) to President Nixon, June 23, 1969, *FRUS, 1969 – 1976*, Vol. Ⅳ, Document 301. Note 4 of National Security Decision Memorandum 17, June 16, 1969, *FRUS, 1969 – 1976*, Vol. ⅩⅦ, p. 40.

题为"放松对华经济管制"的国家安全决定备忘录，分别发给了国务卿、财政部长和商务部长。它明确指出："在广泛的对外政策基础上，总统已经决定修改我们对中国的部分贸易限制"，这包括：（1）取消《外国资产管制条例》（Foreign Assets Control Regulations）中对美国公司的海外子公司同中国进行非战略性物资贸易的限制，这些非战略性物资的性质需由巴统认定；（2）修改《外国资产管制条例》中禁止购买中国物品的限定，允许美国游客或者外国居住者购买限量的中国物品回国；（3）修改海外资产控制办公室的规定及出口管制政策，准许对食品、农业设备、化学肥料和药品颁发出口许可证；（4）在合适的时间尽早修改非战略物资进出口管制政策，逐步发展平衡贸易。① 第 17 号国家安全决定备忘录还决定由理查森主持国家安全委员会副部长级委员会，研究提出更详细的建议。②

1969 年 6 月，在酝酿放松对华管制政策的同时，尼克松和基辛格还在筹划与苏联进行限制战略武器谈判和访问罗马尼亚两件大事。用基辛格的话说，前者是为了以谈判的方式"缓和"与苏联的关系，后者则是为了"刺激一下苏联人"，让他们为美国的"中国牌"发狂。③ 所以，选择一个合适的政策出台时间，既能赶上亚洲事态发展，又不影响美苏限制战略武器谈判，还不会让罗马尼亚之行具有明显反苏的意味，的确让尼克松政府着实费了一番心思。

1969 年 6 月 28 日，白宫戏剧性地宣布"美国总统将第一次访问一个东欧共产党国家"——罗马尼亚。为了安抚苏联方面的过激反应，基辛格在新闻发布会上温和地表示"这不是一个反苏姿态"。④ 消息传出，外界舆论积极回应尼克松的罗马尼亚之行，总统自己也为支持率上升到 75% 而欣喜。外界推测尼克松访问罗马尼亚背后有更加复杂的隐情。这就为美国实行模糊外交、采取一些政策措施搞对华缓和提供了一个难得的机

---

① National Security Decision Memorandum 17, June 16, 1969, FRUS, 1969 – 1976, Vol. XVII, pp. 39 – 40.
② 〔美〕基辛格：《白宫岁月》第 1 册，第 225 页。
③ 〔美〕基辛格：《白宫岁月》第 1 册，第 174、196 ~ 197 页。
④ 〔美〕基辛格：《白宫岁月》第 1 册，第 197 页。

会。7月9日,基辛格向理查森征求放松对华管制政策的意见,后者建议提前宣布第 17 号国家安全决定备忘录规定的放松对华管制的政策。① 于是,在随后与尼克松的电话中,基辛格不无惋惜地说:"很遗憾,在我们出发之前不能够采取一项对华主动缓和措施。"经此一语提点,尼克松当下决定将罗马尼亚之行与放松对华管制政策相联系,并且在基辛格"不要给罗马尼亚带来负担"的劝说下,改变了在访问罗马尼亚后、返回华盛顿之前宣布的想法,争取在环球旅行出发前宣布。②

尼克松原本想在新的《出口管制法》通过后,再宣布放松对华贸易管制的命令,由国家安全委员会副部长会议准备实施命令的计划。理查森之所以提出要提前宣布放松对华管制的政策,原因有三。第一,可以显示尼克松政府在调整贸易管制政策上的灵活性,从而在政府内证明没有必要修改旧的《贸易管制法》。这一点考虑正迎合了尼克松不愿在贸易问题上对苏联让步的想法。第二,如果拖延两三个月再宣布的话,其间可能发生难以预料的情况,如中苏冲突局势恶化等。若彼时再行宣布,将对美国十分不利。此外,时间的拖延又会增加媒体泄密的可能性,给政策规划人员的工作带来麻烦。第三,如果等到从布加勒斯特回来后再宣布,还容易使外界将放松对华管制同尼克松访问布加勒斯特带有的反苏色彩相联系,使这一政策具有"太明显的反苏意味"。此外,理查森还表示,他主持的副部长会议已经准备好实施放松对华管制的指令,建议尼克松以低调的方式批准,并由共和党参议员布赖斯·哈洛(Bryce Harlow)向国会领导人做通气工作。③

尼克松对理查森的建议十分感兴趣,他让基辛格就放松对华管制一事听取共和党参议员哈洛和蒙特(Karl Earl Mundt)等人的意见。不料,蒙

---

① Telecon Under Secretary Richardson and Mr. Kissinger, 7/9/69 7:30 p.m., Source: National Archives, Nixon Presidential Materials Staff, NSC Files, Kissinger Telcons, Chronological File (June 2, 1969 to October 31, 1969), Box 2, Folder 1 – 12 July, 1969.

② 原文:"It's a pity we can't make a Chinese move before we go." Telcon The President and Mr. Kissinger, 7/9/69 3:25 a.m., Source: National Archives, Nixon Presidential Materials Staff, NSC Files, Kissinger Telcons, Chronological File (June 2, 1969 to October 31, 1969), Box 2, Folder 1 – 12 July, 1969。

③ Memorandum from the President's Assistant for National Security Affairs (Kissinger) to President Nixon, July 11, 1969, *FRUS, 1969 – 1976*, Vol. XVII, pp. 46 – 47.

特等保守派参议员对此强烈反对。他们担心放松对华管制会阻碍以"共产党中国"为潜在敌人的反弹道导弹系统的部署。① 美国宪法及其实践授予行政部门（总统）的外交权，主要限于政治和军事领域。在对外经济政策方面，宪法明确规定了国会的权力。国会通过批准对外贸易法来限制和规范总统的外交权。② 此时，白宫放松对华贸易管制的决心已定，为了减少阻力，不得不在放松贸易管制的内容上做出必要的妥协。

1969 年 7 月 17 日，理查森起草了放松对华管制的具体方案，包括允许特定团体到中国旅游，允许美国游客购买不超过 100 美元的非商业化用途的中国商品，允许与中国进行谷物贸易等。第二天，基辛格打电话请蒙特考虑理查森起草的方案，并说明美国放松对华管制的真正目的并不在于政策内容，而是要给苏联以轻微的刺激："我们不愿意提出那些中国人肯定会反对的政策。我们正试着刺激苏联人，让他们觉察有什么事情正在发生。"最终，尽管认为这些政策可能会给美国带来麻烦、引起诸多批评，蒙特还是表示他基本支持前两点。③

获得蒙特对方案的部分支持后，基辛格立刻告知理查森，并催促他加快政策的制定，争取在莫斯科对美方关于限制战略武器谈判的建议做出答复前正式宣布。相较于基辛格的我行我素，理查森则显得较为迟疑，他非常委婉地建议在公开发表声明之前通知相关政府官员、国会及台北方面，"不要让他们最后才从报纸上读到这件事情"。④ 但是，白宫没有完全接受理查森的忠告。当基辛格向尼克松汇报理查森的政策建议和蒙特的意见时，尼克松当即表示要听从蒙特的意见："告诉理查森按照前两点做，

---

① Telcon Under Secretary Elliot Richardson and Mr. Kissinger, 7/14/69 8：20 p. m. , Source：National Archives, Nixon Presidential Materials Staff, NSC Files, Kissinger Telcons, Chronological File (June 2, 1969 to October 31, 1969), Box 2, Folder 14 – 22 July, 1969.

② 任东来：《布什与中美关系》，《北美行》第 36 期，2000 年 3 月，电子期刊 http：//www. lanxun. com/bmx/bmx036/nm03602. htm。

③ Telcon Senator Mundt and Mr. Kissinger, 7/18/69 11：15 a. m. , Source：National Archives, Nixon Presidential Materials Staff, NSC Files, Kissinger Telcons, Chronological File (June 2, 1969 to October 31, 1969), Box 2, Folder 14 – 22 July, 1969.

④ Telcon Elliot Richardson and Mr. Kissinger, 7/18/69 11：20 a. m. , Source：National Archives, Nixon Presidential Materials Staff, NSC Files, Kissinger Telcons, Chronological File (June 2, 1969 to October 31, 1969), Box 2, Folder 14 – 22 July, 1969.

(有关）谷物的不可以，这样会在国会引起麻烦。"他还要求基辛格以私人身份，将此事告诉参议院多数派民主党领袖曼斯菲尔德。但是尼克松并没有做出提前通告台北方面的任何指示。①

最终，在1969年7月这次放松对华管制的政策中，为了减少反对派可能带来的阻力，尼克松策略性地否定了取消对华运销谷物限制的政策，形成了一个"实际的改变并没有多大重要性，但是象征意义非常广泛"的放松对华管制政策方案。② 无论在政策内容的酝酿还是在出台时间的选择上，基辛格与理查森都极为谨慎。白宫的用意在于以一种"姿态"作为"权宜之计"：既让中国人对美国单方面的主动缓和行动无可指摘，又不让他们得到太多的"实惠"；既让苏联人感到中美缓和的刺激，又不使他们因刺激过度而丧失与美国继续"缓和"的理智态度。最后，还要让国会中的两党领袖表现出一致的支持态度，只会赞赏尼克松的灵活外交姿态，而不会指责他向共产党做出了过多的让步。③ 1969年7月美国放松对华管制的政策，是白宫与国务院在对待中苏冲突问题上达成战略共识的产物，也是尼克松政府同国会妥协的产物，政策的姿态意义远大于政策的实质内容。④

尼克松政府将罗马尼亚之行与放松对华管制政策相连，意在试探盟国、共产党国家尤其是中苏两国的反应。然而，他们不愿在中苏军事冲突频发、情势尚不明朗、美国对冲突的政策立场游移未定时，引起外界对放松管制政策的过度猜测，使美国担负"偏向中国"引发的风险。谨慎起见，基辛格鼓励国务院常务副国务卿罗伯特·麦克罗斯基（Robert McCloskey）写文章，转移外界将罗马尼亚之行同中国问题挂钩的思路："既不要让人们有我

---

① Telcon The President and Mr. Kissinger, 7/18/69 12：30 p.m., Telcon Elliot Richardson and Mr. Kissinger, 7/18/69 5：35 p.m., Source：National Archives, Nixon Presidential Materials Staff, NSC Files, Kissinger Telcons, Chronological File（June 2, 1969 to October 31, 1969）, Box 2, Folder 14 – 22 July, 1969.
② 〔美〕基辛格：《白宫岁月》第1册，第224页。
③ Telcon The President and Mr. Kissinger, 7/18/69 5：45 p.m., Source：National Archives, Nixon Presidential Materials Staff, NSC Files, Kissinger Telcons, Chronological File（June 2, 1969 to October 31, 1969）, Box 2, Folder 14 – 22 July, 1969.
④ 基辛格认为："这些措施本身都不算太具重大意义，但是旨在传达美国有了新作风。"参见〔美〕基辛格《大外交》，第699页。

们倾向中国的想法,也不让他们有我们倾向苏联的想法。"①

随着中苏军事冲突日渐升级,美国的政策立场愈发引人瞩目,更迫使尼克松和基辛格加紧筹划美国的政策,以免陷入被动。1969年7月18日,在最后确定放松对华管制政策的内容之后,尼克松特意询问基辛格,在当天记者招待会上是否有记者会问到关于美国是否会卷入中苏冲突的问题。尼克松说:"我们应当开始考虑政策措施了,这样才不会陷入另一场越战。"尼克松和基辛格决心放松对华管制的本来目的在于向苏联施加压力,使其尽快同美国开展限制战略武器会谈等一系列营造"缓和"的谈判,同时试探中国方面对美国对华主动缓和政策的反应。当中苏冲突、罗马尼亚之行、放松对华管制政策等一系列事件即将促成一种战略关系的转变时,决策者终于难掩得意之情。在谈到苏联对美国的政策时,尼克松对基辛格的说法,即"苏联人只需要同我们保持表面上的友好关系"表示赞同,并说:"这样的表面友好关系能帮助他们应付自己的对手。"基辛格回应说:"他们想要稳定局面以集中精力孤立中国。只要我们不和他们一起合伙,就符合我们的利益。"尼克松得意地表示:"等到这次访问旅行结束,当发现我们正在打一场中国牌的时候,他们肯定就会发狂了!"②

三 再续会谈

尽管在环球旅行中,尼克松开始背着国务院建立了有关中国问题的幕后渠道,但国务院并没有停止争取恢复中美联络与对话的努力。

1969年3月8日,在结束欧洲之行后,尼克松召开了记者招待会。有记者提出:"您是否准备同红色中国达成更好的谅解?"尼克松回答说:"展望前方的道路,我们可以设想与红色中国达成更好的谅解。但是从现实来说,鉴于红色中国中断了计划中的华沙会谈,我不认为在当前情况下,应对在这方

---

① Telcon Bob McClosky and Mr. Kissinger, 7/14/69 11:10 a.m., Source: National Archives, Nixon Presidential Materials Staff, NSC Files, Kissinger Telcons, Chronological File (June 2, 1969 to October 31, 1969), Box 2, Folder 14 – 22 July, 1969.
② Telcon The President and Mr. Kissinger, 7/18/69 5:45 p.m., Source: National Archives, Nixon Presidential Materials Staff, NSC Files, Kissinger Telcons, Chronological File (June 2, 1969 to October 31, 1969), Box 2, Folder 14 – 22 July, 1969.

面取得任何突破持很乐观的态度。"① 与尼克松的态度形成对比的是3月27日罗杰斯在参议院外交关系委员会的演说，其中公开表示期待与中国发展建设性的关系。② 此外，国务院在3月还私下向中国驻波兰大使馆表示，愿意同中国代表在华沙或者其他地方恢复中美双边会谈。在出台1969年7月放松赴中国旅行管制政策的过程中，尼克松只是批准修改而非完全取消放松到中国旅行的限制，并且将限制规定延长了6个月，至1970年3月15日。罗杰斯在随后向尼克松进一步建议，在适当的时机取消所有对华旅行的限制。③

1969年7月，苏联再次明确无误地表达了对中国威胁和中美联合的担忧。7月10日，在莫斯科举行的最高苏维埃年中会议上，苏联外长葛罗米柯发表了一次长篇演说。很快，中央情报局局长赫尔姆斯向国务卿罗杰斯汇报了演说的情况。他指出，葛罗米柯的发言表明莫斯科有意赋予对中国的斗争以新的优先性，并修改了其他政策以实现对北京的孤立。苏联方面对于改善与目前中国领导人的关系并不抱希望，担心美国利用中苏冲突来对抗自己。总之，赫尔姆斯认为："很清楚，中国问题已经达到了一种使苏联政策发生转向的紧张程度。这种转向意在避免与他国发生不必要的冲突，保证那些难以在反华阵营中被控制的国家至少不会与北京合谋对抗苏联。"④

赫尔姆斯的分析更促使罗杰斯以向中国示好的举动来刺激苏联人。机会很快到来。1969年7月31日，他在东京表示："尼克松政府已经多次以各种方式表示，我们愿意改善同共产党中国的关系。"8月8日，他在澳大利亚首都堪培拉对国家新闻俱乐部（National Press Club）做演讲时又称，中国是一个"事实"，是一个"潜在的强国"，但被孤立于世界太久

---

① The President's News Conference of March 4, 1969, The President's Trip to Europe, *Public Papers of the Presidents of the United States*, *Richard Nixon*, 1969 (Washington: Office of the Federal Register, National Archives and Records Service, General Services Administration, 1971), p. 181.
② Department of State Bulletin, April 14, 1969, p. 312, 转引自 footnote 6, *FRUS, 1969–1976*, Vol. XVII, China, 1969, p. 38。
③ Memorandum from Marshall Green to the Under Secretary, October 6, 1969, Source: DNSA, CH00079, p. 1.
④ Memorandum from Director of Central Intelligence Helms to Secretary of State Rogers, July 14, 1969, *FRUS, 1969–1976*, Vol. XII, Document 66.

了,"这就是我们为什么一直寻求打开沟通渠道的原因。就在几天之前,我们放宽了对美国游客购买他们商品和赴中国旅游签证的限制。我们的目的是消除我们关系中的障碍,帮助大陆中国的人民忆想起在历史上我们对他们的友谊"。同1969年3月27日在参议院外交关系委员会的发言一样,罗杰斯再次表示:"我们期待这样一个时机,双方可以开展有益的对话,减少紧张。我们欢迎重新恢复与共产党中国的会谈。我们会很快采取其他方法,看看与北京的对话是否可以继续。这可以在华沙进行,也可以在双方都接受的地点举行。我们希望继续这样的对话;我们希望他们也有这样的愿望。"最后,他再次重申美国对中苏冲突的态度:"在中国与苏联斗争中,我们不站在任何一方,但寻求改善同一方或双方的关系。我们不会因为中国人不高兴而放弃与苏联的谈判,也不会因为苏联人不乐意而放弃与中国的接触。"①

作为中美唯一联络渠道的波兰通过近距离观察,敏锐地洞察到了美国对华政策的新动向。1969年8月16日,针对罗杰斯在堪培拉的演讲以及表态,波兰党报《人民论坛报》(Trybuna Ludu)发表了一篇评论,题为"美国与中国调情:为什么罗杰斯宣扬对中国的友谊"。文章认为,"美国对北京的姿态,罗杰斯在旅行中的每一站对中国的评论,以及对'友谊'一词的慷慨使用,这一切都是史无前例的"。它推测"华盛顿正在认真准备调整与北京的关系",在中苏冲突的大背景下,罗杰斯的表态是对中国人的"抚慰",使中国的注意力从美国在东南亚的军事行动转移到来自北方大国的威胁。②

可以肯定的是,罗杰斯几次传达的对华缓和信号,引起了国际社会的关注。然而中国方面的反应却十分谨慎。1969年8月18日,美国驻华沙大使馆借负责中美大使级会谈事务的秘书换人一事,与中国大使馆进行联络,探听恢复会谈的可能性。③ 然而,除了得知陈东已经返回中国、大使王国权仍在国内的情况之外,并无其他收获。尽管如此,美国驻波兰大使

---

① Patrick Tyler, *A Great Wall: Six Presidents and China*, p. 64.
② Telegram from Stoessel, Walter J., Jr. to United States, Department of State, Cable 2604, August 18, 1969, Source: DNSA, CH00078.
③ Telegram from Stoessel, Walter J., Jr. to United States, Department of State, Cable, 2580, 15 August, 1969, Source: DNSA, CH00076.

斯托塞尔却乐观地认为，从骆亦粟的反应可以看出，会谈的停止并不是最终的。①

至 1969 年 10 月，努力恢复中美华沙大使级会谈、颁布放松对华管制政策以及罗杰斯等高级官员的积极表态，都在暗示美国政府正寻求同中国建立一种更友好、正常的国家间关系，希望中国走出孤立，并在亚洲扮演一种更富有建设性的角色。这些公开的政策与言论"受到了媒体及国会的广泛欢迎与认可，没有引发媒体的批评，只有某些国会议员持孤立的保守性意见"。② 此外，美国政府还采取了一些非公开的政治、军事和外交措施，如停止美国舰队在台湾海峡的经常性巡逻；鼓励曼斯菲尔德等国会议员访问中国；鼓励巴基斯坦、柬埔寨、法国等国家向中国传达美国改善同中国关系的意愿。③

中方对尼克松政府一系列主动行动的反应，决定着美国下一步对华政策的方向。1969 年 10 月，国务院东亚暨太平洋事务局亚洲共产党事务办公室主任保罗·克里斯伯格起草了题为"中国对美国对华主动政策的反应及美国下一步对华政策"的报告，研究了中方对于美国主动缓和行动的反应。他注意到，在 1969 年新政府就职之初，中国对美国政府特别是尼克松总统进行了一系列极端猛烈的抨击。但这种宣传上的攻击势头很快减弱，中国没有公开评论美国政府官员的对华政策表态以及放松对华管制的政策。为庆祝建国 20 周年，中国政府对中美关系的评论语调缓和，没有强烈的责骂，与过去对此类政策的大加诋毁形成反差。此外，中国人还在私下向许多外国领导人表示，他们明白华盛顿正在重新评估美国的对华

---

① Telegram from Stoessel, Walter J., Jr. to United States, Department of State, 18 August, 1969, Source: DNSA, CH00077.
② Memorandum from Marshall Green to the Under Secretary, October 6, 1969, Source: DNSA, CH00079, pp. 1 – 2.
③ 关于美国停止两艘驱逐舰在台湾海峡地区定期巡逻以及台湾方面的讨价还价，参见 Telegram from the Department of State to the Embassy in the Republic of China and Commander, U. S. Taiwan Defense Command, September 23, 1969, 2117Z, *FRUS*, *1969 – 1976*, Vol. Ⅱ, pp. 88 – 90 以及三份电话记录：Telcon Secretary Laird and Mr. Kissinger, 11/14/69, 5: 45 p. m.; Telcon Secretary Laird and Mr. Kissinger, 11/15/69, 3: 15 p. m.; Telcon Secretary Laird and Mr. Kissinger, 11/15/69, 3: 15 p. m., Source: National Archives, Nixon Presidential Materials Staff, NSC Files, Kissinger Telcons, Chronological File (November 1, 1969 to January 26, 1970), Box 3, Folder 11 – 17 Nov, 1969。

政策，清楚放松对华管制政策正是在这一大背景下推出的，但仍然希望美国在台湾问题上有实质行动。总之，克里斯伯格认为，尽管不能确定中国的对美政策发生了明显的重大转折，"但至少表明与一年前相比，他们的立场有了些许的'缓和'"。①

鉴于中方的反应，克里斯伯格建议，国务院应在放松贸易与旅行限制、恢复中美大使级会谈、裁撤驻台美军、邀请北京参加国际合作等五个方面采取措施，进一步缓和对华关系：

第一，建议总统修改《海外资产控制》有关美国对华贸易政策中治外法权的规定：取消对银行信用证账户的冻结，取消对美国海外子公司的限制，取消对美国公司在第三国进行的与中国商品有关的贸易活动的限制，终止对船只补给石油、油、润滑油的限制。此外，还建议取消所有对中国古董与艺术品进口的限制。最终，将美国对华出口贸易的管制标准降低到与苏联同等的水平。

第二，支持国务卿罗杰斯对总统的建议，即在1969年底之前宣布取消所有赴华旅行限制的政策意愿。②

第三，建议利用撤出两艘美国在台湾海峡巡逻舰的时机，改善中美大使级会谈的气氛，向北京提出轮流在两国驻华沙大使馆或其他地方，如奥斯陆、哥本哈根、赫尔辛基、波恩或阿尔及尔，恢复双边会谈。

第四，根据越南战事的发展，建议考虑分阶段撤出美国因越南战争部署在台湾的军队。此外，鉴于中方从来没有威胁过美国在台湾海峡地区的侦察机，建议撤出1969年5月在台南为防御中共袭击美国侦察机而部署的战斗队。

第五，建议主动与白宫商议启动一项研究，重新评估美国对中国国际组织成员国资格的政策，考虑是否可以允许北京参加非联合国机制的科技

---

① Memorandum from Marshall Green to the Under Secretary, October 6, 1969, Source: DNSA, CH00079, pp. 2 – 3.
② 1969年9月15日，罗杰斯向尼克松建议，在适当的时间尽早取消对美国公民到古巴、中国大陆、朝鲜、北越旅行的护照限制。参见 Memorandum from the President's Assistant for National Security Affairs (Kissinger) to President Nixon, September 25, 1969, *FRUS, 1969 – 1976*, Vol. XVII, China, 1969, pp. 90 – 91.

组织与某些有关越南问题的专门机构。①

1969年11月22日，副国务卿理查森向罗杰斯建议，希望利用中苏边界会谈和国会圣诞节假期的时机，赶在1969年底1970年初蒋经国访美前实施上述政策。国务院负责东亚事务的助理国务卿马歇尔·格林将这五项建议修改为可立即实施以及等待中美华沙会谈恢复后再实施两类，于12月1日递交给罗杰斯。② 收到报告后的第二天，罗杰斯即上报总统。他在备忘录中指出：

> 这可以让苏联领导人在评估我们对中国、苏联的政策意图时，增添一个复杂的因素。这样做符合我们的长期利益，即阻止苏联同中国最终形成根本性的缓和……尽管我们不能预言这些步骤可以从北京方面获得令人满意的反应，但是现在很可能比以往更积极。

美国国务院在1969年底再次向白宫提出进一步放松对华管制、增加接触的建议，目的与白宫的大三角战略一致，都是要以对华主动缓和的小动作来刺激苏联领导人，在三角关系的大棋局中占据主动。但与最初克里斯伯格起草的政策建议不同，罗杰斯在报告中提出的"立即实施"的政策，仅包括原稿第一条中有关贸易的条款。此外，"待中美华沙会谈恢复后执行"的措施也仅有"修改商务部出口管制措施，允许发放出口粮食、农业器械、化肥和医药用品的许可证"一条。军事与国际合作方面的建议均被删减。③ 相比于国务院中层官员，高层在政策行动上显得更为保守与谨慎。

按照国家安全体制的决策流程，罗杰斯提交的这份备忘录并没有直接送给总统，而是首先交到了国家安全委员会。但国家安全委员会职员将原本5页的备忘录又改写为1页，经基辛格签署后，才在12月11日提交尼

---

① Memorandum from Marshall Green to the Under Secretary, October 6, 1969, Source: DNSA, CH00079, pp. 3 – 5.
② Footnote 1, Memorandum from Secretary of State Rogers to President Nixon, December 2, 1969, *FRUS, 1969 – 1976*, Vol. XVII, p. 139.
③ Memorandum from Secretary of State Rogers to President Nixon, December 2, 1969, *FRUS, 1969 – 1976*, Vol. XVII, pp. 140 – 142.

克松。① 基辛格为何将国务院的建议拖延了将近10天之后才提交给总统？原因在于中美关系在这十天中发生了极富戏剧性的变化。

1969年9月，美国驻波兰大使斯托塞尔奉命回国述职。应总统之邀，他在9月9日面见尼克松和基辛格，汇报了在华沙与中国使馆联络所遵循的程序。尼克松请他返回华沙后，设法在私下里通过在华沙的某中立国大使馆的外交招待会，直接向中方传达口信，表示尼克松总统对同中国进行具体的讨论非常感兴趣。尼克松叮嘱他，如果媒体注意到他和中国代办的谈话，他的回答最好是含混不清的，只说美国有意同所有国家保持良好的关系。如果的确可以在招待会上遇到中国代办，那么斯托塞尔最好随后再找苏联代表交谈，以维持平衡。最后，尼克松对他说："我们最近向中国做出了一些小的姿态，有趣的是中国人没有立即反对。我们可以走得更远，在贸易方面将中国人同苏联放在同等的位置上。"尼克松对他表示，尽管中国人关心联合国席位问题，但这些都是短期的政治问题，终究会得到解决。为了美国自身的利益，必须准备好同中国在贸易和其他有实质重要性的问题上打交道。②

进一步放松对华管制的政策还在案头酝酿，国务院只能通过驻华沙大使馆同中方进行断断续续的接触，观察中方的言行态度，探析中方的政策方向。1969年11月6日，新任负责中美大使级会谈事务的秘书西蒙，向中国大使馆联络秘书骆亦粟递交了一封信，请求释放被中国扣留的美国游艇游客。正事之后，"双方最后还进行了十分钟并无实质内容的闲聊笑谈，从始至终面带笑容，气氛愉悦"。③ 11月18日，罗杰斯在电视讲话中再一次公开表示，中美大使级会谈不必一定在华沙举行。④

接触中国代表的机会终于来临。1969年12月3日，在华沙文化宫举行的南斯拉夫时装展览会上，正当一位风度优雅的波兰女模特步入会场时，斯托塞尔的助手忽然发觉中国外交官就在邻桌。可是，还没等斯托塞

---

① Footnote 3, Memorandum from Secretary of State Rogers to President Nixon, December 2, 1969, *FRUS, 1969 – 1976*, Vol. XVII, p. 141.
② Memorandum of Conversation, *FRUS, 1969 – 1976*, Vol. XVII, pp. 80 – 81.
③ Cable from Nicholas G. Andrews to United States Department of State, November 6, 1969, Source: DNSA, CH00081.
④ 沈剑虹：《使美八年纪要——沈剑虹回忆录》，第58页。

尔反应过来，中国驻波兰使馆二秘李举卿和波兰语译员景志成已起身退场。情急之下，斯托塞尔顾不上礼节，赶忙追了出去。李举卿已经坐进了轿车。斯托塞尔只好请翻译景志成转达美国方面希望约见中国代办的意图："我最近在华盛顿见到了尼克松总统。他告诉我，他愿意与中方进行认真的具体会谈。"景志成注意地倾听着，没有做任何评论，只是说："好。我会报告。"其实，李举卿早已看出斯托塞尔想要接近他。但是，由于两国长期以来隔绝对峙，他缺少与美国人接触的必要的思想准备，再加上国内正在轰轰烈烈地开展"文化大革命"，弄不好要被扣上"投降美帝国主义"的帽子。所以，在没有接到指令之前，他绝不敢擅自行动。后来，在中美会谈时，周恩来曾半开玩笑地对基辛格说，华沙那一幕差点儿没让中国外交官得了心脏病。①

作为一名老练的外交官，斯托塞尔理解中方的反应完全是对私下接触美国官员的戒备。他也深知，此事一旦公诸媒体，定会使中方对美方的诚意心生疑虑，弄巧成拙。尽管没有记者出席当晚的展览会，但为谨慎起见，斯托塞尔在当晚给国务卿的电报中表示，他已准备好了应对记者提问的回答，即除了表示美国继续抱有在华沙或其他地方恢复中美会谈的愿望外，对其他问题概不做任何回答与评论。他还特别向华盛顿方面建议，不要有意引导记者就此事发表提问，以确保中方能够感受到美方的诚意。②

虽然当晚的展览会没有记者出席，但鉴于美国方面频频发出对华友好的言论和政策，中美两国外交官共同出席的社交活动定会引起人们的高度关注，而美国外交官与中方代表的私下接触无疑是当晚出席展览会的各方极力捕捉的敏感事件。果不其然，第二天，美联社驻华沙记者马丁·扎克（Martin Zucker）就来到美国驻华沙大使馆，说他已经报道了昨晚斯托塞尔大使同中国代办交谈的新闻，希望使馆方面能予以确认并提供更多详细

---

① 宫力：《跨越鸿沟——1969-1976年中美关系的演变》，河南人民出版社，1994，第48页；骆亦粟：《中美关系解冻的开端——最后两次中美华沙大使级会谈》，第25~26页。Cable from Walter J. Stoessel, Jr. to William P. Rogers, December 3, 1969, Source: DNSA, CH00082, pp. 1-3. 在给罗杰斯写的关于此次短暂接触的报告中，斯托塞尔误将李举卿认为雷阳。

② Cable from Walter J. Stoessel, Jr. to William P. Rogers, December 3, 1969, Source: DNSA, CH00082, pp. 3-5.

信息。扎克本人并没有出席展览会，因此显然是在场的其他国家的外交人员向他透露了消息。斯托塞尔打发走扎克后，立即电报国务卿罗杰斯，表示尽管已经暂时应付了扎克，"但是这并非长久之策。除非收到了相反的指示，我们打算在今天格林尼治时间12月4日15时，按照前一天电报中的原则，向他和其他西方记者做扼要的陈述"。① 副国务卿理查森很快做出指示，同意斯托塞尔的请示，叮嘱不要再打电话给其他记者或再刺激媒体，建议他最好简单地说"不会做出任何评论"，而不是声称"没有什么重要的事发生"。此外，在答复扎克之前，应当将此事通过电话告知中国大使馆。②

斯托塞尔遂按照国务院的指示，让西蒙打电话通知骆亦粟：

> 昨天晚上的谈话被发现了。我们收到了新闻媒体的询问。我们回答说在一次社交场合，我们的大使同一名中国官员交谈了几句。我们没有也不会做出任何评论。

骆亦粟只询问了是否会报道哪位中国官员以及是哪家媒体提出的问题，便挂断了电话。25分钟后，他打电话给西蒙，读了一则声明，并请西蒙认真逐字记录：

> 中美会谈向来的共识是不公开会谈内容。昨天，您与贵国大使同我国官员在公众场合私下谈论，你们隐瞒了动机。你们怎么能说某人看到了并且向你们提出了问题，而你们不得不向媒体做出回答？这清楚地证明了所有这些都是有预谋的故意而为。这其中隐藏了你们不可告人的目的。你们必须承担因此事产生的所有后果。我会向代办汇报此事。对这一事件，我们保留表达立场的权利。

斯托塞尔竭力避免的消息泄露还是发生了，中方的反应正是他所预料的最糟糕的情况。当晚，中美两国驻华沙的外交官虽然都参加了芬兰举办

---

① Cable from Walter J. Stoessel, Jr. to William P. Rogers, December 4, 1969, Source: DNSA, CH00083.
② Cable from Eliot L. Richardson to William P. Rogers, December 4, 1969, Source: DNSA, CH00085, pp. 1–2.

的招待会,但双方并没有任何交流。① 鉴于中方的强烈反应,斯托塞尔向国务卿建议,减少有关中美外交官员接触的声明,向中方澄清美方处理此事的方式,强调美方并非故意泄露消息。②

尽管中国驻华沙的外交官不敢同美国人有过多接触,并且在没有获得上级指示的情况下对美方关于媒体报道事宜的问询做出了强硬的表态,但当周恩来在12月4日当晚看到驻波兰使馆发来的电报后,立即向毛泽东报告说:"找着门道了,可以敲了,拿着敲门砖了。"③ 急迫与激动之情溢于言表。此时,毛泽东与周恩来已经先后收到尼克松委托法国、巴基斯坦、罗马尼亚领导人传递过来的缓和信息,并且注意到美国方面正在为改善对华关系做出越来越多的姿态。此前不久,美国方面通过巴基斯坦,将主动停止两艘美国驱逐舰在台湾海峡的常规巡逻的决定透露给中方。然而,中国领导人一直没有对美方的积极举措做出任何回应。原因一是中方需要直接获得来自美国的确切的缓和信息,二是缺乏做出回应的渠道,他们还在寻找回应的方式与时机。斯托塞尔与中国外交官在华沙的这场追逐,竟成为打开中美关系大门的序曲。毛泽东立即批准中美代表在华沙接触。于是,周恩来指示外交部致电中国驻波兰大使馆临时代办雷阳,告诉他可以会见斯托塞尔,进一步了解情况。

1969年12月4日,北京领导人做出了一个让美方出乎意料的积极之举。此前的1969年10月27日,美国驻香港总领事马丁致函广东省革命委员会主任刘兴元,探询当年2月16日因乘游艇驶入中国广东珠海附近海域而被中方拘留的两名美国人鲍德温(Simoon Baldwin)和唐纳德(Bessie Hope Donald)的下落、健康及释放事宜,要求向这两人转交其亲属的信件。11月7日,外交部在分析报告中认为:"此举显然是美政府试探我反应的一个新行动,建议接过此事,适时(十二月初)释放美二人,并发消息,通知美驻波兰大使。"12月4日,在收到波兰使馆电报的当

---

① Cable from Walter J. Stoessel, Jr. to William P. Rogers, December 4, 1969, Source: DNSA, CH00084, pp. 1 – 3.
② Cable from Walter J. Stoessel, Jr. to William P. Rogers, December 5, 1969, Source: DNSA, CH00087, p. 2.
③ 中华人民共和国外交部外交史编辑室编《研究周恩来——外交思想与实践》,世界知识出版社,1989,第15页。

天,周恩来就在华外国人研究处理小组关于释放两名美国人的报告致信毛泽东、林彪:"经过政治局在京同志商榷,拟同意外交部对释放美国游艇两人的意见,时间拟定七日或稍后。"毛泽东批:照办。①

1969年12月6日晚,隆冬时节的华沙下了一夜的大雪。7日上午11时15分,美国大使馆接到了骆亦粟打来的电话,获知中方外交人员将在12时抵达美国大使馆,递送给斯托塞尔大使的信件。这封用中英文书写的信件向美方说明,中方在当天已经释放了鲍德温和唐纳德。收到信件后,西蒙十分高兴,在两位中国外交官用茶之际,转身进屋同斯托塞尔商议。根据斯托塞尔的指示,西蒙向中方表示很高兴收到这个消息,并会立刻向美国政府报告。关于南斯拉夫时装展览会事件,他再次向中方表示:"我们没有公开谈话的内容。上级授权我告诉你们,我们将来也不会公开谈话的内容,我们的沟通是严肃认真的。"这次会谈的气氛轻松、融洽,双方还进行了一些没有实质内容的闲谈。②

三天之后,从中国驻波兰大使馆又传来了一则使美方上下"大吃一惊"的消息:中方对南斯拉夫时装展览会上斯托塞尔提出的会见中国代办的要求做出了答复。③ 12月10日上午10时,骆亦粟打来电话,用波兰语告诉西蒙:

贵国大使希望会见我国代办。我将此事告知了代办。我受命告诉你们,中国驻华沙大使馆代办雷阳已经准备好明天12月11日14点钟在中国大使馆会见贵国大使。我方邀请你方一位波兰语翻译随同大使出席会议。

收到中方的邀请,斯托塞尔立刻给国务卿发电报。对于会谈内容,他表示:"显然,在总统对进行严肃具体的会谈感兴趣等美方已经表达的态度之外,中方期待我可以说得更多。"他希望能够得到国务院进一

---

① 《周恩来年谱 1949~1976》下卷,第 336~337 页。
② Cable from Walter J. Stoessel, Jr. to William P. Rogers, December 7, 1969, Source: DNSA, CH00088, pp. 1-3.
③ 〔美〕基辛格:《白宫岁月》第 1 册,第 237 页。

步的指示，并建议主动向中方提出下一次会谈在美国大使馆举行。由于他已经约定 12 月 11 日下午 13 时 15 分在美国大使馆接待《华盛顿邮报》记者、波兰新闻记者及外交官，如果取消会谈或提前离场都会引起怀疑，所以他建议将与中方会晤的时间由 14 时改为 16 时。最后，为了不引起媒体或外界的注意，他提出驶往中国大使馆的轿车将不悬挂美国国旗。鉴于南斯拉夫时装展览会事件的教训，他还建议国务院要准备好被媒体发现后的应对措施。① 中方态度的转变十分突然，且只有一天准备时间，这让国务院有些措手不及。在 12 月 10 日当天，罗杰斯只同意了斯托塞尔提出的改变会谈时间的建议，并未对其他事项做出指示。②

华沙没有不透风的墙。中美关系变动的任何蛛丝马迹，都会在第一时间被捕捉到。1969 年 12 月 11 日上午，就有波兰记者打电话到美国驻波兰大使馆，声称得到可靠的消息，斯托塞尔大使要在今天或明天与中国代办会面，请求予以证实。使馆以"无可奉告"回绝了记者的询问。③ 当天，罗杰斯给斯托塞尔发来了关于同中方会谈的指示。罗杰斯指出，在恢复中美大使级会谈的试探性阶段，需要保护中方的信心，以保证会谈得以延续。他认为，中方可能也还没有准备好对实质性问题进行详细的讨论，因此，"只做出美国期待改善关系的一般性声明，并且提出正式会谈的日期和安排，避免在其他问题上进行任何具体的实质性讨论"。④ 在对中方

---

① 以上关于 12 月 10 日的叙述，参见 Cable from Walter J. Stoessel, Jr. to Department of State, December 10, 1969, Source: DNSA, CH00089。霍尔德里奇在回忆录中记载：12 月 11 日雷阳先去美国大使馆会见斯托塞尔，几天之后斯托塞尔回访。本书认为这一记载是不准确的。参见〔美〕霍尔德里奇《1945 年以来中美外交关系正常化》，第 42 页。
② Cable from William P. Rogers to United States Embassy (Poland), Cable, 20514, December 10, 1969, Source: DNSA, CH00091.
③ Cable from Walter J. Stoessel, Jr. to Department of State, Cable, December 11, 1969, Source: DNSA, CH00092.
④ 原文如下："你只做出美国期待改善关系的一般性声明，并且提出正式会谈的日期和安排，但是避免在其他问题上进行任何具体的实质性讨论。我们认为，中方也会认识到，此次会议的临时通知使得会谈不可能进行详细的讨论，他们自己也还没准备好处理实质性问题。我们希望中方拟定恢复正式会谈，并且认为现在暗示出我们希望讨论的问题并没有益处。事实上，这会使中国人丧失信心，也会降低我们能够在未来几个星期里开展更具有建设性会晤的可能性。"

的声明中，罗杰斯要求斯托塞尔首先重申总统及他本人关于增进中美间沟通与交流的公开表态：

> 我们认为中国是亚洲的一个重要角色。亚洲的决定必须由亚洲国家自己做出，中国应当在这一过程中发挥作用。这些声明都是权威性的和认真的。
>
> 我们不希望进行有关意识形态的陈词滥调的争论。我们认识到，我们之间仍将存在严重的意识形态分歧。我们设想，这样的分歧还将在世界上继续。尽管如此，我们认为一种坦率讨论国家间分歧的共同努力可以减少目前的紧张。这会有益于双方。

此外，罗杰斯还对美方提出的正式会谈的时间、语言、地点以及应对媒体的措辞等问题做出了指示。①

当天下午4时，斯托塞尔和西蒙一同来到中国驻华沙大使馆代办雷阳的官邸。骆亦粟在门口迎接，引领他们走进会议室，并介绍给已经等候在那里的雷阳。斯托塞尔惊喜地发现，与以往不同，雷阳主动同他握手表示欢迎。双方面对面落座后，中方不仅提供了茶水，还有香烟。斯托塞尔感到，会场气氛是融洽的，而且雷阳的态度和蔼，言语温和。②

短暂的闲聊之后，斯托塞尔宣读了罗杰斯在电报中的声明稿。在最后，他说："我想重申一下美国改善同中华人民共和国关系的希望，以及减少我们两个政府间业已存在的紧张关系的愿望。这些观点都是美国政府内最高级官员已经表达过的。"听完美方的发言，雷阳一连问了几个问题，意在确认美方提出的下一次会谈究竟是中美华沙大使级会谈的延续，还是一次双方非正式的会晤。在斯托塞尔肯定地回答是恢复大使级会谈后，雷阳才放心地说，他会将此消息尽快上报中国政府。③

---

① Cable from Secretary Rogers to Stoessel, December 11, 1969, Source: DNSA, CH00094. 罗杰斯要求斯托塞尔向中方提出，在1970年1月12~16日、最好是1月14日举行正式会谈，语言仍然按例使用中文和英语。地点问题，由于此次会谈在中国大使馆，那么下次会谈在美国大使馆或中方提议的其他地点。

② Cable from Stoessel to Secretary of State, December 11, 1969, Source: DNSA, CH00093, p. 8.

③ Cable from Stoessel to Secretary of State, December 11, 1969, Source: DNSA, CH00093, pp. 1-6.

这是自1969年1月20日尼克松政府执政以来，中美双方代表第一次在华沙成功接触。正是在这一天，尼克松同意了罗杰斯提出的进一步放松对华贸易管制的政策建议。如前文所述，这份政策备忘录罗杰斯在12月2日提交给尼克松的，但被国家安全委员会修改、删减，直至中美华沙接触取得突破性进展的时候才由基辛格递交尼克松，并最终得到了重视。尼克松批示，这些政策的执行将"依赖于华沙会谈的进行"。①与其说是这些政策有利于华沙会谈的顺利进展，倒不如说中美在华沙联络的突破性进展使得国务院的政策提议终获生机。如若没有南斯拉夫时装展览会上斯托塞尔冒昧而大胆的主动，没有国务院上下一致、谨慎小心的筹措，没有中方释放美国游客的积极回应，国务院这份本来已严重缩水的政策建议或许将永远埋没于国家安全委员会的档案之中。

1969年底，中苏在边界谈判与界河航运谈判中立场尖锐对立，谈判拖而不决，并无多少进展。美苏也在就限制战略武器等问题进行谈判。此时，中方发觉苏联正在力求制造中苏谈判有进展、中苏关系有缓和的氛围，以获取宣传上的好处。因此，在此情形下，如果中苏谈判进展太快，就会被苏联利用来加强其在与美国和中国对抗中的地位；但中国若能一方面拖延对苏谈判，另一方面改善中美关系，则会增加苏联解决中苏间问题的紧迫感，中苏关系也有望趋于缓和。②12月中旬，鉴于此时中苏边界谈判正值休会，为争取最大的战略主动，中国领导人并不急于恢复中美大使级会谈。12月12日，周恩来将外交部转来的雷阳在2月11日会见斯托塞尔的材料送报毛泽东，并批注："拟搁一下看看各方反应，再定如何回答。"毛泽东批示："照办。"③中国领导人还在审时度势，争取最大的战略主动。

按照以往的惯例，华沙会谈后，国务院都会向苏联驻美国大使多勃雷

---

① Memorandum from Henry A. Kissinger for the President, December 11, 1969, Source: National Archives, Nixon Presidential Materials Staff, NSC Institutional Files, Study Memorandums (1969-1974), Box H-134, Folder 3.
② 田曾佩、王泰平主编《老外交官回忆周恩来》，世界知识出版社，1998，第315~316页。
③ 《周恩来年谱（1949~1976）》下卷，第338页。

宁提供关于中美会谈的详细记录。这样做的原因，一方面在于打消苏方的怀疑；另一方面是因为即便美国不告诉苏联，苏联也会通过波兰人的监听而获得消息。① 那么，12月11日的这次会谈以及即将恢复的中美大使级会谈，是否需要依惯例告知苏联人呢？

最早提出这一问题的是美国国务院的苏联问题专家、前驻苏联大使卢埃林·汤普森（Llewellyn E. Thompson）。他早在1969年2月国务院筹划原定于2月20日举行的中美大使级会谈时，就警告罗杰斯，美国应当谨慎行事，不要使苏联人产生美国与"共产党中国"合谋对付他们的怀疑。现在，在得知华沙会谈很快就要恢复后，汤普森又提出在公开宣布中美恢复会谈的消息之前，提前告知多勃雷宁。②

1969年12月11日中午，罗杰斯主动给基辛格打电话，告诉他汤普森的建议。罗杰斯说，他自己对此并不同意，认为不应当提前告知苏联方面，但是希望把汤普森的建议告诉总统，由他来决定。基辛格说，他同意罗杰斯的意见，并且会把罗杰斯的看法告诉总统。③ 同一天，国家安全委员会职员赫尔穆特·索南费尔特（Helmut Sonnenfeldt）也就此事提出了自己的看法。他认为，美国同苏、中两国交往的方式应当一致，不宜再延续上届政府的做法。尼克松听从了他们的建议并下令："在任何情况下，我们都不要将会谈及会谈内容告知多勃雷宁。"④

尽管白宫下达了"封口令"，但有关中美大使级会谈的消息还是被国

---

① Memorandum from Helmut Sonnenfeldt of the National Security Council Staff to the President's Assistant for National Security Affairs (Kissinger), December 11, 1969, *FRUS, 1969–1976*, Vol. XVII, p. 145.

② Footnote 2, Memorandum from Helmut Sonnenfeldt of the National Security Council Staff to the President's Assistant for National Security Affairs (Kissinger), December 11, 1969, *FRUS, 1969–1976*, Vol. XVII, p. 145.

③ Telcon Secretary Rogers and Mr. Kissinger, 12/11/69, 12：22 p.m., Source：National Archives, Nixon Presidential Materials Staff, NSC Files, Kissinger Telcons, Chronological File (November 1, 1969 to January 26, 1970), Box 3, Folder 9–16 Dec, 1969. 在回忆录中，基辛格记述了罗杰斯对此事的态度，但与档案中的记载不大相同。他说："罗杰斯把这个建议转告了我，并且说他不同意这个建议，但是希望'总统能有机会加以考虑'。我表示强烈反对。"〔美〕基辛格：《白宫岁月》第1册，第237页。

④ Memorandum from Helmut Sonnenfeldt of the National Security Council Staff to the President's Assistant for National Security Affairs (Kissinger), December 11, 1969, *FRUS, 1969–1976*, Vol. XVII, p. 146.

务院泄露给了日本,并很快由日本泄露给其他国家。这让基辛格颇为震惊。1969年12月13日,基辛格对尼克松说:"让人简直不敢相信,国务院大量泄露了同中国人会谈的消息。苏联问题专家急于确保苏联人不对我们恼火,所以国务院通过泄露消息来达到这一目的。他们把这个消息以普通电报的方式发送给许多重要部门。"尼克松气愤地说:"这是国务院计划好的。同中国人的这些会谈,以及同苏联人的,都应当机密地操作。这样他们才同意和我们进行会谈……中国人生性多疑。这是命令:不要向任何苏联人泄露消息,就像我们不会告诉中国人我们和苏联人进行的谈判一样。"①

在斯托塞尔在华沙同中方取得联络之前,尽管国务院人员在制定放松对华管制等政策方面做出了巨大的贡献,但是作为一个机构,它一直没有充分参与美国外交战略的制定与实施。此次中美大使级会谈的恢复,是国务院机构参与对华外交之一例。② 然而,作为一个庞大的、有着自己的操作规范和工作程序的官僚机构,国务院担负着同盟国交换情报的职责。③ 对于白宫要求保密的命令,一些驻外使节努力遵循,限制自己向他国外交官通报。④ 但因人员冗繁、机构尾大不掉,且因出于维护部门自身利益而与白宫的政策命令意见相左,外交人员没有严格执行白宫命令的情况也时常发生。为了管制国务院的情报扩散,基辛格命令关于华沙会谈的所有电报以及有关中美关系的"所有公开声明、新闻稿",都必须经白宫审查,并且"不允许向苏联人解释有关美国与中国共产党人会谈的情况,也不许推测苏联人对会谈的

---

① Telcon The President, 12/13/69, 12:59 p. m., Source: National Archives, Nixon Presidential Materials Staff, NSC Files, Kissinger Telcons, Chronological File (November 1, 1969 to January 26, 1970), Box 3, Folder 9 – 16 Dec, 1969.
② 〔美〕基辛格:《白宫岁月》第1册,第237页。
③ 在给总统的备忘录中,罗杰斯强调美国驻东京、莫斯科、香港的使领馆以及台北的"大使馆"都与中美会谈有利益关系。Memorandum from the President's Assistant for National Security Affairs (Kissinger) to President Nixon Memorandum from Secretary Rogers on Handling of Warsaw Talks, December 20, 1969, *FRUS, 1969 – 1976*, Vol. XVII, p. 152.
④ 斯托塞尔在12月13日给罗杰斯的电报中汇报:"我估计,我在这里会受到友好国家外交同僚们施加的询问12月11日与中国人会晤信息的压力。在回复英国大使的询问时,我们严格遵循既定指示,并且也将同样对待其他国家。"Cable from Walter J. Stoessel to Secretary Rogers, December 13, 1969, Source: DNSA, CH00095.

反应"。①

在中国领导人决定暂不对美方所提恢复会谈一事予以回复、静观其变的这段时间内，美国先后做出了一系列的政策举动，昭示对华政策的微妙变化。在中美大使级会谈取得突破性进展的同时，美国开始实施停止第七舰队在台湾海峡巡逻、减少美国在该地区舰艇数量的政策。② 12月15日，美国又宣称将在15天内移走部署在日本冲绳的核武器。③ 紧接着，美国政府于12月19日在《联邦记录》(Federal Register) 上发表了一篇低调的声明，宣布进一步放宽贸易限制。④ 这就是那份最初由国务院拟定并经国家安全委员会删改，由基辛格在12月11日提交给尼克松的政策方案。同1969年7月21日宣布的政策一样，此次放松对华管制的政策内容并未包含太多关键措施。白宫决定此时发布，是因为它的政策信号意义远远重于实质内容。基辛格认为，中美大使级会谈"实在没有太多可以谈判的东西。我们必须改善气氛，并且给他们一种我们是在协商的感觉。我们必须避免提出那些会被他们拒绝的提议"。⑤ 而放松对华管制就成为一个既可以向中国表明美国的意图，又不致引起中方拒绝以及苏联方面强烈反应的单方面主动缓和行动。

如果中方在下一次会谈中改变了以往敌对、强硬的立场，美国该怎么

---

① Footnote 3, Memorandum from the President's Assistant for National Security Affairs (Kissinger) to President Nixon Memorandum from Secretary Rogers on Handling of Warsaw Talks, December 20, 1969, FRUS, 1969 – 1976, Vol. XVII, p. 152. 基辛格在回忆录中称："对华外交被逐步置于白宫的控制之下，其主要原因就是难以控制一个巨大的官僚式的传递机器。"参见《白宫岁月》第1册，第238页。

② Memorandum from the President's Assistant for National Security Affairs (Kissinger) to President Nixon Letter to President Chiang on Taiwan Strait Patrol, December 9, 1969; Memorandum of Conversation, December 17, 1969, 4：30 – 5：30 p. m., FRUS, 1969 – 1976, Vol. XVII, pp. 143 – 145, 149 – 151.

③ 美国国务院于1969年12月25日承认，美国第七舰队舰艇在台湾海峡的巡逻已由定期改为不定期。白宫于同一天宣布，美国反对提供一个中队的F-4D型飞机给台湾。沈剑虹：《使美八年纪要——沈剑虹回忆录》，第59页。

④ National Security Council (NSC) decision with respect to a U. S. relaxation of economic controls against China, Dec 19, 1969, Source: DDRS, CK3100535820；〔美〕基辛格：《白宫岁月》第1册，第238页。

⑤ Telcon Richardson 12/15/69 11：50 a. m., Source：National Archives, Nixon Presidential Materials Staff, NSC Files, Kissinger Telcons, Chronological File (November 1, 1969 to January 26, 1970), Box 3, Folder 9 – 16 Dec, 1969.

办？对这一问题，基辛格同意副国务卿理查森的意见，承认这的确是美国还没有完全准备好的事情。① 不过，在与中国接触的方式与方法上，基辛格已经有了与国务院完全不同的打算。在1969年12月18日的记者招待会上，当回答记者关于美国对华联络"渠道"的问题时，他承认除了中美华沙大使级会谈的渠道之外，"还可以找到其他的一些渠道。但问题不仅仅是渠道的存在，还有在这些渠道中采取何种行动的问题。在这一阶段，我们已经尝试向共产党中国表达我们对于国际关系的基本哲学观念，以及他们如何与这种观念相契合。这比陷入复杂的谈判更为重要。因为隔绝20年之后，在目前阶段，我们之间的突出问题和可谈判的具体问题都相对较少，表达我们的总体态度似乎更为重要"。②

相对于中美华沙接触在外交界引发的舆论以及美国再次放松对华管制政策的宣布，③ 中方的沉默更引发外界对中国的对美政策纷纷猜测，外界普遍认为"中国人想要同美国发展更好的关系"。④ 终于，中方在1970年1月7日下午回复美方，同意于1月8日下午3时在美国大使馆同美国大使举行会谈，语言使用波兰语。⑤ 美方认为，雷阳之所以要求举行会晤，是因为中方已经准备好恢复大使级会谈了。⑥

在准备1月8日中美会晤的过程中，国务院同国家安全委员会发生了争论。白宫想利用这次机会向中方表示："不论在亚洲还是其他任何地

---

① 理查森："就我们可以预见的未来，如果他们改变了他们的立场，我们不知道应该怎么办。"基辛格："的确如此。"Telcon Richardson 12/15/69 11：50 a.m., Source：National Archives, Nixon Presidential Materials Staff, NSC Files, Kissinger Telcons, Chronological File (November 1, 1969 to January 26, 1970), Box 3, Folder 9 – 16 Dec, 1969.

② HAK Backgrounder, Dec. 18, 1969, Source：National Archives, Nixon Presidential Materials Project, NSC Files, Kissinger Telcons, Henry A. Kissinger Office Files, Country Files Far – East, Box 86, p. 3.

③ 12月17日，斯托塞尔向国务院汇报，在华沙，波兰、匈牙利、捷克斯洛伐克、苏联等国大使先后向他询问有关中美接触的详情，且都向他发表了评论。Cable from Stoessel to Secretary of State, December 17, 1969, Source：DNSA, CH00099.

④ Telcon The President and Mr. Kissinger 12/17/69 6：40 p.m., Source：National Archives, Nixon Presidential Materials Staff, NSC Files, Kissinger Telcons, Chronological File (November 1, 1969 to January 26, 1970), Box 3, Folder 17 – 31 Dec, 1969.

⑤ Cable from Stoessel to Secretary of State Rogers, January 7, 1970, Source：DNSA, CH00101.

⑥ Cable from Secretary of State Rogers to Stoessel, January 7, 1970, Source：DNSA, CH00102, p. 1.

方，美国都不会同苏联实行共治。"此举的目的是想让中方直接听到白宫已经通过第三方向他们传达的同样的保证，以确保幕后渠道秘密外交的信誉，但遭到了东亚暨太平洋事务助理国务卿马歇尔·格林的反对。格林认为，在专门讨论程序问题的会议上，美方应该避开实质性问题。① 事实上，格林的反对是由于他"并不清楚整个拼图游戏中所有的图片"，不明幕后渠道秘密外交的隐情。② 尽管如此，罗杰斯在给斯托塞尔的指示中，除了强调要求他表达美方原则性的态度之外，还要求尽可能按照尼克松和基辛格的指示，重申中方最为关心的美国对中苏关系的政策态度：如果中方接受了美方提出的在1月12日至2月底之间举行第135次大使级会谈的话，斯托塞尔需要重申：

> 尼克松总统与罗杰斯国务卿发表的有关加强美国同中华人民共和国交往的声明是具有权威性的、认真的……总统和美国政府对他国国际行为的关注胜过其国内政治制度……我们无意孤立中国。在未来，亚洲需要一同向前发展，而中国应当被融入其中……我们希望通过信息交流与旅行来拓宽同中国人民的交往渠道……美国无意站向中苏分歧中的任何一方，无意加入任何针对中国的共谋，也不会承认"勃列日涅夫主义"的适当性。正如总统对亚洲其他领导人所说的那样，我们不会加入或参与任何在东南亚的、由苏联支持的安全部署。我们已经认识到，我们之间仍存有重大的意识形态分歧，但我们仍然相信，以真诚的、不带有意识形态争论的方式共同探讨国家间的分歧，会有益于我们双方。③

1970年1月8日，美国大使馆二楼的会客室特意按照1969年12月11日双方在中国大使馆会客室会谈时的布置，摆放了沙发和桌椅，准备了香烟和茶水。下午3时整，雷阳和陪同人员乘坐着一辆挂有中国国旗的黑色红旗轿车准时抵达。隔着咖啡桌，中美外交官面对面而坐。稍作寒暄

---

① 〔美〕基辛格：《白宫岁月》第1册，第241~242页。
② 马歇尔·格林的口述，参见 China Confidential, p. 240。
③ Cable from Secretary of State Rogers to Stoessel, January 7, 1970, Source: DNSA, CH00102, pp. 2-4.

之后，雷阳宣读了中方的声明：

> 贵方12月11日的声明中，表示美国政府有意缓和与中国的紧张，改善同中国的关系。中国政府一贯主张不同社会制度的国家在五项原则基础上和平共处，并且为实现以谈判方式和平解决国际争端而不懈努力。

为此，中国政府同意美国政府提出的恢复两国政府代表正式会谈的建议，并且主动提议在1970年1月20日举行下一次会谈，语言使用中文和英语，同意美方关于未来会谈将在两国大使馆轮流举行的建议。但是，中方并没有接受美方提出的两国发表关于恢复会谈的联合声明的建议，坚持按照惯例各自发表声明。①

此时，虽然中方已同意恢复会谈，然而双方除了对彼此的战略意图有着隐约的猜测之外，并无任何信任。华盛顿仍然难以把准北京的脉搏，甚至在究竟是由白宫还是由国务院来发布中美恢复大使级会谈的声明一事上仍有迟疑。罗杰斯向基辛格建议，既然总统此前曾表示不愿过分强调恢复中美会谈的重要性，所以不如改变由白宫发布声明的计划，由国务院发表一个常规声明，"甚至不会将他自己（指总统）的名字直接与这个消息相关联"。② 在回忆录中，基辛格对国务院的谨慎颇有微词，③ 并有意刻画他与尼克松对缓和对华关系义无反顾的坚定形象。但事实上，为了避免出现中方爽约或中美恢复会谈激怒苏联人的情况，他不但没有拒绝罗杰斯的谨慎，为了维护美国的声誉，反而说服尼克松接受罗杰斯的建议。他向罗杰斯表示："很高兴你提醒我向总

---

① Cable from Stoessel to Secretary of State Rogers, January 8, 1970, Source: DNSA, CH00105. 基辛格的描述，参见《白宫岁月》第1册，第242页。

② Telcon The Secretary Rogers and Mr. Kissinger 1/8/70 11: 38 a.m., Source: National Archives, Nixon Presidential Materials Staff, NSC Files, Kissinger Telcons, Chronological File (November 1, 1969 to January 26, 1970), Box 3, Folder 3–14 Jan, 1970.

③ 基辛格认为，国务院不满白宫的干预，可能是东亚问题专家中存在这样的看法，即在对苏关系中没有必要掺杂地缘政治的考虑；还有一种可能，是那些习惯于把中国看成主要威胁的专职人员对打开通向中国的大门仍持谨慎态度；再不然就是对麦卡锡时代那些主张对共产党中国采取大胆步骤的人所受到的严酷迫害记忆犹新，心有余悸。〔美〕基辛格：《白宫岁月》第1册，第242页。

统申明这一点。"①

1970年1月8日，北京和华盛顿同时分别宣布：将于1970年1月20日恢复中美大使级会谈。在华盛顿，国务院发言人一改过去"红色中国"或"共产党中国"的称谓，使用了"中华人民共和国"一词。②

在中美举行第135次会谈前一个星期，1970年1月14日，罗杰斯接受了华盛顿媒体国际集团电台的采访，表示中国愿意重开会谈一事令他备受鼓舞："他们的态度一直很友好，至少是融洽的，我们有理由从会谈这一事实本身感到鼓舞……我们希望通过采取一些小步骤来改善关系，因为我们认为拥有8亿人口的共产党中国不应当被孤立于世界之外。如果我们可以做一些事情改善这一状况，我们很愿意那么去做。"③

从中方决策来看，中国领导人在此时同意恢复中美大使级会谈，是出于国内经济、政治发展情况和国家安全形势的考虑，并经过了长期的观察与酝酿。1969年4月中共九大以后，中国国内局势一度趋向缓和："文化大革命"渐趋平静，各地陆续恢复了党的组织，大规模武斗减少，社会秩序相对稳定，国民经济连续两年严重下滑的状况得到扭转，工农业生产特别是"文化大革命"以来大幅度下降的工业生产迅速上升。这使毛泽东等中国领导人颇感欣慰和乐观。④

然而，在国内大局趋于稳定的同时，中国的国家安全却遇到了建国以来最大的挑战。自1969年3月中苏珍宝岛冲突以来，两国边境地区的局势日趋紧张。苏联政治与军事领导人不断发出战争威胁，并调兵遣将，进行军事部署，在中苏边境地区增加驻军，大批移民，修建一系列空军基地和导弹基地，不断进行"军事演习"，频繁侵犯中国领空和领土。这些不同寻常的动作，引发毛泽东和中共中央的高度警觉和强烈反

---

① Telcon The Secretary Rogers and Mr. Kissinger 1/8/70 12：05 p.m., Source：National Archives, Nixon Presidential Materials Staff, NSC Files, Kissinger Telcons, Chronological File (November 1, 1969 to January 26, 1970), Box 3, Folder 3 - 14 Jan, 1970.
② 〔美〕霍尔德里奇：《1945年以来中美外交关系正常化》，第42页。
③ Cable from Rogers to Embassy of Poland, January 15, 1970, Source：DNSA, CH00113.
④ 中共中央文献研究室编，逄先知、金冲及主编《毛泽东传（1949~1976）》下卷，第1537页。

应。6月，根据毛泽东的意见，中共中央军委办事组召开座谈会，讨论"准备打仗"的问题。随后，战争的阴云便开始笼罩中华大地：备战，"随时准备粉碎美帝、苏修的武装挑衅"成为新一场全国运动的主要内容。①

中国领导人始终关注国际局势的动态发展，特别是美国方面陆续传来的各种信息。1969年2月19日中国宣布取消中美第135次大使级会谈的当天，陈毅、徐向前、聂荣臻、叶剑英四位老帅受毛泽东之命，开始研究国际问题，酝酿改变中国的外交战略。② 1969年7月11日，他们完成了题为"对战争形势的初步估计"的书面报告，并送交周恩来。在认真分析尼克松政府就职以来美国领导人的对华演说后，老帅们敏锐地注意到："就中国本身而论，尼克松认为还是'潜在的威胁'而不是现实的威胁。对于美帝和苏修，现实的威胁是在它们相互之间。"美苏之间的矛盾是主要的，并且是经常的、尖锐的，必然加剧。美苏矛盾大于中苏矛盾，中苏矛盾大于中美矛盾。不过，他们提出："在可以预见的时期内，美帝、苏修单独或联合发动大规模侵华战争的可能性都还不大。"③ 在党的九大前后，全国上下到处被"准备打仗"的氛围所笼罩，不能用冷静、客观的头脑分析世界大势的情况下。在这种情况下，老帅们的研究受到了周恩来的重视。接到这份报告的第二天，周恩来便立刻批告外交部：有关外交类的文件，"应发研究国际问题的四位老同志：叶剑英、陈毅、徐向前、聂荣臻"。④

1969年7月11日，在老帅们将《对战争形势的初步估计》报告送交周恩来的同一天，苏联外长葛罗米柯在最高苏维埃做报告，一方面倡议苏美举行高级会晤，以发展两国间的"广泛合作"，并在国际问题上"寻求一致的立场"；另一方面严厉抨击中国。⑤ 10天之后，美国政府宣布放松对华管制的新政策。虽然新华社对此未予以报道，但四位老帅对此有敏锐

---

① 逢先知、金冲及主编《毛泽东传（1949~1976）》下卷，第1561~1562页。
② 逢先知、金冲及主编《毛泽东传（1949~1976）》下卷，第1537、1541、1543页。
③ 熊向晖：《我的情报与外交生涯》，第173~178页。
④ 金冲及主编《周恩来传（1898~1976）》下卷，中央文献出版社，2008，第1838~1839页。
⑤ 〔美〕基辛格：《白宫岁月》第1册，第226页。

的洞察。叶剑英元帅认为："步子虽然不大，但表明尼克松想拉中国、压苏联。"① 3天后，中国释放了几天前误入中国领海的两名美国游艇乘客。这被基辛格理解为中国在美国放松对华管制后采取的"不对等的行动"。② 7月25日，尼克松在观看美国首次登月飞行的"阿波罗11"号宇宙飞船返回舱溅落后，在关岛发表谈话，承认在越南战争中"受挫"，宣布在印度支那收缩兵力、使战争"越南化"。7月26日，周恩来收到柬埔寨西哈努克亲王转来的美国参议院民主党领袖曼斯菲尔德6月17日的来信。在信中，曼斯菲尔德称中美"二十年长期交恶"不应再继续下去了，要求访华会见周总理或其助手。当天，苏联外交部第一副部长库兹涅佐夫约见中国驻苏代办，面交苏联部长会议给中国国务院的内部声明，要求举行中苏高级别会谈。③

对于这一系列事态的发展，老帅们研究认为，尼克松的"关岛演说"表明美国要从越南逐步撤军，而苏联大力推动建立的"亚洲安全体系"正是要接管美国撤出亚洲后的"真空"。因此，尼克松的亚洲五国之行，意在巩固美国在亚洲的势力。而与柬埔寨复交、出访罗马尼亚、传递曼斯菲尔德要求访华的信件，表明尼克松想要"拉中国、压苏修"。葛罗米柯鉴于尼克松访问罗马尼亚会在东欧引起连锁反应，从半个月前对中国大肆攻击到要求举行中苏高级别会谈，大概是害怕"中美缓和"，后院起火。因此，"现在美帝憋不住了，苏修也憋不住了，它们的矛盾不可开交，都向中国送秋波，都向对方打中国牌。局势到了转折关头，后面还会有文章"。

果不其然，美国领导人随后多次公开表示不但不会与苏联联手围堵中国，而且还有意同中国恢复接触。原定于1968年5月举行的中苏国境河流第十五次航行例会延至1969年6月18日到8月8日在苏联伯力举行。中苏双方就两国界河航行的某些具体问题达成了协议，并签署了会议纪要。鉴于此，四位老帅认为，既然美国要利用中苏矛盾，苏联要利用中美

---

① 熊向晖：《我的情报与外交生涯》，第179页。
② 〔美〕基辛格：《白宫岁月》第1册，第226页。
③ 熊向晖：《我的情报与外交生涯》，第179页；《周恩来年谱（1949～1976）》下卷，第312页。

矛盾,那么我们应当有意识地利用美苏矛盾。苏联渴望与美国举行首脑会晤,但是尼克松迄今没有同意,他们于是反过来要同中国举行高级别会谈,目的之一是想捞取向美国施压的资本。我们不应急于表态,以免造成屈服于其武力威胁的错觉。同时坚持中苏界河航行谈判,同意进行只涉及中苏边界问题的部长或副部长级会议。一方面向苏联表明我们在坚持原则下寻求缓和,与苏联维持较正常的国家关系,避免边界武装冲突;另一方面又要使美国担心中苏关系改善,加快接近中国的步伐。因此,"对曼斯菲尔德的访华要求不予置理。美急于同我接触,我应保持高姿态,再憋它一个时候。第135次中美大使级会谈原定1968年5月28日举行,由于美扩大侵越及美、越和谈,我借故三次延期。中苏边界谈判开始后,可恢复华沙谈判"①。

在四位老帅看来,发展、保持同苏联的谈判关系,暂时冷落曼斯菲尔德的访华要求以及搁置中美大使级会谈,一方面是为维持与苏联的正常的国家关系,避免再出现边界武装冲突,而更重要的是以此刺激美国加快接近中国的步伐,待到水涨船高之时,再开闸顺水行船。所以,迟至1969年8月上旬,中国依旧没有对美国方面缓和对华关系的言论和政策做出反应,对曼斯菲尔德访华的提议也一再耽搁,直至"乒乓外交"的戏剧性发生。

1969年8月8日,中苏签订了有关改善界河通航的议定书。但是,这远没有缓和两国之间的紧张关系。几天以后,中苏军队又在新疆发生了边界流血冲突,两国的舆论宣传斗争也日趋白热化。② 不过,在9月11日周恩来同苏联部长会议主席柯西金在北京首都机场举行会谈后,双方达成了维持边界现状、避免武装冲突的临时谅解,就旨在缓和两国紧张关系的若干具体事项取得一致意见。③ 两国紧张关系

---

① 以上内容可参见熊向晖《我的情报与外交生涯》,第179~181页。
② 如《人民日报》1969年8月15日"苏修头目嘶声力竭发出反华战争叫嚣",1969年8月16日"苏修美帝紧锣密鼓大搞反革命全球勾结";苏联《真理报》1969年8月28日发表编辑部文章恶毒反华,诬蔑中国对苏联进行武装挑衅,要求全世界在为时不晚之前认识到中国的危险。参见熊向晖《我的情报与外交生涯》,第181页;〔美〕基辛格:《白宫岁月》第1册,第229页。
③ 金冲及主编《周恩来传(1898~1976)》下卷,第1840页。

有所缓和。

1969年9月17日，四位老帅在观察和讨论7月以来美、苏政策变动及国际局势变化的基础上，又完成《对目前局势的看法》一文送交周恩来。正是在这份报告中，老帅们提出"在中、美、苏三大力量的斗争中，美对中、苏，苏对中、美，都要加以运用，谋求他们最大的战略利益"。陈毅提出了打开中美关系的设想："尼克松出于对付苏修的战略考虑，急于拉中国。我们要从战略上利用美、苏矛盾，有必要打开中美关系。"为此，他还以口头方式向周总理提出了一些"不合常规"的想法。

第一，在华沙会谈恢复时，我们主动重提举行中美部长级或更高级别的会谈，协商解决中美之间的根本性问题和有关问题。我们只提会谈的级别和讨论的题目，不以美国接受我们的主张为前提。我估计美国会乐于接受。如果我们不提，我估计美国也会向我们提出类似的建议。如果这样，我们应该接受。

第二，只要举行高级别会谈，本身就是一个战略行动。我们不提先决条件，并不是说我们在台湾问题上改变立场。台湾问题可以在高级别会谈中逐步谋求解决，还可以商谈其他战略性的问题，这不是大使级会谈所能做到的。

第三，恢复华沙会谈不必使用波兰政府提供的场所，可以在中国大使馆里谈，以利保密。①

事实证明，老帅们在这些报告中的看法是客观的、有远见的。举行高级别会谈的建议的确首先由美方提出。关于台湾问题的建议，一改中方以往以解决台湾问题为前提的态度，将台湾问题留待中美高级别会谈中解决，这样既可以赋予恢复大使级会谈以战略意义，又不损害中方在台湾问题上的原则性立场。关于中美会谈地点的建议，与美方的意见不谋而合。从1970年1月8日的会谈开始，为保密起见，双方将会谈转移到两国大使馆进行。老帅们的战略、战术分析，为毛泽东和周恩来"掌握战略动

---

① 熊向晖：《我的情报与外交生涯》，第185~187页。

向""制定符合实际情况的外交政策提供了可靠的依据",为打开中国对外关系的新局面做了重要准备。①

在中央高层领导人对美苏关系有了新的认识并酝酿调整中国外交战略的同时,周恩来一方面注意通过教育扭转党内领导干部的思想,另一方面谨慎地调整外交工作。1969年11月21日,他在接见即将出访阿尔巴尼亚的中国党政代表团时说:"只讲美苏勾结,不讲争夺,片面性很大……光看到勾结,看不到争夺,有些问题就不能解释。"12月29日,周恩来修改了外交部复中国驻法国、瑞士使馆的电稿。外交部原复电稿提出:"美方人员如要求见我大使、代办,可拒绝接见;如要求见我使馆一般工作人员,可接见,我必须两人在场,只听不说,允为转达,但均不约回答日期。"周恩来认为外交部的回复方式不妥,将此事报告毛泽东:"我外交部采取一切拒绝态度,恐不甚适当";"现改复我驻法、驻瑞两使馆一电,采取只收、只听,暂不答复态度","而在对我有利于接触时,才给回答";关于中美华沙会谈,拟在一月初答复:"定在二月二十日恢复会谈。"毛泽东在报告上批:"同意。"②

正如周恩来指出的,1969年成为中国领导人筹划新的外交战略、进而逐步实现中美两国关系正常化的一个"转折点"。③ 对于美国公开做出的一系列对华主动缓和行动与通过幕后渠道传递的消息,北京不仅是理解了,而且有所回应。1969年底,由于中苏关系与边界问题的复杂性,边界谈判及界河航运谈判拖而不决,并无多少进展,双方在谈判中立场尖锐对立。但是,中国方面也并不急于达成任何协议,因为中国最高领导人早已把中苏关系和中美关系联系起来考虑。当时苏美之间也在就限制战略武器等问题进行谈判,苏联力求制造中苏谈判有进展、中苏关系有缓和的氛围,以获取宣传上的好处。所以,如果中苏谈判进展太快,就会被苏联利用来加强其与美国进而与中国打交道的地位;但若能就此拖延下去,反而在客观上有利于对中方。同时,中美关系改善也将增加苏联对解决同中国之间问题的紧迫感,中苏关系转趋缓和的前景也就不是不可预期

---

① 金冲及主编《周恩来传(1898~1976)》下卷,第1839页。
② 《周恩来年谱(1949~1976)》下卷,第332~333、341页。
③ 金冲及主编《周恩来传(1898~1976)》下卷,第1844页。

的了。① 当华盛顿试探着开始美、中、苏之间一曲错综复杂又不失优雅的"小步舞"②时,中国领导人也精心驾驭着这场"大三角"游戏的发展形势。

四 高级别会谈纷争

基辛格在回忆录中称,在准备 1970 年华沙会谈指示的过程中,国务院同国家安全委员会之间最突出的争论,在于是否向中方提议举行两国高层代表的会谈。对于华沙会谈,他和尼克松都"漠视那空洞无物的议程",认为"美国驻华沙大使和一名来自国务院的中级官员,带着煞费苦心征得官僚机构和友好国家同意的发言稿乘飞机赶来,由大使在会议上念发言稿,他所得到的回答无疑也是这一类文稿"。在基辛格看来,这种仪式毫无价值,倒是起了阻滞的作用。而安排两国使节在一方首都,或许就在北京举行高级别会谈,才可以有效打破"20 年来先入为主的观念、专家们的种种清规戒律所形成的瘫痪性作用,以及政府内部互相倾轧的怪现象"。他提出,在 1970 年 1 月 20 日的会谈上向中国表明美国愿意派使节到北京去。③

但是,现有材料中所展现的情况与基辛格的说法大不相同。④ 1970 年

---

① 马叙生(曾任外交部苏欧司司长、驻外大使、外交学会常务副会长)的回忆,参见马叙生《铭心的西花厅谈话》,田曾佩、王泰平主编《老外交官回忆周恩来》,第 315～316 页。
② 〔美〕基辛格:《白宫岁月》第 1 册,第 234～235 页。
③ 〔美〕基辛格:《白宫岁月》第 2 册,第 880～881 页。
④ 关于提出互派使节的建议,霍尔德里奇的记述与档案资料比较相符:"国务院指示斯托塞尔对于双方这种会晤中的第一次会晤,不要用通常的做法,对中国发一套怨言,而要在谈判中引进一个引人注目的新成分——建议互派使者。尼克松和基辛格博士的本意是,希望国务院作出努力,打通同中华人民共和国交往的渠道,包括这类性质的某种动向。可是,国务院却提出建议:中美两国互派高级使者至对方首都,不仅讨论两国间的分歧,还可以讨论改善两国关系的做法。此外,国务院指示斯托塞尔要表示出一种'希望',即随着台湾地区紧张局势的缓和,美国可以削减它在该地区的兵力。国务院的建议实际上是它于 1968 年 9 月致中方的信函内容的合乎逻辑的延伸。这些指示很快获得了白宫和国家安全委员会的批准。在助理国务卿马歇尔·格林的指导下,国务院的两名官员随即加入为实现中美关系正常化而进行的早期工作。一位是代理助理国务卿温斯洛普·布朗,另一位是保罗·克里斯伯格,当时任远东司'亚洲共产党地区'处处长。这两人都在国务院远东和太平洋司。"〔美〕霍尔德里奇:《1945 年以来中美外交关系正常化》,第 44 页。

1月12日，基辛格向尼克松分析了中国同意恢复第135次大使级会谈的用意，其谨慎态度可窥一斑：

> 中方当下的目的是表现出能够同我们打交道的姿态——主要是给苏联人看的。他们可能还没有准备好讨论具体的事务。但这是一个必要的阶段。一旦他们弄清楚能够摆出与我们打交道的姿态的好处后，他们可能会更倾向于达成实质性的共识。

对中方已经开始表现出来的灵活性和愿意对话的态度，基辛格不仅不抱乐观态度，反而向尼克松表达了自己内心深处的忧虑：

> 中国人越向世界展现他们务实的外交风格，就越会给我们摆出一些短期的难题（例如中国在联合国的代表权问题）；但是如果他们要成为国际社会中更负责任与正规的成员，这就是我们必须要掌控的风险。①

与基辛格的谨慎形成对比的，是国务院积极而大胆的准备。国务院负责华沙会谈的政治顾问、亚洲共产党事务办公室②主任保罗·克里斯伯格与职员多纳德·安德森继续负责第135次中美大使级会谈的准备工作。1970年1月8日中美双方代表在华沙成功会谈后，他们就开始起草给斯托塞尔关于会谈的新指示，并在14日由罗杰斯递交尼克松。与以往的会谈指示相比，这份指示的目的在于使美方的表态"为未来继续举行会谈营造气氛"，"打开改善中美关系的新开端，探寻实质性措施，以消除阻碍两国相互理解的障碍"。指示包含了一些新鲜的内容：

---

① 括号中的文字为原文所有。Memorandum From the President's Assistant for National Security Affairs (Kissinger) to President Nixon, January 12, 1970, FRUS, 1969 – 1976, Vol. XVII, pp. 161 – 162.
② 1970年初，美国国务院东亚暨太平洋事务局亚洲共产党事务办公室更名为中国暨蒙古事务办公室，卸下朝鲜和北越事务，主要负责中美关系的政策研究和外交活动。但从目前美国FRUS文件集的注释来看，这一时期该办公室主任名称仍为"亚洲共产党事务办公室主任"。1969～1972年，克里斯伯格（1969年3月至1971年7月）与詹金斯（从1971年7月始接任）先后任该室主任。

第一,"关岛主义"。尽管在公开声明中已屡次重申,但我们认为在私下场合做出改善我们双边关系的暗示,向中国人传达这一精神十分重要。

第二,美国认为中华人民共和国无意侵犯任何亚洲国家。我们认为这有助于消除先前视中国为其亚洲邻国的潜在侵略者与威胁的定性。

第三,我们削减美国在东南亚以及中国南部邻国驻军的意愿。这意在向中国人表明,我们无意寻求在亚洲大陆永久驻军,中国完全可以消除被美国"包围"的担忧。

第四,提议双方讨论在亚洲地区的目标与政策限度。在某种程度上,华沙会谈一直围绕讨论和指责对方在亚洲的目标展开,我们从来没有提出就这一问题进行一场真诚的讨论,特别是关于我们的目标的限度。

第五,主动讨论包括解决冻结资产在内的所有贸易问题。中方似乎无意在这次会谈上展开具体的有关贸易的讨论。但是,我们知道他们重视我们单方面的行动,或许对美方表达开启关于贸易问题讨论的意愿感兴趣。

第六,三项关于台湾问题的新表述:

(a)美国无意寻求把对于台湾的看法强加于任何一方,并且无意干涉(大陆与台湾)所达成的任何协议。

(b)坚定承诺不支持国民党中国反攻大陆的行动。

(c)表达这一希望,即随着亚洲和平与稳定局势的发展,我们能够减少美国在台驻军。

台湾问题是实现(美国)与中华人民共和国关系有任何改善的关键,并且中方对我们就这一问题的声明最感兴趣。这三项表述是就我们目前可以做到的而言的,但它们作为传达我们真诚寻求改善关系的信号,是最重要的。

第七,提议就裁军问题开展双边讨论。这个提议有两重好处,既能使我们消除中方对美、苏在核裁军问题上"合谋"的指责,又暗示我们相信中国将会成为一个重要大国并且是裁军全局中的关键部分。

第八,提议派遣特使到北京、或中国代表来华盛顿讨论以上谈到的任何问题。如果中国人希望发出他们愿意改善关系的信号,那么他们会接受这一提议且不违背他们的原则。现在他们接受这一提议似乎不太可能,但是当未来美国进一步改善（两国）关系的愿望愈益明确的时候，他们会对这一提议感兴趣。

经总统同意后，这份指示由罗杰斯在1979年1月17日发给了美国驻波兰大使斯托塞尔。① 值得注意的是，指示中的提议与中国四位老帅们提出的举行高级别会谈的建议不谋而合，甚至更进一步，提出派遣特使到对方首都。

基辛格在回忆录中声称，在筹备1970年1月20日的会谈时，国务院官员对派使节去北京一事"吓得发抖，因为这样的会谈可能要由白宫亲自掌握，国务院以后再也插不上手了"。负责华沙大使级会谈的安德森等人"根本不知道过去一年中传达到中国方面去的信息，还以为没有理由要改变以往134次华沙会谈中沿用下来的那一套做法"。② 但上述档案资料已清楚表明，是国务院而非基辛格提出了"派遣特使"的建议；也是国务院首先提出要向中国申明美国在亚洲的战略意图、消除中国对于国家安全的担忧。最重要的，是国务院首先建议在台湾问题上向中方提出"随着和平与稳定在亚洲的发展，我们能够减少美国在台湾的驻军"的表述。③

此外，上述会谈指示草稿第六点中关于台湾问题的表述，是一项非常重要的政策提案，它恰恰迎合了中方多年以来在台湾问题上对美国的要求。周恩来早在1960年5月26日会见英国陆军元帅蒙哥马利时，就对后者明确表示：

> 如果要改善中美关系，美国应该首先采取步骤……改善中美关系的先决条件是：一、美国承认台湾是中国的一部分。二、美军撤出台

---

① 以上关于国务院对于1970年1月20日135次中美大使级会谈的各项指示，参见 Memorandum from Secretary of State Rogers to President Nixon, January 20, 1970, January 14, 1970, *FRUS, 1969–1976*, Vol. XVII, pp. 165–166; Telegram 008061 from William P. Rogers to United States Embassy (Poland), January 17, 1970, Source: DNSA, CH00115。
② 〔美〕基辛格：《白宫岁月》第2册，第880、882页。
③ 对"减少美国在台湾的驻军"这一提法，基辛格在最初审阅这份指示时还犹豫不定，表示希望同尼克松商议。参见 footnote 1, Memorandum from Secretary of State Rogers to President Nixon, January 20, 1970, January 14, 1970, *FRUS, 1969–1976*, Vol. XVII, p. 165。

湾和台湾海峡……留下的问题只是中国的内政问题,我们力争和平解放台湾,这是我们努力的方向。①

同年8月30日,周恩来同美国记者埃德加·斯诺会谈时,就有关中美大使级会谈的问题指出:

> 中美谈判总要先达成原则协议才能解决具体问题。应达成的原则协议包括两点:第一点是中美两国之间的一切争端,包括两国在台湾地区的争端,应通过和平协商求得解决,而不诉诸武力或武力威胁;第二点是美国必须同意将武装力量从台湾和台湾海峡撤走。至于什么时候撤以及如何撤的具体步骤是下一步讨论的事……美国武装力量是否从台湾和台湾海峡撤走,这是中美之间争端的关键。②

可以想见,不必确定撤军最后时间和方案,只要是美国从台湾撤军的政策表态,都会受到中国领导人的重视。如果美国政府能够迈出这一步,必然会被视为其改善对华关系的诚意的表示。在回忆起草这份指示和1971年7月获知基辛格秘密访华的情形时,安德森说,后来发现"我们走得还不够远"时,"我非常吃惊"。③ 事实上,1971年7月基辛格秘密访华,正是"派遣特使"建议的施行;他在北京对中国的安全和台湾问题所做的承诺,也正是基于国务院这份最初的建议。④

在美方酝酿提出双方派特使进行会谈的建议时,中方也准备提出举行中美双方高级别会谈的建议。前述1969年9月17日,陈毅以口头方式向周总理建议,向美方提出或接受美方提出的举行中国美高级别会议的建议,得到了周恩来的认可。1970年1月15日,周恩来在修改外交部致雷阳的电稿以及第135次中美华沙大使级会谈中方发言稿时,加写了这样一

---

① 《周恩来年谱(1949~1976)》中卷,第323页。
② 外交部、中央文献研究室编《周恩来外交文选》,中央文献出版社,1990,第298页。1960年10月18日、1964年12月16日周恩来两次会见斯诺时,又重申了上述两项原则,参见《周恩来年谱(1949~1976)》中卷,第359、694页。
③ 多纳德·安德森的口述,参见 China Confidential, pp. 238 - 239。
④ 关于基辛格在1971年7月第一次访华期间就台湾问题对中方做出的承诺,参见 Memorandum of Conversation, Beijing, July 9, 1971, 4: 35 - 11: 20 p.m., FRUS, 1969 - 1976, Vol. XVII, p. 368。

点："美方如询更高级别会谈或其他途径何所指，可答以美国政府如对此感兴趣，可提出方案，也可在大使级会谈中双方商定出方案。"①

中国方面不仅同意恢复会谈，而且自1966年9月会谈以来，第一次主动提出允许媒体于会谈开始前在中国大使馆会场拍摄照片。这一灵活态度使美国外交人员备受鼓舞。② 然而，尼克松和基辛格不但未能真正理解中方正在酝酿的中、美、苏三角战略，不清楚中方拖延答复曼斯菲尔德访华申请和恢复第135次中美大使级会谈的真正原因，反而认为中国人"被苏联人吓得失去了理智"。③

1970年1月20日下午会谈伊始，中方先请美方代表在一间较大的会议室就座，待记者拍照后，为了保密、防止窃听，又将会场转移到一间较小的会议室中。双方首先商定，按照惯例，此次会谈轮到美方首先发言、由中方提出下一次会谈的时间，在正式会谈的第二天讨论技术性问题。

按照罗杰斯1月17日电报中的指示，斯托塞尔在会谈中宣读了美方的声明，包括重申美方无意与苏联共谋对付中国，不支持"勃列日涅夫主义"，"希望随着和平与稳定在亚洲的发展，减少在台湾的军事部署"等旧议题。他还提出："如果贵国政府有意愿，我国政府准备考虑派遣一位特使到北京同你们的官员直接会谈，或者在华盛顿迎接一位贵方政府的代表。"而中国代办雷阳的回答却主要针对台湾问题，坚决反对美国占据中国领土、反对"两个中国"或"一中一台"的解决方案。不过在发言最后，雷阳在惯常的词句中隐藏了两句含蓄的话："我们愿意考虑和讨论美国政府根据和平共处五项原则提出的任何意见和建议，从而切实缓和中美之间的紧张局势，并从根本上改善中美两国的关系。这些会谈可以继续在大使一级进行，也可以在更高级别或通过双方同意的其他渠道进行。"按照周恩来的指示，他拒绝对"高级别会谈"或者"其他渠道"做进一

---

① 《周恩来年谱（1949~1976）》下卷，第344页。
② Cable from Stoessel to Department of State, January 19, 1970, Source: DNSA, CH00116.
③ Telcon The President and Mr. Kissinger 1/20/70 2:43 p.m., Source: National Archives, Nixon Presidential Materials Staff, NSC Files, Kissinger Telcons, Chronological File (November 1, 1969 to January 26, 1970), Box 3, Folder 15 – 21 Jan, 1970.

步的解释,表示:"如果美方对此感兴趣,可以提出建议草稿,或者双方通过大使级会谈做出提议。"①

在斯托塞尔看来,中方的声明尽管主要围绕台湾问题,但与 1968 年 12 月 5 日的声明并不相同。中方并不要求美方立刻、无条件撤出台湾,也未声称要完全单方面决定是否以和平或武力方式"解放"台湾。此外,他还注意到,多年来中方第一次提出"从根本上改善"中美关系,并且强调和平谈判是实现这一目标的方法。他认为中方主动提出举行"高级别会谈"和开辟"其他渠道",与美方的提议有十分相近之处,双方很可能就此达成一致。总之,在给国务院的报告中,斯托塞尔提出:中美双方已经开始朝着与 20 世纪 50 年代中期相似的较为温和、融洽的关系发展,中方或许已准备好在台湾问题上接受一些过渡性方案。②

基辛格对斯托塞尔的分析深表赞同。在给尼克松的备忘录中,他写道:"中方代办的语言,无疑是华沙会谈历史上除了 1955 年的短暂融洽期外,我们所听到的最为坦率的一次。他们希望继续会谈。"相较于中国在 1955 年中美大使级会谈中所提出的"万隆原则"和"高级别会谈",他认为中国的外交"现在已经几乎重新恢复了这种风格"。那么,美国"该如何利用这一转变呢"?他提出:尽管中方仍然坚持首先解决台湾问题,但或许会对达成一个过渡方案表现出更大的灵活性。因此,美国可以迎合中方的要求,在继续讨论台湾问题的同时,避免做出扰乱台海地区目前稳定局势的承诺。此外,他认为贸易也是双方可以继续探讨的话题。③

国务院方面对台湾问题的考虑更为复杂,但实质上与基辛格的建议别无二致。第 135 次大使级会谈后的第二天,国务院东亚暨太平洋事务局亚洲共产党事务办公室主任保罗·克里斯伯格完成了一份题为"美国

---

① 〔美〕基辛格:《白宫岁月》第 2 册,第 882~883 页;Stoessel – Lei Talks: Report of 135the Meeting, January 20, 1970, Memorandum of Conversation, January 24, 1970, Source: DNSA, CH00124.

② Telegram from Stoessel to Secretary of State, January 21, 1970, Source: DNSA, CH00122.

③ Memorandum From the President's Assistant for National Security Affairs (Kissinger) to President Nixon, January 21, 1970, *FRUS, 1969–1976*, Vol. XVII, pp. 170–172.

在中美会谈中策略"的报告。他直截了当地提出:"在现在进行的一系列会谈中,我们必须决定两个关键问题:(a)我们是否准备好接受台湾与大陆都是'一个中国'的一部分?(b)我们是否准备好逐渐削减目前在台湾的驻军?"他承认,中方代表在第135次会谈上的表现,说明"北京可能已经准备好在包括台湾等问题上表现出灵活的态度,做出一些重大的政策调整",中方或许愿意接受美国逐步从台湾撤军。但是,"对这一问题,我们需要在北京承诺不对台湾使用武力的大背景下,考虑撤军可能对中华民国政府及我们自身的军事需要造成的影响"。他建议,美方应当在第136次大使级会谈上激发、利用北京对于苏联威胁的担忧,促使北京同意暂时搁置台湾问题。"暗示美国有意削减在台湾的驻军。随着在近期象征性地移除驻军,北京或许可以接受这样一个泛泛的声明。但是,它或许还会试图获得我们最终从岛上撤除所有驻军的承诺。那么,我们就要考虑北京方面放弃对台湾使用武力的意愿是否坚定、对中华民国政府的影响,以及部署在台湾的军事设施的现实需要等问题,以决定是否履行撤军承诺,甚至不需给出明确的期限。"但如果北京仅仅希望利用中美举行会谈以及两国改善双边关系的表象,来对付苏联、损害美国同"中华民国"政府的关系、削弱美国在联合国中对"中华民国"的支持,那么"我们应当坚定主张,这样的改变只能随着华沙大使级会谈的进展而定"。① 这份报告得到了马歇尔·格林和罗杰斯的赞同。②

是否举行中美高级别会谈,成为白宫与国务院之间的重大分歧。由于并不清楚白宫通过幕后渠道同中方联络的详情,国务院方面无法准确把握北京对大使级会谈的真实态度,担心中国领导人仅仅是利用中美关系缓和的表象来对苏联打"美国牌",并在联合国问题上获利。他们因而建议,在大使级会谈取得实质性进展之前,应观察、试探中方的意

---

① Department of State, U. S. Strategy in Current Sino – U. S. Talks, January 21, 1970, Source: DNSA, CH00120, pp. 1 – 2, 7 – 8.
② Footnote 2, Memorandum from the President's Assistant for National Security Affairs (Kissinger) to President Nixon, Sino – US Negotiations in Warsaw, February 5, 1970, *FRUS, 1969 – 1976*, Vol. XVII, p. 178.

图，关注中方的答复，对于举行高级别会谈一事既不拒绝，也暂不做进一步表态。① 国务院的这种建议，显然难以满足白宫的政策需要。基辛格建议尼克松对此持保留态度。最终，通过基辛格，尼克松向国务院申明，白宫希望对中方的建议采取一种更为积极的态度。②

国务院的建议被基辛格认为是"很怕失去控制权，没有什么比维护其受到威胁的特权更能使官僚们肝火大旺了"。③ 多年以后，马歇尔·格林道出了国务院对高级别会谈持保守态度的原委。虽然时过境迁，但他对基辛格从"官僚政治战争"的角度断言国务院给白宫"泼冷水"仍然愤懑不平。他指出，当时国务院方面认为，在提出举行高级别会谈前，有必要让美国的高层官员确信会谈的结果是建设性的，因为"没有什么比出席会议却被扇耳光更糟糕的事情了。这是我们在打开中美关系中最不愿意看到的"。④ 他们担心，北京同意举行高级别会谈只不过是一种没有政策实质的策略，利用美国代表到中国一事增加北京同莫斯科进行边界谈判的砝码。这样的会谈只会给日本等盟国带来消极的影响。⑤ 然而，国家安全委员会职员在当时并不理解国务院官员的担忧。⑥

白宫要控制外交、打破官僚政治阻滞，将国务院的谨慎理解为"很怕失去控制权"。其实，国务院持谨慎态度的原因，与1969年初筹备中美第135次大使级会谈时基辛格选择"多听少动、故作姿态"这一保守策略的原因相同，都是由于缺乏对中国政策态度的了解而对中国领导人的战略意图有误判。基辛格严禁国家安全委员会职员向国务院中甚至如格林这样的高级官员泄露任何信息，这造成了国家安全委员会与国务院之间没有

---

① Memorandum from Marshall Green to Secretary of State, February 4, 1970, Source: DNSA, CH00127, p. 1.
② Memorandum From the President's Assistant for National Security Affairs (Kissinger) to President Nixon, Sino – US Negotiations in Warsaw, February 5, 1970, *FRUS, 1969 – 1976*, Vol. XVII, p. 180.
③ 〔美〕基辛格：《白宫岁月》第2册，第882、884页。
④ 马歇尔·格林的口述，参见 *China Confidential*, p. 239。
⑤ Marshall Green, John H. Holdridge, and William N. Stokes, *War and Peace with China: First – Hand Experiences in the Foreign Service of the United States*, p. 88.
⑥ 霍尔德里奇口述，参见 *China Confidential*, p. 240。

有关白宫对华幕后运作的任何具体的沟通。格林无奈地表示:"我们知道我们不清楚所有的问题。这造成了一种不信任。尽管在我和霍尔德里奇之间仍保持老朋友式的联络,我们处理着同样的问题,但我无法知道他能够获得的所有信息。"其实,就连基辛格的助手也并非知晓所有的情况。在国家安全委员会中,基辛格会让三个不同的职员小组同时处理同一个问题,使每个成员都难以知道问题的全部。①

1970年2月2日,中方向美方提出在1970年2月20日举行第136次中美大使级会谈。② 两天之后,美方表示同意。③ 此时,尽管美方内部在是否举行中美高级别会谈的问题上产生了分歧,但是中方已经准备迈出突破性的一步。2月10日,周恩来主持中共中央政治局会议,讨论修改外交部给中国驻波兰代办雷阳的电稿以及参加第136次中美华沙大使级会谈的发言稿。周恩来提议,将中方发言稿中"如果美国政府愿意派部长级的代表或美国总统的特使到北京进一步探讨中美关系中的根本原则问题,中国政府愿予考虑"中的"考虑"二字改为"接待"。会后,他在改处加旁注:"'接待'两字是我提议改的。因我方在一三五次会议发言中,已经提到考虑可以通过其他途径进行,而美方在上次谈话已提到来北京直接讨论,并且顺着这段话,最后还用'考虑'也显得太轻了,故改为'接待'较'欢迎'为轻,较'考虑'就落实了一些。"同日,他将修改稿报毛泽东、林彪。毛泽东批:照办。④

1970年2月18日,尼克松借向国会做第一个外交政策报告的机会,实施了"对华主动缓和行动的第一个认真的公开步骤"。⑤ 他声称:"中国人民是伟大的和富有生命力的人民,他们不应该孤立于国际大家庭之外。"他承认中美之间仍然存在巨大的意识形态的鸿沟,但是这并不妨碍在美国与中国之间确定"与指导我们对苏联政策相似的原则"。"我们采取的改善与北京关系的实际步骤符合我们的利益,也有

---

① 马歇尔·格林、霍尔德里奇的口述,参见 China Confidential, p. 240。
② Telegram from Stoessel to Secretary of State, February 2, 1970, Source: DNSA, CH00125.
③ Telegram from Stoessel to Secretary of State, February 4, 1970, Source: DNSA, CH00128.
④ 《周恩来年谱(1949~1976)》下卷,第348页。
⑤ 〔美〕尼克松:《尼克松回忆录》中册,第654页。

利于亚洲和世界的和平与稳定。"最后，他申明："我们改善关系的意图，并不是一种利用中国与苏联之间冲突的战术"，美国"既无意站在其中任何一方，也无意加入任何一个共产党大国针对另一方的敌对同盟"。①

国务院对举行中美高级别会谈的决定也在随后做了最后的修改。2月19日，副国务卿理查森在发给斯托塞尔的电报中，把此前对高级别会谈一事"既不拒绝，也暂不做进一步表态"的指示，改为"如果这些会谈的进展表明这种方式有益于改善我们两国关系，美国准备和你们一同考虑派遣一名代表去贵国或者欢迎贵国代表来美国的可能性"。理查森解释，这样的改变意在表现美国对中方声明的反应是更为乐观的。②

1970年2月20日举行的第136次中美大使级会谈为美国特使访华打开了大门。中国代办雷阳的声明主要集中于台湾问题，并传达了中国领导人对于高级别会谈的兴趣。按照周恩来的指示，他声明："通过大使级会谈探讨问题会有一些困难。既然双方在1月20日会谈上都提出举行高级别会谈，那么如果美国政府愿意派部长级的代表或美国总统的特使到北京进一步探讨中美关系中的根本原则问题，中国政府愿予接待。"对于中方声明中的内容，斯托塞尔认为它"没有谴责美国在台湾的军事存在，回避了无人驾驶飞机事件，并且也没有再提中美关系的历史"。在他看来，"中国人或许已准备好在台湾问题上考虑某种折中方案，或者在其他问题上做出一些姿态或实质性动作"。对于高级别会谈，他认为，"中国人似乎急于举行高级别会谈，并且定于'部长级'代表或'总统特使'"。③

此次会谈之后，中美两国尚未确定下一次会谈的日期，白宫和国务院之间便发生了一场关于"美国派特使的利弊得失"的大辩论。美国陷入了进退维谷的困境。基辛格认为，美国已无路可退，因为如果后

---

① Foreign Policy Report, February 18, 1970, Source: National Archives, Nixon Presidential Materials Project, NSC Files, Henry A. Kissinger Office Files, Country Files – Far East, Box 86, Folder U. S. China Policy 1969 – 1972 [1 of 2].
② Telegram from Eliot L. Richardson to Embassy of United States in Poland, February 19, 1970, Source: DNSA, CH00136.
③ Telegram from Stoessel to Secretary of State, February 20, 1970, Source: DNSA, CH00140.

退,"将把接近中华人民共和国之举整个儿都吹至九霄云外,前功尽弃"。而国务院内以马歇尔·格林为首的官员希望放慢脚步,在未来的大使级会谈上进一步探讨有关台湾、人员交流和贸易等问题。他们的理由是,如果同意举行高级别会谈,中国则很可能利用这一"重大的国际性事件"服务于对抗苏联的目的,损害美国同"中华民国"及其他盟国的关系,并削弱国际社会在联合国代表权问题上对"中华民国"的支持。更为严重的是,他们担心,这会在国会引发一场轩然大波。总之,"只有当大使级会谈的进展显示出高级别会谈将是富有建设性的时候,我们才同意举行"。[1]

国家安全委员会的高级职员霍尔德里奇十分同情国务院的观点。在为基辛格草拟给尼克松的备忘录中,他建议设计一种政策,"既能考虑到国务院的保留意见,又能够积极回应中方派遣特使赴北京的建议"。[2] 然而,霍尔德里奇草拟的备忘录与基辛格的意思大相径庭。事实上,基辛格对国务院的保守观点深不以为然。他认为,同现在使中国人感到不安的主要问题相比,双边问题是次要的。只有非常担心苏联的意图,才能说明为什么中国人愿意坐下来跟一个此前被丑化为头号敌人的国家会谈。中国人真正想要讨论的是全球均势的问题。[3] 他对霍尔德里奇草拟的这份备忘录大为不满,不但没有签署,还在封面上毫不客气地写道:"为什么要提台湾问题?霍尔德里奇,来见我!"1970年3月17日,基辛格、格林、霍尔德里奇等人在白宫的战情室进行了一场立场针锋相对的会谈。格林重申了他

---

[1] 〔美〕霍尔德里奇:《1945年以来中美外交关系正常化》,第45页。霍尔德里奇的记述并不详确,相应的档案资料参见 Memorandum from Marshall Green to Secretary of State, March 5, 1970, Source: DNSA, CH00148, pp. 2-3。这份文件中除格林给罗杰斯的备忘录外,还附有格林起草的"罗杰斯给尼克松总统的备忘录"等三个附件,但"罗杰斯给尼克松总统的备忘录"有删节。FRUS, 1969-1976, Vol. XVII中有完整的"罗杰斯给尼克松总统的备忘录",但没有另外两个附件和格林给罗杰斯的备忘录。Memorandum from Secretary of State Rogers to President Nixon, March 10, 1970, FRUS, 1969-1976, Vol. XVII, pp. 188-191.

[2] Memorandum from Secretary of State Rogers to President Nixon, March 10, 1970, footnote 4, FRUS, 1969-1976, Vol. XVII, p. 190.

[3] 〔美〕基辛格:《白宫岁月》第2册,第886~887页;Memorandum from the President's Assistant for National Security Affairs (Kissinger) to President Nixon, February 20, 1970, FRUS, 1969-1976, Vol. XVII, pp. 183-185。

对派高层代表赴中国的担忧,坚持认为高层接触应当以"在华沙取得进展为前提"。此次会谈之后,格林又写了一封长达3页的信件给基辛格,坚持认为:"我们在全力以赴之前,应当首先明确把握高级别会谈取得实质性进展的前景。"①

其实,此时格林的据理力争已然无效。尼克松早已在1970年3月13日明确告诉基辛格:

> 我希望会谈能够在北京进行。我不同意认为这个问题只是时间问题的看法。我建议他们(指国务院方面)能够明白告诉他们(指中国方面)我们同意(高级别会谈)。到底谁在掌管?告诉他们总统已经决定,我们就这么做。我需要他们别把这事搞砸了。

3月20日,基辛格受总统之命告知罗杰斯:总统已经明令斯托塞尔大使在下次华沙会谈中向中方肯定,美方愿意举行高级别会谈,并且主动提出在北京举行高级别会谈的具体操作细节,如外交豁免、通信安全等。②

1970年3月26日,在罗杰斯给斯托塞尔关于第137次中美华沙大使级会谈的声明稿中,除表示美方接受中方在2月20日会谈中提出的美方派遣总统特使到北京举行高级别会谈的建议、愿意开始讨论操作性问题以外,还包括美国对高级别会谈中将讨论的"台湾问题"的原则性立场,即要求以和平方式解决,并且保证美国不会干涉双方通过直接、和平方式解决问题。此外,对于中国在1月20日会谈中对美国制造"两个中国"或"一个中国、一个台湾"的指责,声明表示"美国无意强加以任何形式的'两个中国'或'一个中国、一个台湾'的解决方案。这一问题的解决方式应当由直接参与方来决定"。声明还重申:"随着远东地区形势的缓和,美国准备逐渐减少在台湾地区的驻军。"除台湾问题,美方在声明中还提出高级别会谈将讨论的其他内容,包括缓解整个远东地区的紧张

---

① Footnote 4, *FRUS, 1969–1976*, Vol. XVII, pp. 190–191.
② Memorandum from the President's Assistant for National Security Affairs (Kissinger) to Secretary of State Rogers, March 20, 1970, *FRUS, 1969–1976*, Vol. XVII, p. 192.

局势、通过和平谈判的方式解决中美关系中的所有争端、扩大中美两国人民间的接触和贸易、双方在"和平共处五项原则"基础上发表联合声明等。① 这份声明对台湾问题的政策态度以及提议讨论的其他问题，都与基辛格 1971 年 7 月访华时同周恩来进行秘密会谈的要点相同，同尼克松访华后发表的中美联合公报中的美方立场大框架也相同。

国务院为中美关系的缓和提供了最初的原则性框架。当然，在准备会谈内容的过程中，国务院方面也提出过一些保守意见，在华盛顿引发了不小的争论。但是时隔多年后，霍尔德里奇对这场纷争一针见血地指出："国务院所缺少的，而且也许可以大大有助于消除误会的东西，就是了解白宫之所以致力于打通同中国交往的背景情况"，这就包括通过巴基斯坦和罗马尼亚的幕后渠道所传递的信息。② 尼克松和基辛格"对于外交政策的管理发展出一套搞阴谋的方法。他们努力不让其他任何人知道整幅画面，即便这意味着是对后者的欺骗"，基辛格的助手伊格尔伯格如是说。③ 许多年后，格林仍难以释怀。他回忆道："至 1971 年初，总统和基辛格通过第三国和各种中间人开展的所有幕后试探，都是在绝密情况下进行的。在国务院的我们对此完全不知，除了国务卿略知一二。"④ 就这样，白宫汲取了国务院政策建议的精华，却将他们蒙蔽在秘密外交的阴影之下。

五 联络渠道转换

为了秘密地与中国建立联系，尼克松和基辛格开辟了两条卓有成效的幕后外交渠道——"巴基斯坦渠道"和"罗马尼亚渠道"。

在 1969 年 8 月 1 日访问巴基斯坦期间，尼克松同巴基斯坦总统叶海亚·汗讨论了中苏、中巴和中美关系。尼克松同意叶海亚所说的"中国

---

① Guidance for April Sino – U. S. Ambassadorial Meeting, March 26, 1970, Source：DNSA, CH00154, pp. 3 – 8. 但是由于会谈日期一再拖延，这封指示电报最终并未能发出。Memorandum from Winston Lord for John Holdridge, April 6, 1970, Source：DNSA, CH00163.
② 〔美〕霍尔德里奇：《1945 年以来中美外交关系正常化》，第 45 页。
③ Walter Isaacson, *Kissinger：A Biography*, p. 209.
④ Marshall Green, John H. Holdridge, and William N. Stokes：*War and Peace with China：First - Hand Experiences in the Foreign Service of the United States*, p. 90.

应当加入国际社会中来"的观点,但同时也承认"美国民众还没有准备好接受中美缓和",他自己也不能接受中国在"一夜之间"加入联合国。但是,他承诺会努力向着这一目标做工作。① 此外,他告诉叶海亚总统:"美国不会参加孤立中国的任何安排",并请叶海亚总统把他的想法通过高级别会晤转达给中方。回到华盛顿后,基辛格很快同巴基斯坦大使阿迦·希拉利建立了一条可靠的幕后渠道。②

随后,尼克松访问了罗马尼亚。在 1969 年 8 月 2 日同罗马尼亚总统齐奥塞斯库的第一次谈话中,尼克松首先表示此行旨在"发展新的关系"。他说,美国是太平洋地区的强大力量,并且会继续在太平洋地区扮演大国角色。美国对于苏联要在亚洲建立旨在孤立、包围中国的集体安全体系不感兴趣。"苏联所做的是他们自己的事情。我们做的是我们自己的事情。苏联建立一个针对中国的包围圈是错误的。25 年以后,中国将拥有 10 亿人口。如果被孤立,就将成为破坏那时和平的爆炸性力量。"美国不会卷入中苏冲突,"我们的政策是同苏联保持良好的关系,并且当中国改变了它对其他国家的政策的时候,我们希望和他们打开沟通的渠道,建立关系。被孤立的 10 亿中国人将成为随时可能引爆的炸弹"。此外,对于中国进入联合国问题以及对华承认问题,他解释说,美国不承认中国并且反对中国进入联合国,"不是因为中国的对内政策,而是因为它对邻国的政策"。尽管美国现在不能改变对华政策,但是在长期,"中国是一个现实。如果没有中国在其中扮演角色,就不可能有真正的和平"。与同叶海亚·汗会谈时传达的信息一样,尼克松向齐奥塞斯库表示:"从我们和中国的短期问题来看,我们已经采取了诸如取消贸易限制并允许游客购买中国商品的行动;我们还会继续在这些方面采取更多行动。坦白地讲,如果这符合您与贵国政府的利益的话,我欢迎你们在我国与中国之间扮演协调人的角色。"③ 1969 年 8 月

---

① Editorial Note, *FRUS*, *1969 - 1976*, Vol. XVII, p. 52.
② 〔美〕基辛格:《白宫岁月》第 1 册,第 226~227 页。
③ Memorandum of Conversation, Private Meeting between President Nixon and Ceausescu, August 2, 1969, Source: National Archives, Nixon Presidential Materials Staff, NSC Files, Presidential/HAK MemCons, Box 1023, Folder Memcons, The President and President Ceausescu, Aug 2 - 3, 1969, pp. 7 - 12.

2 日的谈话，并不是尼克松和罗马尼亚领导人第一次共同探讨对华政策问题。早在 1967 年尼克松以个人身份访问布加勒斯特的时候，就已经同齐奥塞斯库以及罗马尼亚总理毛雷尔讨论过对华缓和政策的想法。①

1969 年 9 月 3 日越共主席胡志明逝世，为罗马尼亚领导人向中国领导人传达美国对华政策信息提供了第一次机会。毛雷尔和周恩来率团出席胡志明的丧礼，双方在 9 月 7 日和 9 月 11 日进行了两次会晤。罗马尼亚方面准确、完整地向中国传达了美国与中国关系正常化的愿望。在于北京举行的第一次会谈中，毛雷尔向周恩来转达：

> 首先，尼克松毫无保留地表达了寻求开辟与中国关系正常化途径的意愿。他的意思很清楚，并且请求我们给予帮助……我们的印象是，这一愿望是真诚的。换句话说，这与美国的某些重要利益相关。虽然我们现在还不清楚这些利益是什么，但是我们很清楚很久以来在美国民众中便抱有与中国关系正常化的愿望。他们几次向我们提起这一愿望……我们的感想，也是我们党的领导层对这一问题的评论是，尼克松想要实现这些非常明显地存在于公众及某些领导人中的愿望……尼克松非常肯定地说，如果苏联有进攻中国的意图的话，他不会以任何方式支持苏联……他很关心中苏冲突的升级，认为如果分歧戏剧化地导致大冲突，就可能严重威胁世界和平。我理解，根据尼克松的意思，他不会向苏联人隐瞒这一态度。他没有直接说，但是他说要让苏联人知道这一立场。尼克松多次表示了寻求与中国关系正常化的意愿和关注。尼克松承认，如果没有中国的参与，很难解决关于联合国作用、裁军和限制核武器等所有重要国际问题，因此他们必须寻找到与中国关系正常化的途径。

不过，周恩来在谈话中将回应的重点放在了中国对苏政策、越南战争问题的分析以及中罗关系上，将对中美关系的政策表态放在了最后。他说："（中美关系的）关键是台湾问题与联合国问题，这些问题总有一天

---

① Mircea Munteanu, "New Evidence on Romania's Role in the Sino‐American Rapprochement", *Cold War International History Project Bulletin*, Issue 16, p. 322.

要解决；我们不欠他们的债，是他们欠我们的。"对于恢复中美华沙大使级会谈的问题，周恩来没有表明态度，只是对过去14年的中美华沙会谈做了总结和评论。① 中方领导人含糊的反馈，或许正是罗方并没有向美国方面传达中方对华沙大使级会谈立场的原因。②

1969年8月初尼克松向巴基斯坦总统叶海亚提出巴方向中方转达口信的请求后，巴基斯坦在8月下旬便向白宫表示，愿意尽快开始筹备。鉴于此，基辛格明确指示国家安全委员会职员："这将严格成为白宫的事务。我希望不要在我们办公室以外进行讨论。"③ 按照基辛格的意愿，在他和巴基斯坦驻美大使希拉利之间建立了一条缓和中美关系的秘密联络渠道。④

1969年10月10日，出席联合国大会的巴基斯坦空军元帅、巴基斯坦情报与内政部长谢尔·阿里·汗（Sher Ali Khan）向基辛格通报了他刚刚在北京参加庆祝中国建国20周年庆典的情况。他表示，已经告知中方"叶海亚准备在明年年初周恩来访问巴基斯坦时，与之讨论美国在亚洲的目标"，希望能从美方获得更多的可以向中方传达的信息。基辛格告诉他，已经与副国务卿理查森商议并得到尼克松总统的同意，美国计划取消两艘驱逐舰在台湾海峡的巡逻。⑤ 早在1969年6月2日同罗

---

① Document No. 6, Minutes of Conversation between Ion Gheorghe Maurer, Paul Niculescu Mizil, and Zhou Enlai and Li Xiannian, 7 September 1969, *Cold War International History Project Bulletin*, Issue 16, pp. 338, 340.
② 基辛格曾言："同我们的预期相反，罗马尼亚渠道后来证明是条单行道。我们曾想，中国人可能宁愿通过共产党中间人同我们打交道。事实上，他们过于小心翼翼，以至于不愿通过他们，可能是担心即使像罗马尼亚这样一个极为独立的国家，也可能受到苏联的渗透。"〔美〕基辛格:《白宫岁月》第1册，第226~227页。
③ footnote 1, Memorandum from Lindsey Grant and Hal Saunders of the National Security Council Staff to the President's Assistant for National Security Affairs (Kissinger), August 21, 1969, *FRUS, 1969–1976*, Vol. XVII, p. 69.
④ Memorandum of Conversation, August 28, 1969, *FRUS, 1969–1976*, Vol. XVII, pp. 74–75.
⑤ Memorandum from the President's Assistant for National Security Affairs (Kissinger) to President Nixon, October 16, 1969, *FRUS, 1969–1976*, Vol. XVII, pp. 107–108；〔美〕基辛格:《白宫岁月》第1册，第234页；美国国务院在1969年9月23日发给美国驻台湾"大使馆"有关修改美国军舰在台湾海峡巡逻的通报，参见 Telegram From the Department of State to the Embassy in the Republic of China and Commander, U. S. Taiwan Defense Command, September 23, 1969, *FRUS, 1969–1976*, Vol. XVII, pp. 88–90.

马尼亚驻华大使的会谈中,中国外交部副部长乔冠华就表达了中国对美国驻台军事力量的评估:"美国在台湾的驻军并不多,但是却由在台湾海峡巡逻的美国海军控制。"① 现在,美国方面提出停止在台湾海峡的巡逻,很可能会引起中方的关注,被其视为具有重要意义的政策措施。

1969 年 11 月,叶海亚总统将他与尼克松 8 月会谈的内容和美国取消两艘驱逐舰在台湾海峡巡逻的决定,告诉了中国驻巴基斯坦大使张彤。叶海亚还表示:"美国有意与共产党中国实现关系正常化。"② 张彤很快将此次同叶海亚的会谈情况,通过电报上报给周恩来。11 月 16 日,周恩来将此电文送给毛泽东,并附注:"尼克松、巴基斯坦动向可以注意。"白宫一直通过幕后渠道向中方传达缓和的消息,但周恩来在 12 月 2 日接见巴基斯坦驻华大使凯瑟时,却请凯瑟转告叶海亚总统:"尼克松如要同我接触,尽可利用官方渠道。"③

在美国最初通过巴基斯坦渠道上中方接触时,中方对于美方的真实意图及决策程序并不十分确定和了解,不明白美国为何在华沙试图重新建立大使级会谈的联络渠道的同时,又通过巴基斯坦另辟蹊径。对于此时的中国领导人而言,与美缓和之途如履薄冰。一旦事情在不成熟之时被泄露或被美国人利用,则有丧失原则之嫌,甚至会激怒苏联威胁中国国家安全。因此,首选"华沙会谈"这一中美之间的公开联络渠道为稳妥之举。但是,美方既然又开辟了巴基斯坦和罗马尼亚渠道,应自有胸臆,似乎也不能对此置之不理。于是,中方随后将释放乘游艇越入中国海域的两名美国人的消息,既通知了美国驻波兰大使斯托塞尔,又通过中国驻巴基斯坦大使张彤告知叶海亚。1969 年 12 月 12 日,毛泽东同意了周恩来提出的暂且搁置中美华沙会谈、观察各方反应后再做回答

---

① Document No. 2, "Telegram from Aurel Duma to Corneliu Manescu Concerning the Information Passed to the PRC Foreign Ministry Regarding the Organization of the 10th RCP Congress and the Intention of Certain American Senators to Visit China, 3 June 1969", *Cold War International History Project Bulletin*, Issue 16, p. 332.

② Memorandum from the President's Assistant for National Security Affairs (Kissinger) to President Nixon, December 23, 1969, *FRUS, 1969 – 1976*, Vol. XVII, pp. 153 – 154.

③ 《周恩来年谱(1949~1976)》下卷,第 334、336~337、338~339 页。

的建议。周恩来在接见巴基斯坦驻华大使凯瑟时说:"当前国际事务错综复杂。从全世界范围来说,美苏两国既相互争夺,又相互勾结,争霸世界。现在是超级大国扩军备战,但同时也进行谈判。首先,美苏在赫尔辛基进行核会谈。另外,中苏举行边界会谈,引起了世界各国的注视。另一方面,中美之间的关系也在变化,美国大使在华沙向我进行试探,他在南斯拉夫大使馆的时装展览会上同我译员进行了谈话。对美关系,中国的立场一是和平共处五项原则,一是美国一切武装力量从台湾和台湾海峡地区撤出去。感谢叶海亚总统把中国的立场说得很清楚。"①

一个星期之后的12月19日,巴基斯坦驻美大使希拉利向基辛格转来了叶海亚总统关于向中方传达口信的亲笔信。尽管此时重开华沙会谈的希望已经愈益现实,但基辛格难以信任官僚机构,与国务院的权力争夺正趋白热化。他不失时机地向中方提出了开展幕后渠道秘密外交的建议。他向希拉利表示:"我们与中国人进行对话的愿望是严肃的。如果他们愿意以比华沙会谈更安全的方式,或通过官僚机构中不太公开的渠道开展这些对话,尼克松总统可以照此行事。"② 这一表态,正可以解开中国领导人心中关于应同美国人以公开渠道联络还是秘密接触的疑虑。

前文已述,中国政府决定于1969年12月7日释放两名美国游客,本是出于长久以来对于美国对华政策意图的观察与中国外交战略的考虑,期间美国放松对华管制政策、停止军舰在台湾海峡巡逻、反对苏联孤立和进攻中国以及积极主动要求恢复大使级会谈等一系列事件,都对中国领导人的决定产生了作用。但是,从巴基斯坦渠道传来的反馈令人形成这样一种印象,即中国政府释放美国游艇乘客的决定,是中方收到了叶海亚总统口信的"结果"。作为中间人的巴方,在"成人之美"的同时也有求于美国

---

① 《周恩来年谱 (1949~1976)》下卷,第 336~337、338~339 页; Memorandum from the President's Assistant for National Security Affairs (Kissinger) to President Nixon, December 23, 1969. *FRUS, 1969-1976*, Vol. XVII, p. 154。

② Memorandum from the President's Assistant for National Security Affairs (Kissinger) to President Nixon, December 23, 1969, *FRUS, 1969-1976*, Vol. XVII, p. 154。

的粮食援助,邀功的心态可以理解;但这却促使基辛格和尼克松认定是幕后渠道发挥了效用。①

1969年12月15日,基辛格从副国务卿理查森的电话中获知,苏联驻美大使多勃雷宁几次向他询问美国对华主动缓和政策的问题。理查森表示,自己始终守口如瓶。② 但是基辛格并不信服。两天后,他向尼克松汇报,武断地臆测理查森向多勃雷宁透露了美国对华主动缓和的内情。尼克松未经调查便当即指示:"在这些问题上,我们应当拥有我们自己的秘密接触——不能指望国务院。我们做的任何重要事情都必须是秘密的。"③

1970年1月19日,就在中美举行第135次大使级会谈的前一天,尼克松在电话中不无得意地对基辛格说:"国务院在吹嘘说,事实上是他们打开了通往中国的道路。我们明白是我们做的!"基辛格附和说:"他们甚至都不知道怎么回事!"尼克松说:"在这件事上我有很好的记录。在竞选以前,我在《外交》季刊上的文章就是关于中国的。"④

在中美大使级会谈取得进展的同时,基辛格和尼克松通过幕后渠道开展的秘密外交也初现成效。在他们看来,幕后渠道既可以摆脱国务院的插手和谨小慎微的限制,避免"向国会及主要盟国咨商的繁冗过程",又可以使"打开通往中国的道路"完全成为他们二人的杰作。在这种动机的驱使下,基辛格更加迫切地利用这种秘密操作、绕过官僚机构,实现派一个总统特使访华的目标。

1970年3月21日,北京收到了白宫通过巴基斯坦渠道转达的消息:

---

① Memorandum from the President's Assistant for National Security Affairs (Kissinger) to President, undated, *FRUS, 1969–1976*, Vol. XVII, pp. 155–156.
② 此次谈话记录并没有有关中美大使级会谈的详情。Telcon Richardson 12/15/69 11:50 a.m., Source: National Archives, Nixon Presidential Materials Staff, NSC Files, Kissinger Telcons, Chronological File (November 1, 1969 to January 26, 1970), Box 3, Folder 9–16 Dec, 1969.
③ Telcon the President and Mr. Kissinger 12/17/69 6:40 p.m., Source: National Archives, Nixon Presidential Materials Staff, NSC Files, Kissinger Telcons, Chronological File (November 1, 1969 to January 26, 1970), Box 3, Folder 17–31 Dec, 1969.
④ Telcon the President and Mr. Kissinger 1/1970 6:12 p.m., Source: National Archives, Nixon Presidential Materials Staff, NSC Files, Kissinger Telcons, Chronological File (November 1, 1969 to January 26, 1970), Box 3, Folder 3–14 Jan, 1970.

"如果北京同意的话，我们准备开辟一条白宫通向北京的直接渠道。这样一条渠道的存在，将不会被白宫以外的人知道，而且我们可以保证完全的自由决断。"白宫的表述十分明确——绕过美国的官僚机构，不经第三国，直接与北京开展秘密对话。至此，周恩来完全明白了——"尼克松想采取对巴黎谈判办法，由基辛格秘密接触。"①

正如霍尔德里奇所指出的，1970年3月国务院与白宫之间关于是否在华沙会谈上接受中方提出的举行高级别会谈建议的纷争，原因在于国务院并不知道幕后渠道的联系详情，不知道白宫与北京的沟通背景。其实哪一方观点的输赢都不会对中美关系产生实质性的影响。因为，华沙会谈这条渠道正逐渐被白宫开辟的幕后渠道所取代。②

历史成就了尼克松和基辛格。因周恩来访问朝鲜和蒋经国访美，中美第137次大使级会谈被推迟。紧接着，因美军在老挝和柬埔寨的军事行动，会谈日期一拖再拖。③ 1970年5月1日，美军开始进入柬埔寨作战。经外交部临时领导小组讨论、中共中央政治局会议决议和毛泽东的批准，中国政府在5月18日通知美国方面："鉴于美国政府悍然出兵侵入柬埔寨，扩大印度支那战争所造成的越来越严重的局势，中国政府认为，按原定5月20日举行中美大使级会谈第137次会议已不适宜。今后会谈何时举行，将通过双方联络人员另行商定。"同时，在毛泽东的建议下，中国政府发表了一则简短的支持国际反美革命斗争、印度支那人民最高级会议和西哈努克政府的声明。随后，中国国内举行了大规模的群众反美集会和示威游行活动。④

对于中方因美国对柬军事行动而取消会谈，美国国务院并没有感到悲观。收到中方取消会谈的通知后，尚在华沙等待参加会谈的国务院东

---

① 《周恩来年谱（1949~1976）》下卷，第353~354页。
② 基辛格对这场争论的记述，参见〔美〕基辛格《白宫岁月》第2册，第886~889页。
③ Memorandum from Theodore L. Eliot, Jr. for Mr. Henry A. Kissinger, March 28, 1970, Source：DNSA, CH00155; Cable from William P. Rogers to Embassy in Poland, March 30, 1970, Source：DNSA, CH00157. 1970年4月5~7日周恩来访问朝鲜，会谈的重点是反对美日韩联合行动，支持印度支那三国。参见《周恩来年谱（1949~1976）》下卷，第360~361页。
④ 《中美大使级会谈第一三七次会议推迟举行》，《人民日报》1970年5月19日；《周恩来年谱（1949~1976）》下卷，第366~367页。

亚暨太平洋事务局亚洲共产党事务办公室主任保罗·克里斯伯格就向负责东亚暨太平洋事务的助理国务卿格林和副助理国务卿布朗汇报，认为当北京认为局势已然严峻时，他们可能会考虑有必要进行会谈，直接表达警告或担忧。既然中国向美方递交了取消会谈的通知，就表明在中方看来，形势尚未变得太差。因此，中国的行动应当被看作一种"战术性的心理战"，而非表明与美国开展对话政策的突然转向。此外，鉴于中方取消会谈的时间就在会议召开前两天，且当时美方已经开始从柬埔寨撤军，克里斯伯格认为，中方的做法也是为了达到宣传的目的。他建议向中方暗示，若中方提出新的会谈日期，美方会"欣然接受建议并予以考虑"。①

收到克里斯伯格的电报后，格林随即致函罗杰斯，表示同意克里斯伯格的分析。他指出："中方对取消会谈所给出的理由，语气相对温和并且阐明了继续同美国在华沙开展对话的兴趣。"他认为，北京在取消会谈的同时谴责美国在印度支那的行动，既满足了它处理同莫斯科及河内关系的需求，也是在试图警告美国，即美方在印度支那的行动可能对中美华沙大使级会谈以及将在北京举行的高级别会谈产生负面影响。②

随后，按照克里斯伯格和格林对中国取消会谈的分析和建议，罗杰斯向总统通报了情况。③

因美国在印度支那军事行动的升级，中国取消了原定于在1970年5月20日举行的中美华沙大使级会谈。但是，美国国务院并不认为这代表中国改变了与同美国接触的政策，相信这只不过是中国做给莫斯科及河内看的一种战术姿态，对于同中国恢复会谈仍抱有信心，并积极等待中国提出下一次会谈的日期。与国务院对恢复会谈的积极态度形成对比的，则是白宫对中国取消华沙会谈的轻松与快慰。由于举行中美高级别会谈的问题在美国政府内部制造的争议远大于中美在华沙会谈中的争

---

① Telegram, For Green and Brown from Kreisberg, 18 May 70, Source: DNSA, CH00176.
② Memo from EA – Marshall Green to The Secretary, May 18, 1970, Source: DNSA, CH00177.
③ From William P. Rogers to Amembassy Moscow, Amembassy Tokyo, Amembassy Taipei, Amconsul Hong Kong, Amembassy Saigon, Source: DNSA, CH00178.

端，因此中方取消会谈的消息反而令焦头烂额的尼克松和基辛格"如释重负"。①

1970年6月16日，周恩来主持中共中央政治局会议。会议商定，鉴于目前的形势，需要再次推迟中美华沙大使级会谈，原定的6月20日中美在华沙使馆联络人员会晤保留不变。随后，周恩来分别将政治局会议的决定报毛泽东、林彪。② 6月18日，美方接受了中方提出的在6月20日由联络人员举行会谈的建议。③ 在6月20日的会谈中，中方声明："鉴于目前的形势，中国政府认为当前不适合讨论并决定下一次中美大使级会谈的日期。至于未来何时适合举行会谈，可以在适当的时间由双方的联络人员讨论。"④

北京先是同意、后又中止举行中美华沙大使级会谈的行为，证实了美国驻东亚各国大使和国务院官员对北京意图的猜测："北京的意愿在于引起苏联的担忧并以此增加在中苏边界谈判中的砝码。它对会谈的态度完全是机会主义的。"他们尽管仍继续主张努力打开中国的大门并主动表达与北京建立新的共存关系的意愿，但同时也强调："美国对大陆中国的主动不应该走得太远太快，以避免引起我们朋友们的误解和美国民众的思想混淆。"⑤

随着中美联络渠道从公开的大使级会谈转向隐秘于幕后的秘密渠道，国务院的对华工作也受到了白宫的冷落。1971年7月基辛格秘密访华期间，中美双方确定巴黎作为今后的秘密联系渠道，中美华沙渠道不再恢复。⑥

六　加快主动

新中国成立后，香港一直是美国观察中国内政与外交的前哨。1970

---

① 〔美〕基辛格：《大外交》，第702页。
② 《周恩来年谱（1949~1976）》下卷，第373页。
③ Telegram from Rogers to Amembassy Warsaw, 18 June 70, Source: DNSA, CH00184.
④ Telegram from Stoessel to Rogers, June 20, 70, Source: DNSA, CH00185.
⑤ Airgram from Department of State to All East Asian Embassies, ConGen Hong Kong, HICOMRY, CINCPAC for Poland, Amembassy New Delhi, July 20, 1970, Source: DNSA, JU01302, pp. 12–13.
⑥ 《周恩来年谱（1949~1976）》下卷，第462~463页。

年 2 月，美国驻香港总领事馆根据对中国内政、外交的观察，完成了一份题为"共产党中国：美国政策评估"的报告。

关于 1969 年中国的内政和外交，报告认为可谓"变化万千"。它认为，持续存在的苏联威胁以及"文化大革命"造成的困难，将抑制中国激进政策的制定，并促进温和政策向着建设性的方向发展。北京在外交上很可能对美国的主动政策做出明确的反应。① 在对中国的内政外交进行分析后，报告建议，在继续现行美国对华单边主动行动的同时，进一步充分发挥中美大使级会谈的作用。首先，通过大使级会谈，美国可以更好地观察北京对这些行动的反应，制定进一步的政策方案。其次，美方在会谈中可以就台湾问题向中方保证："美国既无意永久驻留台湾，也无意将其作为一个对抗大陆的基地。就此，美国将避免加强驻台军力，并且在一个期限内将驻军削减至满足承担条约承诺的最小限度。同时，美国将重申，愿意接受两岸达成的任何形式的和平解决方案。"再次，还可以在华沙会谈上表明："美方希望大陆中国在国际事务和多边合作中，扮演更加积极的建设性角色。"这份报告受到国务院的高度重视，被转发给国务院规划协调室参考，并分发到美国驻东亚主要国家的使领馆。②

然而，因美国在柬埔寨的军事行动，中美大使级会谈在 1970 年 5 月陷入僵局，并最终被白宫开辟的幕后渠道所取代，没能承担起报告中所建议的重要角色。但是，这份报告的内容为随后国务院 1970 年一系列对华主动缓和政策的研究提供了基础。

1969 年 10 月，国务院曾力促通过放松对华贸易管制和美国公民赴华旅行限制等，进一步对华主动缓和。放松对华贸易管制的政策于 1969 年 12 月 19 日由美国国务院宣布实施。然而，放松对华旅行限制的政策决定直至 1970 年 3 月 16 日才正式公布，其内容表述也十分有特色。声明的开篇指出："我们已经决定将对大陆中国、北朝鲜、北越和古巴的旅行限制

---

① Airgram from AmConGen Hong Kong to Department of State, February 6, 1970, A – 37, Source: National Archives, RG 59, Planning Coordination Staff (S/PC), Subject, Country, and Area Files (1969 – 1973), Box 400, Folder: JU Talks, 1970 (1 of 2), pp. 1 – 2.

② Airgram from AmConGen Hong Kong to Department of State, February 6, 1970, A – 38, Source: National Archives, RG 59, Planning Coordination Staff (S/PC), Subject, Country, and Area Files (1969 – 1973), Box 400, Folder: JU Talks, 1970 (1 of 2), pp. 1 – 2.

继续延长6个月。"紧接着,在具体的政策方面,却将中国同古巴、朝鲜和北越相区别:对后三国,仅对"新闻记者、学者、公共健康领域的医生和科学家、美国红十字会代表和某些人道主义项目给予有效的护照审批";而对中国,"我们遵循一种更为自由的护照审批政策,并且对任何合法目的的申请都予以批准"。①

采取这样的方式与国务卿罗杰斯的建议不无关系。1969年9月15日,在给总统尼克松的备忘录中,罗杰斯指出,事实上,由于法院裁决已经取消任何旅行禁令,所以对这四个国家的旅行限制是无效的。但是,如果取消这些禁令,外界必定会将这一政策同美国对越政策相联系;更重要的是,此举将会弱化1969年7月出台的美国放松对华管制政策的意义。基辛格对罗杰斯的建议表示赞同。② 因此,最后出台的政策是将赴华旅行的规定同另外三个共产党国家相区分,一方面避免外界对于美国对越政策可能的猜疑,另一方面暗示美国对华政策的松动。

紧接着,国务院与商务部又在1970年4月6日宣布,在美国领土以外地区制造但其中包含美国制成品或技术的某些商品,可以运销到中国大陆。4月29日,美国政府向一些公司颁发了允许向中国出口非战略性物资的许可证。③

对于尼克松政府而言,1970年的3、4月是一段非常紧张的时期。基辛格同北越在巴黎的秘密谈判毫无进展,老挝、柬埔寨和中东地区的局势复杂紧迫。这一切令尼克松"日益烦躁",甚至在同总统办公室主任霍尔德曼打电话时,"一件事还没谈完,就会把电话挂断好几次"。④ 出兵柬埔寨是否会引起中国的干预,这是使他焦躁不安的最重要原因。

1970年4月底,美国政府宣布,派遣美国军队和南越雇佣军入侵柬埔寨,同时恢复对越南民主共和国广平、义安两地的轰炸。这次战役从5

---

① Public Statements on China by U. S. Officials, March 16, 1969, Source: National Archives, Nixon Presidential Materials Project, NSC Files, Henry A. Kissinger Office Files, Country Files – Far East, Box 86, Folder U. S. China Policy 1969 – 1972 [1 of 2].
② Memorandum from the President's Assistant for National Security Affairs (Kissinger) to President Nixon, September 25, 1969, FRUS, 1969 – 1976, Vol. XVII, China, 1969, pp. 90 – 91.
③ MacFarquhar, Sino – American Relations, pp. 250 – 251.
④ 〔美〕基辛格:《白宫岁月》第2册,第615~616页。

月 1 日开始，直至 6 月 30 日所有美军最后撤出柬埔寨才结束。① 中国政府在 5 月 4 日发表声明，强烈谴责美国军队入侵柬埔寨和扩大印度支那战争，坚决支持西哈努克和越南民主共和国政府、越南南方共和临时革命政府和老挝爱国战线党中央。②

除了口诛笔伐的强大舆论攻势，中方始终没有以任何公开的军事行动进行干预。在美国方面于 1970 年 3、4 月间做出一系列对华主动缓和行动后，中国的对美政策终于在 7 月出现了明显的缓和。7 月 10 日，北京宣布释放美国主教詹姆士·爱德华·华理柱（James Edwardwalsh）。华理柱因"在华从事特务破坏活动"，于 1958 年 10 月 18 日被中国依法逮捕，并判处有期徒刑 20 年。由于"该犯在服刑期间，经我教育，已经认罪。现念其年老多病，我专政机关本着坦白从宽、抗拒从严的无产阶级政策，对华犯给予宽大处理，提前释放"。同日，华理柱由深圳释放出境。③

1970 年 7 月，美国国务院外交使团团长会议在东京召开。鉴于中方对柬埔寨事件的反应及在释放美国犯人问题上表现出的缓和姿态，根据会议的讨论，美国国务院负责东亚暨太平洋事务的助理国务卿马歇尔·格林向罗杰斯和尼克松分析指出，在外交上，北京有两点担心：第一，作为处于地位防御的一方，北京担心苏联在西伯利亚集结军队以及加强对河内的影响；第二，担心未来美国军事力量从西太平洋地区撤出后，日本军事能力和利益诉求的扩张。此外，在内政上，北京决心要治愈"文化大革命"造成的创伤，重建党的组织和恢复国民经济，与美国发展贸易关系或将成为必需，因为这可以促进中国的发展。最后，格林还总结说："过去二十年中我们对这些亚洲国家提供的保护，现在足以使我们放心撤出。我们的确需要注意过度卷入的危险（例如在越南）以及（对这些国家提供）毫无根据的保护。这不是一个离开亚洲的问题，而是需要找到一种留在亚洲的正确方法和适当的程度。"④ 这些分析，尤其是

---

① 〔美〕霍尔德里奇：《1945 年以来中美外交关系正常化》，第 48 页；《周恩来年谱（1949～1976）》下卷，第 364 页。
② 《周恩来年谱（1949～1976）》下卷，第 365 页。
③ 《我专政机关处理外国犯人》，《人民日报》1970 年 7 月 1 日。
④ Marshall Green, John H. Holdridge, and William N. Stokes, *War and Peace with China: First-Hand Experiences in the Foreign Service of the United States*, pp. 89 - 90.

中国对苏联威胁、对日本在美国从亚洲抽身后角色的担忧，得到了尼克松的认可，成为他和基辛格设计1971年7月秘密北京之行时应对中国领导人的主要策略。①

中国人没有干预美国在柬埔寨的军事行动，美国在柬埔寨的行动也没有把苏联人和中国人推到一起。这重新鼓舞了尼克松对华外交的信心。②就在中国释放华理柱的当天，美国广播公司评论员史密斯公开报道说："尼克松赞成在外交上承认中国。"史密斯问尼克松："在俄国同中国闹翻的时候，我们为什么不同中国建立正常的外交关系进而从这种局势中获得情报与外交上的最大好处呢？"尼克松坦率地回答："是的，我们应当这样做。"③

至此，在中国方面于1970年6月20日宣布中止中美大使级会谈后，中美关系在7月中旬再次趋于缓和。以新的外交举措加快缓和进程，又成为国务院的主要工作。其中，给予中国以贸易最惠国待遇便是国务院的尝试之一。

1970年8月，罗杰斯在同负责经济事务的助理国务卿菲利普·特雷齐斯（Philip H. Trezise）及负责欧洲和加拿大事务的助理国务卿马丁·

---

① 1971年7月1日，在基辛格秘密访问北京之前，尼克松在同基辛格的谈话中指出，基辛格同中国领导人的会谈要建立在中国人的三点担忧上：第一，担心美国在持续僵化的越南战争上的政策；第二，担心军国主义复活的日本；第三，担心中苏边界上的苏联威胁。他详细地指出，与中方就台湾问题所进行的会谈应基于这样三个策略：第一，将驻台美军撤离问题同印度支那停战问题相挂钩，迫使中国协助美国向北越施加压力，促成北越与美国达成停火协议，帮助美国从印度支那脱身；第二，以日本的军国主义扩张的危险相威胁，强调美军驻日的必要性以及中国依赖美国对日本向台湾以及亚洲的扩张进行钳制的必要性；第三，美国在台湾问题上的基本立场是决不抛弃台湾，基本策略是政策表态模糊化。Memorandum for the President's File, July 1, 1971, *FRUS*, *1969–1976*, Vol. XVII, pp. 355–357.

② 同时，他也不忘抹黑国务院。1970年7月12日，尼克松在给基辛格的电话中说："我有一些直觉，你知道吗，我的直觉很少出错，因为我一直在思考。我有一个直觉就是柬埔寨行动的结果要比我们预期的好。看，中国人没有干预，并且我们没有把苏联人和中国人推到一起。我认为你应当在某个时候举行一个个记者招待会并且指出这一点。就说这些事情是情报分析的观点，即国务院和其他人推断，中国会干预，中国人和苏联人可能被推到一起，以及我们会有很大的伤亡率等。每一个推断都被证明是错误的，亨利，每一个。" Telcon The President and Mr. Kissinger, July 12, 1970, Source: National Archives, Nixon Presidential Materials Staff, Kissinger Telcons, Home File (July 1970 – April 1972), Box 29, Folder July 1970 – Oct 1970.

③ 宫力：《毛泽东怎样打开中美关系的大门》，《世界知识》1993年第24期，第14页。

希伦布兰德（Martin J. Hillenbrand）会谈时，赞同向总统提议，取消给予共产党国家贸易最惠国待遇和进出口银行信贷的法律限制。① 随后，罗杰斯责成国务院负责欧洲事务、东亚事务、经济事务、法律事务以及与国会关系等各相关部门，对这一问题进行研究。②

20 世纪 60 年代末 70 年代初，美国经济出现了"滞胀"。1970 年，美国经济出现了战后首次对外贸易逆差，标志着经济正在由战后初期的巅峰向下滑落。与此同时，苏联的经济和军事力量却在不断增长，并在欧洲大陆寻求通过谈判缓和东西方关系。1970 年 8 月，推行"新东方政策"的西德总理勃兰特亲赴莫斯科同苏联签订了《莫斯科条约》。在这一背景下，灵活、主动地扩大并加强美国同共产党国家的联系，成为美国实现自己战略和经济利益的目标。③ 国务院方面提出，将中国与欧洲共产党国家一起纳入取消给予这些共产党国家贸易最惠国待遇和进出口银行信贷的法律限制的一揽子政策方案。由国务院经济事务局草拟的以国务卿罗杰斯名义向总统尼克松递交的政策建议报告指出：

支持：(1) 这一建议与我们改善美国同共产党中国关系的愿望一致；(2) 使这项针对大陆中国的建议在国会获得通过所付出的努力，不会比对苏联的多很多，因为国会和公众已经形成相当一致的认同，即改善同大陆中国的关系符合我们的长期国家利益；(3) 最后，提出这项建议将同 2 月总统在致国会的外交政策报告中所宣布的"谈判时代"的政策相一致。

反对：(1) 如果将大陆中国也作为一个可能的受惠方纳入，获得国会的批准或许更为困难；(2) 将大陆中国纳入，将会削弱这一政策行动

---

① Memorandum from E – Philip H. Trezise, EUR – Martin J. Hillenbrand, Sep. 3, 1970, Source：National Archives, RG 59, Lot Files 72D456, 74D88 & 74D400, Subject Files of the Office of Asian Communist Affairs (ACA) (1961 – 73), Box 5, Folder US – China Trade 1970.

② Memorandum for EUR/SOV, EUR/CHP, EUR/BRY, EA/ACA, E/IFD, E/TA, E/GCP, L/E, H, from William B. Dozier, August 20, 1970, Source：National Archives, RG 59, Lot Files 72D456, 74D88 & 74D400, Subject Files of the Office of Asian Communist Affairs (ACA) (1961 – 73), Box 5, Folder US – China Trade 1970.

③ Memorandum from E – Philip H. Trezise, EUR – Martin J. Hillenbrand, Sep 3, 1970, Source：National Archives, RG 59, Lot Files 72D456, 74D88 & 74D400, Subject Files of the Office of Asian Communist Affairs (ACA) (1961 – 73), Box 5, Folder US – China Trade 1970.

对我们同苏联的关系所产生的有利影响。

总结：平衡来看，我倾向于认为，最好的方法是请求国会批准一项总授权，在同共产党国家的贸易协定框架内，给予最惠国待遇地位和进出口银行出口信贷。这些共产党国家不包括北越、北朝鲜和古巴。这一宽泛的授权将会成为一个非常有用的谈判工具。我们应当澄清，唯一的且将会很快付诸执行的（对象国）是罗马尼亚。在适当的时候，我们将会寻求同例如匈牙利、波兰和捷克斯洛伐克等其他东欧国家达成贸易协定的可能性。但是，我们不会不同国会进行协商，就开始与苏联或共产党中国开展谈判。①

国务院东亚暨太平洋事务局很快做出了回应。负责东亚暨太平洋事务的副助理国务卿布朗以及亚洲共产党事务办公室主任詹金斯表示，他们同意国务卿的政策建议，并且认为尽管这一政策主要针对苏联和东欧国家，但"实行这一政策的大多数理由在长期也可以同样适用于中华人民共和国"。这些理由包括，取消这些歧视性立法所带来的心理影响，在商业和政治上利用共产党人对美国商品与技术的渴求心理，有助于将来解决贸易争端，鼓励和平贸易与旅游，通过贸易和文化关系，最终影响共产主义社会朝着更自由、与外部世界建立更为正常关系的方向发展。因此，他们"强烈建议使中华人民共和国同苏联、东欧一同享有这一揽子政策建议"。这么做不仅不会影响美苏关系缓和的重要性，而且事实上"也没有对北京做出任何让步，所提议的行动应当被视为一个我们可自主运用的工具，一旦时机出现，我们将在同北京的谈判中占据有利地位"。②

美国给予中国贸易最惠国待遇的《中华人民共和国和美利坚合众国贸易关系协定》虽然直至 1980 年 2 月 1 日才生效，但这一政策最初由国

---

① （draft）Memorandum for the President from William P. Rogers, pp. 8 – 9, Source：National Archives, RG 59, Lot Files 72D456, 74D88 & 74D400, Subject Files of the Office of Asian Communist Affairs（ACA）（1961 – 73）, Box 5, Folder US – China Trade 1970.

② EA – Ambassador Brown, EA/ACA – Alred le S. Jenkins, August 24, 1970, Source：National Archives, RG 59, Lot Files 72D456, 74D88 & 74D400, Subject Files of the Office of Asian Communist Affairs（ACA）（1961 – 73）, Box 5, Folder US – China Trade 1970.

务院在1970年开始酝酿的。不过，在国务院内部，不同部门对给予中国贸易最惠国待遇的初衷也不尽相同。东亚暨太平洋事务局站在缓和中美关系、使美国占据对华关系谈判主动地位的政治立场，认为支持中国同苏联等共产党国家一同享有贸易最惠国待遇和进出口银行出口信贷，不仅是出于短期缓和中美关系的需要，而且是着眼于未来，为在同北京进行的谈判中准备一个可以讨价还价的"工具"。而经济事务局和欧洲事务局则倾向于强调互惠待遇的经济立场，认为为了更顺利地通过国会的批准，"最好的方式是，争取国会同意给个别的、与我们有外交关系或贸易关系的共产党国家以贸易最惠国待遇和进出口银行信贷，换取美国享有同等的待遇"。① 很显然，在他们看来，"互惠"和建立"外交关系或贸易关系"是给予中国这些贸易待遇的必要前提。无论哪种立场，都说明美国国务院在1970年酝酿对社会主义阵营政策时，已经将中国区别于朝鲜、北越和古巴三国，着手以贸易促进中美关系缓和的发展，并试图以贸易为诱饵，引导中国在中美关系发展进程中做出政治上的让步。

七 实现突破

在国务院等政府部门对美国对华政策开展新一轮研究的同时，白宫通过幕后外交渠道实现了中美关系的突破。值得注意的是，以"秘密"的方式通过幕后渠道实现总统特使的访华，并非中方的要求，而是出于尼克松与基辛格的坚持。

在1970年7月中国政府宣布释放美国犯人华理柱后，8月14日，经毛泽东批准，中国人民的老朋友、美国作家埃德加·斯诺应邀到达北京。这是他在中美两国相互隔绝的情况下第三次访问新中国。在中美关系处于关键而又微妙的时刻，毛泽东发出这样的邀请，绝不是一个偶然的巧合。10月1日国庆节当天，斯诺及夫人被请到天安门城楼上，站在毛泽东身边检阅游行队伍。自新中国成立以后，斯诺夫妇是唯一获此殊荣的美国

---

① Memorandum from E – Philip H. Trezise, EUR – Martin J. Hillenbrand, Sep 3, 1970, Source: National Archives, RG 59, Lot Files 72D456, 74D88 & 74D400, Subject Files of the Office of Asian Communist Affairs (ACA) (1961 – 73), Box 5, Folder US – China Trade 1970.

人。这种不寻常的姿态,正如事后毛泽东自己所言,是"放个试探气球,触动触动美国的感觉神经"。这是中国领导人在向美国表明,中美关系的演变已经引起了毛泽东本人的高度重视。了解中国人的斯诺懂得:"凡是中国领导人公开做的事情都有目的。"①

尽管美方未能及时察觉中国方面微妙的积极举措,但尼克松仍决定继续通过或明或暗的途径与中国建立联系,派遣特使访问北京。1970年10月,他先是对《时代》杂志记者表示:"到中国去,如果我不能去,我希望我的孩子能够去";随后,又马不停蹄地先后密请巴基斯坦总统叶海亚和罗马尼亚总统齐奥塞斯库向中方传话:美国总统志在设法使中美关系正常化,打算派一名高级代表前往北京或任何其他方便的地方,进行秘密的直接会谈。②

1970年11月间,幕后渠道的效用开始发挥。11月10日,叶海亚开始对中国的访问。他在同周恩来的第一会谈中,便转达了尼克松的口信,即美国总统准备派其高级助手在任何时候、任何地点与中国的相应代表对话。周恩来感谢叶海亚自1969年以来几次转达尼克松的口信,并表示将把叶海亚的传话内容上报毛泽东。11月14日,与毛泽东商议后,周恩来在同叶海亚进行的第五次单独会谈中,回复了叶海亚转达的尼克松的口信:

> 因为尼克松通过阁下转告的是口信,我们也应通过阁下作口头回答。阁下清楚,台湾是中国不可分割的领土,解决台湾问题是中国的内政,不容外人干涉。美国武装力量占领台湾和台湾海峡,是中美关系紧张的关键问题。中国政府一直愿意以谈判来解决这个问题,但是谈了十五年还没有结束。现在,尼克松总统表示要走向同中国和好。如果美方真有解决上述关键问题(指台湾问题)的愿望和办法,中国政府欢迎美国总统派遣特使来北京商谈,时机可通过巴基斯坦总统商定。

---

① 黄华:《亲历与见闻——黄华回忆录》,世界知识出版社,2011,第153页;宫力:《毛泽东怎样打开中美关系的大门》,《世界知识》1993年第24期,第14页。
② 〔美〕尼克松:《尼克松回忆录》中册,第655~656页。

几天之后，罗马尼亚部长会议副主席奥尔基·勒杜列斯库访华。受齐奥塞斯库的委托，他在 11 月 21 日向周恩来转达了美国总统尼克松和国务卿罗杰斯对寻求同中国关系正常化办法的关切，以及美方愿同中国领导人就改善中美关系进行谈判的愿望。按照给叶海亚的回复口信，周恩来重申了中国政府对台湾问题的一贯立场，并提出：如果美方真有解决这一关键问题的愿望和办法，中国政府欢迎尼克松的特使或尼克松本人来北京商谈。①

白宫在 1970 年 12 月 9 日下午 6 时左右，收到了巴基斯坦驻美国大使希拉利带来的叶海亚关于中方答复的口信。希拉利拿着一份手写函件，以宣读的方式慢慢口述，由基辛格记下内容，信函原件仍归还希拉利保留。这是周恩来代表中国政府对尼克松屡次通过各种渠道发出的要求派特使访华、改善中美关系信息的回复：

> 这一回复不只代表我自己，还代表毛主席。我们感谢巴基斯坦总统向我们口头转达尼克松总统的口信。中国一直愿意并且努力通过和平方式进行谈判。台湾和台湾海峡是中国不可分割的一部分，但在过去十五年中一直被美国军队占领。关于这一问题的谈判和会谈一直没有结果。为了讨论撤出中国领土台湾一事，尼克松总统的一位特使将会在北京受到最热忱的欢迎。
>
> 我们已经收到美国从不同渠道发来的信息，但是这是第一次由一个国家首脑，通过一个国家首脑，向另一个国家首脑转达建议。美国知道巴基斯坦是中国的伟大朋友，因此我们十分重视这个信息。②

1970 年 12 月 16 日，基辛格草拟了给中方的回信。除了提议北京会谈讨论的主要内容不应只局限于台湾问题外，基辛格还述及举行高级别会议的由来：

---

① 以上内容参见《周恩来年谱（1949~1976）》下卷，第 409、410~411、415 页。
② 〔美〕基辛格：《白宫岁月》第 2 册，第 900-901 页；Tab B, Memorandum from the President's Assistant for National Security Affairs (Kissinger) to President Nixon, undated, *FRUS*, *1969-1976*, Vol. XVII, p. 250。

1970年1月20日双方在华沙的会议上，美国代表建议在北京或华盛顿，就包括台湾问题在内的中华人民共和国与美国之间范围广泛的问题进行直接讨论。这一建议是一直以来美国政府寻求以谈判解决政府间争议问题政策的结果。因此，美国欢迎中华人民共和国的代表在1970年2月20日的华沙会谈上的表态，即中华人民共和国政府愿意在北京接待一名美国部长级代表或一位总统特使……因此，美国建议两国政府代表尽快在双方合适的时间、地点讨论更高级别的会晤。①

基辛格将回信用打字机打印在信纸上，上端没有抬头，信纸上没有美国政府的水印图案，落款也没有签名。他在将回信交付希拉利大使时表示，先期会议可以在巴基斯坦东北部城市拉瓦尔品第举行，美方代表的人选还尚未确定。②

从回信的内容看，基辛格通过幕后渠道向中方发出的举行高级别会谈的消息，是1970年2月中美华沙大使级会谈的主要议题的继续。然而，这次的联络却是背着国务院秘密进行的。从目前的材料来看，秘密接触的方式并不是中方的要求。中国方面接受了通过幕后渠道传达的举行高级别会谈的建议，但中国领导人并不希望它成为一个秘密。1970年12月18日清晨，毛泽东便派人请斯诺到中南海书房里谈话。这次长谈中，中美关系是一个重要的话题。毛泽东颇为坦率地说：

> 我是不喜欢民主党的，我比较喜欢共和党。我欢迎尼克松上台。为什么呢？他的欺骗性有，但比较少一点。他跟你来硬的多，来软的也有。他如果想到北京来，你就捎个信，叫他偷偷地，不要公开，坐上一架飞机就可以来嘛。谈不成也可以，谈得成也可以嘛。何必那样

---

① Memorandum from the President's Assistant for National Security Affairs (Kissinger) to President Nixon, undated, *FRUS, 1969–1976*, Vol. XVII, p. 249.
② 〔美〕基辛格：《白宫岁月》第2册，第901页；Record of Discussion between the President's Assistant for National Security Affairs (Kissinger) and the Pakistani Ambassador to the United States (Hilaly), December 16, 1970, 11: 30 – 11: 45 a.m., *FRUS, 1969–1976*, Vol. XVII, p. 251.

僵着？但是你美国是没有秘密的，一个总统出国是不可能秘密的。他要到中国来，一定会大吹大擂，就会说其目的就是要拉住中国整苏联，所以他现在还不敢。整苏联，现在对美国不利，整中国，对于美国也不利。"①

此外，毛泽东还提出，可以由斯诺对外发表周恩来同斯诺的谈话。②这是中国最高领导人在20多年来第一次明确地向一位美国记者表示，欢迎美国总统或其特使访问中国，标志着中国对美政策的重大转变。

一个星期之后的1970年12月25日，《人民日报》头版刊登了1970年10月1日国庆节时毛泽东与斯诺在天安门城楼上一起愉快交谈的大幅照片。此外，报纸的右上角语录框里登载的是毛泽东的话："全世界人民包括美国人民都是我们的朋友。"③ 随后，1971年4月，美国《生活》杂志发表了斯诺与毛泽东近5个小时的谈话的部分内容。

如此大张旗鼓的宣扬，可见毛泽东不但不害怕美国代表来中国会谈，反而希望通过斯诺的报道，将中国欢迎美国代表甚至美国总统来华会谈的姿态公之于众。国务院官员史多克斯（William N. Stokes）在回溯这段历史时揭露："当尼克松还没从中国返回华盛顿时，我就得知，他对于严密保守对华主动的坚持并不像他声称的那样是中国人的愿望，而是他自己的。"④

从1971年初春开始，基辛格已经秘密安排他的助手准备供秘密访华之用的代号为"波罗"的"本本"，即会谈中会涉及的各种材料和文件。⑤ 对这场即将开始的秘密之旅，白宫将它比作13世纪意大利商人马可·波罗"发现"中国的冒险之旅。事实上，在美国，只有尼克松和基辛格二人知道这次行动计划的全部，还有很少几个白宫的助手知道准备工

---

① 宫力：《毛泽东怎样打开中美关系的大门》，《世界知识》1993年第24期，第14页。
② 《周恩来年谱（1949～1976）》下卷，第421页。
③ 《人民日报》1970年12月25日。
④ Marshall Green, John H. Holdridge, and William N. Stokes, *War and Peace with China: First-Hand Experiences in the Foreign Service of the United States*, p. 181.
⑤ 关于"本本"的准备过程，参见〔美〕霍尔德里奇《1945年以来中美外交关系正常化》，第55～57页；〔美〕基辛格：《白宫岁月》第3册，第943～944页。

作的某些方面,国务院对此一无所知。国务卿罗杰斯同国务院官员还在寄希望于中美大使级会谈的恢复。

1970年联合国就中国代表权问题进行投票后不久,罗杰斯在1970年12月23日接受记者采访时,再次重申了美国改善对华关系的政策意愿,并表示:"我们一直愿意在华沙同共产党中国人讨论共同关心的问题……希望这些会谈能够尽快重新开始。"① 同时,远驻波兰的美国大使斯托塞尔还在紧密追踪新任中国驻波兰大使姚广的动向,但没有太多的惊喜。1970年12月11日,他以略带失望的语气写信告诉詹金斯:"总的来说,这里关于中国人的事情仍然都很平静……新任(中国驻波兰)大使看上去很好,给同他谈话的人留下了比较和蔼的印象。"尽管没有机会和中国大使接触,但是斯托塞尔犹抱希望地写道:"我的确看到了前任代办雷阳。我们相互看到了对方,他微笑地点点头。这虽然微不足道,但可能暗示着所有的联络还并没有中断。"②

收到斯托塞尔的来信,詹金斯在回信中也略带无奈地写道:

> 我们也好久没有和"对手"打交道了。尽管如此,我们前方的工作依旧十分活跃。您信中的内容同其他一些现象表明了目前中国人的心态,看起来他们不急于恢复同我们的接触。我猜测,这部分是由于(中国人)与苏联人关系的缓和,部分是由于没有我们的帮助——或者没有我们的干扰——他们正非常顺利地忙于自己的内部事务。我认为,他们和我们都已经认识到,前两次会谈使我们到达一种阶段,即当会谈再次恢复时,我们肯定会提供一些合理的、有益的建议。在联合国对中国代表权问题投票之后,中国人可能会认为我们一定愁云满目,需要时间在庞大的官僚机构中进行消化,因此双方最好

---

① A Matter of Record, No. 45, Public Statements on China by U. S. Officials, 23 December 70, William P. Rogers, Secretary of State, News Conference, Source: National Archives, Nixon Presidential Materials Project, NSC Files, Henry A. Kissinger Office Files, Country Files - Far East, Box 86, Folder U. S. China Policy 1969 - 1972 (1 of 2).
② Letter from Walter J. Stoessel, Jr. to Alfred le S. Jenkins, December 11, 1970, Source: National Archives, RG 59, Lot Files 72D456, 74D88 & 74D400, Subject Files of the Office of Asian Communist Affairs (ACA) (1961 - 73), Box 5, Folder EA - ACA Official - Informals, Jan - June 1971.

耐心等待在春天开始融冰。①

自1970年6月华沙大使级会谈中断后,中美在华沙没有进一步的接触,但是詹金斯等国务院官员并没有因此顿足不前。尽管他们没有注意到毛泽东与斯诺在天安门城楼上的合影以及斯诺对中国领导人的访谈,更丝毫不知白宫在幕后渠道的动作,但是他们并未丧失与中国开展进一步接触的信心。在积极筹备1971年重开中美大使级会谈的同时,他们紧密观察着中国的外交。

1970年11月19日,尼克松下令研究"对华政策"。按照总统的指示,基辛格签发了第106号国家安全研究备忘录(NSSM106),要求由负责东亚暨太平洋事务的部际小组主持,邀请财政部、商务部等其他机构的代表参加,就以下问题进行研究:美国对华政策的长期目标、短期目标,美国对台湾的政策以及短期与台湾关系的目标,实现这些目标的策略,美国与日本、澳大利亚、新西兰等其他与中国利益相关国家在对华政策与策略上的合作,以及美国的对华政策对美苏关系以及美国在东南亚利益的影响等。②

1971年2月16日,由国家安全委员会负责东亚暨太平洋事务的部际小组主持的这项研究最终完成。来自国防部、商务部、财政部、军控和裁军处(Arms Control and Disarmament Agency)、美国新闻署以及中央情报局的代表,基本上对由马歇尔·格林主持完成的报告初稿表示赞同,只有国防部在如何对待台湾的战略重要性和美国在台湾的军事存在以及与北京讨论武器控制的可能性等问题上,同国务院的意见相左。③ 可以说,这份报告代表了1970年末1971年初以国务院为主的各相关部门在中美官方公

---

① Letter from Alfred le S. Jenkins, Director, Office of Asian Communist Affairs to The Honorable Walter J. Stoessel, Jr., American Ambassador, January 6, 1971, Source:National Archives, RG 59, Lot Files 72D456, 74D88 & 74D400, Subject Files of the Office of Asian Communist Affairs (ACA) (1961 – 73), Box 5, Folder EA – ACA Official – Informals, Jan – June 1971.
② National Security Study Memorandum 106, November 19, 1970, FRUS, 1969 – 1976, Vol. XVII, 1969, pp. 246 – 247.
③ 报告的最后,附上了国防部撰写的《美国在台湾的军事存在》的报告。Footnote 1, Draft Response to National Security Study Memorandum 106, February 16, 1970, FRUS, 1969 – 1976, Vol. XVII, 1969 – 1972, p. 258.

开交流陷入困境,并且对幕后渠道毫不知情的情况下,对中美关系的政策态度。

报告开篇即指出,美国是时候考虑结束中美两国的敌对状态了。"世界上最强大的国家和世界上人口最众的国家(且其力量愈益增长)陷于长达二十年的敌对状态,是令人最不希望看到且具有潜在危险的。"解决的方法,就是"让中国走出孤立"。报告指出,中国的孤立是由内外两种因素造成的:内因在于中国自身的孤立,外因在于以美国为首的西方国家对它的遏制。然而,中国作为一个人口占世界1/4的大国的事实同它拥有的国际地位形成了一种"尴尬"的局面,也为通过国际合作解决全球性问题带来了困扰。"由于被拒绝在联合国中授予席位,并且由于台湾在国际会议中的参与,它不愿参加任何有关裁军、海洋法、海上油田和海底权、反劫机、毒品贸易控制等全球性问题的多边讨论,并且一直没有获得参与其中的邀请。"

随着"文化大革命"的降温,中国开始改变自身的国际立场。不过,这也给美国带来了一个新的难题:美国盟友中对"中华民国"享有的国际地位表示支持的,越来越少。在未来两到三年中,美国的欧洲盟友将会承认北京;日本鉴于国内政治的压力也会重新考虑自身的选择,承认中国或已为时不远。报告甚至推测,由于对北京在联合国席位的支持日益增长,很可能在1971年或1972年的联合国大会上,形成北京获得席位、"中华民国"被驱逐的结果。因此,在国际社会和美国政界,"我们的政策越来越多地被认为是过时的和不切实际的"。然而,在改变对华政策的问题上,由于台湾的牵制,美国始终处于困境,被迫承认"在同中华民国的长期结交中担负着道德的义务,拥有政治、经济和军事上的利益"。

从对亚太地区的战略而言,美国还需要考虑两个因素。第一个因素是"尼克松主义"及亚洲各国对它的反应。报告观察到,在菲律宾、马来西亚、新加坡和泰国,接触共产党国家的倾向成为一种增强的趋势,并以此作为减少紧张和维护东南亚和平与安全的手段。而韩国、柬埔寨、越南以及台湾则倾向于依赖某种地区性的军事部署,作为对共产主义威胁的有效的遏制手段。第二个因素是东亚日趋复杂的美、中、日、苏四国的均势问题。此时,由于仍然没有从中国方面获得明确的愿意发展中美关系的表示,报告依旧认为是中苏冲突促使中国与美国进行"零星的、没有实际内容的接触",并且"中国人未必期待这些接触能够很快产生实质性的成果,但是他们显然认这些接触不仅可以搅乱苏联人,而且可能加深台湾民众和领导人对美国意图的疑虑"。此外,报告还认为,中国领导人担心日本在军事上的重新武装会给自身带来威胁。

基于以上对中美双边关系、美台同盟关系和亚洲地区形势的分析,报告将中美关系的发展目标分为长期(4~8年)和短期(1~3年)两类。长期目标包括:

1. 避免发生直接的中美对抗或冲突;向着缓和地区紧张局势的方向开展协作,推动在东南亚达成一个各方可以接受的解决方案。
2. 阻止中国对非共产主义邻国的侵略。
3. 确保中国承认(至少是默认)美国在亚洲扮演合理的角色。
4. 鼓励北京在国际社会扮演一种建设性、负责任的角色。
5. 与中国建立更为正常的政治与经济关系。
6. 鼓励和平解决台湾问题。
7. 避免在北京与莫斯科之间形成一种针对美国或美国的亚洲朋友与盟友的攻击性联盟。

短期目标包括:

1. 鼓励北京和台北向着和平解决台湾问题的方向发展。
2. 通过扩大包括在华沙或在其他地方的会谈在内的接触,缓和中美紧张关系。
3. 减少北京对于美苏合谋对付中国、包围中国的担忧。
4. 尽全力使北京建设性地参与关于全球性问题的国际会议,这些问题包括限制武器和裁军的方法等。
5. 主动发展有限的、直接的经济关系。

关于中国对美政策目标,报告研究认为:

> 北京希望作为重要的世界大国和亚洲的主导性力量而得到国际社

会的承认。它希望其他亚洲国家的政策能够适应中国的政策,并且最终按照共产党中国的模式改造社会和政府。中华人民共和国还试图消灭另一个敌对的中国政府并且控制台湾。它希望美国驻军能够从台湾及亚洲大陆撤军。

报告将北京实现这些目标的方法,称为"低成本、低风险的避免同超级大国直接冲突的政策"。北京向周边邻国的革命活动提供的资金和训练是有限的,"军队是为了进行防御行动,战略核武器似乎主要是一种针对美国和苏联的威慑"。

在认清美国所面临的形势和中美两国的目标之后,报告在第四部分阐述了美国的战略。它指出,战后美国站在"坚决阻止和反对中华人民共和国享有国际地位的立场",维持着一种"阻止它对非共产党邻国或台湾施以直接威胁的战略"。但是到60年代末,随着亚洲局势的演变,美国开始"逐渐减少此前孤立中华人民共和国的努力,尝试减少美国与中国的冲突点"。在70年代,美国面临的问题是:"我们如何最好地应对将在国际舞台上发挥新能量的中国。"返回"孤立"的政策"已经不合时宜,甚至徒劳无功"。报告建议,美国的对华政策应:

> 遵循并且改进过去几年的战略,即减少对中国的孤立和两国关系中的冲突。在这一战略下,在维持防御承诺的同时,美国可以采取某些经济、政治措施,鼓励中国减少对美国的敌视,开放沟通渠道,使它更广泛地参与国际社会。①

报告表明了国务院等部门对改善中美关系所持的基本立场,即继续遵循和改善缓和与接触的政策,通过一些经济和政治措施鼓励中国改变对美国的敌视态度。但是由于不知道白宫通过幕后渠道与中国开展的互动,他们无法确定中国对美国主动缓和政策的真实态度,仍然认为是中苏冲突促

---

① 以上内容参见 NSSM 106, United States China Policy, 2/16/71, First SRG Draft, Source: DNSA, CH00202, pp. 1-21。

使中国与美国接触,并且"这种接触是零星的和没有实际内容的",目的在于刺激苏联人。因此,"与中国建立更为正常的政治和经济关系"便成为长期目标的内容,主张以维持对中国主动缓和的姿态、开放沟通的渠道、鼓励中国做出积极回应和改变的方式,在 70 年代逐渐实现缓和。几天之后,按照这份报告提出的建议,副国务卿约翰·欧文主持的国家安全委员会副部长委员会完成了一份关于"与共产党中国的旅行和贸易"的报告,并获得白宫的批准。①

1971 年 3 月 15 日,国务院宣布取消对使用美国护照去中国大陆旅行的一切限制。② 4 月 1 日,副国务理查森向基辛格递交了国务院准备的一份关于中国外交动向的报告。它指出:"有迹象表明北京的外交攻势正变得愈发强力,加强了灵活性,获得了令人瞩目的成就。"③ 随后,罗杰斯也向总统具体汇报了 1969 年 10 月以来中国的建交情况、对外经济援助以及与英国、日本和东欧国家关系的新发展。④

事实上,中美关系缓和的大背景是中国领导人对中国外交的恢复和整顿,调整对美关系是中国政府调整被"文化大革命"破坏的外交关系的重要内容。1969 年 3 月 22 日,毛泽东在同"中央文革碰头会"成员及陈毅、李富春、李先念、徐向前、叶剑英等人谈话时,对当时中国外交工作中出现的种种"左"的做法表示担忧:"我们现在孤立了,没有人理我们了。"⑤ 在毛泽东的亲自干预下,中国外交工作中一度出现的种种"左"的偏差得以及时纠正,中国同一些国家的紧张关系也由此出现缓和。1969 年"五一"国际劳动节,毛泽东在天安门城楼亲自会见了一批外国驻华使节,向世界

---

① NSC – U/SM 91, Travel and Trade with Communist China, February 22, 1971; Memorandum for the President, from NSC Under Secretaries Committee, February 23, 1971。这两份文件来源于 National Archives, Nixon Presidential Materials Staff, NSC Institutional Fiels, Policy Papers (1969 – 1974), Box H – 223, Folder 3。
② 〔美〕尼克松:《尼克松回忆录》中册,第 658 页。
③ Memorandum for Mr. Henry A. Kissinger, The White House, From Theodore L. Eliot, Jr., Executive Secretary, Department of State, April 1, 1971, Source:National Archives, RG 59, Lot Files 72D456, 74D88 & 74D400, Subject Files of the Office of Asian Communist Affairs (ACA) (1961 – 73), Box 5, Folder POL 1 Chinese Foreign Policy (general) 1971 China.
④ 〔美〕基辛格:《白宫岁月》第 2 册,第 910 页。
⑤ 李捷:《物极必反:60 年代中国国内政治与中美关系》,姜长斌、罗伯特·罗斯主编《从对峙走向缓和——冷战时期中美关系再探讨》,第 519 页。

传递了中国愿意同各国改善和发展关系的明确信息。从 1969 年 5 月开始，在毛泽东的亲自过问下，中国重新派出驻外使节，扭转了前一阶段中国驻外大使几乎全部调回国内参加"文化大革命"致使驻外使馆工作不能正常进行的状况。从 1970 年下半年到 1971 年 4 月，共有意大利、加拿大、智利、赤道几内亚、埃塞俄比亚、科威特、喀麦隆、尼日利亚 8 个国家与中国正式建立外交关系。总之，自 1969 年初中苏边境冲突发生后，中国领导人就已经开始有条不紊地恢复对外关系，中美关系的突破只待时机。

从 1969 年初开始到 1971 年春，中美两国一直在相互传递着微妙的外交信息。其间尽管波折不断，但双方的信任已有所增长，彼此的意图也逐渐明朗。各种情况表明，中美关系正在解冻，艰难的起步阶段已经接近尾声。此时，1971 年 3 月底至 4 月初在日本名古屋举办的第 31 届世界乒乓球锦标赛，给中美之间正在酝酿的突破提供了一个意外的机会。4 月 7 日，毛泽东做出决定，邀请参加第 31 届世界乒乓球锦标赛的美国乒乓球队访华。消息传来，尼克松又惊又喜。他从未料到，打开中美关系会以乒乓球队访华为突破口。他立即批准接受邀请。随后，中方发给几名西方记者签证以采访球队的访华。①

中方的这一突然举动出乎美国国务院的意料，但他们很快对中国的行动做出了分析。在给基辛格的备忘录中，副国务卿理查森分析了中国邀请美国乒乓球队访华的重要性。他指出，这是 1949 年新中国成立以来，中国首次向美国运动队发出热情的邀请。发出邀请的时间恰好是北京开始允许越来越多的外国访问者进入中国、美国在 3 月 15 日宣布取消旅华限制之后，"代表着中国对美国主动缓和姿态的反应……最重要的是，它表现出北京在处理外交关系上的开放与自信"。②

1971 年 4 月 13 日，根据 2 月国家安全委员会副部长委员会完成的"与

---

① 关于"乒乓外交"的回忆录和研究，参见〔美〕尼克松《尼克松回忆录》中册，第 658 页；《周恩来年谱（1949～1976）》下卷，第 449～450 页；顾宁《永恒的中美民间友谊——"乒乓外交"揭秘》，《世界历史》1997 年第 6 期；〔美〕霍尔德里奇《1945 年以来中美外交关系正常化》，第 58 页。
② Memorandum from John H. Holdridge of the National Security Council Staff to the President's Assistant for National Security Affairs (Kissinger), April 9, 1971, *FRUS, 1969 - 1976*, Vol. XVII, *China, 1969 - 1972*, p. 289.

共产党中国的旅行和贸易"的政策建议，尼克松下令采取一系列新的步骤，放宽对中华人民共和国的货币、航运和贸易管制。① 但是，与美国乒乓球队到中国访问在全世界引起的反响相比，这些不那么惊人的举措大为逊色。同一天，在悬挂着"全世界人民大团结万岁"巨幅标语的北京首都体育馆，中美两国运动员举行了友谊赛，并在赛后合影留念。②

1971年4月14日，周恩来会见了应邀访华的美国、加拿大、哥伦比亚、英格兰和尼日利亚乒乓球代表团。总理亲自设计了一个新颖独特的安排：(1) 五个代表团座次按英文字母顺序排列，即加拿大、哥伦比亚、英国、尼日利亚、美国，每团一组沙发，成椭圆形相围而坐，以体现各国平等思想和运动员之间无拘无束的友好关系，也便于谈话时各团都能听到；(2) 每团第一座为中方陪同座，周总理步入会见厅后，首先坐中方陪同座（陪同起立让出）与加拿大团谈话，然后他依次移动位置同每团谈话约10分钟，现场同声传译，最后同美国代表团的讲话，作为这次会见的最高潮。这个安排既体现了中国一贯奉行的大小国家一律平等的外交理念，又重点突出了向美国人民的讲话。这是礼宾安排上一个深思熟虑的完美之作，取得了异乎寻常的好效果。③

在同以美国乒乓球协会主席格雷厄姆·斯廷霍文为团长的美国乒乓球代表团全体成员谈话时，周恩来引用"有朋自远方来，不亦乐乎"的古话，对他们表示欢迎。他说："中美两国人民过去往来是很频繁的，以后中断了一个很长的时间。你们这次应邀来访，打开了两国人民友好往来的大门。我们相信中美两国人民的友好往来将会得到两国人民大多数的赞成和支持。"④

周恩来在北京人民大会堂亲自接见美国乒乓球队队员，令基辛格感叹道："这是一件很了不起的事，驻北京的绝大多数西方外交官都未能实现这个宏愿。"⑤ 正如周恩来所言，有时候一件简单的事情可以催生大战略的转变。这就必须掌握时机、掌握形势。事物的必然性往往在偶然性中出

---

① 具体的政策内容参见 National Security Decision Memorandum 105, April 13, 1971, *FRUS, 1969 – 1976*, Vol. XVII, *China, 1969 – 1972*, pp. 297 – 298。
② 《人民日报》1971年4月14日。
③ 高建中：《回忆周恩来与礼宾工作的一些往事》，田曾佩、王泰平主编《老外交官回忆周恩来》，第122~123页。
④ 《周恩来年谱（1949~1976）》下卷，第451~452页。
⑤ 〔美〕基辛格：《白宫岁月》第2册，第911页。

现，战略的变化常常从细小的事情中体现出来。①

"小球"似乎要转动"大球"了，这使尼克松和基辛格兴奋不已。从就职伊始，尼克松就已经下决心要使打开对华关系成为他一个人的功绩，而不是国务院的，不是两党的，更不是国会议员的。"乒乓外交"后，尼克松拒绝曼斯菲尔德访华一事正是一例。

1969年7月，鉴于局势发展，中国方面暂时搁置了曼斯菲尔德的访华申请。② 1971年4月"乒乓外交"给中美关系带来的新契机，使一直主张改善对华关系的曼斯菲尔德大受鼓舞。加上他此时已收到西哈努克亲王转发的周恩来的访华邀请，于是又一次提出了访问中国的愿望。他对基辛格说："你知道，总统在大约一年前建议，如果有可能的话，我应该去中国。我想再和他谈这件事。"③

在美国乒乓球队访华期间，中国可能邀请三位民主党总统候选人爱德华·肯尼迪（Edward M. Kennedy）、爱德华·马斯基（Edward Muskie）和乔治·麦卡文（George McGovern）以及李普曼（Walter Lippman）等几位著名记者访华的消息，通过一位美国记者透露给了美国驻香港的一位外交官，而后者又将消息传至华盛顿。④ 于是，尼克松决定顺势继续推行1969年策划的曼斯菲尔德访华计划。基辛格对曼斯菲尔德的访华提议信誓旦旦地回答说："总统在上个星期和我提起过这件事，我们认为无论你觉得什么时候合适访问中国，我们都会坚定支持……你会得到他的大力支持。我们认为这是值得考虑的好事。"⑤

然而，此事很快横生枝节。尽管基辛格已肯定地表示尼克松会支持曼斯菲尔德访华，但在1971年4月18日晚尼克松和基辛格的一次谈话中，这

---

① 高建中：《回忆周恩来与礼宾工作的一些往事》，田曾佩、王泰平主编《老外交官回忆周恩来》，第124页。
② 熊向晖：《我的情报与外交生涯》，第179页。
③ Telcon Senator Mansfield and Mr. Kissinger, April 13, 1971, Source: National Archives, Nixon Presidential Materials Staff, Kissinger Telcons, Home File (July 1970 - April 1972), Box 29, Folder April 1971.
④ Allen Whiting, "Sino - American Détente", in China Quarterly, No. 82 (June 1980): 339.
⑤ Telcon Senator Mansfield and Mr. Kissinger, April 13, 1971, Source: National Archives, Nixon Presidential Materials Staff, Kissinger Telcons, Home File (July 1970 - April 1972), Box 29, Folder April 1971.

一计划终于被他们设计的一桌"牌局"扼杀。尼克松先是要求把基辛格同罗马尼亚大使的会面推迟到与苏联驻美大使多勃雷宁的会面之后，因为在这之后，"我们可能要打一桌非同寻常的牌。如果我们有一条更为直接的捷径，那么就不用再做迂回曲折的事情，我们就可以直达最高层。你明白我的意思吗？……不用浪费时间告诉周恩来我们愿意让曼斯菲尔德和斯科特等人访问中国。让我们先等等吧"。基辛格顺势提议建立"巴黎渠道"，即基辛格在巴黎与北越方面进行谈判时，也与中国驻巴黎大使举行秘密会谈，舍弃任何经由第三方的渠道，与中国直接接触。对此，尼克松放心地说："你明白了我的意思。我们也可以打我们的小牌。"对于这一场渐入高潮的中、美、苏大三角游戏，他兴奋地说："我想苏联人就要加进来了。既然我们下了大赌注并且拥有的时间不多，那么我们就不能再和苏联人或者其他什么人兜圈子了。"① "乒乓外交"使中美关系渐入高潮，中、美、苏三角关系也已初具形状。几分钟之后，尼克松给基辛格打电话，得意之情溢于言表：

尼克松：他们（指民主党人——引者）想说这一切之所以发生是因为他们的主动，等等。但是让我觉得好笑的是迈克（指迈克·曼斯菲尔德——引者）还是可敬的，而其他民主党人不是。他们只不过是老谋深算，然后都努力往中国跑而已。

基辛格：但是，问题是他们从来没有建议过任何事情，总统先生。（关于中美关系的突破）他们可以想怎么说就怎么说，但这是你的（功劳）。

尼克松：并且也不是国务院的。

基辛格：对。国务院的行动只不过是四处叫嚷承认（中国）之类的问题。

尼克松：很对。他们所谈论的是你称为战术性的抽象问题，是难以实施的……

尼克松：1969 年 2 月没有一个国务院的人和我谈话。

基辛格：是的。那是 1969 年 2 月 1 日。

---

① Telcon Continuation of the President with Mr. Kissinger, 10：30 a.m., April 18, 1971, Source：National Archives, Nixon Presidential Materials Staff, Kissinger Telcons, Home File (July 1970 – April 1972), Box 29, Folder April 1971.

尼克松：在我就任后的 10 天。

基辛格：10 天，是的。

尼克松：非常有意思。①

这段电话录音记录下的对话，揭开了尼克松、基辛格从事秘密外交背后以国家利益为掩护的邀功权谋。

1971年4月21日，通过因美军入侵老挝而中断数月的巴基斯坦渠道，中国方面以周恩来的名义向美国发出了一个重要口信："要从根本上恢复中美两国关系，必须从中国的台湾和台湾海峡地区撤走美国一切武装力量。而解决这一关键问题，只有通过高级领导人直接商谈，才能找到办法。因此，中国政府重申，愿意公开接待美国总统特使如基辛格博士，或美国国务卿甚至美国总统本人来北京直接商谈。"周恩来还提议，中美双方可以通过叶海亚总统适当安排北京会谈的形式、程序和其他细节。②

华盛顿时间1971年4月27日下午6时12分，这封信送达基辛格手中。尼克松和基辛格在为中国方面的积极回应而满心欢喜的同时，也在苦恼如何把他们曾热情支持的曼斯菲尔德访华一事"放到一边"。尼克松对基辛格说："我不知道怎么办，能做的就是邀请他一起去中国。"基辛格立刻反问："为什么把这个机会给他？"尼克松重复说："我们可以邀请曼斯菲尔德和斯科特。"基辛格反问："难道您愿意和这些民主党人分享（访问中国的殊荣）吗？"几经商量，为了不让民主党人"分享"通往中国之路的荣耀，尼克松要求基辛格设法向中方捎一个口头信息：在美方对中方的邀请做出回复之前，"中止任何（美国）人（到中国）的访问"，尤其是美国参议院多数派首领、民主党人曼斯菲尔德。③ 4月28日，基辛

---

① Telcon the President and Mr. Kissinger, 10：45 a.m., April 18, 1971, Source：National Archives, Nixon Presidential Materials Staff, Kissinger Telcons, Home File (July 1970 – April 1972), Box 29, Folder April 1971.

② 《周恩来年谱（1949 – 1976）》下卷，第 452 ~ 453 页；Message from the Premier of the People's Republic of China Chou En – lai to President Nixon, Beijing, April 21, 1971, *FRUS, 1969 – 1976*, Vol. XVII, *China, 1969 – 1972*, pp. 300 – 301。

③ Telcon the President and Mr. Kissinger, April 27, 1971, 8：18 p.m., Source：National Archives, Nixon Presidential Materials Staff, Kissinger Telcons, Chronological File (February 23, 1971 to April 28, 1971), Box 9, Folder 21 – 28 April, 1971.

格通过巴基斯坦渠道告诉中方,不要邀请其他任何美国政要如民主党人,尼克松的白宫希望独享访问中国的特权。这个口信是尼克松为了增添自身政治资本而向中国发出的一系列要求中的第一个。①

在回忆录中,基辛格称,尼克松"既抱有为国家着想的崇高目标,又夹杂着一些政治的和个人的考虑",担心任何美国高层官员在他之前访问中国,都会削减他的功绩和荣耀。② 于是,策划近两年之久的曼斯菲尔德访华,终于被中、美、苏间起伏跌宕的大三角游戏和尼克松个人的小如意算盘排除出局。而基辛格同尼克松也并无二致。在讨论赴北京谈判特使的人选时,当尼克松提议国务卿罗杰斯时,基辛格坚决反对。最终,基辛格被确定为赴北京秘密会谈的尼克松总统特使。③

在尼克松眼里,包括国务院在内的各官僚机构始终与打开中国大门的功绩毫不沾边。但是,他毕竟离不开他们的工作,也不能够让他们停止运转。当"乒乓外交"热闹非凡、白宫的幕后渠道佳音频传之时,他下达了第124号国家安全研究备忘录(NSSM124),要求仍由格林负责,主持国家安全委员会负责东亚事务的跨部门组开展题为"对中华人民共和国的下一步措施"的研究,并在1971年5月15日前提交报告。这项研究要求在美国与苏联、日本等大国关系的背景下,筹划美国可以对中国采取的进一步的主动行动。④ 报告的研究过程基本上由国务院完成。格林协调国务院同僚与跨部门组合作,征求了美国驻东京、香港等地外交官员的意见,并同罗杰斯讨论了报告的草稿。由于副国务卿欧文(Irwin)、格林等人赴亚洲出差,报告迟至5月28日才完成。⑤

1971年4月的"乒乓外交"在国际社会及美国国内掀起了一股强大的中国旋风。一位普通的美国公民在给他的选区的众议员写信时表示:

---

① James Mann, *About Face: A History of America's Curious Relationship with China, From Nixon to Clinton* (New York: Vintage Books, 1998), p. 29.
② 〔美〕基辛格:《白宫岁月》第2册,第913页。
③ 〔美〕尼克松:《尼克松回忆录》中册,第660页。
④ National Security Study Memorandum 124, April 19, 1971, *FRUS, 1969–1976*, Vol. XVII, pp. 299–300.
⑤ Footnote 3, National Security Study Memorandum 124, April 19, 1971, *FRUS, 1969–1976*, Vol. XVII, p. 300.

"没有任何公众、立法机构或者官员站出来指责、质疑政府对'红色中国'的重要的政策转变。"① 美国国务院涌来"如洪水般的信件……每一个人都希望能够搭乘下一班飞往北京的飞机……成千上万个电话和无数的请求都是关于与中国开展贸易的",这让国务院的官员应接不暇。② 商人纷纷要求到广州参加广交会,并且得到了不少参议员的支持。由年轻的民主、共和两党众议员组成的美国青年政治领袖理事会(American Council of Young Political Leaders)申请访华,科学家要求与中国进行学术交流。③

鉴于中国的"人民外交"给美国对华政策带来的压力,美国国务院官员保持高度警惕,在对第 124 号国家安全研究备忘录做回复时,他们强调美国应当继续推进发展中美两国政府间关系。这是因为,北京对美国的"人民外交"是一种"戏剧性的转变",但这"并不必然说明中国领导人已经改变了对美国的敌视,或改变了他们主要的外交政策目标"。北京采取"人民外交"的方式,可以在外交上一举两得。一方面,它产生的民众压力,会迫使美国政府做出更多让步,最终促使政府关系的改善。另一方面,它可以巩固中国对抗苏联的地位。因此,美国做出调和性的姿态,即便不被北京接受,也可以减缓"人民外交"带来的压力,同时试探北京在缓和中美关系问题上给予台湾问题的优先性。

推进发展中美政府间关系、在台湾问题上做出必要的符合北京预期的政策姿态,成为"乒乓外交"之后国务院内的对华政策主张。但这份报告还强调,在实现改善中美关系的目标的同时,美国政府应紧守三项政策

---

① Letter from Lucinda J. Knox to Charles M. Teague, Congress of the United States, House of Representatives, Re: Current Changes in the USA – Red China Policy, Source: National Archives, RG 59, East Asia & Pacific Affairs Lot Files (1961 – 73), Box 6, Folder FT 1 Foreign Trade Policy, Plans (General) China, 1971.
② Letter from Frank C. Bennett, Jr. to Richard H. Howarth, Esq., June 18, 1971, Source: National Archives, RG 59, Lot Files 72D456, 74D88 & 74D400, Subject Files of the Office of Asian Communist Affairs (ACA) (1961 – 73), Box 5, Folder EA – ACA Official – Informals Jan – June 1971, p. 1.
③ 相关材料参见 National Archives, RG 59, East Asia & Pacific Affairs Lot Files (1961 – 73), Box 6, Folder TP – 8 Fairs and Exhibitions; National Archives, RG 59, Lot Files 72D456, 74D88 & 74D400, Subject Files of the Office of Asian Communist Affairs (ACA) (1961 – 73), Box 5, Folder EDX 1 Educational and Cultural Exchanges – China (General) April – June 1971。

底线：第一，对台湾，"确保它在受到外部攻击时的安全，并且保留我们必要的军事通行权"；第二，对日本，"维护目前的美日关系"；第三，对民众，"维持民众对我们外交政策的支持"。① 基于这些对战略与政策底线的考虑，报告提出了程度逐步提高的三组政策：第一组包括一系列相对谨慎的步骤，在任何时候实施都没有太大困难，并且不需要与中国政府进行谈判或接触，如允许挂有美国国旗的船只在中国港口停靠、减少对中国本土的侦察飞行等。第二组包括政府间的接触，诱导中国对美国的主动缓和政策做出回应，如提出在华盛顿与北京之间建立一条热线、随着美国从越南撤军而减少美国在台湾的驻军等。第三组包括改变美国对台湾问题的政策，解决中美改善关系的最根本性障碍，如在北京以某种形式设立美国官方外交机构，暗示美国愿意将台湾视为中国的一部分，视北京不在台湾海峡地区引起危机的保证来决定是否从台湾撤出美国军队。② 报告特别强调，如果在符合前提条件的情况下采取第一、第二组中提出的军事行动，应不会产生消极的后果；但在实施第三组行动之前，务必要经过进一步的评估。③

以上由国务院主持设计的政策方案，在台湾问题上提出的主动缓和措施主要集中于军事方面，在政治方面则十分谨慎。与此相比，基辛格在1971年7月秘密北京之行中对周恩来做出的承诺则走得更远。基辛格承诺，在军事上，美国将在结束印度支那战争之后的某一明确的、短暂的时间段内，从台湾撤出2/3的驻军；并且随着中美关系的改善，减少剩余驻军。④ 在政治上，同意并且承诺尼克松总统将在访华时申明，美国不支持

---

① Response to National Security Study Memorandum 124, May 27, 1971, *FRUS, 1969 – 1976*, Vol. XVII, pp. 324, 326 – 328. 这份公开出版的资料并不完整，省略了报告前言中的最后两部分（中国联合国代表权问题的影响、第三国的反应）、三组政策选项和一个附件。

② Memorandum for the Chairman, NSC Senior Review Group, from Winthrop G. Brown, Acting Chairman, NSC Interdepartmental Group for East Asia and the Pacific, May 1971, Source: DNSA, CH00210, pp. 2 – 3. 这份资料中简要介绍了 NSSM124 的内容，包括三组政策措施的综述。

③ Response to National Security Study Memorandum 124, May 27, 1971, *FRUS, 1969 – 1976*, Vol. XVII, p. 331.

④ Memorandum of Conversation, July 9, 1971, 4: 35 – 11: 20 p.m., *FRUS, 1969 – 1976*, Vol. XVII, p. 369.

"两个中国"或"一中一台"、不支持"台湾独立运动"、不再说"台湾地位未定"、承认台湾属于中国,并且在总统大选之后正式承认中华人民共和国是中国的唯一合法政府。① 基辛格秘密的北京之行大大出乎国务院等政府部门的意料。他们对基辛格在同周恩来的秘密会谈中到底做出了什么样的承诺并不清楚。但是,有一点他们确定:"他所承诺的比整个美国政府允许他做的要多。"②

小 结

1969年1月20日尼克松就职以后,美国国务院就开始积极筹划中美第135次中美大使级会谈,把它作为美国转变对华政策的一个机会,提出了一系列的主动缓和政策。在对如何缓和中美关系、中国对美国缓和政策的反应、中国对美政策态度等问题都没有确实把握的情况下,基辛格建议尼克松采取最为谨慎的多听少动策略,利用第135次中美大使级会谈试探中国方面的态度,以中美会谈之姿态向苏联方面施加压力,促使苏联在越南问题上助美国一臂之力。然而,在筹备的过程中,国务院却将第135次中美大使级会谈作为转变对华政策方向、在不放弃台湾及不损害盟友利益的前提下同中国达成妥协的机会,订立了"寻求同北京达成具体的、可以实施的协定,取得一些实质性的而不是口头的'和平共处'"的政策目标。白宫的战略意图和国务院的具体筹划旨趣相异,显示出尼克松政府初期对华政策的内在矛盾。

虽然此次大使级会谈因中国外交官廖和叔的叛逃而被中方取消,然而美国国务院官员和驻波兰大使斯托塞尔为保留中美大使级谈判的联络渠道以及为以后重新恢复谈判所做的努力,颇引人瞩目。为了在亚洲出现新的重大情况时能够使中国人感觉需要同美国进行特殊接触,他们在公开和私下场合都着重表示:"美国政府准备好继续由两个政府代表在华沙或者其他地方举行大使级会谈。"

---

① Memorandum of Conversation, July 10, 1971, 12:10 – 6 p.m., *FRUS, 1969 – 1976*, Vol. XVII, pp. 411 – 412.
② 亚瑟·胡默尔的口述,参见 *China Confidential*, p. 231。

1969年7月，中苏军事冲突日见升级。当外界对美国的态度立场还在不断猜测时，中国方面却已开始大肆批判"美苏共谋侵略中国"。在这种情况下，一方面，美国政府官员小心谨慎地避免任何直接、明确地发展对华关系，或公开在中苏军事冲突中偏向中国；另一方面，他们又暗中谋划一系列措施来实现通过缓和中美关系向苏联施加压力的战略目标。从这一政策的密谋设计到最终公开宣布的过程来看，它是美国政府内部不同立场、态度相互妥协的产物，政策的姿态意义远大于政策的实质内容。①

"贸易禁运"与"经济防御"是冷战时期美国限定东西方经济关系的重要内容，也是其遏制战略对手及控制国家的重要手段。② 1969年7月21日美国国务院宣布放松对华管制政策，无疑首先在围堵中国的"铁幕"上主动撕开了缓和的缝隙。国务院制定的放松对华管制政策，并不要求中方给予对等优惠的政策，只是向中方表示发展双边关系的兴趣，并使美国公众与盟国逐渐接受这一政策意图。③ 但是，其"四两拨千斤"的战略意义，不亚于后来的"小球推动大球"，成为缓和中美关系的第一步。

关于尼克松政府放松对华管制的问题，需要指出两点。第一，国务院中下级官员的建议比高级官员更为积极和大胆。同国务院积极推动实施对华单方面主动形成对比的，却是基辛格的谨慎与保守。他不但压制国务院的政策建议，而且利用国家安全体制规定的决策程序，对递交到国家安全委员会的国务院政策建议报告进行删减和修改，使最终出台的政策措施大为缩水。第二，放松对华管制是尼克松试探打破中美关系僵局的一个谨慎而有胆识的主动缓和行动。但必须指出的是，放松对华管制酝酿自约翰逊总统时期的国务院。在尼克松政府时期，这一政策的起草以及发布时机的选择，也倾注了国务院内部官员的精力和心血。如果没有国务卿罗杰斯向国会和媒体做巧妙的解释，如果没有副国务卿理查森的政策设计和建议，如果没有约翰逊政府时期国务院的工作基础，这一政策的形成、公布和实施不会有如此的效率和效果。

---

① 基辛格认为："这些措施本身都不算太具重大意义，但是旨在传达美国有了新作风。"参见〔美〕基辛格《大外交》，第699页。
② 张曙光：《美国遏制战略与冷战研究》，《社会科学》2006年第10期，第73页。
③ 温斯顿·洛德的口述，参见 China Confidential, p. 227。

美国国务院与白宫尤其是国家安全委员会在对华政策上的这种配合，毕竟是暂时的。基辛格说他的国家安全委员会职员与国务院一样，倾向于"向着缓和紧张关系的方向逐渐迈进"的政策选项。① 但是，在1969年7月的环球之旅中，基辛格和尼克松已经开始撇开国务院，试图通过开辟与正式外交渠道迥异的"幕后外交渠道"，打开中国的大门。他们在这条秘密外交的道路上渐行渐远，使国务院最终陷入了一种茫然无知的窘境。

是否在第137次中美大使级会谈上向中方确认举行高级别会谈成为1969年开启对华缓和进程以来白宫与国务院之间的最大分歧。② 在华沙大使级会谈上向中方重提举行两国高级别官员会谈的旧议，是由国务院方面最先提出来的。但是，他们很快从自己的立场上后退。其原因并不在于基辛格所言缺乏锐意、畏葸不前，而是因为白宫向国务院隐瞒了通过巴基斯坦、罗马尼亚等幕后渠道同中国开展的交往。国务院不清楚中方对美方一系列主动缓和措施的表态究竟出于什么用意，担心北京同意举行高级别会谈只是为了应对苏联人的武力威胁而采取的灵活战术，并没有真正缓和中美关系的战略意图。所以，在他们看来，如果不能确定高级别会谈的结果对美国而言是积极的，那么不如以稳妥的方式，继续通过大使级会谈传达美方缓和关系的决心，并逐步试探中方的想法，再采取进一步的主动。

为缓和中美关系，国务院积极推动放松对华管制政策、恢复中美大使级会谈，但最终，他们为打开中美关系新格局而付出的努力，被白宫秘密运作的幕后渠道外交邀了功，致使中美间的联络从公开的华沙会谈转向幕后。

1970年末1971年初，白宫下令政府各部门开始新一轮的对华政策研究。但是由于不知道白宫通过幕后渠道与中国的互动，国务院无法确定中国对美国主动缓和政策的真实态度，仍然认为是中苏冲突促使中国与美国接触，并且"这种接触是零星的和没有实际内容的"，目的在于刺激苏联人。因此，"与中国建立更为正常的政治和经济关系"便成为长期目标，

---

① Minutes of the Senior Review Group Meeting, May 15, 1969, 2:10 - 3:55, FRUS, 1969 - 1976, Vol. XVII, p. 38.
② 学者们注意到这一分歧，却并没有探讨其形成原因。James Mann, About Face: A History of America's Curious Relationship with China, From Nixon to Clinton, p. 24.

国务院仍主张以维持对中国主动缓和的姿态、开放沟通的渠道、鼓励中国做出积极回应和改变的方式，在 70 年代逐渐实现缓和。然而，白宫通过巴基斯坦的幕后渠道，实现了与北京关系的突破性进展。

幕后渠道和外交活动中的保密是必要的，本无可厚非。但是如果超越界限，隐瞒甚至以谎言敷衍专门从事外交活动的国务院和负有向国会汇报外交事务的宪法职责的国务卿，则难免招致这些专门从事外事工作的官员和国会议员的不满和批评。白宫的幕后渠道外交虽然取得了成功，实现了中美关系的突破，但是它的辉煌背后是国务院不懈努力的外交行动和不遗余力的政策设计。

结　语

尼克松第一任期内美国国务院的职权状况是理解它在中美关系缓和进程中活动和作用的政治背景。随着"帝王式总统权"在尼克松总统时期发展至顶峰，国务院的地位受到进一步的削弱。这种变化在制度上是通过尼克松和基辛格设计的以国家安全委员会为中心的国家安全体制而实现的。需要澄清的是，此时美国国务院在对外事务领域享有的制度性的决策地位虽然滑至谷底，但从它发挥作用的机制看，这种地位并没有限制它提供政策建议和执行外交决策的职能。白宫幕后渠道和秘密外交的光环，遮蔽了国务院在对华缓和进程中所发挥的积极推动作用。离开了国务院的工作，白宫也难以有出奇制胜的功绩。

一　尼克松-基辛格外交的冲击

从1961年肯尼迪总统设立总统国家安全事务特别助理以来，国家安全委员会的地位与职责在10年间发生了重大的转变。对此，前国务卿迪安·艾奇逊在1971年评论道："他们（邦迪、罗斯托、基辛格）在他们的国务院同僚心中激起了怎样的情绪，我们还需要在未来得知。但是，我们可以想见，那一定是紧张的压力。"[①]

1971年5月17日，在通过巴基斯坦给中方的回复中，尼克松要求严格保守基辛格访华的秘密。中方对保密的要求表示不快。巴基斯坦方面解

---

① Dean Acheson, "The Eclipse of the State Department," *Foreign Affairs*, July 1971, p. 603.

释说，尼克松的理由是：如果提前公布基辛格访华的消息，在华盛顿的台湾游说集团就可能阻挠这次访问。而学者也倾向于赞同，如果此行被暴露于公众的瞩目之下，他们根本不可能取得这样的成就。① 冷战时期，在中美隔绝、对峙20多年后，美国转变对华政策已然是国际社会瞩目的焦点，派遣美国总统特使访华则更非易举。尽管尼克松曾经是共和党内的反共先锋，他的对华主动缓和比民主党总统更容易些，但是共和党内的保守派势力仍然强大。尤其是派遣总统特使访华这样的大举动，在尼克松和基辛格看来，无异于"步履薄冰"。因此，为了排除国内外交运作中的困难，有必要实行秘密外交。但是，除了现实需要之外，采取秘密外交的一个不容忽视的原因还在于领导人的个人动机。这一点在基辛格的回忆录中有所表露。

在回忆录中，基辛格对他和尼克松秘密筹备1971年7月北京之行的情况有这样两段说明：

> 这次中国之行使尼克松在公共关系方面特别敏感起来了。他做出这些决定既没有同行政部门商量，也没有同国会商量，因此，一旦出了差错，他就完全处于无法为自己辩护的困境。他极其果断地独自做了这些决定。可是，他是一个个性复杂的人，高尚的动机往往与一些不高尚的考虑相矛盾。他迫切希望自己成为访问北京的第一个美国领导人；因此他三番五次地要我改变我的访问地点，除北京之外改在什么地方都行。我不知道向巴基斯坦人或是中国人怎么讲才好。我们坚持保密已经引起了怀疑。我们不熟悉中国的保卫措施和他们内部商量的情况，如果再想指定谈判地点，那很可能会使他们更加怀疑。……
>
> 尼克松还有一个愿望，那就是宣布我这次访问的公报不要提我的名字；他希望他和周恩来的名字首先出现在正式的中美文件上。……尼克松还想要中国人保证，在他去中国访问之前，不邀请美国的任何政治人物去中国访问。②

---

① John Lewis Gaddis, *Strategies of Containment: A Critical Appraisal of Postwar American National Security Policy* (New York: Oxford University Press, 1992), p. 306; Yafeng Xia, *Negotiating with the Enemy*, p. 155.
② 〔美〕基辛格：《白宫岁月》第3册，第942~943页。

尼克松和基辛格之间并无"友谊"可言,二人在卸任后的联络也并不多。在这里,基辛格毫不掩饰尼克松要求"秘密"访问中国一事背后那些"高尚"与"不高尚"相混杂的动机,也表明当时中国方面并无"保密"的要求,甚至因为美方提出"保密"而颇有怀疑。①

直至基辛格从巴基斯坦出发赴北京前几个小时,尼克松才将基辛格北京之行的事情告诉了国务卿罗杰斯,并称这次访问是基辛格到巴基斯坦的时候接到中方邀请临时决定的。② 当基辛格踏上成功完成"秘密外交"使命的归途时,仍然"不明真相"的国务卿罗杰斯和副国务卿约翰逊受命承担起了一项"微妙敏感的任务",即在1971年7月15日中美两国正式发布有关基辛格访华并商定尼克松总统即将访华的公告前,"给主要国家的驻美大使吹吹风,好让他们至少在事先得到些预告"。③

1971年7月15日,尼克松宣布,他已派遣基辛格博士在最近的环球旅行中赴北京同周恩来总理举行了会谈,并且他本人即将在1972年5月前访问中国。全世界为之震动!尼克松声称,希望这即将到来的访问能够成为"一次和平之旅"。④ "尼克松冲击"震撼的不仅是国际关系的大舞台,还给美国国内政治带来了一次地震。陪同基辛格秘密访问北京的国家安全委员会职员霍尔德里奇在回忆录中颇为坦诚地写道:"不仅是国家安全委员会和基辛格博士,而且在此之前还有国务院曾经成年累月地为改善中美关系做出了努力,才会出现尼克松总统发布公告,使事态发展达到了高潮。"⑤ 尼克松与基辛格"秘密外交"的成功,无疑是对国务院的痛苦

---

① "中国人对我们希望保密这一点疑心很大;也许他们以为这是一种使我们可以很快改变方针的计谋。"〔美〕基辛格:《白宫岁月》第2册,第929页。
② 〔美〕基辛格:《白宫岁月》第3册,第944~950页。关于此次北京之行的具体路线、人员、安排,详见〔美〕霍尔德里奇《1945年以来中美外交关系正常化》,第62~75页;〔美〕基辛格《白宫岁月》第3册,第945~953页;张颖《忆周总理晚年二三事》,田曾佩、王泰平主编《老外交官回忆周恩来》,第374~377页(作者曾任外交部新闻司副司长);宫力《波罗行动计划:1971年基辛格秘密使华始末》,《福建党史月刊》1992年第8期。
③ 〔美〕霍尔德里奇:《1945年以来中美外交关系正常化》,第82页。
④ Remarks by President Nixon to the Nation, July 15, 1971, FRUS, 1969 – 1976, Vol. Ⅰ, Document 92.
⑤ 〔美〕霍尔德里奇:《1945年以来中美外交关系正常化》,第83页。

一击。

一段隐没于基辛格与尼克松的叙述之外的故事,让人体会到基辛格秘密访华在国务院内引起的激愤。在基辛格和尼克松瞒着国务院开辟幕后渠道的同时,国务院却在为白宫打开通往中国的幕后渠道而努力。1969年11月,当华沙的中美联络尚处于中断状态时,国务院曾试图通过美国驻罗马大使馆人员与罗马尼亚方面取得联系,协助著名美国记者白修德(Theodore H. White)访问中国。白修德早年在哈佛大学研修中国史,是费正清的第一个学生。在中国抗战时期,他被美国《时代》周刊派往重庆担任通讯员。他曾穿过日军封锁线到山西敌后游击区采访,并在1944年底到延安采访了毛泽东、朱德、刘少奇、彭德怀、彭真等中国共产党领导人。他于1946年与贾安娜合著《中国的惊雷》一书,引起世人的关注。斯诺为本书作序,称之为"一部精湛的报告文学,也可以说是一部东亚战争史略"。[1]

白修德不仅同情中国革命并在抗战时期与中国领导人结下了友谊,还是副国务卿理查森和基辛格的密友。在介绍白修德时,理查森特别强调白修德不仅是一个公正、富有同情心的记者,与中国有着长期的友谊,而且"他能够接触美国政府高层,包括总统在内……亨利·基辛格和我都认为,白修德此时的访问将特别有帮助,因为此时急需两国和两国人民之间实现更深刻的理解与认识"。他表示,国务院希望通过罗马尼亚向中方转交白修德给周恩来的要求访问中国的信件。[2] 此事最终虽未成功,但可以想象,得知白宫通过秘密外交实现了中美关系的突破后,国务院官员们的心情定是五味杂陈。

许多年后,在回溯1971年7月基辛格北京之行时,格林评论说:"我并不非难尼克松和基辛格在外交中的一些保密,而是批评他们不告诉那些应该告诉的人,这会导致发生真正的危险。"他回忆说,当他从收音机中

---

[1] 关于白修德的介绍,参见 http://www.cass.net.cn/zhuanti/chn_jpn/show_News.asp?id=22988。

[2] Letter from Elliot L. Richardson to Leonard C. Meeker, American Embassy in Bucharest, November 19, 1969, Source: National Archives, Nixon Presidential Materials Project, NSC Files, Henry A. Kissinger Office Files, Country Files – Far East, Box 86, Folder T. H. White.

得知基辛格因肠道疾病需要从伊斯兰堡乘车到莫里山休养时，不禁对正在开会的职员议论说：一个患此病的人不可能禁受得起机动车在山路上的颠簸，"亨利很可能去秘密访问中国了"！此言一出，格林立刻意识到问题的严重性。因为一旦他的猜测是真实的，一旦这种猜测被泄露给媒体，后果将不堪设想。他很快借口离开会议，跑到罗杰斯的办公室，汇报了他的猜测。格林发现了真相！刚刚得知这一绝密消息的罗杰斯脸色瞬间煞白。他命令格林尽快回到办公室，要求现场所有人发誓为格林的猜测保密。事实证明，秘密被保守住了。①

基辛格的副手亚历山大·黑格称，之所以采取秘密外交的方式，是因为对华缓和"与当时美国政治思想的主流严重冲突"；之所以瞒着罗杰斯和国务院，是因为告诉罗杰斯的任何事情都会经过他的助手进入整个行政体制，从而发生泄密，引起国会等方面的反对。② 但是，这种说法并不为格林所认可。对于白宫对国务院中从事有关对华政策官员的不信任，格林在许多年后仍然难以释怀。他认为："尽管在这一微妙的过程中保密是关键的，但是过于保密就要冒严重的风险。更为根本的是，它反映出一种未经证实的对于外交职业官员泄露机密的担心，而在我的经验中，他们是所有参与了美国对外政策过程的官员中最为可靠、最能严守秘密的。"③

1971 年 7 月 28 日，刚刚卸任国务院东亚暨太平洋事务局亚洲共产党事务办公室主任的保罗·克里斯伯格写信给接任他职务的詹金斯，讨论有关基辛格秘密访华之事。他在信中写道：

> 我一点儿都不感到意外，事实上为整件事情的出奇制胜而高兴。但是，我一直对全部的新闻报道颇感困惑，他们记述这是白宫的单独

---

① Marshall Green, John H. Holdridge, and William N. Stokes, *War and Peace with China*: *First-Hand Experiences in the Foreign Service of the United States*, pp. 92 - 93.
② Nixon's China Game 网站公布的对副国家安全顾问亚历山大·恩格的采访，"The Secrecy of The Policy"，"Keeping Bill Rogers in The Dark" 两部分，http://www.pbs.org/wgbh/amex/china/filmmore/reference/interview/index.html#haig。
③ Marshall Green, John H. Holdridge, and William N. Stokes, *War and Peace with China*: *First-Hand Experiences in the Foreign Service of the United States*, p. 159.

行动，只有国务卿以个人身份被允许加入其中。我可以理解白宫有它自己的理由，希望邀得整个行动的功劳，但是我非常感兴趣——如果你觉得可以自由发表意见的话——你们在亚洲共产党事务办公室的所有人是否曾以某种方式参与其中，以及在随后准备峰会的过程中你是否认为你们可能被允许加入。坦白地说，如果目前在华盛顿的那些卓富才华的国务院中国专家们像弃物一般被束之高阁、任其腐朽，我认为这是最令人郁闷和担忧的。①

尽管克里斯伯格在信中提出了自己的疑问，但他明白詹金斯此时或许并不能自由回答他的问题。其实，尼克松早已预料到"国务院的人会到处打探"，所以他告诉基辛格："我得下发一个命令，确保不能有任何猜测，任何人对这一问题进行猜测都将被免职。"② 1971 年 7 月 20 日，基辛格告知国务卿、国防部长和中央情报局局长，总统下令禁止各相关部门和机构对 7 月 15 日他所发表的关于访问中国的声明做任何评论，包括声明和答复询问。如果必须做出有实质内容的声明，也必须通过总统国家安全事务助理，经过总统的审查。③ 因此，在回信中，詹金斯只是隐晦地表达了对基辛格北京之行的心理反应：

> 正如你所知道的，目前我们中的任何人都不会讨论任何实质性的问题，但是我们仍然很忙，我也希望我们还能继续有用。我很遗憾，目前不能向着增加主动和接触的方向给予更多的鼓励，但是我们都意识到，这一时期是非常微妙的阶段。④

---

① Letter from Paul H. Kreisberg, Embassy of the United States of American, Dar es Salaam, Tanzania to Alred le S. Jenkins, Esquire, Director, Office of Asian Communist Affairs, Bureau of East Asian Affairs, Department of State, July 28, 1971, Source: National Archives, RG 59, Lot Files 72D456, 74D88 & 74D400, Subject Files of the Office of Asian Communist Affairs (ACA) (1961 - 73), Box 5, Folder Incoming Official Informals 1971.
② Robert Dallek, *Nixon and Kissinger: Partners in Power*, p. 298.
③ Memorandum by the President's Assistant for National Security Affairs (Kissinger), Memorandum for The Secretary of State, The Secretary of Defense, The Director of Central Intelligence, July 20, 1971, *FRUS, 1969 - 1976*, Vol. II, pp. 327 - 328.
④ Letter from Alred le S. Jenkins to Paul H. Kreisberg, August 11, 1971, Source: National Archives, RG 59, Lot Files 72D456, 74D88 & 74D400, Subject Files of the Office of Asian Communist Affairs (ACA) (1961 - 73), Box 5, Folder Incoming Official Informals 1971.

1971年7月北京之行的成功是基辛格和尼克松摆脱国务院"单干"取得的成果,他们不可能把荣誉与成果让与国务院。但是,准备1971年10月基辛格第二次北京之行的工作更加繁重和琐碎,使得国家安全委员会的工作人员应接不暇。最后,基辛格同意吸收国务院研究中国问题的专家一同筹划准备,詹金斯遂很快领导下属投入准备工作。像国家安全委员会工作人员为基辛格第一次访华所准备的那样,国务院就实际影响中美双边关系的问题特别是美国对苏联和越南战争的政策,也准备了一套"本本"。这样,为了基辛格10月的第二次北京之行,国家安全委员会和国务院同时准备了两套"本本"。①

这种被隔离于决策核心之处的工作状态令詹金斯无所适从。他在给友人的信中无奈地写道:

> 在我所能处理的众多问题中,有一个是我完全难以掌控的:事情都被严格地保密,这使得生活变得非常尴尬……我只告诉你一人,目前我更为担心的是未来努力的方式而非内容。②

国务院曾对国家安全委员会准备的"本本"提出意见,并把有关文件按时送交国家安全委员会转给基辛格。但是,"这些文件是否被递呈给总统,这个问题只能由基辛格博士来作答"。不过,几个星期后在北京时,当尼克松要霍尔德里奇从宾馆总统房间取出"本本"交给他时,霍尔德里奇发现那里只有一个"本本",即他熟悉的由国家安全委员会准备的黑皮卷面本。尼克松和基辛格早已计划好,美国的外交政策,至少是外交政策的最关键性方面,应由白宫而不是由国务院掌握。至于双边问题,他们倒是乐于让国务卿罗杰斯去同中方讨论。③ 为了实现这种安排,基辛格在1972年尼克松访华过程中精心设计了"三层会谈"。

---

① 〔美〕霍尔德里奇:《1945年以来中美外交关系正常化》,第84~85页。
② Letter from Alfred le S. Jenkins, Director for Asian Communist Affairs, Office of Asian Communist Affarirs, to David L. Osborn, August 17, 1971, Source: National Archives, RG 59, Lot Files 72D456, 74D88 & 74D400, Subject Files of the Office of Asian Communist Affairs (ACA) (1961–73), Box 5, Folder Incoming Official Informals 1971.
③ 〔美〕霍尔德里奇:《1945年以来中美外交关系正常化》,第97~98页。

1972 年 2 月尼克松访华之旅不比前两次，基辛格可以带着他的国家安全委员会班底，同中方自由会谈，回到华盛顿便封存信息或在大幅删减、修改会谈记录后再发给国务院。这次尼克松的访华，国务卿罗杰斯和国务院的大批官员随同出访，而他们才真正拥有运作美国外交事务的法定职权。可是，罗杰斯不但被排斥在最重要的尼克松同毛泽东会谈之外，而且当他甚至还未知晓基辛格已经陪同参加了总统与中国最高领导人会晤一事时，基辛格又开始了新的谋划。他要走得更远，通过"三层会谈"的设计，将国务卿以及国务院官员排除在北京核心谈判之外。为了让中国领导人理解并同意他精心安排的"三层会谈"，基辛格必须首先解释美国"复杂的政府体制"：

> 国务院里没有任何人知道有（中美联合）公报草稿，我们只把其中关于台湾的两段给国务卿罗杰斯看过。但是没有人看过其他任何部分……
>
> 没有任何人知道在台湾问题上我给您的五点保证。但是总统会在私下会谈中向您重复这些，在我们回到美国后，我们会把这些承诺告知各官僚机构……
>
> 并且没有任何人知道我们把我们同苏联的关系告诉过您。
>
> 没有人知道我去纽约是同贵国大使会谈。国务卿罗杰斯知道我们在巴黎的接触，但他不知道我们的信息往来。

基辛格这番话的目的，是希望中方能够谨言慎行："希望您的人在同国务院的单独会谈中不要提及这些会让他们大吃一惊的事。"接着，他开始阐述他的"三层会谈"：在大范围会谈中，尼克松将做一个概括性的主旨发言，提出需要讨论的问题，并建议在随后的分组会谈中进行讨论。在分组会谈中，中国代理外交部长姬鹏飞将同美国国务卿罗杰斯讨论中美两国的人员交流、外交接触以及贸易等问题；而尼克松总统将同周恩来讨论包括台湾问题在内的双方感兴趣的问题。中国外交部长和美国国务卿完成上述问题的谈判后，可以继续讨论台湾问题，但与中美《联合公报》中对台湾问题的表述无关，目的仅仅在于"我们希望国务院的档案中记录上你们的立场"。基辛格进一步解释说，为了让国务卿和国务院的官员有事可做，最好能够把中国代理外交部长同美国国务院官员的会谈，与周恩来和尼克松的会谈安排在同一时间平行进行，在尼克松同周恩来会谈之后，再决定留下哪些具体问题交给代理外交部长和国务卿去解决。除了上述两层会谈，第三层会谈便是主要由基辛格和中方官员牵头的关于起草中美《联合公报》的讨论。

此外，为了实现严格的保密，基辛格还提出，如果在未来几天内尼克松再次和毛泽东、周恩来会谈，美方将不使用美国译员，而完全依赖于中方的译员，但是，美方仍将对媒体说明他的助手约翰·霍尔德里奇核对了中方的翻译内容。对于这种为了掩人耳目而"无中生有"的安排，周恩来只得表示理解美国政府的保密需要，将尽力满足。[1]

罗杰斯在中国之行中经历了诸多"羞辱性的时刻"，其中甚至令其下属都感到愤愤不平的，莫过于被排斥在尼克松同毛泽东的会谈之外一事。在马歇尔·格林的记述中，罗杰斯本人对此并无抱怨，"因为他不希望以任何方式增加总统的麻烦"。[2]

二 国务院职权的形成

尼克松将对外政策视为自己的专长。他在就职之前的一句话常常被人援引：国家需要一位指导对外政策的总统；内阁负责国内政策。[3] 在他的第一任期内，华盛顿对外政策领域的职权格局发生了重要的变化。

1968年底，尼克松当选第37任美国总统后，他在皮埃尔饭店内同基辛格设计的国家安全体制，被后来成为基辛格助手的罗杰·莫里斯（Roger Morris）称为一场"政变"（coup d'état）。莫里斯指出，这个体制使基辛格稳固地站在官僚政治结构的顶端，享有制定和指导美国对外政策的决

---

[1] 关于三层会谈，参见 Memorandum of Conversation, Beijing, February 21, 1972, 4: 15 - 5: 30 p.m., *FRUS*, 1969 - 1976, Vol. E - 13, pp. 2 - 4。

[2] Marshall Green, John H. Holdridge, and William N. Stokes, *War and Peace with China: First-Hand Experiences in the Foreign Service of the United States*, p. 161.

[3] John W. Spanier & Eric M. Uslaner, *American Foreign Policy Making and the Democratic Dilemmas* (New York: Macmillan Publishing Company & Toronto: Maxwell Macmillan Canada, 1994), p. 33.

定性的控制权,其实际权力远大于国务卿和国防部长拥有的宪法赋予的权威。总统国家安全事务助理这一富有权力的职位,形成了白宫指导外交的新的政治模式。①

从总统分配权力的角度看,对总统来说,委托理解问题和做出决定的职能,就是委托他的职责。但是,所有做法中最糟糕的莫过于总统将理解问题的职能委托给某一位高级参谋,而把做出决定的权力留给自己。② 尼克松在第一任期内,由于不信任官僚机构、志在亲掌外交,逐渐形成了总统与他的国家安全事务助理间的"二人决策"。他们通过幕后渠道与驻外使馆或他国领导人直接联络,绕开国务卿和国务院,开展秘密外交。1971年6月12日,时近中午,尼克松同他的助理霍尔德曼在总统办公室中谈话:

霍尔德曼:您已经看到,只要您做总统,就同其他总统不一样,您做总统……

尼克松:就没有人能够掌管对外政策。

霍尔德曼:国务卿应该是这样的一个人,他只是总统在对外政策方面的一个职员,而不是竞争者。③

与本应同总统在外交战线并肩奋斗的国务卿没有受到总统的倚重一样,国务院也遭到了国家安全委员会和基辛格的排挤。自1969年2月就职伊始,基辛格就对国务院抱有深刻的不信任。1969年2月筹备第135次大使级会谈之时,他宁可让助手理查德·斯内尔德(Richard Sneider)去"找一个中国专家",也不愿意只倚赖国务院内现有的且经验丰富的中国专家。④

1969年就职以后,尼克松在以经费为由裁减外交团队、以"总统的

---

① Roger Morris, *Uncertain Greatness: Henry Kissinger and American Foreign Policy*, pp. 46–47.
② Paul H. Nitze, "The Secretary and the execution of foreign policy", in Don K. Price ed., *The Secretary of State*, p. 37.
③ Editorial Note, *FRUS, 1969–1976*, Vol. Ⅱ, p. 321.
④ Telcon Richard Sneider and Mr. Kissinger, 2–4–69, 5:55 p.m., Source: National Archives, Nixon Presidential Materials Staff, Kissinger Telcons, Chronological File (January 21, 1969 to May 30, 1969), Box 1, Folder 1–11 February, 1969.

人"替换那些不听话的国务院官员的同时,大肆扩张白宫职员的规模,导致行政经费剧增。1939 年的《政府重组法令》(Government Reorganization Act)第一次授权总统雇用行政助理。但是按照最初的想法,这些白宫职员只不过是总统的"眼睛和耳朵",总统助理"没有权力做决定或擅自发布指令"。第二次世界大战之前,白宫助理很容易接触总统,他们是总统和执行部门之间沟通的渠道。第二次世界大战使得美国总统的工作骤然增加。尽管如此,罗斯福时期的白宫助理也没有超过 11 人,艾森豪威尔时期达到 37 人,肯尼迪遇刺前有 23 人,约翰逊执政的 5 年中也平均只有 20 人。然而至 1972 年,尼克松的私人助理已经达到 48 人。白宫执行办公室(Executive Office)的职员在 1954 年有 1175 人,肯尼迪任期的最后一年增加到 1664 人,而到 1971 年便令人吃惊地激增到 5395 人。尼克松的第一任期内,执行办公室的行政支出从 3100 万美元增加到 7100 万美元。[1]

尼克松政府时期,国务院外交大权迅速旁落的现象很快成为媒体炒作的热点。1971 年 1 月 18 日,《纽约时报》刊登了一篇文章《外交政策:国务院决策权的衰落》,这是连续刊发的 7 篇关于美国外交政策制定文章的第一篇。文章开篇即称:"国务院,这个曾经骄傲的、无可置辩的对外政策的管家,最终承认了外界长久以来的说法:它不再执掌美国的对外事务,也难以期望它再次执外交政策之牛耳。"[2]

这篇文章引发美国政坛的"巨大震动",气恼的罗杰斯找尼克松诉苦。总统虽然发表了一篇声明予以批驳,可不但于事无补,反而引发国会议员对国务卿的批评。他们认为,作为国务卿,罗杰斯没能够担负起在制定对外政策中本应承担的职责。1971 年 2 月 9 日,尼克松无奈地再次出来解释:"罗杰斯参与了有关外交政策的每一步计划和讨论……他拥有我的完全的信任。"然而,总统的这种说法难以服众。一个月之后,密苏里州民主党参议员斯图尔特·辛明顿(Stuart Symington)在参议院向媒体发表了一次公开演讲,题为"集权深化、行政特权和'基辛格综合征'"。

---

[1] Arthur M. Schlesinger, Jr., *The Imperial Presidency*, p. 221.
[2] "Foreign Policy: Decision Power Ebbing at the State Department", *New York Times*, January 18, 1971.

他援引《纽约时报》的系列文章,提出要"审查基辛格博士拥有的权力的本质与界限"。在审查了基辛格在国家安全委员会下设立的"六个委员会的复杂结构"后,他尖锐地指出:基辛格竟是所有六个委员会的主席,并且与国务卿不同的是,他不对国会负有任何责任,却掌握了影响深远的权力。①

1972年2月访华期间,尼克松在总统助理而非国务卿的陪伴下会见中国领导人毛泽东一事,再次引发了国会议员的批评。1972年2月23日,参议员富布赖特公开对国务卿罗杰斯缺席最为关键的中美首脑会晤表示强烈不满。第二天,黑格向基辛格分析道:"富布赖特抨击这个问题,再次肯定了对外政策是由你——一个不对正式的国会质询负责的人控制的。"同一天,美国著名的新闻记者马文·卡尔布(Marvin Kalb)再次提到了罗杰斯未能参加关键会谈而基辛格却陪同出席的问题。甚至有国会议员讽刺地提出,干脆把给国务院的经费拨给基辛格,因为现在是他在掌管对外政策。②

在核心谈判、关键性的外交接触中对国务院的排斥和隐瞒,意味着总统未能履行对国会通报信息的义务。《美国宪法评注》要求"总统向国会提供所有有助于他们审议的事实和信息",国务卿的职责之一就是完成这一使命。但是,尼克松选择性地在国情咨文中向国会汇报有关美国对华缓和进程的实情和信息,并且以隐瞒的方式对待向国会负责的国务院和国务卿。这种"保密制度"是政府以"国家安全"为理由,对公众尤其是媒体封锁信息的特权,也是"帝王式总统权"的一种关键武器。这一制度在尼克松执政时发展至顶峰,也是他最终失败的制度性根源。③

尼克松第一任期内,美国国务院在对外事务中职权的形成,可以从两方面解释:第二次世界大战后美国总统外交权力扩张的大趋势,尼克松总统应对20世纪60年代末70年代初美国内外困境的工作方式。

---

① Editorial Note, *FRUS*, 1969 – 1976, Vol. II, pp. 288 – 289.
② Memorandum from Haig to Kissinger, February 24, 1972. Source:National Archives, Nixon Presidential Materials Staff, Henry A. Kissinger Office Files, Country Files – Far East, Box 88, Folder China – President's Trip 15 – 29 Feb 72, p. 1.
③ Arthur M. Schlesinger, Jr., *Imperial Presidency*, p. 16, 331 – 332, 359. 施莱辛格介绍了建国之父们在行政机构同外国谈判的信息问题上与国会的关系,参见该书第15~18页。

第二次世界大战之后，随着"安全国家"的创生和发展，行政分支自身出现了一种趋势：行政部门特别是总统在对外事务上的权力日渐扩张，而常规外交职能部门（国务院）实际影响力在下降。① 总统的对外政策角色加强了他在政府中的核心角色，他不再仅仅是"同僚中的首席"（first among equals）；在冷战时期，他甚至成为"被众星球环绕的太阳"（sun around which planets revolve）。从宪法规定的总统与国会分享对外政策领域权威的角度来看，所谓的宪法的"大沉默"（great silences）赋予了总统特别是诸如林肯、罗斯福、杜鲁门、肯尼迪、约翰逊和尼克松等强势总统，在前所未有的情况下，去做他们自认为代表国家利益之事以考验总统职位权力与界限的自由。② 随着行政分支内部总统外交权力的集中以及总统与国会在对外政策权威上平衡关系的改变，在尼克松政府时期，总统权在冷战时期的膨胀发展至一个新的高峰。

美国总统在对外政策上依赖谁做咨议顾问，完全取决于总统自己的意愿。冷战时期，总统在对外政策上获得了愈益加强和集中的权力，愈加倚靠总统私人顾问班底的协助和建议。虽然依据1947年《国家安全法令》设立的国家安全委员会意在避免、限制"总统权力的运作过于随意和非制度化的情况"，但是总统并没有将国家安全委员会作为一种正式的或事实上的对外政策的中心，而是依赖少数成员和私人顾问。这种状况在尼克松政府时期发展到一个极端：总统将他的核心顾问圈集中于国家安全事务助理一人，国家安全事务助理的职位被制度化。总统国家安全事务助理的角色，从几个关键的对外政策要员之一变为总统的首要对外政策顾问，影响远重于国务卿和国防部长。这一状况在后来的政府中并没有实质上的改变。尽管卡特和里根总统都曾郑重宣告，他们的首要对外政策顾问和发言人是国务卿，但是这种努力并不太成功。③

---

① 牛可：《美国"国家安全国家"的创生》，《史学月刊》2010年第1期，第64页。
② John W. Spanier & Eric M. Uslaner, *American Foreign Policy Making and the Democratic Dilemmas*, pp. 12–13, 15.
③ John W. Spanier & Eric M. Uslaner, *American Foreign Policy Making and the Democratic Dilemmas*, pp. 48–50.

针对第二次世界大战后总统在对外政策上倚赖国家安全事务助理、国务院职权受削且地位下降的现象，有学者针对国务院自身的弊端做出了一些解释。第一，国务院的政策观点有局限性，缺乏对军事、情报、经济等因素的通盘考虑；而总统国家安全事务助理可以通过集中政策方向，在某种程度上形成对各部门观点的综合与平衡。第二，国务院被普遍认为胆小谨慎、缺乏想象力、办事拖沓，缺乏对长期政策规划的能力，国务卿很容易受国务院观点的左右；而国家安全事务助理却可以给总统提供独立的判断和不带部门偏见的观点。第三，国务院外事官员有关外国的知识是宽泛而非专业的，他们需要官僚机构之外的专家来补充诸如国防和武器控制政策等方面的专业知识。第四，国务卿不是国防部、中情局以及农业部、财政部、商务部等部门的发言人，难以协调不同部门的观点；而国家安全事务助理的职位则更有利于协调不同的政策主张和矛盾性的观点。第五，对外政策因固有的重要性和对总统的历史荣誉的重要贡献，历来受到总统的重视。总统希望通过外交活动及其结果来展现他们的领导才能。鉴于国务院拖沓的工作习惯、制造"软糖"的倾向、向白宫提出的建议过于单调和谨慎，总统会努力绕过国务院，从其他来源寻求建议。当需要做出政治判断的时候，没有总统会甘居"一帮官僚"之后。因此，总统会重用国家安全事务助理，规定国家安全事务助理的工作以及他同国务卿之间的关系，任命一个名誉上的国务卿，正如尼克松在他的第一任期内所做的那样。①

从整体上做出这些解释并无疏漏，但仔细检阅尼克松第一任期内国务院的具体情况，这种解释就过于粗疏。第一，为了克服国务院政策观点局限、代表部门利益的弱点，国务院内部设有部际地区组和高级部际组，目的在于综合其他各部门的政治、经济和军事等政策建议，从地区性、全球性的角度开展政策分析与研究，提出建议。然而，在基辛格设计的国家安全体制中，高级部际组遭到裁撤，部际地区组被整合成为国安会的下属机构。第二，国务院的政策设计缺乏对长期战略性问题的考虑，一直以来颇

---

① John W. Spanier & Eric M. Uslaner, *American Foreign Policy Making and the Democratic Dilemmas*, pp. 52 – 55.

受诟病。尼克松政府就职后不久,为了更好地发挥国务院在政策设计和提出建议方面的职能,副国务卿理查森对国务院规划协调室进行了改组。除了设立计划职员和协调职员以主要负责短期的操作性问题和长期的项目策划、政策分析外,他还设立了一组官僚机构以外、来自学术界和研究机构的高级政策规划顾问,让他们提供新的观点并对院内权势集团的见解进行挑战。第三,除了在规划协调室中邀请官僚机构外的专家担任顾问,国务院在1971年进行的改革还强调增加"开放性",群策群力,同其他政府机构、商界、专家群体和学术界开展交流和互动。然而,由于泄密事件的发生,白宫对于"保密"的强调使得国务院的改革最终夭折。

尼克松第一任期内,国务院尽管试图通过自身的改革来剔除弊端、提高效率,但仍未获得白宫的完全信任和倚赖。国务院的职权受到进一步削弱的原因,除了白宫在制度上的设计、对机构和人员的整合以及秘密开展外交活动,还在于总统处理对外事务的方式。在20世纪60年代末的冷战格局中,美国深陷越南战争的泥潭难以自拔。在新的美苏实力对比下,以外交为所长的当选总统尼克松需要以新的战略重新界定美国的国际地位。虽然他以"反共斗士"博取声名,但随着国内反战运动的发展和国内政治压力的强化以及中苏边界冲突的爆发,打开同中国的关系就成为启动中美苏三角关系战略、帮助美国摆脱内外困境的关键。如果成功,它不仅有利于美国的国家安全利益,而且将铸造尼克松总统生涯的辉煌。然而一旦失败,将使美国的声望受损,甚至断送尼克松的政治前途。总之,缓和对华关系的重要性需要美国政府和尼克松本人冒极大的风险。可以说,在冷战的大背景下,打开中美关系的大门需要极大的政治勇气和决心,需要克服来自国内与国际社会的阻力,因而外交中的"保密"是必需的。但是,尼克松将决策局限于他自己和总统国家安全事务助理两个人,用隐瞒甚至欺骗的方式对待国务卿和国务院内的重要官员,则超出了"保密"的界限。

这种处理外交事务和对待外事机构和人员的工作方式,与尼克松的个性不无关系。在内心深处,尼克松缺乏对官僚机构的信任,对"保密"的偏好、对与他人分享荣誉的厌恶,也促使他要竭力避免官僚政治的掣肘,抛开尾大不掉的国务院。① 除了内心深处对官僚机构的不信任,对政治荣誉的追逐也促使尼克松希冀以"秘密外交"的胜利,独自邀得打破中美关系坚冰的荣誉和功绩,不使之落于旁人之手。共和党人的白宫不愿意将缓和中美关系的荣誉让与官僚机构,更不愿意让与民主党。事实上,早在总统竞选时期,民主党议员要求改善对华关系的呼声已经高涨。在 1968 年总统竞选中,民主党候选人休伯特·汉弗莱(Hubert Humphrey)提出"建立沟通大陆中国人民的桥梁"并部分取消美国对华贸易禁运。此外,尼克松就任总统后,民主党内有望参加 1972 年总统竞选的爱德华·肯尼迪一直是发展对华关系的支持者。在笃嗜"保密"之外,中美关系问题专家孟捷慕给出了尼克松开展"秘密外交"动力的另一种解释:"在民主党人之前赶赴中国是尼克松对华主动的动力之一。政治和政治荣誉从来没有离开尼克松的大脑,它们成为促使他与中国开展秘密外交的主要因素,但未能完全被认识。"②

作为立法机构,国会不仅被白宫秘密外交蒙在鼓里,而且在促进对华缓和的问题上还受到了尼克松的压制。直到 1972 年 2 月尼克松"改变世界的七天"后的 4 月中旬到 5 月初,曼斯菲尔德和斯科特才通过美中两国驻法大使馆的安排,完成了他们争取了多年的访华计划。1972 年 5 月 11 日,曼斯菲尔德在参议院做访华报告。他批评了 20 年来美国集中力量对付"中国是一个侵略国家"这一"事先想好的概念"的做法,认为中国领导人的言行表现出中国不会接受"超级大国"的地位,也不会把自己的观点强加于别人,并且对中国人来说,"防御"并不意味着在东南亚或本国以外的其他任何地方保持据点。他还兴奋地指出:"中国有句成语说'百闻不如一见'。过去二十三年来,美国人民没有

---

① 基辛格的传记作家沃尔特·艾萨克森认为,尼克松和基辛格的风格"与其说是适合了国家利益,还不如说是因为他们的个性。他们都有一种对'保密'的偏好,有一种对同别人分享荣誉的厌恶,有一种将他们自己视为孤独者的浪漫的看法"。Walter Isaacson, *Kissinger*: *A Biography*, p. 209. Robert Dallek 也得出了相似的结论,指出:"尼克松-基辛格对保密的热衷,是一种确保他们控制政策、获得外交政策的全部荣誉的方法。"*Nixon and Kissinger*: *Partners in Power*, p. 299.

② James Mann, *About Face*: *A History of America's Curious Relationship with China*, *From Nixon to Clinton*, p. 18.

看到中国多少东西。而那'百闻'的东西常常包含巨大的歪曲,逐渐变成了美国那些提心吊胆的人编造的一则恐怖的故事,根据两党领导人的访问以及近来其他一些观察家们的发现,这则故事同今天的中国毫无关系。"[①]

斯科特在同日所做的访华报告中也同样肯定了中国"非侵略性的记载是良好的","他们对领土的兴趣到目前为止仅仅限于中国领土——或者是中国人根据他们自己过去的记载而要求得到的领土"。他指出:"我们必须对以下的事实保持戒心,即在我们对人类和社会的看法方面存在基本的哲学上的分歧。然而,在这一个范围内,美国同中华人民共和国是有可能和平共处的。"最后,他信心满怀地表示,曼斯菲尔德和他的访问将大大增进美国对中国的了解,并希望两国之间进行更多的接触,增进美国人民对中国的了解和善意。[②] 5月20日,他还公开表示"在若干时候以前就退出了"由致力于"遏制中国共产主义"的知名人士组成的松散的冷战联盟——院外援华集团,因为中国人"不是一个侵略的民族"。[③]

如果1971年"乒乓外交"后,尼克松和基辛格继续支持曼斯菲尔德和斯科特的访华,这在中美两国甚至世界舞台上将产生什么样的影响?打开中美关系大门的历史或许会有另一种书写。然而,历史的发展却是基辛格伴着尼克松走了一条虽非战战兢兢但极其神秘的访华之路。他们运筹了一场关于国家利益的大三角战略游戏,却带着对个人英雄主义政治资本的追逐,为了个人荣誉的光环而压制了本应早日成行的国会议员的北京之旅。为中美关系发展做出了积极努力的美国国务院,始终隐没于胜利者光环的阴影之下。

三 国务院与中美关系缓和

尼克松在就职初期,认识到了打开中美关系的重要性,并下令对美国对华政策进行研究。但是在1969年初,尼克松和他的白宫助理

[①] 七十年代月刊编印《中美关系文件汇编(1940~1976)》,香港,1977,第336~339页。
[②] 七十年代月刊编印《中美关系文件汇编(1940~1976)》,香港,1977,第342~343页。
[③] 李长久、施鲁佳编《中美关系二百年》,新华出版社,1984,第234页。

并没有"打开中国大门"的蓝图。正如霍尔德里奇所言:"尽管尼克松政府推动中美关系的改善具有历史意义的成就,但有一点很重要,而且值得记住,那就是美国方面采取的最初的主动缓和行动是出自国务院。"① 在白宫幕后渠道秘密外交的光环之下,决策地位和职权受到削弱的国务院是如何发挥在中美关系缓和中的作用的?

新政府就任之初,在白宫对缓和对华政策束手无策之时,国务院已把原定于 1969 年 2 月召开的中美大使级会谈当成探索打开中国大门的问路石。虽然 1969 年 1 月 20 日颁布的国家安全体制削弱了国务院的职权,但在对外事务和外交行动中,国务院官员并没有丧失积极性。他们延续了约翰逊时期国务院内已经萌发的对华缓和的政治动力,积极筹备,为恢复中美政府之间唯一的正式联络渠道提供了一套政策方案。但是,出于谨慎,白宫此时选择在会谈上"故作姿态、多听少动"。最终,虽然中方因中国代办叛逃事件取消了会谈,但是从美国国务院官员在事件之后做出的一系列补救行动以及政策表态来看,他们并没有放弃恢复对话的希望,对缓和对华关系仍然保持着积极的态度。

中方借叛逃事件取消会谈,含有借题发挥的意味,想迫使美方进一步做出明确的主动姿态。随着 1969 年 3 月中苏边界冲突的发生,至 1970 年上半年,放松对华贸易和旅行管制、主动恢复中美大使级会谈,成为由国务院推动并执行的主要的对华主动缓和行动。可以说,这是尼克松政府在最初的一年半时间中,向中国领导人发出的最为明确和主动的两个政策信号。这一系列的政策信号,进入了中国领导层审度国际局势的视野,改变了他们对美国的认识,迎合了他们的战略需要。

那么,美国国务院何以在 1970 年初中美第 136 次大使级会谈结束后从"台前"转向了"台下"?直接的原因是 1970 年春美国开始轰炸柬埔寨,导致中国中止了华沙会谈。深层的原因则是中美间的正式联络渠道被幕后渠道所代替。按照基辛格的说法,在 1969 年末 1970 年初筹划中美大使级会谈的过程中,国务院没有能够坚持自己提出的政策立场尤其是派遣

---

① 〔美〕霍尔德里奇:《1945 年以来中美外交关系正常化》,第 36 页。

特使到北京一项，以致阻挠了缓和对华关系的进程。国务院为何从自己的立场上后退，从积极推动到成为"阻碍"呢？这是因为在中国"文化大革命"的大背景下，美国国务院在政策设计中对中国领导层尤其是毛泽东的认知存在偏差，将缓和中美关系的希望寄托于毛泽东去世后的中国领导人身上。然而，更为根本的原因是国务院缺乏"了解白宫之所以致力于打通同中国交往的背景情况"，包括白宫通过巴基斯坦和罗马尼亚渠道向中国传递的信息。[1] 这就导致一方面，他们不清楚中国关于中美缓和的战略意图，担心中国只是在战术上利用缓和的表象来对抗苏联人；另一方面，他们自认为国务院的步伐已然积极，担心走在白宫的前面。[2]

1970年中后期白宫的幕后渠道开始秘密运作，它取代了国务院主持的中美大使级会谈，成为双方沟通的非正式外交方式。但国务院官员并没有停止既有的对中国问题的政策研究和与国会、盟国的政策互动。出席国会的听证会，汇报外交政策，同盟国就重大国际问题和重要外交举措展开政策互动，为总统的外交决策提供政策建议，是国务院的重要职责。1970年10月国务院负责东亚暨太平洋事务的助理国务卿马歇尔·格林在关于"美国对华政策"的国会听证会上的发言，纠正了美国政界对中国外交及军事的带有意识形态色彩的看法，掀开了"红色威胁"的面纱，阐明了发展对华关系的战略意义和措施，赢得了国会对缓和对华关系的谅解与支持。而与盟国在对华政策和对中苏冲突的态度等问题上的政策互动，也彰显出国务院在尼克松政府以改善中美关系谋求战略转变的过程中发挥的协调作用。在1969年初白宫颁布的国家安全体制内，国务院规划协调室的作用比起前任政府有所削弱，但是它同北约盟国、日本举办的一系列非正式会议，成为向盟国透露美国的对华政策方向、观察盟国对美国外交政策与行动的反应的渠道。

在中美关系缓和的过程中，国务院与白宫的政策冲突除是否举行高级别会谈外，另一个主要的也是被学者观察到的分歧，便是缓和对华关系的

---

[1] 〔美〕霍尔德里奇：《1945年以来中美外交关系正常化》，第45页。
[2] 参见本书附录二保罗·克里斯伯格的口述。

方式，即国务院的"渐进"主张与白宫的"冲击"行动。1969年8月由国务院东亚暨太平洋事务局主持并起草的"美国对华政策"（NSSM14）报告，建议通过小步骤的单方面措施，以渐进的方式向中国表明美国缓和对华政策的立场与决心，引导中国逐步做出改变。在长期，它提出了实施诸如派遣代表赴北京、减少并最终撤出驻台军队和军事设施、最大限度降低贸易管制等措施的政策。这些主张得到了基辛格的认可，这些"长期"政策选项后来很快为白宫所采纳。为何当白宫已加快缓和步伐、试图与中国建立更为正常的政治和经济关系时，国务院却在1971年2月完成的NSSM 106报告中仍将此视为需在未来4~8年实现的目标呢？与双方在举行高级别会谈问题上产生冲突的原因一样，国务院方面不知道白宫通过幕后渠道同中国的互动，无法确定中国对美国的真实政策态度，认为中国寻求与美国缓和只不过是刺激苏联人的灵活战术，而非战略转变。因此，为稳妥起见，他们主张维持对中国的主动缓和的姿态，开放沟通的渠道，鼓励中国做出积极的回应，在70年代以缓慢的方式逐渐实现缓和。

在战略方面，尼克松、基辛格的回忆录以及学者的研究都倾向于培植这样的观点，即国务院在中美缓和进程中只关注贸易问题、台湾问题、中美大使级会谈等次要的具体问题，而较少战略层次的思考。相比较而言，白宫抓住了中苏冲突的战略机会，实现了中美关系的突破。然而，从1969年2月助理国务卿约翰·莱第提出的利用苏联对中国和中美缓和的担忧来迫使苏联进一步缓和同西方关系的建议，到1969年3月中苏冲突爆发后国务院开展的一系列关于美国对中苏冲突政策的研究，可以看到，对于缓和中美关系以向苏联施压的战略，国务院同白宫并无实质性的分歧。这也可以解释，为什么在得知基辛格秘密赴北京同中国领导人会谈之后，罗杰斯"反应良好，没有提出任何反对"，并且还"十分宽厚地祝贺亨利所做的事情"。[①] 可以说，国务院在战略上同白宫并无实质性分歧，并且通过恢复中美大使级会谈、筹划放松对华

---

① 尼克松对罗杰斯谎称，基辛格去北京并非提前安排，而是到达巴基斯坦后，中方由向基辛格传达口信变为邀请基辛格去北京同周恩来会谈。H. R. Haldeman, *The Haldeman Diaries*, pp. 316, 319.

管制政策等一系列外交行动积极推动缓和对华政策,通过与国会和盟国的政策互动在国内和国际社会为中美关系的缓和营造政治氛围。尽管如此,在1970年年中之后,国务院受到白宫的排挤,未能参与幕后渠道的秘密外交。

国务院在中美缓和进程中的历史作用,取决于它在尼克松政府时期外交事务中的职权和地位,而这种职权和地位的形成始于1969年初尼克松和基辛格对国家安全体制的调整,是官僚政治运作的结果。总统尼克松调整国家安全体制、突出国家安全委员会的作用,倚靠幕僚而不信任内阁,重用国家安全委员会职员而削弱国务院,其目的在于应对官僚政治阻碍外交决策的弊病。然而在尼克松的传记作家看来,其后果却是:"欺骗性和混淆的自尊,最终孤立并毁灭了这位总统。白宫的最高层就是一个混乱的欺骗场。欺骗圈子围绕着总统、基辛格、霍尔德曼和埃利希曼而建立起来,保护他们自己,对抗尼克松幻想中的'权势集团',也因此逐渐孤立于他的内阁以及许多其他职员。"[①]

通过幕后渠道,总统和他的私人助理基辛格将国务院排除在白宫对华秘密外交之外。基辛格秘密访华实现了中美关系的突破,可谓"出奇制胜"。然而,他们通过幕后渠道开展秘密外交,隐瞒有关对华主动缓和的实情,将本应站在外交前台的国务院和国务卿蒙在鼓里。这种做法不但没有根本消除官僚机构的"掣肘",反而使"不知详情"的国务院成为美国对华缓和进程中的"阻挠"者。例如,在台湾问题上,尼克松和基辛格通过秘密外交同中国达成一时的妥协,他们在私下对中国所做的口头承诺远远超越了国会和国务院等其他政府部门在台湾问题上的底线。

1972年2月2日,尼克松开始中国之行前,罗杰斯向总统递交了一份关于"对台湾政策"的备忘录。他提出,美国的基本原则是"以小的步骤,但尽一切可能,使台湾问题不会成为与中华人民共和国关系的障碍。前提是不损害我们的其他利益"。具体包括如下几条建议:"A.

---

① 〔美〕理查德·里夫斯:《孤独的白宫岁月:近距离看到的尼克松》,蒋影译,经济日报出版社,2004,第5页。

视中华民国和中华人民共和国为各自控制范围内的事实上的政府；B. 尽可能避免法律性的表达，在言行上尽量简单和现实；C. 不要拒绝这种意见，即台湾最终将同中国的其他部分统一；D. 向北京清楚表示，我们不会试图向它施加任何特殊的军事压力，或其他来自台湾的压力；E. 针对中华人民共和国，尽一切可能消除对抗时代的影响；F. 如果出现合适的时机，鼓励在中华人民共和国和中华民国建立某种直接的联系；G. 维护中华民国在同中华人民共和国可能进行的谈判中的地位；H. 强调保持台湾分离状态的经济方面而非政治和军事方面；I. 暗中支持目前中华民国内部的趋势，使它的政府更具有代表性；J. 降低台湾会成为美日关系中重要问题的可能性。"① 罗杰斯的这些建议主要目的是不让美国背负丢弃台湾的"罪名"，策略是在会谈中避重就轻，含糊应对。

按照惯例，这份由国务院"中华民国"办公室为罗杰斯准备的备忘录，首先递交到了国家安全委员会，由基辛格的助手进行审查。霍尔德里奇和洛德认为，这份报告尽管显示出国务院正在努力改变长期以来的立场，"但是仍然严重低估了中国在关于台湾问题上的坚持，以及这个问题对他们而言的象征意义和现实重要性"。于是，他们建议基辛格将这份报告递交总统，但同时"引导他转向我们自己报告中对这一问题的建议方向"。②

罗杰斯的备忘录 C 条中有这样一句话："'注意到'北京（和台北）的只有一个中国的立场。"③ 这与罗杰斯 1972 年 2 月 23 日下午同姬鹏飞会谈时的表态一致。罗杰斯表示："台湾海峡两岸的中国人都同意台湾

---

① Memorandum for the President, From William P. Rogers, February 2, 1972, Enclosure: The Future of Taiwan: Proposal for a "Policy of Peaceful Settlement. Source: National Archives, Nixon Presidential Materials Staff, Henry A. Kissinger Office Files, Country Files – Far East, Box 88, Folder China – President's Trip Dec 71 – 14 – Feb 72.
② Memorandum for: Henry A. Kissinger, From: Holdridge/Lord, February 3, 1972. Source: National Archives, Nixon Presidential Materials Staff, Henry A. Kissinger Office Files, Country Files – Far East, Box 88, Folder China – President's Trip Dec 71 – 14 – Feb 72, pp. 2 – 3.
③ Memorandum for: Henry A. Kissinger, From: Holdridge/Lord, February 3, 1972. Source: National Archives, Nixon Presidential Materials Staff, Henry A. Kissinger Office Files, Country Files – Far East, Box 88, Folder China – President's Trip Dec 71 – 14 – Feb 72, p. 4.

是中国的一部分，并且只有一个中国。美国认识到了双方的这一立场。美国会接受并且支持双方都达成的和平解决方案。我们注意到了中国人民共和国所持有的台湾是中国不可分割的一部分的立场。美国不会试图鼓励'两个中国和一个台湾'，或者'一个中国，两个政府'。"① 上述建议以及表态，与 1972 年 2 月 27 日中美《上海联合公报》中的措辞并无二致。② 然而，尼克松在 1972 年 2 月 22 日下午同周恩来举行的会谈中却清楚地承诺："基辛格博士以前在这里表达了我们对五点原则的赞同。③ 我完全同意这些原则，并且总理可以相信我们在其他问题上所说的话。"其中，第一条原则就是"只有一个中国，台湾是中国的一部分。"④ 尼克松的这一私下表态显然不同于国务院方面坚持的"美国认识到……"的立场。

事实上，尼克松这种信誓旦旦的口头承诺不仅限于对"台湾是中国的一部分"的表述。在取消《美台共同防御协定》问题上，基辛格曾经向周恩来表示，在台湾和大陆统一的时候这个条约可以取消。周恩来询问，当美军从台湾撤出时，美国是否会宣布条约失效。基辛格以相当外交化的语言模糊地回答说："我们希望到那时已达到了一种需要采取正式行

---

① Memorandum of Conversation, February 23, 1972, 3 p.m., FRUS, 1969–1976, Vol. XVII, p. 758.
② 中美《上海联合公报》中称："美国认识到，在台湾海峡两边的所有中国人都认为只有一个中国，台湾是中国的一部分。美国政府对这一立场不提出异议。它重申它对由中国人自己和平解决台湾问题的关心。"《人民日报》1972 年 2 月 28 日。
③ 1971 年 7 月 10 日，周恩来向秘密访华的基辛格提出了五点要求："必须承认中华人民共和国是中国人民的唯一合法政府；台湾属于中国，台湾是中国不可分割的一部分，第二次世界大战后已经归还中国；美国不支持两个中国或者一个中国、一个台湾的政策；不支持所谓的台湾独立运动；不再提台湾地位未定论。"基辛格表示，五点中的四点是在不远的将来可以实现的，只有一个问题，即承认中华人民共和国是唯一合法政府，需要留待美国大选之后，但是这个方向是很明确的。参见 Memorandum of Conversation, July 10, 1971, 12:10–6 p.m., FRUS, 1969–1976, Vol. XVII, pp. 411–414。1971 年 10 月 21 日，基辛格在第二次访华时，再次向周恩来表示，首先，美国不反对所有中国人坚持的只有一个中国、台湾是中国的一部分的观点，在这个意义上，不认为台湾地位未定。其次，不会再重提"未定"，不支持"未定论"，不支持"两个中国"或"一中一台"的表述。如果在"一个中国"框架下和平解决台湾问题，美国的立场是让中国人自己解决。参见 Memorandum of Conversation, October 21, 1971, 10:30 a.m.–1:45 p.m., FRUS, 1969–1976, Vol. XVII, pp. 510–511。
④ Memorandum of Conversation, February 22, 1972, 2:10–6 p.m., FRUS, 1969–1976, Vol. XVII, p. 697.

动的程度。"①

尼克松和基辛格在同中国领导人的会谈中做出了让国务院等官僚机构和国会不能认可且更难实施的秘密承诺。这种高度个人性质的外交承诺，终因国内反对势力的阻挠和尼克松个人政治生涯的夭折而在实施中屡屡受阻，累及中美关系逡巡不前。福特总统时期，国会内反对以"牺牲"台湾为代价实现与中国关系正常化、坚定支持美国继续与台湾保持外交关系的保守派势力仍然很强大。迫于国内政治的压力和选举政治的利益，卡特政府初期在推动中美关系正常化问题上踟蹰不前，在履行从台湾撤军承诺的同时，却将先进武器售予台湾。②

尼克松－基辛格时期，白宫绕开国务院，以"十分机密"的方式与中国领导人达成协议的外交方式，为其后的总统和国家安全事务助理所继承。卡特与他的国家安全事务助理布热津斯基，瞒着国会、盟国、台湾，绕开国务院，以"十分机密"的方式，与中国达成了关系正常化的协议。在宣布中美两国建交消息之前的48小时，总统才通知了远在耶路撒冷的国务卿万斯，后者如同当年获知基辛格秘密访华的国务卿罗杰斯一样，颇感震惊。③ 通过秘密外交，美国总统以个人身份向中方领导人做出承诺，可以获得中方的信任，在短期实现外交关系的突破，却难以获得国内各方的一致认可；可以暂时搁置矛盾，却不能解决长久的问题；可以绕开反对派，却难以逃避反对力量的反弹。

在1978年5月布热津斯基访华后，为了防止行政当局不同国会商议就在对华政策方面开展行动，参议院于7月提出了《国际安全援助法》修正案，要求"影响（美台）共同防御条约继续有效的任何政策改变都须事先经过参议院与行政当局的磋商"。④ 随后，反对势力在有关国务院提交的《台湾授权法案》的听证会上大举反扑，对行政当局的议案进行了实质性的修改。1979年4月10日卡特总统签字生效的《与台湾关系

---

① Memorandum of Conversation, October 21, 1971, 10: 30 a. m. - 1: 45p. m., *FRUS, 1969 - 1976*, Vol. XVII, pp. 511 - 512.
② 陶文钊：《中美关系史》下卷，第13~28页。
③ 陶文钊：《中美关系史》下卷，第46、56、62页。
④ 该修正案在9月26日获得卡特总统签署，成为法律。

法》，除保留原法案的技术性规定外，还增加了许多政治性、政策性的内容，如第二条中规定"向台湾提供防御性武器"，第三条中提出"美国将向台湾提供使其能保持足够自卫能力所需数量的防御物资和防御服务"，为未来中美关系的发展埋下了祸根。①

就打开中美关系大门的功绩而言，尼克松的所作所为正如周恩来对基辛格所说的那样："既要进入一个新的时代，就要改变一些关系，否则就无改革可言。掌舵者应善于迎潮水而上，不然有可能被潮水淹没。只有掌握时代精神，才能改进世界情况。"② 但是，如果借用古老战法的规谏，在外交这个没有硝烟的战场上"凡战者，以正和，以奇胜"，可以说，尼克松尽管打破了中美关系的坚冰，却是以"奇胜"而未能以"正和"，为后世中美关系开辟的是一条坎坷崎岖之路。

奇正相生，美国对华缓和进程中，白宫依赖国务院以正常外交渠道进行的对华外交活动，采纳了国务院的政策研究和建议，需要国务院同盟国展开对华政策的互动。可以说，国务院在美国对华缓和进程中，在其职权受到限制的情况下，仍然发挥了积极的推动作用。离开了国务院的工作，白宫也难有出奇制胜的功绩。

关于国务院在缓和对华关系进程中的作用，国务院东亚暨太平洋事务局亚洲共产党事务办公室主任克里斯伯格回忆说："我们被用作推动（中美）关系向前发展的一座提供措辞与观念的思想工厂……那时候，我们感觉像是在开着一辆车，不过，好像是在弄明白如何开一辆装有双重控制系统的汽车一般。事实上，结果表明是其他人在开车，而我们不过是在转动轮胎……当我们开得不够快时，就会有人把脚踩在加速器上。"③ 这段话将在白宫的阴影下美国国务院官员的窘境与无奈表露无遗。

---

① 陶文钊：《中美关系史》下卷，第 66~67、69~77 页。
② 《周恩来年谱（1949-1976）》下卷，第 485 页。
③ 保罗·克里斯伯格的口述采访，参见本书附录二。Interview with Paul Kreisberg, The Association for Diplomatic Studies and Training Foreign Affairs Oral History Project, interviewed by Nancy Bernkopf Tucker and Warren I. Cohen, initial interview date: April 8, 1989, Copyright 1998 ADST. 据美国国会图书馆网站外交研究和训练协会外事人员口述史项目翻译整理, http://memory.loc.gov/cgi-bin/query/r?ammem/mfdip:@field(DOCID+mfdip2004kre01)。

附录一
美国国务院机构设置及人员（1969～1973）*

国务卿 （Secretary）	威廉·罗杰斯（William P. Rogers），1969年1月21日至1973年9月3日
副国务卿 （Deputy Secretary/ Under Secretary）	埃利奥特·理查森（Elliott L. Richardson），1969年1月23日至1970年6月23日 约翰·欧文（John N. Irwin, II），1970年9月18日至1973年2月1日
负责政治事务的副国务卿 （Under Secretary of State for Political Affairs）	亚历克斯·约翰逊（U. Alexis Johnson），1969年2月7日至1973年2月1日
顾问 （Counselor）	理查德·佩德森（Richard F. Pedersen），1969年1月23日至1973年7月26日
负责西半球事务的助理国务卿 （Assistant Secretary of State for Western Hemisphere Affairs）	查尔斯·梅尔（Charles A. Meyer），1969年3月28日至1973年3月2日
负责欧洲事务的助理国务卿 （Assistant Secretary of State for European and Canadian Affairs）	马丁·希伦布兰德（Martin J. Hillenbrand），1969年2月7日至1972年4月30日
负责东亚暨太平洋事务的助理国务卿 （Assistant Secretary of State for East Asian and Pacific Affairs）	马歇尔·格林（Marshall Green），1969年5月1日至1973年5月10日
负责近东暨南亚事务的助理国务卿 （Assistant Secretary of State for Near Eastern and South Asian Affairs）	约瑟夫·西斯科（Joseph John Sisco），1969年2月7日至1974年2月18日

---

* 以下内容参见美国国务院网站 http://www.state.gov/r/pa/ho/po/c1791.htm。

续表

负责非洲事务的助理国务卿 (Assistant Secretary of State for African Affairs)	戴维·纽瑟姆(David D. Newsom),1969年7月8日至1974年1月13日
法律顾问 (Legal Advisers)	约翰·史蒂文森(John R. Stevenson),1969年7月8日至1973年1月1日
负责经济和商业事务的助理国务卿 (Assistant Secretaries of State for Economic and Business Affairs)	菲利普·特雷齐斯(Philip H. Trezise),1969年7月8日至1971年11月27日 威利斯·阿姆斯特朗(Willis C. Armstrong),1972年2月14日至1974年4月16日
负责行政的助理国务卿 (Assistant Secretaries of State for Administration)	弗朗西斯·梅尔(Francis G. Meyer),1969年9月26日至1971年5月31日 小约瑟夫·达尼兰(Joseph F. Donelan, Jr.),1971年6月14日至1973年3月31日
负责公共事务的助理国务卿 (Assistant Secretaries of State for Public Affairs)	迈克·科林斯(Michael Collins),1969年12月15日至1971年4月11日
礼宾司长 (Chief of Protocol)	小埃米尔·莫斯巴赫尔(Emil Mosbacher, Jr.),1969年1月28日至1972年6月30日
驻外事务处处长/人力资源局局长 (Directors General of the Foreign Service/Directors of the Bureau of Human Resources)	约翰·史蒂夫(John M. Steeves),1966年8月1日至1969年7月31日 约翰·伯恩斯(John H. Burns),1969年8月1日至1971年6月15日 威廉·霍尔(William O. Hall),1971年7月5日至1973年9月30日
政策规划室主任 (Director of the Policy Planning Staff)	威廉·卡格(William I. Cargo),1969年8月4日至1973年7月30日,级别相当于助理国务卿
驻外事务处主任 (Director of the Foreign Service Institute)	帕克·哈特(Parker T. Hart),1969年2月5日至1969年9月30日 霍华德·索伦伯格(Howard E. Sollenberger),1971年5月24日至1976年4月23日
负责国际组织事务的助理国务卿 (Assistant Secretary of State for International Organization Affairs)	萨缪尔·德·帕尔马(Samuel De Palma),1969年2月7日至1973年6月20日

续表

负责与国会关系的助理国务卿 (Assistant Secretary of State for Congressional Relations)	小威廉姆·麦康伯（William B. Macomber, Jr.），1967年3月2日至1969年10月2日 戴维·阿布夏尔（David M. Abshire），（1970年4月8日至1973年1月8日）
负责情报和研究的助理国务卿 (Assistant Secretaries of State for Intelligence and Research)	托马斯·休斯（Thomas Lowe Hughes），1963年4月28日至1969年8月25日 雷·克兰（Ray S. Cline），1969年10月26日至1973年11月24日
国务院和驻外事务处监察长 (Inspectors General of the Department of State and the Foreign Service)	弗雷泽·威尔金斯（Fraser Wilkins），1964年7月23日至1971年8月8日 托马斯·麦克尔希尼（Thomas W. McElhiney），1971年7月1日至1973年7月18日
执行秘书 (Executive Secretary)	小西奥多·埃利奥特（Theodore L. Eliot, Jr.），1969年8月10日至1973年9月26日
负责政治-军事事务的助理国务卿 (Assistant Secretaries of State for Politico-Military Affairs)	罗纳多·斯皮尔斯（Ronald I. Spiers），1969年9月18日至1973年8月2日
对外援助监察长 (Inspectors General of Foreign Assistance)	约翰·曼斯菲尔德（John K. Mansfield），1962年5月12日至1969年9月19日 小斯科特·豪雅（Scott Heuer, Jr.），1969年11月4日至1971年2月26日 安东尼·方斯（Anthony Faunce），1971年2月至1973年3月
尼克松第一任期存在、现已废止的部门官员（Discontinued Positions）	
对外援助副监察长 (Deputy Inspectors General of Foreign Assistance, 1961–1977)	霍华德·豪格拉德（Howard E. Haugerud），1964年3月10日至1969年9月19日 安东尼·方斯（Anthony Faunce），1969年11月4日至1973年3月1日
负责经济事务的副国务次卿 (Deputy Under Secretaries of State for Economic Affairs)	纳撒尼尔·萨缪尔斯（Nathaniel Samuels），1969年3月28日至1972年5月31日
负责管理的副国务次卿 (Deputy Under Secretaries of State for Management)	伊德尔·里穆斯塔德（Idar Rimestad），1967年1月26日至1969年10月2日 小威廉姆·麦康伯（William B. Macomber, Jr.），1969年9月26日至1973年4月4日

续表

国际开发总署署长 (Administrators of the Agency for International Development)	约翰·汉纳（John A. Hannah），1969 年 3 月 28 日至 1973 年 10 月 7 日
美国武器管制与裁军局局长 (Directors of the U. S. Arms Control and Disarmament Agency)	杰拉德·史密斯（Gerard C. Smith），1969 年 2 月 7 日至 1973 年 1 月 4 日
美国新闻署署长 (Director of the U. S. Information Agency)	小弗兰克·莎士比亚（Frank J. Shakespeare, Jr.），1969 年 2 月 14 日至 1973 年 2 月 7 日
美国贸易谈判代表 (U. S. Trade Negotiations Representatives)	卡尔·吉尔伯特（Carl J. Gilbert），1969 年 8 月 4 日至 1971 年 9 月 21 日 威廉·埃伯利（William D. Eberle），1971 年 11 月 5 日至 1974 年 12 月 24 日
驻欧盟使团团长 (European Union, Brussels)	J. 罗伯特·谢策尔（J. Robert Schaetzel），1966 年 9 月 16 日至 1972 年 10 月 25 日
驻国际原子能组织使团团长 (International Atomic Energy Agency, Vienna)	亨利·史密斯（Henry DeWolf Smyth），1961 年 6 月 13 日至 1970 年 8 月 31 日 T. 基斯·格伦南（T. Keith Glennan），1970 年 7 月 8 日至 1973 年 3 月 16 日
驻国际民用航空组织使团团长 International Civil Aviation Organization, Montreal	罗伯特·博伊尔（Robert P. Boyle），1968 年 8 月 9 日至 1969 年 5 月 23 日 查尔斯·巴特勒（Charles Frederick Butler），1969 年 5 月 2 日至 1971 年 11 月 13 日 贝蒂·迪伦（Betty Crites Dillon），1971 年 11 月 8 日至 1977 年 10 月 12 日

附录二
美国国务院部分官员的背景及口述资料

保罗·克里斯伯格[*]

保罗·克里斯伯格（Paul Kreisberg）对中国的兴趣始自在哥伦比亚大学东亚研究所两年的研究生学习。1952 年，他通过了外事考试（Foreign Service Exam），选择从事外事工作，终止了博士研究生的学习。被派驻印度工作两年之后，他在台湾接受了一年的语言训练。由于在赴台学习中文之前克里斯伯格已经有两年中文学习的经历，所以他并没有用完两年的学时，而是在学习 10 个月后就提前毕业，成为台湾台中中文训练学校的第一名毕业生。1955~1959 年，他在美国驻香港总领事馆工作，负责评估中国的国内政治情况。1960~1962 年，他回到国务院情报与研究局（Bureau of Intelligence and Research）工作，负责对中国内部政治事务的分析。随后，他在宾夕法尼亚大学接受了一年关于印支半岛地区专门知识的训练，并被派往巴基斯坦工作一年。1965 年春天，他回到国务院，成为亚洲共产党事务办公室负责中国事务的官员。1968~1970 年，担任该办公

---

[*] Interview with Paul Kreisberg, the Association for Diplomatic Studies and Training Foreign Affairs Oral History Project, interviewed by Nancy Bernkopf Tucker and Warren I. Cohen, initial interview date：April 8, 1989, Copyright 1998 ADST. 据美国国会图书馆网站外交研究和训练协会外事人员口述史项目翻译整理，参见 http：//memory. loc. gov/cgi - bin/query/r? ammem/mfdip:@ field （DOCID + mfdip2004kre01）。

室主任。

南希·塔克：（1955～1959 年克里斯伯格在香港工作期间）在外事官员中有一种看法，即中国将继续存在并且你们将必然与中国打交道？

克里斯伯格：绝对的。我认为，在大多数专家中，一种更广泛的看法是，美国越早同中国打交道越好。问题是我们如何能够形成一种使我们实现这个目标的战略。但是，在助理国务卿罗伯逊（Walter Robertson）时期，这是一个根本不可能写到纸上的问题。

关于国务院亚洲共产党办公室的成立。

克里斯伯格：取消中国办公室（the China Desk）的一个结果，是把政策的关注点更多放在中华人民共和国上，逐渐向（两国关系）正常化方向发展。但这并不是这样做的原因。当时还有处理北越和北朝鲜事务的问题。当时的想法是，应当有一个专门处理所有共产党国家事务的办公室……但是结果呢，很明显，一旦你建立了一个亚洲共产党事务办公室，那么就会出现一个对这一地区感兴趣的游说集团，他们不仅对同敌人打交道感兴趣，而且还有意要扩大并且增加同敌人的交往。其结果，一些事情就开始发生了……处理北越事务的责任基本上转移到了越南事务组。同样，虽然较少戏剧性，大多数的北朝鲜事务也转移到了朝鲜办公室。这就基本上使亚洲共产党事务办公室变成了共产党中国、蒙古、香港办公室。这样做的结果是，我们更加集中精力关注我们应该做什么来缓和、改善、改变我们同中国和蒙古的关系。

在中国方面，最初是大卫·迪安（David Dean）后来是我主要负责。我们认为，我们应该以小步骤，逐步扩大行动。如果我们可以以比较大的象征性步骤逐渐向美国公众和中国人发出在中国问题上做出改变的声音，最终我们可能达到采取实质性行动的目标。所以，我们集中精力做一些非常小的事情，例如将"北平"改为"北京"，这在当时是一个很大的胜利。事实上，在台湾和中国看来这是一个非常重要的象征性举动。这么做非常不易。改变两三个辅音和一个元音需要付出极大的努力。

两个办公室（中国办公室和亚洲共产党事务办公室，此处"中国"指台湾当局——笔者）之间的关系十分紧张。中国（台湾）办公室的人认为我们做的事实质上是对美台关系的威胁。

关于1970年2月中国接受美方提出的举行高级别会谈的建议。

克里斯伯格：助理国务卿马歇尔·格林对进展速度深感震惊。马歇尔有两个主要的担忧。一个是国务院没有走到白宫的前面。他认为我们比白宫推动得更快。但事实是相反的。另一个是他非常不愿意让我们再向前迈出一步，除非我们能够清楚告诉日本人，因为他认为如果我们改变了对中国的政策却没有事先发出警告，这会严重损害我们同日本的关系。对于是否应该在3月同中国举行会谈的问题，他同国务卿、国家安全委员会职员争论了一个月。

南希·塔克：不告诉日本人的决定是哪里下达的？基于什么原因？

克里斯伯格：这来自国家安全委员会。国家安全委员会的人说："我们希望这件事要绝对按照知必所需（need to know）的原则。中国人、台湾人来询问，日本人来问，法国、英国来问的时候，什么也不要说。谁都不能知道我们在做的事情。"这是来自国家安全委员会的指示。

这使在国务院的我们非常难受，有三个原因。第一，我们中没有人喜欢撒谎。第二，我们认为这件事在政治上对日本人而言十分关键，对这一点我们中的任何人都没有异议。第三，我们认为，鉴于台湾在国会拥有的支持，如果这件事突然发生而没有事先发出警告，那么同台湾的政治问题就会被放大。但另一方面，我们知道如果我们告知台湾，他们肯定会走漏风声。那我们就会有大麻烦了。所以，我们尽管对不告知台湾感到不快，但是宁愿保密。

但是，在日本方面，我记得，在日本人是否曾经泄露任何事情的问题上发生了很多激烈的争论。基本上来说，国务院的人说："我们中的任何人都不记得日本人泄露了我们曾经告诉他们的任何秘密。"而国家安全委员会的人说："我们不信任日本人，所以我们不想让他们知道。"

南希·塔克：你认为国家安全委员会的人是不太清楚不告诉他们（日本和台湾）的潜在影响，还是太在意保密以至于不告诉他们也没有关系？

克里斯伯格：太在意保密以至于不告诉他们也没有关系。

沃伦·科恩（Warren Cohen）：很大程度上是基辛格的个性，我认为。

克里斯伯格：是的。我认为是基辛格和尼克松。我不知道谁更执迷于保密。我猜尼克松比基辛格可能更多一些。我一直在读他们的自传。

关于国务院同国家安全委员会的战略分歧。

克里斯伯格：国务院和国家安全委员会的一个关键的分歧是，我们亚洲共产党事务办公室主要将与中国关系正常化的进程放在亚洲的大背景下，认为这对我们有利。回顾起来，很明显，亚洲背景在白宫看来还很小。他们主要是从苏联问题来看的……国务院和基辛格所采取的战略方法是非常不同的。我们将苏联看作一个因素，但不是推动性的。而他显然认为那是一个推动性因素。

南希·塔克：关于台湾的新的表述是从哪里产生的？是你突然间有了关于削减驻军以及需要承认只有一个中国的新的说法吗？

克里斯伯格：我们想出来的（We made it up）。完全是在我们办公室。所有的措辞和整个思考方式都是在这个办公室中创造的。我们所寻求的是既能使我们迎合中国人在上个十年中一直持有的立场，并且最终也没做出太多让步，不会使台湾或国会不可接受。所以，我们玩起了这种文字游戏。最终，很明显，我们发现如果你恰当地玩文字游戏，它也会起作用。实质上，每一方都坚持自己的立场，但是各自的说法不同。这种方法保全了每一方的面子。这就是我们的目的，并且最终成功了。

关于国务院在缓和对华关系进程中的作用。

克里斯伯格：我们被用作推动（中美）关系向前发展的一座提供措辞和观念的思想工厂，却不告诉我们他们为什么要推动关系向前发展。让我们做出我们自己的推断，给出我们自己的原因，但是使用我们提出的表达方式，因为那里（指国家安全委员会职员——笔者）没有人有时间或有这种信心。所罗门（Richard H. Solomn，国家安全委员会职员）或许能够做，但他可能有很多比这更重要的事情要做。所以，他们实质上利用了很多我们的想法。那时候，我们感觉我们像是在开着一辆车，不过好像是在弄明白如何开一辆装有双重控制系统的汽车一般。事实上，结果表明是其他人在开车，而我们不过是在转动轮胎。当我们转得不够快时，有人就会进一步转动它。当我们开得不够快时，就会有人把脚踩在加速器上。

多纳德·安德森[*]

多纳德·安德森（Donald M. Anderson）出生于艾奥瓦州苏城（Sioux City, Iowa），毕业于路易斯安那州立大学本科，主修政府学。他与中国的渊源始自他的小学老师。"我的三年级老师曾经是一个中国传教士。她常常给我们读一些关于中国的故事，并把我们带到她家里，给我们看所有她从中国带回来的东西。"

在路易斯安那州立大学读本科时，他的专业是政府学，本科期间选修了一门关于中国政治史的课程。在路易斯安那州立大学开始研究生学习后，他选择了1945～1947年的中美关系、马歇尔访华等问题作为硕士论文的研究题目。

1958年4月，安德森通过外事考试进入美国国务院工作，开始学习中文，并先后两次到台湾学习中文普通话。当时，美国新闻署、中央情报局和国务院等新招募的年龄在22至26、27岁的年轻外交官，在台湾（台中）接受语言训练并学习中国地区研究的课程。学习期间，他们以简体中文的《人民日报》等中国大陆官方报纸、杂志为阅读材料。

关于20世纪60年代中期与他同在台湾学习中文的年轻一代美国新闻署、中央情报局和国务院官员对承认中国的态度。

安德森：我认为我在的这组人中，当然我自己的感觉是应该向着这个方向发展。这不是简单地改为承认的事情。它可能会在台湾引起动乱，但是许多我们持有多年的假想逐渐变得非常愚蠢。我记得，当我回到国务院的时候——大概在60年代中期——你仍然的确不能谈论这个问题。如果你使用"中国"时前面没有"共产党"，会有人质问你在说什么。例如，很长时间你不能使用"北京"，你必须使用"北平"，后者是国民党对中

---

[*] Interview with Donald M. Anderson, the Association for Diplomatic Studies and Training Foreign Affairs Oral History Project, interviewed by Charles Stuart Kennedy, initial interview date: July 8, 1992, Copyright 1998 ADST. 据美国国会图书馆网站外交研究和训练协会外事人员口述史项目翻译整理，参见 http://memory.loc.gov/cgi-bin/query/r? ammem/mfdip:@field(DOCID+mfdip2004and02)。

国首都的称呼。这是一个非常感情化的问题，那时中国帮仍然相当强大。人们仍然记得麦卡锡时代发生的事情，和我们丢失中国的整件事情，等等。

1962~1965年，安德森在美国驻香港领事馆任经济防务官（Economic Defense Officer）。随后，他接受新的任务，担任中美华沙大使级会谈的翻译。为此，他在1965年又重返台湾接受中英文翻译训练。1966~1970年，他回到华盛顿，成为国务院亚洲共产党事务办公室负责中国事务的官员，负责起草指示和筹备中美大使级会谈。

关于"文化大革命"时期中美大使级会谈。

安德森：毫无成效。那时候，对于许多（美国提出的）主动或做出的任何主动，中国没有兴趣也不抱有什么态度。这些会谈在一所波兰旧宫殿举行，事实上是一个波兰王子狩猎的行宫，被称作梅希里维茨基宫（Myslevitzy Palace），坐落在一个风景如画的公园里。这座建筑到处装有窃听器，所以我们都清楚，事实上我们不仅和对方会谈，还和波兰人并且通过波兰人与苏联人谈话。会谈的安排是，每一方有四个成员，包括一位大使、一位政治顾问、一名翻译和一名速记员。我们在宫殿的会议室会面，轮流首先发言，每一方发表一个准备好的15~20分钟的声明。事实上，我一直参与声明的起草，经过华盛顿批准后，我就坐下来拿着我的字典翻译成中文。我把英文翻译成中文，他们的翻译员把中文翻译成英文，这和通常的翻译情况是相反的。宣读完两份准备好的声明后就是双方的互动和交流，通常是基于已经准备好的立场报告，因为我们相当清楚中国人会说什么。会谈的最后——由于媒体几乎都会因会谈而来华沙，美国新闻、通讯社等——我们同媒体简短会晤，通常所说的不超过："我们进行了有益的和建设性的交流。没有进一步的评论。"第二天，我们会进行非正式的会晤，两方的政治顾问和翻译通常在中国大使馆见面，我们给他们一份我们英文版本的开场声明，他们给我们一份他们的中文声明，如果有用词混淆，我们则在这种非正式的会晤中修正。我不清楚中国人对此的感受，但是美方认为这是一种非常有用的非正式接触，我们可以不受正式谈判的约束。

在最初，我们有很多事情需要澄清……越南从始至终都是会谈中的重要因素。但是在 1966 年第一次会谈中，我们的确试图使用我认为可以被中国人解释成我们无意入侵北越的一种保证，在那次会谈中我们告诉中国人，"我们不寻求在越南扩大战争"。

关于 1970 年的中美大使级会谈。

安德森：当我们决定努力在 1970 年恢复会谈时，我们决定，我们应当讨论台湾问题以及两国关系中的根本问题，并且我们在梅希里维茨基宫会谈的不能再让苏联人监听，所以我们向中国人提出改变会谈的地点。我们考虑了一些可能性，一种是在不受苏联影响的第三国。另一种方案最终获得了中国人的赞同，将会谈转移到我们两国大使馆。所以，在大约一年的中断后，1970 年 1 月会谈在中国大使馆召开。

在某种程度上是我们中止了会谈，特别是我们还没有准备好在法律上承认中华人民共和国政府。正如我所说，我们想要做的更多，如具体实践层面上的交流，并且解决问题。他们希望讨论原则性问题，这就是为什么我们在 1969 年底决定，如果要恢复会谈，我们应当努力阐明这些问题。就这点而言，我认为尼克松和基辛格也倾向于这么做，我们能够第一次描述我们的政治关系，这是在约翰逊时期特别是在迪安·腊斯克领导下不曾有过的。

保罗·克里斯伯格是（亚洲共产党事务）办公室主任。那时候，它已经改为中国暨蒙古事务办公室，不再是亚洲共产党事务。我们卸下了北越和北朝鲜（事务）。保罗·克里斯伯格也是大使级会谈的政治顾问，他和我在这一问题上紧密合作。我们被告知开始起草一套给斯托塞尔的新的与中国人会谈的指示。如我所说的，我们基本上都同意，我们应当讨论台湾问题以及两国间一些更为原则性的问题。

我们在华沙举行了两次会议，这非常重要。一次是在 1970 年 1 月，一次是在 1970 年 2 月。事实上，就是在这两次会谈期间，我们起草了我们对同中华人民共和国的关系、我们同台湾的关系以及我们接受中国的统一的说法。最终可以在《上海公报》中找到非常相似的表述。所以，在许多方面，我认为大多数文件的主要起草者保罗·克里斯伯格和我自己对 1972 年 2 月达成的《上海公报》做出了相当的贡献。事实上，在（1970 年）2 月的会谈之后，我们打算派遣一个以总统特使为首的代表团去中国。我一直在筹划这件事，我们应该怎么做，我们要求什么样的沟通等。我们计划在4月同中国人在华沙会谈，但是总统在这期间决定让美国军队进入柬埔寨……

中国人取消了会谈。保罗·克里斯伯格和我返回美国，我们极度失望，因为我们认为我们真的到了（中美关系）突破的边缘。

马歇尔·格林[*]

查尔斯·斯图亚特·肯尼迪（Charles Stuart Kennedy）：你认为尼克松政府初期，基辛格对亚洲的看法如何？

马歇尔·格林（Marshall Green）：1969年我经常见到基辛格。我愈发感觉到他不想和国务院打交道，他想"掌控"对外政策。我认识到，作为负责东亚暨太平洋事务的助理国务卿，我将会成为他的主要"受害者"。我看得出来，我将花费大量时间和一个推脱回避的白宫打交道……我认为基辛格对世界的知识有很多漏洞。他是一位杰出的策略家。在特定的情况下，他知道如何很好地运作。他还非常善于下达指示，并且善于表达。这些是他的强项。但是，至于对东亚的深刻了解，却没有。我认为他没能任用那些毕生研究东亚的专业人士是他的一个错误。这不是我们管理政府的方法。多年来给这些人发放薪水却不用他们是一种浪费——比浪费还糟糕。

另外一个问题还从来没有人谈到。现在我来谈谈。当你知道你被"疏远"的时候，你开始失去对自己的信心，因为你知道你手里没有所有的线索，你没有完整的图片。而基辛格知道你没有完整的图片，于是他据此有意使你的观点不可信。结果，没有人真正知道其他人的想法，或根本不知道。这是非常差的执政方法。

---

[*] Interview with Marshall Green, the Association for Diplomatic Studies and Training Foreign Affairs Oral History Project, interviewed by Charles Stuart Kennedy, initial interview date: March 2, 1995, Copyright 1998 ADST. 据美国国会图书馆网站外交研究和训练协会外事人员口述史项目整理，参见 http://memory.loc.gov/cgi-bin/query/r?ammem/mfdip:@field(DOCID+mfdip2004gre07)。

查尔斯·斯图亚特·肯尼迪：因为信息的传达必须是"由上到下"。

格林：是的。他扮演了适当的运作和主持某些微妙谈判的角色。但是，如果有国务院一些关键人员的协助，我们就不会犯下那些我们所犯的错误。此外，我们会有一种强大有效的对外政策，因为它是由一个比历史上任何一位总统都更了解对外事务的总统所领导的。我们本来有一个非常好的机会，但是大部分都没有得到适当的利用。我们本可以做得更好。

参考文献

一 档案资料、文件汇编

中共中央文献研究室编《周恩来年谱（1949~1976）》下卷，中央文献出版社，1997。

外交部、中央文献研究室编《周恩来外交文选》，中央文献出版社，1990。

Department of State, *Foreign Relations of the United States*, The U. S. Government Printing Office, Washington, D. C. 1969 – 1976.

Vol. Ⅰ, *Foundations of Foreign Policy, 1969 – 1972*.

Vol. Ⅱ, *Organization and Management of U. S. Foreign Policy, 1969 – 1972*.

Vol. Ⅳ, *Foreign Assistance, International Development, Trade Policies, 1969 – 1972*.

Vol. Ⅻ, *Soviet Union, January 1969 – October 1970*.

Vol. ⅩⅦ, *China, 1969 – 1972*.

Vol. E – 13, *Documents on China, 1969 – 1972*.

Nixon Presidential Materials Staff Project, National Archives at College Park, MD (NARA Ⅱ)

National Security Files

National Security Council Files

Institutional Files（H – Files）

Kissinger Office Files

Kissinger Telcons

White House Special Files

White House Central Files

Photograph Collections

RG 59 General Records of the Department of State

Public Papers of the Presidents of the United States, Richard Nixon, 1969 – 1971, Washington: Office of the Federal Register, National Archives and Records Service, General Services Administration.

二　报刊

《人民日报》, 1969 ~ 1972

New York Times, 1969 – 1972

Washington Post, 1969 – 1972

三　网络资源

Nixon's China Game, http://www.pbs.org/wgbh/amex/china/filmmore/reference/interview/

The Foreign Affairs Oral History Collection of the Association for Diplomatic Studies and Training, http://memory.loc.gov/ammem/collections/diplomacy/index.html

Digital National Security Archive, DNSA, http://nsarchive.chadwyck.com/home.do

Declassified Documents Reference System, DDRS, http://galenet.galegroup.com/servlet/DDRS;jsessionid = 87A0ABD-31E3DC58E06F73C-BA472F0F95?locID = peking

The American Presidency Project, http://www.presidency.ucsb.edu/

National Security Archive Electronic Briefing Books, http://www.gwu.edu/~nsarchiv/NSAEBB/index.html

The Public Papers of the Presidents of the United States, http://quod.lib.umich.edu/p/ppotpus/

Presidential Daily Diary Of Nixon, http://nixon.archives.gov/virtuallibrary/documents/index.php

CIA Estimations on China, http://www.foia.cia.gov/search.asp?pageNumber=1&freqReqReco-rd=nic_china.txt

U. S. Department of State, http://www.state.gov/

四 回忆录、口述史

〔美〕亨利·基辛格（Henry Kissinger）：《白宫岁月：基辛格回忆录全集》，陈瑶华等译，世界知识出版社，2003。

〔美〕理查德·尼克松：《尼克松回忆录》，裘克安等译、马清槐等校，世界知识出版社，2000。

田曾佩、王泰平主编《老外交官回忆周恩来》，世界知识出版社，1998。

John H. Holdridge, *Crossing the Divide: An Insider's Account of the Normalization of U. S. - China Relations*, Lanham: Rowan &Littlefield Publishers, 1997.

Marshall Green, John H. Holdridge, and William N. Stokes, *War and Peace with China: First - Hand Experiences in the Foreign Service of the United States*, Bethesda, MD: DACOR Press, 1994.

Nancy Bernkopf Tucker, *China Confidential: American Diplomats and Sino - American Relations, 1945 - 1996*, New York: Columbia University Press, 2001.

五 专著

〔美〕亨利·基辛格：《大外交》，顾淑馨、林添贵译，海南出版社，1998。

〔美〕霍尔德里奇：《1945年以来中美外交关系正常化》，上海译文出版社，1997。

〔美〕杰里尔·A. 罗赛蒂：《美国对外政策的政治学》，周启明等译，世界知识出版社，1996。

〔美〕理查德·里夫斯：《孤独的白宫岁月：近距离看到的尼克松》，蒋影译，经济日报出版社，2004。

〔美〕罗杰·希尔斯曼：《美国是如何治理的》，曹大鹏译，商务印书馆，1986。

〔美〕塔德·肖尔茨：《和平的幻想——尼克松外交内幕》，邓辛等译，商务印书馆，1982。

〔美〕约翰·盖迪斯：《遏制战略：战后美国国家安全政策评析》，时殷弘、李庆四、樊吉社译，世界知识出版社，2005。

〔日〕山极晃：《中美关系的历史性展开（1941~1979）》，鹿锡俊译，社会科学文献出版社，2001。

〔英〕克里斯托弗·希尔：《变化中的对外政策政治》，唐小松、陈寒溪译，上海世纪出版集团，2007。

包宗和：《美国对华政策之转折——尼克松时期之决策过程与背景》，五南图书出版公司，2002。

何慧：《尼克松与中国：半个世纪的不解之缘》，河南人民出版社，2005。

金冲及主编《周恩来传（1898~1976）》，中央文献出版社，2008。

刘文祥：《美国外交决策中的国会与总统》，中国经济出版社，2005。

逄先知、金冲及编著《毛泽东传》，中央文献出版社，2003。

沈剑虹：《使美八年纪要——沈剑虹回忆录》，世界知识出版社，1983。

陶文钊主编《中美关系史》，人民出版社，2004。

王泰平主编《中华人民共和国外交史》，世界知识出版社，1999。

熊向晖：《我的情报与外交生涯》，中共党史出版社，1999。

张曙光：《接触外交：尼克松政府与解冻中美关系》，世界知识出版社，2009。

章百家、牛军主编《冷战与中国》，世界知识出版社，2002。

Aitken, Jonathan, *Nixon, A Life*, Washington, D. C.: Regnery Pub.; Lanham, M. D.: Distributed to the trade by National Book Network, 1993.

Allen, Gray, *Richard Nixon: The Man Behind the Mask*, Belmont, Mass.: Western Islands, 1971.

Allison, Graham, *Essence of Decision: Explaining the Cuban Missile Crisis*, Boston: Little Brown, 1971.

Axelrod, Robert M., *The Structure of Decision: Cognitive Maps of Political Elites*, Princeton, N. J.: Princeton University Press, 1976.

Bailey, Thomas A., *Diplomatic History of American People*, New York: Prentice-Hall, Inc., 1974.

Barber, James D., *The Presidential Character: Predicting Performance in the White House*, Englewood Cliffs, N. J.: Prentice Hall, 1977.

Barnett, A. Doak, *China Policy: Old Problems and New Challenges*, Washington D. C.: Brookings Institution, 1977.

Braybrooke, David and Lindblom, Charles Edward, *A Strategy of Decision: Policy Evaluation As A Social Process*, New York: Free Press of Glencoe, 1963.

Brodie, Fawn McKay, *Richard Nixon, The Shaping of His Character*, New York: Norton, 1981.

Bundy, William, *A Tangled Web: The Making of Foreign Policy in the Nixon Presidency*, New York, 1998.

Campbell, Francis, *Foreign Affairs Fudge Factory*, New York: Basic Books, 1971.

Chen, Jian, *Mao's China and the Cold War*, Chapel Hill & London: The University of North Carolina, 2001.

Cohen, Jerome A., et al., eds., *Taiwan and American Policy: The Dilemma in U. S. -China Relations*, New York: Praeger Publishers, 1971.

Dallek, Robert, *Nixon and Kissinger: Partners in Power*, New York: HarperCollins Publishers, 2007.

Don K. Price ed., *The Secretary of State*, Englewood Cliffs, N. J.: Prentice-Hall, Inc., 1960.

Esterline, John H. and Black, Robert B., *Inside Foreign Policy: The Department of State Political System and Its Subsystems*, Palo Alto, California: Mayfield Publishing Company, 1975.

Evans Jr. , Rowland and Novak, Robert D. , *Nixon in the White House: The Frustration of Power*, New York: Random House, 1971.

Foot, Rosemary, *The Practice of Power: US Relations with China since 1949*, Oxford: Oxford University Press, 1995.

Gaddis, John Lewis, *Strategies of Containment: A Critical Appraisal of Postwar American National Security Policy*, New York: Oxford University Press, 1992.

Gallucci, Robert L. , *Neither Peace Nor Honor: the Politics of American Military Policy in Vietnam*, Baltimore: Johns Hopkins University Press, 1975.

Garver, John W. , *China's Decision for Rapprochement with the United States, 1968-1971*, Boulder, C. O. : Westview Press, 1982.

George, Alexander L. and Smoke, Richard, *Deterrence in American Foreign Policy: Theory and Practice*, New York: Columbia University Press, 1974.

Goh, Evelyn, *Constructing the U. S. Rapprochement with China, 1961-1974: From "Red Menace" to "Tacit Ally"*, Cambridge, U. K. : Cambridge University Press, 2005.

Haldeman, H. R. , *The Haldeman Diaries*, New York: G. P. Putnam's Sons, 1994.

Halperin, Morton, *Bureaucratic Politics and Foreign Policy*, Washington D. C. : The Brookings Institute, 1974.

Harding, Harry, *A Fragile Relationship: The United States and China since 1972*, Washington, D. C. , 1992.

Hilsman, Roger, *The Politics of Policy Making in Defense and Foreign Affairs: Conceptual Models and Bureaucratic Politics*, New York: Harper and Row, 1971.

Huntington, Samuel P. , *The Common Defense*, New York: Columbia University Press, 1961.

Isaacson, Walter, *Kissinger: A Biography*, New York: Simon & Schuster, 1992.

Jervis, Robert, *Perception and misperception in international politics*, Princeton, N. J. : Princeton University Press, 1976.

Jones, Allan M. Jr. , ed. , *US Foreign Policy in a Changing World*: *The Nixon Administration, 1969 – 1973*, New York: David Mckay, 1973.

Kuklick, Bruce, *Blind Oracles*: *Intellectuals and War from Kennan to Kissinger*, Princeton and Oxford: Princeton University Press, 2006.

Kusnitz, Leonard A. , *Public Opinion and Foreign Policy*: *America's China Policy, 1949 – 1979*, Westport, C. T. : Greenwood Press, 1984.

Mann, James, *About Face*: *A History of America's Curious Relationship with China, from Nixon to Clinton*, New York: Vintage Books, A Division of Random House, Inc. , 1998.

Mazlish, Bruce, *In Search of Nixon*: *A Psychohistorical Inquiry*, Baltimore : Penguin Books, 1973.

Morris, Roger, *Richard Milhous Nixon* : *The rise of an American politician*, New York : Holt, 1990.

Morris, Roger, *Uncertain Greatness*: *Henry Kissinger and American Foreign Policy*, New York: Harper & Row, Publishers, 1997.

Neustadt, Richard, *Presidential Power and the Modern Presidents*: *The Politics of Leadership*, New York: Wiley, 1960.

Oksenberg, Michel and Oxnam, Robert B. , ed. , *Dragon and Eagle*: *United States – China Relations*: *Past and Future*, New York: Basic Books, 1978.

Osgood, Robert E. , *Retreat From Empire? The First Nixon Administration*, Baltimore: Johns Hopkins University Press, 1973.

Prados, John, *Keepers of the Keys*: *A History of the National Security Council from Truman to Bush*, New York: William Morrow and Company, Inc. , 1991.

Quandt, William B. , *Decade of Decision*: *American Policy Toward the Arab – Israeli Conflict*, Berkeley and Los Angeles, California: University of California Press, 1977.

Reeves, Richard, *President Nixon*: *Alone in the White House*, New York: Simon & Schuster, 2002.

Richard H. Immerman, ed. , *John Foster Dulles and the Diplomacy of the Cold War*, Princeton, N. J. : Princeton University Press, 1990.

Robert S. Ross and Jiang Changbin, eds. , *Re - examining the Cold War: US - China Diplomacy, 1954 - 1973*, Cambridge, M. A. : Harvard University, 2001.

Ross, Robert S. , *Negotiating Cooperation: The United States and China, 1969 - 1989*, Stanford, C. A. : Stanford University Press, 1995.

Schlesinger, Arthur Jr. , *A Thousand Days: John F. Kennedy in the White House*, Boston, 1965.

Schlesinger, Arthur M. Jr. , *The Imperial Presidency*, Boston: Houghton Mifflin Company, 1973.

Schurmann, Franz, *The Foreign Politics of Richard Nixon: The Grand Design*, Berkeley: University of California Press, 1987.

Simon, Herbert A. , *Administrative Behavior: A Study of Decision - making Processes in Administrative Organization*, New York: Free Press, 1957.

Siniver, Asaf, *Nixon, Kissinger, and US Foreign Policy Making: The Machinery of Crisis*, Cambridge: Cambridge University Press, 2008.

Snyder, Richard C. , Bruck, H. W. , and Sapin, B. , *Decision - Making as an Approach to the Study of International Politics*, Princeton: Foreign Policy Analysis Project, Princeton University, 1954.

Spanier, John W. & Uslaner, Eric M. , *American Foreign Policy Making and the Democratic Dilemmas* (six edition), New York: Macmillan Publishing Company & Toronto: Maxwell Macmillan Canada, 1994.

Steinbruner, John, *The Cybernetic Theory of Decision*, Princeton, 1974.

Sulzberger, C. L. , *The world and Richard Nixon*, New York : Prentice Hall Press, 1987.

Suri, Jeremi, *Power and Protest: Global Revolution and the Rise of Détente*, Cambridge, Massachusetts and London, England: Harvard University Press, 2003.

Thornton, Richard C. , *The Nixon - Kissinger Years: Reshaping America's Foreign Policy*, New York: Paragon House, 1989.

Tyler, Patrick, *A Great Wall: Six Presidents and China: An Investigative*

History, New York: Public Affairs, 1999.

Whicker, Tom, *One of US: Richard Nixon and the American Dream*, New York: Random House, 1991.

Xia, Yafeng, *Negotiating with the Enemy: US – China Talks during the Cold War, 1949 – 1972*, Bloomington and Indianapolis: Indiana University Press, 2006.

六 论文

方柏华:《"外交政策分析"述评》,《中共浙江省委党校学报》2005年第6期。

官力:《波罗行动计划:1971年基辛格秘密使华始末》,《福建党史月刊》1992年第8期。

官力:《毛泽东怎样打开中美关系的大门》,《世界知识》1993年第24期。

顾宁:《永恒的中美民间友谊——"乒乓外交"揭秘》,《世界历史》1997年第6期。

骆亦粟:《中美关系解冻的开端——最后两次中美华沙大使级会谈》,《百年潮》2008年第4期。

马廷中:《美国对华政策的调整与中国在联合国合法席位的恢复》,《重庆师专学报》(社会科学版)1995年第1期。

牛可:《美国"国家安全国家"的创生》,《史学月刊》2010年第1期。

任东来:《布什与中美关系》,《北美行》第36期,2000年3月。

王国璋:《中国如何取代我国在联合国之席位》,《问题与研究》第32卷第5期,1993年5月。

王鸣鸣:《外交决策研究中的理性选择模式》,《世界经济与政治》2003年第11期。

夏亚峰:《试析尼克松政府对外政策决策机制、过程及主要人员》,《史学集刊》2009年第4期。

姚百惠:《尼克松政府与中国在联合国的代表权问题——围绕安理会

席位问题的美台交涉》，《唐都学刊》第 25 卷第 3 期，2009 年。

张静：《核武器与新中国 60 年发展历程》，《当代中国史研究》2009 年第 5 期。

张静：《尼克松政府放松对华管制政策出台前后》，《中共党史研究》2009 年第 9 期。

张绍铎：《美国与联合国中国代表权问题（1970 年 11 月至 1971 年 10 月）》，《当代中国史研究》2007 年第 6 期。

张曙光：《美国遏制战略与冷战研究》，《社会科学》2006 年第 10 期。

赵璐《尼克松政府与联合国中国代表权问题（1969～1971）》，《历史教学》2008 年第 4 期。

郑华：《华沙渠道与中美关系解冻：华盛顿决策内幕》，《当代中国史研究》第 14 卷第 2 期，2007 年 3 月。

郑华：《中美关系解冻过程中的巴黎渠道》，《当代中国史研究》第 15 卷第 4 期，2008 年 7 月。

Acheson, Dean, "The Eclipse of the State Department", *Foreign Affairs*, Vol. 49, No. 4 (Jul., 1971).

Alexander L George, "The Case for Multiple Advocacy in Making Foreign Policy", in *American Political Science Review*, 66 (1972).

Destler, I. M., "National Security Advice to U. S. Presidents: Some Lessons from Thirty Years", *World Politics*, Vol. 29, No. 2 (Jan., 1977).

Garver, John, "Food for Thought: Reflections on Food Aid and the Idea of Another Lost Chance in Sino – American Relations", *Journal of American – East Asian Relations* 7, 1 – 2 (Spring/Summer 1998).

Hazel, Erskine, "The polls: Red China And The U. N.", *Public Opinion Quarterly*, Vol. 35 (Spring, 1971).

Holsti, Ole R., "The Belief System and National Images: A Case Study", *The Journal of Conflict Resolution*, Vol. VI.

Kohl, Wilfrid L., "The Nixon – Kissinger Foreign Policy System and U. S. – Europe Relation", *World Politics*, Vol. 28, No. 1 (Oct., 1975).

Lincoln P. Bloomfield "China, the United states, and the United Nations", *International Organization*, Vol. 20, Issue 4 (Autumn 1966).

New Evidence on China in the Cold War, *Cold War International History Project Bulletin*, Issue 16.

Preston, Andrew, "The Little State Department: McGeorge Bundy and the National Security Council Staff, 1961 - 65," *Presidential Studies Quarterly*, 31 (2001).

Smith, Terence, "Foreign Policy, Ebbing of Power at the State Department," *New York Times*, January 17, 1971.

Thomas, James C., Jr., "On the Making of China Policy, 1961 - 9: A Study in Bureaucratic Politics", *China Quarterly*, 50 (1972).

Tucker, Nancy, "Taiwan Expendable? Nixon and Kissinger Go to China", *Journal of American History*, June 2005.

七 未刊文献

郭秀华：《尼克松政府调整对华政策的原因》，东北师范大学硕士学位论文，2008。

李红垒：《中美关系解冻——三条渠道探析》，曲阜师范大学硕士学位论文，2008。

吕迅：《美国尼克松政府关于联合国中国代表全问题的决策（1969~1971）》，北京大学硕士学位论文，2006。

赵璐：《尼克松政府与联合国中国代表权问题（1969~1971）》，郑州大学硕士学位论文，2007。

彭涛：《尼克松政府对中国联合国代表权问题政策》，东北师范大学硕士学位论文，2006。

张拓：《尼克松政府与台湾当局关于中国联合国代表权问题的争论与合作》，东北师范大学硕士学位论文，2008。

苟煜林：《中美关系正常化进程研究》，青岛大学硕士学位论文，2008。

Wuzheng Fan, "The Policy Role of the U. S. State Department in U. S. -

China Relations 1969 – 1971", M. A. Thesis, University of Maryland, 2008.

Jaw – Ling Joanne Chang, "The Process of Normalization of Relations Between the United States and the People's Republic of China, 1969 – 1978: A Retrospective Evaluation of Decision Making Models in U. S. Foreign Policy", Ph. D. Dissertation, University of Maryland, 1983.

后　记

　　毕业四年多后，博士论文终于付梓。尼克松时期的中美关系，恐怕是中美关系史领域著述最丰的主题之一。要想在卷帙浩繁的前人研究基础上，找到新的可研究的问题，或在观点上有所突破，的确面临很大挑战。在博士论文开题之前，便听说有同仁的类似选题已经完稿。有幸的是，我在2007年获得第一批教育部留学基金委的资助，得以在2007~2008年赴美学习并收集到大量关于美国国务院的档案资料。研读这批档案后发现，资料中反映出的美国国务院在缓和对华关系历史进程中的作为与尼克松、基辛格的回忆录有不少出入，于是觉得有题可作。然而，选题过程并非一帆风顺。几经周折，最终确定将美国国务院作为研究的主要对象，考察它在20世纪60年代末70年代初中美关系缓和的历史进程中，其决策地位的形成及发挥的作用。

　　2011年毕业后，我进入中央党校党史部工作，虽然承担了改革开放新时期党史的教学与科研任务，但一刻未曾放弃对中美关系史的学术热爱与追求。在按照博士论文答辩会上各位专家的意见做出较大修改后，这本博士论文申请到2014年国家社科基金后期资助项目的出版资助，并十分荣幸地由社科文献出版社出版。

　　幸有北大历史系诸位先生的教导并蒙受熏陶，我虽在燕园读书九年，但始终未有也不会有他人眼中北大学子的"狂妄"与"孤傲"。我一直以为，可成为历史学家者，唯有心思纯净之人。就像我的那些先生们，他们淡泊宁静，温文尔雅，为人为学自有风骨，却从不锋芒毕露。我不过是一块拙石，纵有先生们的指点，恐终难成美玉；但自信凭着一身用苦功的坚强毅力爬梳史料，经年累月，终得去棱角见圆润。至今，这样的自我认识与目标的定位,并未随着工作岗位、身份的变化而变化。在此,我深深感谢为我的学习和成长付出心血的导师牛大勇教授。我自本科入恩师门下,至今工作、研修,未曾少却恩师的指导与关爱。十余年来,师恩如山,无以为报。加州大学欧文校区的陈勇教授是我在美国学习时的联合指导教师,为我提供了收集资料、与美国学界建立联系的宝贵机会,并为我在美国的研究和生活给予了宝贵的指导和帮助。此外,北京大学历史学系王立新教授、王希教授、李剑鸣教授、臧运祜教授、牛可副教授,华东师范大学沈志华教授、李丹慧教授,中央党史研究室李向前研究员,加州大学欧文校区的艾米莉·罗森堡(Emily S. Rosenberg)教授、基思·尼尔森(Keith L. Nelson)教授,斯坦福大学的大卫·霍洛威(David Holloway)教授,在我的博士论文开题、预答辩、答辩阶段以及论文修改过程中,都提出了许多宝贵的批评意见和建议。感谢在9年时光中,给过我指导和教诲的每一位北京大学历史系老师。

我还要特别感谢我的同门师兄北京大学国际关系学院陈长伟副教授、中联部对外联络部当代世界研究中心赵明昊副研究员,师姐中国人民大学历史学系杨雨青教授、中国社会科学院美国研究所卢宁编辑,在美国任教的何妍师姐,以及任教于陕西师范大学的师弟田武雄。他们或无私地教授我整理资料的方法,或告诉我哪里有需要的资料,或帮助我办理各样繁琐的手续,或在遇到挫折时给予我真诚的鼓励和帮助。此外,感谢贺艳青、刘青、翟韬、张海荣、张洁洁、周佳等我的同学们。当年我们同室读书,争论激辩,又相互扶持,而今海角天涯,但都不失对学术的拳拳之心,继续奋斗。回首过往,恩师挚友,人生至幸。

感谢我所在的单位中央党校中共党史教研部各位领导和同仁对我的理解、宽容、爱护与支持。他们从未强迫我改变自己的科研方向,而是鼓励我发挥研究特长,坚持学术标准,并支持我申报相关课题和教学讲题。对他们的帮助,我心存感激。

最后,最深沉的感谢致以我的家人。他们为我的博士论文的写作做出了巨大的牺牲。我的父母不仅抚养了我,还抚养了我的女儿梓凝。为了让我专心写作,他们默默地担负起了全部的家务劳动和养育孙辈的重担。他们不求女儿的任何回报,只求女儿能在求学路上走得更远。我的爱人永前始终是我书稿的忠实读者，他虽不是学历史出身，但总能做出尖锐的批评或提出关键性的建议。而我可爱的女儿，她虽抱怨妈妈不能陪她玩耍，但又十分喜欢幼稚地模仿妈妈打电脑、看书、写字，为我紧张的生活增添无穷乐趣。

"路漫漫其修远兮。"这些帮助我和给我爱的人们，是我求学路途上拥有的最大的幸运。感谢他们给予我的帮助！书稿虽屡经修改，但仍有错漏，属学艺不精，文责自负。

2015 年 11 月 12 日于智学苑

图书在版编目(CIP)数据

美国国务院与中美关系缓和研究:1969~1972/张静著.—北京:社会科学文献出版社,2015.12
国家社科基金后期资助项目
ISBN 978-7-5097-8303-0

Ⅰ.①美… Ⅱ.①张… Ⅲ.①中美关系-国际关系史-研究-1969~1972 Ⅳ.①D829.712

中国版本图书馆 CIP 数据核字(2015)第 261560 号

国家社科基金后期资助项目
美国国务院与中美关系缓和研究(1969~1972)

著　　者／张　静

出 版 人／谢寿光
项目统筹／宋荣欣
责任编辑／赵　薇

出　　版／社会科学文献出版社·近代史编辑室(010)59367256
　　　　　地址:北京市北三环中路甲29号院华龙大厦　邮编:100029
　　　　　网址:www.ssap.com.cn
发　　行／市场营销中心(010)59367081　59367090
　　　　　读者服务中心(010)59367028
印　　装／北京季蜂印刷有限公司
规　　格／开　本:787mm×1092mm　1/16
　　　　　印　张:21　字　数:332千字
版　　次／2015年12月第1版　2015年12月第1次印刷
书　　号／ISBN 978-7-5097-8303-0
定　　价／85.00元

本书如有破损、缺页、装订错误,请与本社读者服务中心联系更换

△ 版权所有 翻印必究